SaaS系列丛书

SAAS MARKETING AND SALE

Strategy, Method and Practice

SaaS营销与销售

策略、方法与实践

胡茂名◎著

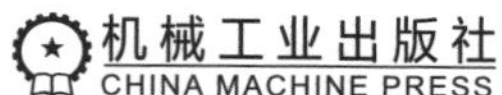

图书在版编目（CIP）数据

SaaS 营销与销售 ：策略、方法与实践 / 胡茂名著.
北京 ：机械工业出版社，2025. 2. --（SaaS 系列丛书）.
ISBN 978-7-111-76970-5

Ⅰ. F272

中国国家版本馆 CIP 数据核字第 2024SK1807 号

机械工业出版社（北京市百万庄大街 22 号　邮政编码 100037）
策划编辑：杨福川　　　　　　　　　　责任编辑：杨福川　王华庆
责任校对：高凯月　马荣华　景　飞　　责任印制：常天培
北京科信印刷有限公司印刷
2025 年 2 月第 1 版第 1 次印刷
147mm × 210mm · 15.125 印张 · 337 千字
标准书号：ISBN 978-7-111-76970-5
定价：109.00 元

电话服务　　　　　　　　　　　　网络服务
客服电话：010-88361066　　　　机　工　官　网：www.cmpbook.com
　　　　　010-88379833　　　　机　工　官　博：weibo.com/cmp1952
　　　　　010-68326294　　　　金　　书　　网：www.golden-book.com
封底无防伪标均为盗版　　　　机工教育服务网：www.cmpedu.com

推荐序一

在中国的企业数字化浪潮中，SaaS 是企业数字化变革中非常重要的一环。而 SaaS 的以订阅制为特征的收费模式，与传统的定制软件的收费模式截然不同，这固然是一种商业模式的革新，但也给 SaaS 公司的营销和销售带来了新的挑战。卫瓴科技作为一家专门针对企业营销和销售协同的数字化 SaaS 公司，不仅自身是一家典型的以订阅制收费为特征的 SaaS 企业，也服务和帮助数百家中国的 SaaS 企业构建和运营了它们的营销和销售体系。作为卫瓴科技的 CEO，我有幸参与并见证了这些 SaaS 企业所面临的挑战以及它们在营销和销售方面的思考和实践。

中国的 SaaS 从业者所面对的市场，是一个相当具有挑战的市场。宏观经济环境的不确定性，企业发展阶段和管理意识的巨大不同，加上数字科技和人工智能的飞速发展，使得当下中国的数字化转型正处于工业化、数字化、智能化三浪叠加的特殊环境。这就需要 SaaS 从业者不仅需要帮助客户具备数字化转型的意识，更要有通过软件帮助企业重构业务流程、提升业务效率的能力。这给以较低的年度订阅费收入为特征的 SaaS 企业在营销和销售的组织、人才、效率等方面都带来了巨大的挑战。

本书恰恰提供了一套系统的方法论，针对上述挑战，帮助 SaaS 企业在营销和销售的整体规划和实践中找到突破口。本书为我们提供了一个全面而深入的视角，通过诸多实践案例给予我们启发。作者深入浅出地剖析了 SaaS 行业的各个方面，包括从基础知识到市场调研，从产品管理到销售策略再到营销技巧。

值得一提的是，书中对于 SaaS 销售流程的细致解读，以及对销售团队管理的深入讨论，帮助 SaaS 企业在复杂的业务环境中，找到自己的理想目标客户，并结合产品、销售、营销和客户成功 4 个方面的增长驱动因素构建出最符合企业自身业务特征的增长体系。

对于广大急于提升自己的营销和销售效率，保障高质量、可持续增长的 SaaS 企业而言，它们可以基于对本书的学习和思考，梳理和审视自己的营销和销售策略。

我相信，无论是 SaaS 行业的初入者，还是像我这样在行业中深耕多年的从业者，都能从这本书中获得宝贵的知识和策略，以提升我们的专业能力和业务水平。因此，强烈推荐这本书给每一位对 SaaS 行业抱有热情的朋友。

杨炯纬

卫瓴科技 CEO

推荐序二

在如今快速发展的商业环境中，企业面对的不仅是市场竞争，还有技术革新带来的挑战。本书为我们提供了一个全面的视角，深入探讨了 SaaS 行业的关键领域，不仅详细介绍了 SaaS 产品的管理、销售和营销策略，还结合了实际案例和实战经验，为读者提供了宝贵的实践指导。

作者通过多年的行业经验，深度剖析了 SaaS 企业在营销和销售过程中面临的种种挑战，并提供了切实可行的解决方案。对于希望在这一领域有所建树的从业者来说，本书无疑是一本必备的参考书。

我相信，本书不仅能帮助读者掌握 SaaS 行业的基本知识，更能启发他们在实际工作中应用这些策略，取得更大的成功。希望本书能成为每一位 SaaS 从业者的良师益友，助力他们在激烈的市场竞争中脱颖而出。

白连东

IT 东方会发起人

推荐序三

当前，中国 SaaS 行业正处于低谷期，表现为资本退潮，一些 SaaS 企业转型成为项目制公司甚至退出市场。但是，这恰恰为真正优质的 SaaS 产品留出了市场空间。其实，SaaS 从来不是靠资本驱动的，而是靠“客户价值”驱动。比如，SaaS 产品只要能够给客户带来真正的价值，续费率就有保障，那么即便没有资本注入，也可以实现持续增长和盈利。在这方面，胡兄和我的观点是高度一致的。

对于 SaaS 产品，客户第一次购买往往不会给 SaaS 企业带来收益，SaaS 企业真正的盈利往往来自续费。这就对 SaaS 销售人员的能力模型和销售方法提出了不一样的要求。由于 SaaS 是一个较新的行业，市面上针对 SaaS 行业的书籍本就不多，针对 SaaS 销售的书籍就更是凤毛麟角了。胡兄的这本书，应该说是恰逢其时。重要的是，本书内容全面、实用性强，是一本不可多得的好书。推荐 SaaS 从业者特别是销售从业者阅读。

王戴明

《SaaS 产品经理从菜鸟到专家》作者

前言

为何撰写本书

笔者最早接触 SaaS 行业是在 2014 年，当时负责某某上市教培集团的信息化转型工作，现任某环球跨境集团数字化研发中心负责人，负责制定和执行公司的 SaaS 产品孵化和数字化转型工作，推动公司的持续增长和市场扩张。

在过去 10 余年里，与多家企业的营销、销售负责人和 CEO 沟通交流，笔者发现市面上较为优秀的 SaaS 企业都特别重视产品的用户体验，但在销量方面仍然无法突破。其最主要的原因是销售人员不知道如何更好地向潜在客户销售服务，好的销售策略和技巧无法在团队内部被复制。

国内 SaaS 行业自 2000 年左右开始高速发展，然而 20 多年过去了，相比于国外 SaaS 行业仍相差甚远。国内至少三分之二的 SaaS 企业仍面临生存问题，MRR（月度经常性收入）或 ARR（年度经常性收入）没有达到预期。尽管有的 SaaS 企业对外宣称

MRR 指标数据很可观，但深入分析后发现其订阅续费率不足，MRR 更多是靠新客户来弥补的。

笔者认为，国内不缺少优秀的 SaaS 产品，而是缺少懂得如何向客户销售 SaaS 产品的人才。一方面，企业的 SaaS 产品价值无法让客户感知（营销策略和手段比较传统、单一）；另一方面，企业销售人员用销售实体商品的思维来销售 SaaS 产品（服务）。

过去，人们普遍强调重视产品价值和服务体验，虽然此观点并没有错，但也不完全正确。如果所有 SaaS 企业都重视产品价值和服务体验，那么接下来的竞争重点就在于差异化。因此，现阶段 SaaS 企业更应该重视培养销售人员的整体素质。

一个优秀的销售人员可以为企业带来丰厚的收益，一套行之有效的销售方案和营销策略能够让企业复制出一个又一个优秀的销售人员，并实现规模化。

国内 SaaS 发展与国外相比最大的差距在面向客户的销售效率和销售渠道的长度方面。仅全盘接受国外的 SaaS 产品销售经验和策略技巧是不够的，而应该结合国内 SaaS 市场现状，走出一条符合国内 SaaS 发展的道路。

笔者于 2021 年创立了公众号“ToB 产品创新研习社”，仅一年时间就吸引了近万名粉丝关注，笔者因此成为各行业头部平台的特邀专栏作者。在接下来的几年里，笔者有幸与超过 100 家 ToB 企业的创始人和管理层进行了深度交流，并且开始有意地收集和整理行业专家以及头部企业高管分享的各种“干货”，目的是将这些宝贵的“干货”与个人从业经验相结合，总结并提炼出一些方法论。笔者希望能够将这些方法论分享给身边的朋友，促进彼此共同成长。

然而，撰写公众号文章或孵化 SaaS 产品的工作仍然存在一定的局限性。尽管能够在特定主题上持续输出观点和经验，但缺乏系统性，导致读者获取经验的效率不高。

笔者也常受邀为一些企业做关于 SaaS 销售和营销主题的分享，受到许多朋友和企业负责人的认可。他们建议笔者撰写一本关于 SaaS 销售与营销的书籍，将笔者多年以来在 SaaS 行业积累的知识系统性地输出。笔者接受了这个建议，这也成为笔者撰写本书的动力。

笔者通过整理和归纳自己在 SaaS 行业多年来的经验和思考，撰写了这本关于如何有效地营销和销售 SaaS 产品的图书。笔者希望通过本书，分享自己在 SaaS 营销与销售领域的见解，帮助更多的 SaaS 从业者提升专业能力和业务水平。

本书主要内容

本书旨在为读者提供全面的 SaaS 领域的知识以及销售、营销技能，帮助读者在这个快速发展的领域取得成功。本书共 7 章，各章内容简介如下。

第 1 章深入探讨 SaaS 的基础知识，以及 SaaS 与 IaaS 和 PaaS 的区别，还探讨了 SaaS 与项目定制化之间的平衡，以及在创业初期如何选择合适的 SaaS“赛道”。

第 2 章重点关注 SaaS 产品经理的角色和职责，介绍 SaaS 产品管理流程和核心能力，以及关键的 SaaS 产品管理指标。

第 3 章引导读者了解 SaaS 市场调研的重要性，并介绍市场调研的方法和步骤，帮助读者更好地了解市场需求和竞争格局。

第 4 章重点讨论 SaaS 销售流程、销售指标和销售团队管理，帮助销售人员更好地理解客户需求，提升销售业绩。

第 5 章介绍十种有效的 SaaS 销售方法，并探讨如何选择适合销售人员自身的销售方法，帮助销售人员更好地应对不同的销售场景和客户需求。

第 6 章重点关注 SaaS 三大营销核心（增长营销、产品营销、内容营销），以及如何构建一个高效的 SaaS 营销团队，制定关键的营销策略。

第 7 章介绍 SaaS 营销策略的关键要素及重要性，以及如何制订 SaaS 营销计划和执行关键的营销策略，帮助企业更好地吸引和留住客户。

本书读者对象

本书的读者对象为 SaaS 行业各个岗位的从业者，包括 SaaS 销售专业人员、SaaS 营销专业人员、SaaS 客户成功专业人员、SaaS 运营专业人员、SaaS 产品经理、SaaS 实施顾问，以及 SaaS 市场人员或 SaaS 创业者。无论是初入 SaaS 行业者还是资深 SaaS 从业者，都能从本书中获得实用的知识和技能。

本书主要特色

本书的主要特色体现在以下几个方面：

- 全面覆盖 SaaS 行业关键领域。本书涵盖了 SaaS 行业的各个关键领域，包括产品管理、销售、营销、市场调研等，为读者提供了全面的知识体系。

- 实用性强。本书内容具有实用性，个别章节包含了案例分析和实践经验，帮助读者将理论知识应用到实际工作中。
- 深入剖析核心问题。本书深入剖析了 SaaS 行业的核心问题，包括 SaaS 产品管理的流程、SaaS 销售的关键指标、SaaS 营销的关键策略等，帮助读者理解并应对实际工作中的挑战。
- 注重实践经验分享。本书通过案例分析和实践经验的分享，向读者展示了成功企业在 SaaS 行业中的成功之道，为读者提供了宝贵的借鉴和启示。
- 前瞻性和实践性相结合。本书不仅分析了 SaaS 行业当前的状况和现有的经验，还展望了未来的发展趋势，为读者提供了前瞻性的思考和策略，同时结合实践经验，使读者能够更好地应对未来的挑战。

致谢

撰写本书是一段充满挑战和收获的旅程，借此机会向所有在这个旅程中为笔者提供支持、鼓励和帮助的人表示由衷的感谢。

首先，感谢家人和朋友，在写作的过程中给予了笔者无尽的理解和支持。他们的陪伴和鼓励是笔者坚持下去的动力。

其次，感谢所有在 SaaS 行业工作的同行和朋友，他们的经验分享和专业建议为笔者撰写本书提供了宝贵的参考和启发。感谢他们的无私分享和支持。

最后，衷心感谢所有阅读本书的读者，希望本书能够为你们在 SaaS 行业的发展和实践提供一些有价值的指导。

目录

第 1 章 CHAPTER

全面了解 SaaS 行业

本章为读者提供 SaaS 行业的基础知识，深入探讨 SaaS、IaaS 和 PaaS 之间的区别，并讨论如何在 SaaS 与项目定制化之间寻求平衡。通过对本章的学习，读者可对 SaaS 行业有更深入的了解，为后续章节的学习打下坚实的基础。未来，SaaS 的发展趋势将成为各行业人士的关注点和创业方向，因此，本章最后结合当下的技术和行业发展趋势描述了 SaaS 的未来发展趋势。

1.1 SaaS 基础知识

软件即服务（SaaS）是一种通过互联网服务形式交付应用程序

的模式。它不需要客户安装和自行维护软件系统，只需要通过互联网浏览器进行访问即可，从而使客户从复杂的软件和硬件管理中释放出来。

SaaS 类似于应用程序服务提供商（ASP）提供的服务，但不同之处在于 SaaS 是一种自助服务，而 ASP 必须为每个客户手动构建一个单独的系统。

用一个简单易懂的比喻来解释 SaaS 的概念：当你租用汽车时，你只需要支付基础租金和额外费用（如按公里收费或按每日租金收费），而无须购买整台汽车，也不需要担心汽车的销售、维护、保险等相关费用（如营销、广告、保险和维修费用）；同样，在使用 SaaS 时，你也只需要支付服务费用，而无须支付软件的销售和维护费用。

SaaS 是一种结合云技术的租赁服务模式，它消除了现场维护团队和设备维护的需要，使客户能够将精力集中在核心业务上，无须为设备管理而烦恼。这不仅提高了工作效率，降低了运营成本，还增强了业务的灵活性，使其更具有应对各种业务挑战的能力。

1. SaaS 的历史

SaaS 模型的起源要早得多，20 世纪 60 年代，计算机非常庞大且昂贵，很少有中小型企业能够负担得起购买计算机的费用，这也是 SaaS 行业诞生的原因，当时“SaaS 模式”被称为分时系统。该系统涉及多个哑终端（没有中央处理器，只有键盘和显示器），通过网络连接到大型计算机或小型计算机（通常使用轮辐式系统）。所有应用程序和数据都保留在大型计算机上。

之后，麻省理工学院在 1961 年推出兼容分时系统（CTSS），允许哑终端上的多个客户在称为时隙的一小段时间内在多个客户之间分配计算资源，同时在多个中央处理器（CPU）上使用多道程序和多任务处理。

随着 20 世纪 90 年代初计算资源成本的降低，整个模式发生了变化。公司有能力为员工购买个人计算机并通过局域网（LAN）连接它们，不再需要依赖多个员工共享一台计算机的分时系统。

然而，尽管如此，SaaS 行业并没有消失。相反，它只是适应了新的环境。早期应用程序托管在本地机器上，关键业务数据保存在中央服务器上，员工通过连接 LAN 来访问这些应用程序和数据，这可以看作云计算的早期形式。拥有自己设备的客户对硬盘空间的需求不断增加，费用增加。解决方案是利用外部数据中心存储设施和云计算服务。

2. SaaS 的云部署模式

SaaS 的云部署模式有四种，分别是公有云部署模式、私有云部署模式、混合云部署模式、多云部署模式。选择何种云部署模式取决于业务的具体要求。

- 公有云部署模式。公有云部署模式是指将软件应用程序部署在可供公众使用的云基础设施上。在这种部署模式下，软件提供商将其应用程序托管在云服务提供商的基础设施上，并通过互联网向客户提供访问。客户不需要购买、安装或维护软件，只需要通过互联网浏览器访问即可。这种部署模式为客户提供了灵活性和可扩展性，并减少了部署和管理软件的成本和复杂性。
- 私有云部署模式。私有云部署模式是指将软件应用程序部署在专门授权给单一公司或实体使用的云基础设施上。在这种部署模式下，软件提供商将其应用程序托管在为特定客户定制的云基础设施上，通常由客户自己或第三方管理和运营。与公有云部署模式不同，私有云部署模式通常提供更高的安全性和定制性，因为它只为特定的客户提供服务。这种部署模式适用于对安全性和数据隐私有较高要求的企业和组织。

- 混合云部署模式。混合云部署模式是指将软件应用程序部署在同时利用公有云和私有云基础设施的环境中。在这种部署模式下，软件提供商可以根据需要将应用程序部署在公有云或私有云中，并允许在两者之间灵活迁移。这种部署模式结合了公有云的灵活性和可扩展性，以及私有云的安全性和定制性，使客户可以根据实际需求选择最适合的部署环境。混合云部署模式通常通过标准化或专有技术来支持数据和应用程序的移动性，从而实现了更高的灵活性和可管理性。
- 多云部署模式。多云部署模式是指将软件应用程序部署在多个云服务提供商的基础设施上，从而充分利用各个云平台的优势。多云部署模式经常与混合云部署模式混淆。多云部署模式汇集了来自不同云服务提供商的多个公有云，而混合云部署模式则集成了公有云和私有云环境的功能。这种部署模式允许客户根据实际需求选择不同的云服务提供商，以满足特定的业务需求、地理位置要求或合规性要求。

1.2　SaaS、IaaS 和 PaaS 的区别

SaaS、IaaS 和 PaaS 代表云计算的三个主要类别。云计算是一种使用由不同服务器组成的网络的实践，这些服务器在云中在线托管、存储、管理和处理数据。

1. SaaS 概述

（1）SaaS 的特性

SaaS 具有一系列特性，这些特性使其成为企业客户青睐的软件应用模式。例如以下几个特性：

- 多租户。每个租户之间（数据）是不可见的，即使各租户可能会采用部署在同一套应用服务器上的方式。软件的应用服务和设施提供给多个租户。
- 定期更新。租户不需要手动更新应用版本，服务提供商在服务端推出新的应用版本后，自动更新其应用部署。租户对这种 SaaS 模式的更新是无感的，甚至都不用让租户暂停使用软件应用。
- 基于订阅模式。SaaS 以订阅付费为主。与其他传统的软件行业不同，它不需要客户在早期投入太多成本。通常，客户按年或者按月进行付费订阅。
- 可扩展性。SaaS 产品可以根据业务需求进行灵活扩展或收缩，无论是需要更多存储和额外的功能，还是需要更高的处理能力。

（2）SaaS 的优点

SaaS 已成为当前流行的商业模式，相比传统的软件项目，它

具有以下优点：

- ❑ 可灵活访问。客户可以通过任何设备和互联网浏览器随时进行访问，不需要受限于特定的硬件或软件环境。
- ❑ 简化运营管理。企业客户不需要进行安装、设备更新或传统的许可管理，这大大简化了运营管理的流程。
- ❑ 具有成本效益。SaaS 模式没有前期的硬件成本，并且采用了灵活的支付方式，如按需付费，使得企业可以根据实际使用情况进行支付，降低了成本压力。
- ❑ 具有可扩展性。客户在使用过程中可以随时根据需求增购产品功能，SaaS 系统的产品可以轻松扩展，能够适应多变的业务需求场景。
- ❑ 具有数据存储功能。数据通常保存在云端，企业不需要安排专门的数据运维人员来保障数据安全，大大简化了数据管理的流程。
- ❑ 提高安全性。SaaS 提供商在安全技术和专业知识方面投入大量成本，确保客户的系统和数据安全，提供了更高水平的安全保障。
- ❑ 支付结构透明。大多数 SaaS 提供商采用订阅模式，每月收取固定的账户费用，客户可以随时查阅、了解对应服务功能的费用，更加具体地分析预算成本，避免忽视隐藏的收费项目。

（3）SaaS 的缺点

虽然 SaaS 产品有诸多优点，但同时也存在一些缺点。

- ❑ 拥有控制权会增加成本。许多企业在使用 SaaS 产品时常常提出私有化部署的需求，希望能够拥有更多对 SaaS 产品的控制权。然而，这种私有化部署无形中会增加 SaaS 提供商的运营成本，因此，在控制权和成本之间需要权衡。

- **SaaS 产品品牌难以打造**。尽管品牌打造有助于加深客户对产品的认知和价值感知，但现阶段许多 SaaS 产品在市场上存在已久却仍然鲜为人知，这给品牌打造带来了挑战。
- **客户服务能力不足**。许多企业面临客户服务能力不足的问题。一方面是由于国内 SaaS 产品缺乏足够的客户服务人才，另一方面则是因为大部分企业更注重销售和获取客户，而忽视了客户服务的重要性。
- **SaaS 产品兼容性较弱**。企业在购买和使用 SaaS 产品时，常常会面临新旧系统数据迁移或同步困难的问题，以及在使用多个不同 SaaS 提供商的系统时如何打破信息孤岛的挑战。

2. IaaS 概述

IaaS（Infrastructure as a Service，基础设施即服务）为客户提供了基于云的替代本地物理基础设施的选择。它包括服务处理器、云存储空间、网络部署等。IaaS 允许客户按需购买资源。过去，许多软件开发公司选择购买硬件服务器进行本地化的服务部署和开发。而现在，它们转而购买云端的 IaaS 相关产品进行配套组合使用，从而减少了硬件设施的购买和管理成本以及风险。

（1）IaaS 的特性

IaaS 产品与 SaaS 产品一样，都具备良好的可扩展性，企业客户可以灵活地增购和配套使用 IaaS 产品，IaaS 企业通常提供现收现付的存储、网络和虚拟化等服务。

IaaS 有以下几个特性：

- 高度灵活和高度可扩展。
- 可供多个客户访问。
- 具有成本效益。
- 高数据安全性和存储独立性。

（2）IaaS 的优点

过去，企业在 IT 基础架构方面投入了巨大的成本，其中一部分用于硬件服务和软件安全维护，另一部分则用于运维。有些企业会选择委托第三方 IT 承包商（如 IDC）来进行运维，以确保硬件能够正常运行。

采用 IaaS 产品的企业客户可以按需购买资源和服务，而不需要为其他暂时用不上的服务和资源付费。客户可按需租用 IT 组件和服务。这种灵活性使得企业客户可以轻松地扩大或缩小资源规模，而不需要担心扩展服务过程中可能产生的成本和硬件兼容性问题。

此外，IaaS 产品的服务控制权完全交由企业自行掌控，因此企业不需要耗费成本来寻找第三方 IT 承包商进行维护。同时，自动化也是 IaaS 的一大优势，企业可以非常轻松地实现服务器、存储和网络的自动化部署。

（3）IaaS 的缺点

随着云应用的普及和 IaaS 产品的成本效益被放大，许多企业正在逐步将本地化部署的系统应用迁移到 IaaS 云上。然而，这种迁移也带来了一些限制性的问题。

- ❑ 存在系统遗留问题。我们在将应用系统迁移到云上时，需要充分地了解和审查系统应用的技术及内部组件的版本兼容问题，尤其在早期，政府、大型企业中很多旧的系统都不是基于云服务来设计的，如果要进行迁移，需要进行一些必要的配置或者应用技术的升级改造。
- ❑ 安全性弱。企业虽然能够在云上控制应用程序、数据、中间件和操作系统平台，但是企业自己无法保证 IaaS 环境中的云安全，所以在购买和选择云服务提供商时，要关注服务水平协议（SLA），了解各云服务提供商的安全义务范围和最新的安全威胁及其补救策略至关重要。
- ❑ 依赖程度高。企业在使用云服务提供商提供的 IaaS 产品过程中，数据完全依赖提供商和第三方，有时候会面临 IaaS 停机的情况，这将会限制企业对应用程序和数据的访问。例如，某云由于服务故障导致众多购买其云服务的企业系统出现无法正常访问的情况。

3. PaaS 概述

PaaS（Platform as a Service，平台即服务）为开发人员提供了一个可以用来构建自定义应用程序的框架。这种服务模型不仅提供了必要的开发环境，还包括操作系统、编程语言执行环境、数据库和 Web 服务器等。PaaS 不是将软件通过互联网交付给客户，而是提供了一种开发环境，开发人员可以在其中创建、测试、部署自己的在线软件和应用程序。这种模型可以大大简化应用程序开发流程，更重要的是，它可以让开发人员专注于应用程序开发，而不需要担心基础设施的建设和管理。

举个通俗易懂的例子：这类似于租用场地进行表演与自己建造场地进行表演之间的区别。场地保持不变，但你在该场地中创造的东西是独一无二的。

（1）PaaS 的特性

PaaS 为软件开发工程师提供研发平台，使得开发工程师更加专注于应用程序的实现，而不是软件外部的环境配置和架构搭建。

PaaS 产品的交付方式与 SaaS 产品的交付方式有许多相似之处，但二者之间存在着一个重要的区别，那就是，使用 PaaS 产品的客户无法直接访问在线的软件应用，而是访问在线的开发平台。这意味着，客户实际上是在访问用于软件研发的工具和资源，而非直接解决业务问题的应用程序。换句话说，PaaS 提供的是一个用于开发、测试和部署软件应用的平台，而非像 SaaS 那样的完成型的业务解决方案。

PaaS 有以下几个特性：

- 多客户访问和并行协作。
- 应用建立在虚拟的技术基础上。为了满足业务适应性的需求，PaaS 提供商对技术底层进行了组件封装，使得软件开发人员能够更加方便地进行应用开发。
- 基于第二个特性，现在市面上越来越多的 PaaS 产品能够为客户提供更加简单便捷的操作和应用适应性，许多并不具备开发技术的人员也能够很好地使用它们。

（2）PaaS 的优点

PaaS 的主要优点是简化研发流程，提供可创建、定制软件的平台，快速构建产品功能和数据流，减少代码编写的成本和时间。对于不明确系统应用场景和功能的企业，PaaS 可以降低研发风险和成本。因此，PaaS 有以下几个非常显著的优点：

- ❑ 具有动态扩展性。随着企业的业务不断发展，客户数量和访问量开始增加，企业的应用服务需要更多的资源才能够满足客户的需求。这个时候扩展资源会增加企业的成本。但是由于 PaaS 具有扩展机制，它的资源可扩展性是默认提供的。它可根据应用程序服务的客户数量自动分配和释放必要的资源，企业自身并不需要过多担忧应用程序资源使用不足的情况。
- ❑ 具有成本效益。企业不需要在后续客户或者业务量增加时，增加额外的资源和成本投入。另外，使用 PaaS 产品的企业享有较低的投入成本，因为它不需要硬件和软件，其配置和维护软件不涉及任何费用，不需要在基础设施方面进行投入。
- ❑ 上市速度快。PaaS 可以加快应用程序的创建和上市。与传统的软件开发相比，应用程序的开发生命周期缩短了，更多的新产品可以更快地进入市场。
- ❑ 软件安全性高。PaaS 提供商在安全技术和专业知识方面投入巨资，能够确保客户应用程序的安全性。

（3）PaaS 的缺点

- ❑ 操作被限制。大多数企业采用 PaaS 的目的是加速产品上线，但往往也面临着自己创建的应用程序在 PaaS 的解决方案中无法实现或者无法兼容的问题。例如，某一功能业务场景需要解决自动化工作流程的问题，但是 PaaS 产品并不支持这一控件的应用。最后不得不放弃该功能，导致应用程序无法构建完整的功能解决方案。

- 依赖性更强。PaaS 提供商为客户提供了创建应用程序的便捷的基础设施和软件工具平台，但客户高度依赖 PaaS 提供商也成为其缺点之一。客户会发现，一旦选择了某个 PaaS 提供商，并在其提供的平台上搭建了自己的应用程序后，会与 PaaS 提供商进行强关联的绑定，未来难以脱离其约束。此外，当 PaaS 提供商调整 PaaS 产品的解决方案或者出现故障的时候，也会影响到客户在其平台上所运行的应用程序。一旦 PaaS 提供商停止服务，损失将无法估算。
- 存在数据安全问题。在使用 PaaS 服务的时候，应用程序数据需要通过 PaaS 云的解决方案进行处理，这会使得数据（可能是业务数据、系统运行日志、软件开发流程数据或架构流程数据等）被存放在云端。这些敏感的数据和机密会存在泄露的风险，所以客户在选择 PaaS 提供商的时候，需要关注相关的 SLA 和服务能力。

4. IaaS、PaaS 与 SaaS 的对比

IaaS、PaaS 与 SaaS 的对比见表 1-1。

表 1-1　IaaS、PaaS 与 SaaS 的对比

对比项	IaaS	PaaS	SaaS
使用者	网络架构师	开发人员	最终客户
访问形式	IaaS 允许访问虚拟机和虚拟存储等资源	PaaS 为应用程序的部署和开发工具提供了对运行时环境的访问	SaaS 为最终客户提供访问权限
定义	通过互联网提供虚拟化计算资源的服务模型	一种云计算模型，可提供用于开发应用程序的工具	云计算中的一种服务模型，通过托管软件使其可供客户端使用

（续）

对比项	IaaS	PaaS	SaaS
使用要求	客户需要具备技术知识才能使用 IaaS 服务	客户必须掌握相关技术的基本知识以及 PaaS 平台服务提供商所提供的工具使用规范，才能了解 PaaS 服务的设置	不需要了解任何技术细节即可理解和使用 SaaS；服务提供商可以处理一切
预计未来上升趋势	有约 12% 的增量	有约 32% 的增量	在云计算模型中有约 27% 的增量
使用案例	阿里云（Alibaba Cloud）、腾讯云（Tencent Cloud）、华为云（Huawei Cloud）等	阿里云云原生（Alibaba Cloud Native）、百度智能云（Baidu AI Cloud）	阿里巴巴的钉钉（Ding Talk）、腾讯的企业微信（WeCom）

1.3 SaaS 与项目定制化如何平衡

一家初创 SaaS 企业到底是坚持走 SaaS 产品化还是有选择地接受一些项目定制化服务，这是在行业内常被抛出来的问题。每个人的立场不同，看问题的角度多样，说法也无法统一。但从当下市场的发展趋势以及行情来看，笔者建议初创 SaaS 企业先不要纠结这个问题，因为“活下去”才是最应该被探讨的问题。

1. 如何看待标准化和定制化

选择 SaaS 产品标准化还是定制化的判断标准是 SaaS 企业的人工成本是否会随着业务规模的扩大而增加。

在项目定制过程中，客户在项目的实施交付中支付项目成本以及人工成本。每个项目的定制都不一样，其大部分的系统功能和场景无法直接在其他客户身上反复被应用。当然，现阶段大部分软件厂商会将过往一些产品项目进行模块化封装，用于二次开发和交付。

SaaS 产品标准化，能够实现产品驱动增长和规模化的复制，使得 MRR（月度经常性收入）或者 ARR（年度经常性收入）更具持续性。服务客户越久，客户产生的价值越高。

在服务于定制化的项目时，企业可以深入了解客户需求，通过深挖业务场景和行业问题，将一些核心的解决方案用于改进 SaaS 产品，这是一个行之有效的途径。

SaaS 企业可以通过不断地探索定制项目的经验，将其嵌入可以转化为产品逻辑和标准化的领域中，这样的 SaaS 产品解决方案更能经得起客户和市场的考验。这也是为什么越来越多垂直行业的成熟 SaaS 创始人都已深耕该行业多年。

2. SaaS 企业如何在定制化与标准化之间进行平衡

SaaS 应用的核心原则是通过应用程序的共享多租户架构为尽可能多的客户提供产品服务，并且让客户在这种共享模式中获得业务收益。因此，SaaS 企业需要清晰地认识到自己产品的价值定位，以及如何放大产品价值效应的规模以服务客户。

过去，企业通过采用传统的项目定制方式（要么购买现成的本地化解决方案，要么聘请外包开发商）来做定制化系统。这种定制化的方式会使得部分业务场景和功能更加贴合企业的内部需求，但往往会带来较高的成本。同时，在采用项目定制的方式时，一旦早期调研和系统的设计有误，企业便不得不面对重新研发的风险。在这种研发不确定性因素的推动下，SaaS 的可交付产品模型成了最佳选择。

在设计 SaaS 产品时，企业需要深入了解行业痛点和客户的核心需求。在将解决方案抽象化和标准化时，还应预留具有功能差异化的定制选项和适配复杂场景的配置功能。这样可以确保产品既具备通用性，又能满足不同行业和客户的特殊需求。

当潜在客户或者正在服务的客户提出需要定制化功能时，SaaS 企业需要思考以下问题：

1）这个（定制化）功能是某个客户提出的还是一群客户提出的？

2）提出这个需求的客户与其他客户有什么共性和差异（客户分层分析）？

3）企业有没有能力提供这个功能？人力成本是否合理？

4）这个功能对于企业的 SaaS 产品来说，是起到促进作用还是拖累作用？它是否也适用于其他普通客户？

5）这个功能的调整是否导致 SaaS 原本的底层框架发生变化？

当然，这些问题并非一成不变，最重要的是企业通过深度思考这些问题能够更加全面地掌握定制化与标准化的平衡依据。

还是那句话：如果你是 SaaS 企业创始人，你当下最核心也是最紧迫的事情是确保你的 SaaS 产品能够“活”下去。只有活下去才能够更好地服务你的客户，也更有机会实现最终的 SaaS 产品价值。在是选择定制还是坚持 SaaS 这个问题上过多纠结，不会给你带来更多的收益。

1.4 国内 SaaS 现状

截至 2023 年年底，国内登记在册的企业总数约为 5826.8 万户。其中，民营企业超过 5300 万户，占企业总数的 92% 以上（数据来源：国家市场监管总局官方网站）。SaaS 企业服务对于中小企业的经营匹配度非常高，随着未来 SaaS 应用的普及，将产生一个万亿级市场。

近几年，我国在大力推行信息化、数字化政策。受宏观环境的影响，企业对降本增效的渴望更加迫切，SaaS 应用更加广泛。SaaS 产品服务群体增加，其行业的市场规模也将进一步扩大，未来 SaaS 更具备生态圈趋势。

艾媒咨询最新发布的《2024 年中国 SaaS 行业发展研究报告》数据显示，2023 年，中国 SaaS 行业市场规模达 555.1 亿元，预计 2027 年将超过 1500 亿元。

SaaS 企业纷纷通过技术创新和市场扩展，进一步提升其市场竞争力。新兴技术（如人工智能和大数据）的应用显著提高了 SaaS 产品的吸引力和功能性。

随着企业对数字化转型需求的不断增加，SaaS 产品将更加注重与具体行业的深度结合，并提供定制化解决方案，以满足不同行业的特殊需求。SaaS 厂商的底层逻辑也从流量互换向产品融合转变，集成与被集成的选择更加灵活。

现阶段，我国 SaaS 行业投融资金额相对稳定，投融资数量在逐年递减，大部分集中在头部企业，行业集中度有待提高。

我国 SaaS 行业产品大致被划分为两类：通用型 SaaS 产品与垂直型 SaaS 产品。

通用型 SaaS 产品如 CRM（客户关系管理）、ERP（企业资源计划）、协同 OA（办公自动化）、HRM（人力资源管理）等，不限定客户所在的行业，为客户提供统一标准的通用服务。这类 SaaS 产品目前提供的服务较为成熟，市场饱和度高。随着企业客户特定需求的出现，通用型 SaaS 提供商也逐步提供针对行业性问题的解决方案，以满足客户需求。

垂直型 SaaS 产品为特定行业（如电商零售、金融、医疗、农业等）提供 SaaS 服务。通用型 SaaS 厂商大多解决普遍性问题，而垂直型 SaaS 厂商更注重解决行业场景下的问题。相比于通用型 SaaS 产品，垂直型 SaaS 产品的解决方案更适用于本行业，并具备更多的本行业特性。例如，电商零售行业的有赞电商、医疗行业的决策易、物流行业的快递猫等。未来，提供针对性解决方案的垂直型 SaaS 产品将更容易获得企业客户的青睐和资本市场的追逐。

虽然我国 SaaS 市场目前仍处于蓝海阶段，市场规模巨大，行业价值可挖掘点多，但大多数 SaaS 厂商尚未实现盈利，更多的 SaaS 厂商依靠融资维持企业的正常经营活动。

造成大部分 SaaS 企业无法盈利的主要原因如下：

（1）获客成本过高，并且 SaaS 销售获客缺少系统性策略

销售传统企业软件与销售 SaaS 产品的思维方式是有区别的：前者是销售软件并进行交易，后者则是出售服务并获得提供服务的机会。

销售 SaaS 产品的目标是追求客户终身价值，因此许多 SaaS 企业将客户成功与销售和营销并行。迄今为止，这种思维方式的转变是大多数我国 SaaS 初创公司面临的主要问题之一——以销售传统企业软件的方式销售 SaaS 产品。

为了生存，许多 SaaS 企业不得不雇用一些销售人员来达到它们期望的收入。然而，SaaS 竞争的本质是敏捷开发的交付，以及通过发现和满足客户的新需求来增加销售的能力，而不仅仅是客户获取。

（2）SaaS 产品缺乏创新

在国内的 SaaS 行业中，客户留存一直是一个巨大的挑战。最主要的原因就是产品之间的同质化非常严重。大多数产品在功能和服务上的差异不明显，使得客户很难区分并忠诚于某一特定的品牌或产品。

一方面，越来越多的 SaaS 企业在产品设计和开发过程中互相借鉴和抄袭。这导致市场上出现了大量提供相似解决方案和客户业务场景的产品，使得产品本身的创新性和独特性大大降低。另一方面，当前市场上的很多产品解决方案过于单一，未能深入客户的实际业务场景中。这就导致产品在解决具体问题时，往往无法做到全面和彻底，无法完全满足客户的需求。这无疑也是导致产品同质化严重的一个重要原因。

以 SCRM（社会化客户关系管理）产品为例，在百度搜索关键词“SCRM”，出来的前 10 条结果中 90% 的内容描述很相似，而且产品的定位也出奇一致。客户在对众多产品的初次印象中很难评判哪款产品符合自己的需求。在进一步查看产品官网描述时，发现这类产品的解决方案基本一致，甚至有些功能的方案截图都极为相似。产品的解决方案缺乏差异化创新，使得客户无法对其产生深刻的印象，SaaS 企业最终只能在市场上打价格战，反复强调它们的产品极具性价比。

经常有 SaaS 创始人问：“现在市面上同类型的产品太多了，我们能不能采取降价补贴客户的方式来抢占市场？”

如果 SaaS 企业通过降价抢占市场，甚至逼迫竞品退出市场，结果无疑是两败俱伤，谁都不占便宜，甚至会拉低整个市场价值，影响 SaaS 产品在客户心目中的价值底线。目前在国内市场，多家 SaaS 企业在同一个细分市场上竞争，因此它们更注重营销而不是产品创新，最终形成打价格战的恶性循环。

付费客户使用 SaaS 产品的时间越久，越能够为 SaaS 企业带来足够的收益。所以，企业与其打价格战，还不如把有限的精力和金钱投入到研发创新方面，同时服务好现有的付费客户。商业应用的成功高度依赖于相关的领域知识，只有把 SaaS 产品打磨得更符合客户的需求，持续地为客户提供增值服务价值，才能确保 SaaS 产品成功。

希望各位 SaaS 从业者认真思考一下：企业客户使用 SaaS 的成本（不一定是指费用）很高，如果企业的 SaaS 产品无法提供"颠覆性创新"，那么企业客户选择它的动力在哪里？如果现有产品和新产品之间没有显著差异，企业客户为什么要更换正在使用的产品？

（3）国内企业客户的需求多样且复杂，难以规模化

国内 SaaS 企业都经历过将一套 SaaS 系统出售后，客户使用一段时间提出各种各样的定制化需求的问题。

如果做定制，那么无法负担高额成本；如果不做，可能会面临客户流失的问题。这也是为什么越来越多的人抱怨 SaaS 厂商未能在真正意义上满足客户的需求，这到底是 SaaS 厂商的产品创新能力不足，还是客户的需求过于多样化呢？

由于国内的市场需求更加多样化和复杂，要用一种产品来满足所有客户的需求是非常困难的。

1.5 SaaS 未来发展趋势

随着产业升级，越来越多的行业开始关注 SaaS 的特性，对 SaaS 的价值认知逐渐地提高，企业客户付费的习惯也逐渐被培育。

SaaS 从业者或创业者需要重点关注 SaaS 未来的几个发展趋势，以便 SaaS 产品解决方案能更好地跟上趋势发展。

1. 人工智能（AI）

时至今日，人工智能已成为当下最流行的发展趋势，它催生了全新一代的 SaaS 产品。我们看到许多行业巨头已经进入这个领域，例如，我们所熟悉的科技大企业——谷歌、微软和亚马逊都使用了人工智能的产品。另外，甲骨文公司也是 SaaS 市场有影响力的参与者，它把最多的资本放在机器学习和人工智能方面。

人工智能技术在 2021 年取得了一些重大进展，投资者对这一领域非常感兴趣，人工智能在一些垂直领域的应用已经开始颠覆这个行业的传统规则。行业专家预测它将继续增长，预计到 2028 年，人工智能的市值将达到 9978 亿美元。

总的来说，当今 SaaS 中机器学习最常见的应用是效率应用——大量的自动化替代手动流程并降低成本。人工智能在业务场景中为客户提供了优秀的响应能力和交互能力，实现了服务的自动化和个性化，提高了安全性，补充了人力。

人工智能与 SaaS 产品结合的发展方向如下：

（1）个性化

人工智能可以为 SaaS 产品带来个性化。软件与自然语言处理（NLP）等技术结合使用，可以自动处理人类语音模式和进行语音控制，并且可以跨客户服务功能进行部署，通过个性化定制来更好地满足客户的需求。

例如，星巴克在“我的星巴克咖啡师”（My Starbucks Barista）中发布了一项新功能，客户只需要通过语音就能订购食物和饮料以及进行移动在线支付，这大大节省了排队等候的时间。同时，客户还可以利用语音在线与人工智能互动，就像是在线与咖啡师进行交谈一样，并且这款人工智能产品能够根据过往客户的喜好和特殊口味进行智能化推荐。

这种基于客户交互通过人工智能和常规语音处理进行学习的能力，有助于企业设计迎合客户的客户界面。无人工智能能力的 SaaS 产品，会随着升级迭代在客户界面上增加越来越多的特性和功能，以填充客户的操作界面，但这会增加客户使用产品的复杂度和学习成本。

（2）提高决策速度

“降本增效”一直是企业所追求的宗旨，而支持人工智能的 SaaS 加快了内部流程和运营，使企业能够快速获得问题的答案，快速预测并加快整体响应速度。

过去，SaaS 业务场景在客户操作产品功能和业务审核下推动流程式的开展。然而，随着人工智能参与到 SaaS 产品中，这种业务流程的开展会更加迅速。系统能够替代客户执行一些常规的预测动作，从而加速客户的决策操作。

（3）数字智能

现在市场上出现了越来越多优秀的 SaaS BI（商业智能）数据分析产品，为企业提供了丰富的选择，未来这种基于 SaaS 人工智能平台的数据分析产品将在处理复杂的数据池时发挥更大的作用。

它们将能够动态地进行分析，调查新兴的消费者意图、兴趣和行为，同时整合来自各种渠道的宝贵数据并进行清理。通过对数据进行细分，并以提供最佳商业价值的方式加以利用，将帮助企业更好地理解和满足客户需求，提升市场竞争力。

2. 垂直型 SaaS

中国和美国 SaaS 行业的发展都是兴起于通用型 SaaS 产品，然后延伸于垂直型 SaaS 产品。目前国内通用型 SaaS 产品约占整体 SaaS 产业的三分之二。但是，趋势表明，垂直型 SaaS 产品开始在市场上被广泛应用，垂直型 SaaS 产品解决方案旨在提供特定的行业需求。

通用型 SaaS 产品旨在满足广大客户的需求，对一些特定的行业或者场景的支持不够深刻，解决方案没有创新，给客户一种“什么都想解决，但什么都解决不好”的体验。

垂直型 SaaS 产品通常由其所针对的特定行业里具有深厚行业知识的专业解决方案商所开发，这类产品能够让客户享受到所在行业里独有的流程设计功能和业务场景解决方案。

垂直型 SaaS 产品提供了以下价值：

1）商业价值。垂直型 SaaS 产品旨在满足其所在行业的需求，它能够为特定行业的企业提供高效的运营和达成绩效目标的方案，为企业带来更大的商业价值。

2）合理的数据治理。垂直型 SaaS 产品包括行业特定的数据清洗规则和合规性数据治理程序，对上下游业务链路的数据提供了更高的透明度，并且解决了业务流程中的信息孤岛问题，为企业提供了更具有决策依据的数据分析。

3）新的利基市场。垂直型 SaaS 以解决非常具体的行业痛点为核心，让行业内的企业客户对解决方案的需求度呈现上升趋势。先进的垂直型 SaaS 产品能够快速在市场上开辟出新的利基市场，加快融资进度。

4）加速企业信息化与数字化建设。大部分企业对信息化和数字化的认识并不深刻，对解决业务场景问题思考不足，常常是为了实现信息化而加速信息化，为了用系统而上云。这种对信息化认知不足的后果就是上线一大堆系统或购买一堆 SaaS 产品，但是无法通过系统将业务关联起来进行运营管理。而垂直型 SaaS 产品由于深耕行业，深知对应行业中的企业所面临的业务达成的阻碍和痛点，能够快速弥补业务环节缺口，加速信息数据交互。

5）更高的标准化程度。之所以越来越多的企业倾向于选择与自身对应的垂直型 SaaS 产品而不是通用型 SaaS 产品，是因为垂直型 SaaS 产品能够提供更高标准化程度的产品方案和业务场景。未来特定行业的垂直型 SaaS 产品提供商在日益激烈的市场竞争中，为了将自己的产品与竞品区分开来，会提供更高质量的产品和服务以满足客户的需求，这将催生出大量的创新解决方案，将特定行业的产品变得更加标准化和合理化。

3. 数据驱动的 SaaS

随着各行各业的数字化转型加速，各种规模的企业在政府信息化、数字化政策扶持和市场的激烈竞争环境下，都在利用大数据来提高竞争力，加速运营和战略决策。

企业对客户行为、市场趋势和更多洞察的数据分析需求越来越多，从数据分析中发现业务价值成为企业的渴望。由分析驱动的 SaaS 创新投资有望飙升。SaaS 提供商看到了这个机会，并不断地研发具有集中式仪表板的高级 BI 工具。

这种由数据驱动产生的 SaaS 数据产品在分析方面更加集中，使客户能够从单一的数据场景变成多维度的数据分析，并且利用动态绩效数据发现新的业务洞见。

4. 机器学习（ML）结合 SaaS

与人工智能类似，预计未来几年，机器学习在 SaaS 行业内的应用将会实现大幅增长。随着客户业务的不断变化和场景的逐步复杂化，对 SaaS 产品的解决方案和功能提出了一些新的挑战。然而，机器学习的强大能力使得 SaaS 产品的解决方案得以自我改进，进而提高运营效率和智能化水平。

数据预处理、面部识别、数据可视化、自然语言处理、预测和预防分析以及深度学习等都是基于机器学习的场景功能。这些功能大大提升了产品的性能和客户体验，也为未来的产品提供了更多可能性。预计未来，机器学习将会沿着产品服务的提供方向，衍生出更多新的业务形态，比如，机器学习即服务（MLaaS）。这将为 SaaS 行业带来更多的机遇和可能性，同时，也将为客户提供更多的选择和便利。

5. 集成生态 API（应用程序编程接口）链接

企业的业务场景随着业务的开展不断进化和向外延伸，单一的 SaaS 产品的解决方案很大程度上会受到限制。而随着 SaaS 解决方案的需求的爆发式增长和在市场上被采纳，出现了将多个 SaaS 产品的解决方案集成到现有业务系统中的需求。例如，有的企业很早之前就已经有自己的供应链 ERP 系统（自主研发或者租赁 SaaS 产品），随着业务的发展，在原系统上产生的业务数据现在需要进行集成分析。这时候，企业会希望有一款能实现数据分析的产品（如 SaaS BI 系统）进行业务数据的集成式分析，但是有的 SaaS 提供商没有提供完整的集成解决方案，或者其解决方案并不自动化和人性化。例如，有的 SaaS BI 系统没有提供对接外部系统数据源的 API，所有的数据分析都需要客户自行将数据通过 Excel 进行导入。这种复杂的方式大大降低了客户采购的欲望。

有的 SaaS 提供商采用重定向的方式，将客户重定向到第三方系统中，以便提供特定的 API，使客户能够将云解决方案集成在其现有的系统中。虽然这种方式在某种程度上能够解决客户业务场景的需求，但是对客户的留存起到了相反的作用。

对于 SaaS 初创企业来讲，需要保证自己产品的核心竞争力，专注于开发具有差异性的核心功能，而其他非核心场景可以依靠第三方 API 引入，以打造全链路的完整业务场景，为产品早日上市提供宝贵的时间和资源。

现在越来越多的 SaaS 提供商倾向于提供更强大的集成功能，而不是将其客户重定向到第三方系统中。未来集成生态 API 链接将成为 SaaS 产品发展的另一大趋势，尤其是在垂直领域内会被广泛地应用。

如果 SaaS 提供商计划与外部服务提供商集成生态 API 链接，应该事先了解以下几个问题，以确保集成方案符合客户业务的需求。

1）外部服务提供商能够为将 SaaS 集成到现有业务系统中的产品提供哪些功能？

2）在集成的过程中，SaaS 提供商的 SaaS 数据是否受到保护？

3）外部服务提供商是否可以集成 SaaS 提供商的旧版本系统？

6. 迁移到 PaaS

企业在进行数字化转型时遇到的最大挑战是缺少专业人才与研发工程师。该挑战不仅大型企业会遇到，在预算有限的中小企业中也普遍存在。这种低成本的试探性 SaaS 解决方案成为企业迫切的需求。这类市场需求的增长，使得低代码与无代码平台迅速地普及。

企业采用低代码平台，可以加速开发和部署新的应用程序，以验证内部业务流程场景的合理性和效率的提升能力。随着 SaaS 行业的发展和创新解决方案的替代，许多 SaaS 提供商将重点放在客户的留存上，而不是客户的获取上。预计未来 3 到 5 年，SaaS 将进一步迁移到 PaaS 领域，使企业能够构建自定义应用程序以作为其原始服务的附加组件。Salesforce 和 Box 等公司最近推出了以 PaaS 为中心的服务，以期在其利基市场占据更大的市场份额，预计这种 SaaS 趋势在未来将变得更加普遍。

1.6 本章小结

客户采用 SaaS 订阅模式就如同租车一样，不需要支付整台汽车的购买费用、保险费和维修费用等，只需要按时（按租用的天数或者行驶的公里数）付费使用即可。

IaaS（基础设施即服务）是指提供基于云的计算资源，如虚拟机、存储空间和网络等，客户可以按需购买和管理这些基础设施，而不需要自行购买和维护物理服务器。

PaaS（平台即服务）是建立在基础设施之上的一种服务模式，它为开发人员提供了一个完整的开发平台，包括操作系统、开发工具、数据库和服务器等，使开发人员可以在云环境中快速构建、部署和管理应用程序。

SaaS（软件即服务）是一种软件交付模式，客户通过互联网访问和使用基于云的应用程序，而不需要安装和维护软件。SaaS 提供商负责软件的运行和维护，客户只需要按需订阅并支付使用费用。

SaaS 的三种不同云部署模式分别是公有云部署模式、私有云部署模式和混合云部署模式。

选择 SaaS 产品标准化还是定制化的判断标准是 SaaS 企业的人工成本是否会随着业务规模的扩大而增加。

SaaS 应用的核心原则是通过应用程序的共享多租户架构为尽可能多的客户提供产品服务，并且让客户在这种共享模式中获得业务收益。

未来，SaaS 与人工智能的结合会成为行业的主流发展趋势。越来越多的 SaaS 厂商将试图把 SaaS 产品与人工智能结合起来，进行技术和场景的升级。

第2章 CHAPTER

SaaS 产品管理

在现代商业环境中，科学的产品管理和运营至关重要。尽管许多企业将产品管理视为产品经理的职责，但实际上，任何涉及产品的工作内容都应该由团队中的每个成员共同承担责任。因此，企业中的每个人都应该理解并积极参与产品管理。

本章从产品经理的视角出发，探讨 SaaS 产品的管理流程以及产品管理所需的核心能力。此外，销售和运营人员也能够通过学习本章内容更好地理解和参与产品管理工作。

一个优秀的产品需要量化衡量。在本章，笔者将通过描述 SaaS 产品管理中常见的指标，以及这些指标的衡量方法，向读者展示一个优秀的 SaaS 产品应该如何被管理。

2.1 SaaS 产品经理

SaaS 产品经理是负责整个产品生命周期和产品路线图规划设计的人，其目的是确保目前产品的功能和解决方案被用户采纳，同时制订未来的产品计划。

2.1.1 SaaS 产品经理的职责

在国内，对 SaaS 产品经理的职责定义通常比较模糊。一方面是因为产品经理这类“迷你型 CEO”需要同时关注多个方面，并与不同的岗位和部门打交道；另一方面则是因为企业在设立这个岗位时，并未弄清楚这个岗位具体需要做什么，以及怎么做才能够为企业带来价值。

然而，随着时间的推移，SaaS 产品经理的角色已经逐渐多样化。虽然不同企业对 SaaS 产品经理的职责要求各不相同，但仍然存在一些共性的职责。

1. 识别产品机会

SaaS 产品经理的第一项活动就是识别并确定产品机会。对大多数 SaaS 产品经理而言，识别产品机会可能会比推进产品迭代更加有难度。识别产品机会需要挖掘更深层的用户隐性需求，而大多数产品经理在识别产品机会时，仅关注用户反馈的表层需求和业务场景。

识别有效的产品机会的能力将成为 SaaS 产品经理最核心的竞争力。

产品机会可以是开发新产品或者改进现有产品。SaaS 产品经理需要了解趋势、最新数据、用户反馈情况等，然后结合公司的战略规划制定产品战略并实现产品战略。

2. 制定产品战略

国内大多数企业的产品战略可能由高级产品经理或管理层直接制定或提出方向。但 SaaS 产品经理必须要清楚，如果无法为自己的产品制定战略，那只能是产品执行者。

产品战略描述了企业如何通过其产品实现企业目标，并且解释了产品将解决的问题以及它将对用户和业务产生的影响。SaaS 产品经理的产品战略是创建产品或者功能路线图，列举出产品研发团队为了完成企业目标必须要在什么时间段完成什么任务。

产品战略的制定需要在产品的整个生命周期里持续地优化和调整，70% 以上的企业在做重要决策时，会参考产品战略。因此，SaaS 产品经理在制订战略时，必须要制订详细而全面的计划，并且确保每一项任务都能按时正确地执行。产品战略可作为衡量产品基准收益的依据。

3. 市场调研分析

B2B SaaS 商业模式的成功非常依赖于市场调研分析，市场调研存在于 SaaS 产品生命周期的任何阶段，这主要是由于产品与市场匹配指标和用户需求在不断变化。

有些企业会专门成立 MRD（Marketing Research Department 市场调研部门），负责收集广泛的市场数据。另外，也有些企业在招聘 SaaS 产品经理时，特别注重其具备数据科学方面的背景。

市场调研是 SaaS 产品经理的一项非常重要的能力和职责，它能够为 SaaS 产品经理制定产品战略和规划提供方向。

4. 监督产品设计

SaaS 产品经理在交付产品设计方案并经过需求评审后，还需要时刻关注产品迭代的过程，监督产品设计方案的实现是否符合预期效果和时间安排。

关于监督产品设计过程，很多公司内部会有一套标准的流程。典型的流程是，SaaS 产品经理与技术人员、设计师等进行需求评审后，进入研发阶段，这个时候基本上 SaaS 产品经理不需要参与其中，等到进入 UAT（User Acceptance Test，用户验收测试）阶段时，SaaS 产品经理再介入测试和验收上线。

在大多数成熟 SaaS 企业或初创 SaaS 企业中，SaaS 产品经理会承担着项目经理的职责，他们需要关注和监督产品的设计和研发阶段。在这个时候，SaaS 产品经理就不能等到进入 UAT 阶段才去验证产品设计的效果，而应从一开始就加入监督队列。

5. 沟通协调能力

沟通协调能力是 SaaS 产品经理最核心的能力之一，也是考核一个 SaaS 产品经理能力等级的核心指标。SaaS 产品经理具备好的沟通协调能力，能够为产品推进和落地起到积极的作用。

为什么要把沟通协调纳入 SaaS 产品经理的职责呢？因为 SaaS 产品经理是协作的中心点，每个部门都需要他们的工作指导和协调。所以，应将沟通协调当作 SaaS 产品经理的职责，并且将其归纳为三个核心点：

1）SaaS 产品经理需要与团队成员合作打造成功的产品。

2）领导力是 SaaS 产品经理作为产品领导者角色的关键，沟通协调是其领导力最直接的表现方式。

3）一个产品的成功离不开利益相关者的支持和信任，SaaS 产品经理需要协调利益相关者团结一致，共同推动产品的实现。

沟通协调是 SaaS 产品经理传达产品愿景和战略的方式之一，也是其至关重要的职责所在。SaaS 产品经理需要阐明正在构建的产品内容，以及它为何如此重要，它如何解决用户问题。沟通是双向的，SaaS 产品经理也需要成为有效的倾听者。在 SaaS 产品经理的圈子里流传着这样一句话："认真地聆听，但是不一定照做。"

SaaS 产品经理通过沟通了解到团队面临的困难和他们正在做的事情，这样可以确保团队的努力与企业的产品路线图保持一致。更重要的是，SaaS 产品经理还必须综合利益相关者和用户的反馈，以便了解什么对他们来说是重要的。

作为一名优秀的 SaaS 产品经理，面临的最大挑战通常是满足利益相关者的期望。让每个利益相关者都保持一致并步入正轨是一项挑战，而且很容易陷入细节的困境。但是通过明确的沟通，SaaS 产品经理可以避免这些陷阱并构建满足用户和利益相关者需求的成功产品。

6. 与用户合作

应以用户为中心，围绕着用户的需求交付场景解决方案。SaaS 产品经理需要根据用户的反馈与其建立起积极的合作关系，如果不能有效地完成这项任务，企业的产品会在用户的选择队列里被排除掉。

无论是在 B2B 行业，还是在 B2C 行业，SaaS 产品经理都必须要深入了解自己所面对的目标人群，并且与目标人群建立紧密的联系。这种紧密的联系和对用户的了解，能够让 SaaS 产品经理比竞争对手更有效地满足用户的需求。同时，SaaS 产品经理也更能够创造出产品的差异性，让用户深刻地认识到为什么 SaaS 产品经理是解决其问题的最佳人选。

与用户合作的同时，SaaS 产品经理还需要不断地监控和预测用户的需求。随着市场上涌现出越来越多类似的竞品，用户能够获得更多的选择机会和产品信息，在选购的时候变得更加挑剔，也更加愿意去分享自己对产品的感受。SaaS 产品经理需要抓住每一次与用户合作的机会，并且积极与用户沟通，预测用户的想法，积极提供自己经过深思熟虑而得出的解决方案。

7. 管理利益相关者

SaaS 产品经理必须与众多利益相关者建立起相互尊重的关系，并维护其利益。无论产品的结果是正面的还是负面的，都取决于利益相关者的决定。因此，SaaS 产品经理需要确保有效地管理利益相关者，这是至关重要的，也是非常难以实现的任务。

一个不受利益相关者支持的产品在很大程度上无法取得成功。特别是对于 B 端 SaaS 产品经理而言，产品涉及的业务层面较多，利益相关者也更为复杂。那么，什么是产品的利益相关者呢？简而言之，利益相关者是指产品的成功能让其获得既定利益的任何人，因此利益相关者包括所有接触到产品资源的角色，比如：

- ❑ 产品赞助商、组织领导者和决策者：关注产品最终业务成果。

- 开发人员：拥有将构想变为现实产品的所有权。
- 设计师：负责产品的视觉传达和用户体验。
- 营销团队：专注于如何与关键受众交流产品。
- 销售团队：处于第一线，对用户有最深入的了解。
- 投资者：只关注投资回报率。
- 最终用户：产品核心。

SaaS 产品经理需要识别产品的利益相关者，因为每一个利益相关者都是产品成功不可或缺的一部分。SaaS 产品经理需要站在每个利益相关者的角度，利用同理心提取出最核心的关键点，并维护其价值和利益点。

因此，SaaS 产品经理在对利益相关者进行目标管理的时候，需要让每个利益相关者明白这样做对他们有什么好处；需要时刻关注每个利益相关者在产品的生命周期里想要和需要什么东西，维持各个利益相关者的利益平衡。

要做好对利益相关者的管理，是一件非常难的事情。大多数 SaaS 产品经理对利益相关者维护的侧重点是上级领导、负责人或者用户的直接利益。这将导致得不到其他利益相关者的合理支持，企业产品销售的成功率将会大打折扣。

作为 SaaS 产品经理，其工作之一就是要彻底地了解产品利益相关者。这需要 SaaS 产品经理提高识别关键利益相关者的能力，了解他们需要什么，以及什么驱动他们追求利益价值，然后利用洞察力调整沟通策略和方式。

关于 SaaS 产品经理对利益相关者的管理，有以下几个步骤：

1）找到关键利益相关者并识别他们的核心诉求。不同的利益相关者，对企业产品的关注点和需求是不一样的，SaaS 产品经理需要将他们识别出来，并且做好分类，以便后续区别对待和沟通。

2）制定利益相关者的优先级。在产品生命周期的不同阶段，利益相关者对产品的感受和影响程度都不一样。所以 SaaS 产品经理需要在不同的阶段梳理出利益相关者对产品的影响程度和重要性，如图 2-1 所示。例如，在产品立项和早期阶段，产品拥护者或领导对产品的影响是非常大的。而一旦产品上市，用户对产品的影响更大。对于每个利益相关者，SaaS 产品经理可以问问自己：他们对产品有多重要？他们的影响力有多大（如果他们愿意，他们可以创造或破坏项目路径）？他们对最终结果有多感兴趣？

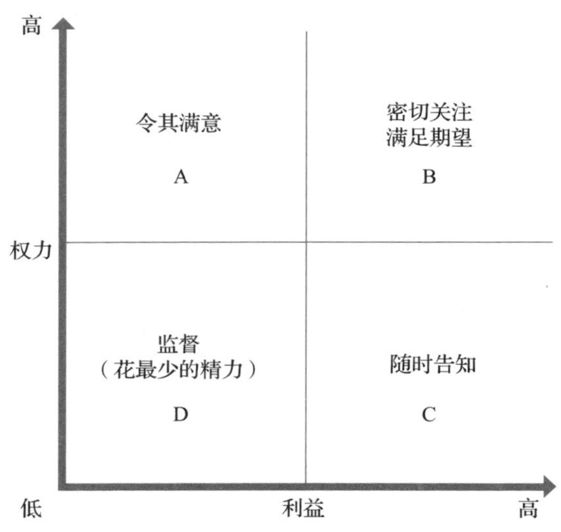

图 2-1　利益相关者分析中的权力 / 利益网格数据图

3）持续获得利益相关者的支持。获得利益相关者的支持并不是一次性的任务，需要 SaaS 产品经理与他们建立长期稳固的合作关系。获得产品利益相关者持续有效的支持是一件难度非常大的事情，因为产品利益相关者对产品的影响力会随着产品线的生命周期发生变化，同时，产品利益相关者对产品的关注目标也会发生变化。

以下几点是 SaaS 产品经理在与产品利益相关者保持互动过程中需要特别关注的：

- **SaaS 产品经理需要与产品利益相关者保持沟通渠道的畅通。**SaaS 产品经理需要持续地更新自己的产品利益相关者分析中的权力 / 利益网格数据图，了解哪些人群只需要知道事情的进展，哪些人群需要关注具体的功能设计或产品迭代方向等。请记住，同理心非常重要，要多站在利益相关者的角度去思考和沟通。此外，不能因为太忙而忽视了保持沟通的习惯，SaaS 产品经理需要通过沟通告诉每个利益相关者他们需要知道什么以及何时知道这些信息，以促进信任和加强联系。
- **积极地寻求反馈，并做出回应。**有些需求看起来很奇怪，但是请勿轻视。SaaS 产品经理要始终以相对友好的心态去接收这些反馈，并且积极回应。只有这样，SaaS 产品经理才能让更多利益相关者源源不断地给他们提供正向的反馈，并且无论反馈是否正确，都应及时给予回应。沟通有一种非常有效的方式：跟任何人沟通，请认真地听他说什么（事实），而不是关注他怎么说（说话的态度或语气）。
- **与利益相关者有冲突很正常，但要学会反思。**很多人一看到冲突二字，就认为这是不好的事情，甚至想办法逃避冲突。与利益相关者发生冲突是 SaaS 产品经理职业生涯里最不能避免的事情，有时越想要避免，就越容易发生。无论多么努力地对利益相关者进行管理，冲突总会出现。请记住，永远不可能让所有的人都满意。SaaS 产品经理在对利益相关者进行管理的时候，要时刻保持公正的心态。否则，结果就是必须要以牺牲企业的产品成功作为代价。冲突无法避免，SaaS 产品经理需要提前做好应对冲突的准备，调整好自己应对冲突的心态。将每一次冲突转变为一次新的机会，记录下这些冲突发生的时刻，以作为自我复盘或团队复盘的思考依据。

8. 持续改进产品

众所周知，"慢生意"需要长期的资金投入和产品的迭代。因此，SaaS 产品经理必须在发布前和发布后不断地改进产品。现阶段，市场上的 SaaS 产品同质化非常严重，产品差异化的设计显得尤为重要。在产品管理过程中，要求 SaaS 产品经理不断地对产品进行分析、测试、改进，不断地制定新的产品策略。

在 SaaS 领域取得成功的关键是解决实际问题，而差异化是吸引用户的有效途径。SaaS 产品经理对当前解决方案的目标用户的痛点了解越多，就越能够持续地交付出有效的产品方案。

2.1.2　SaaS 产品经理的核心能力

SaaS 产品经理需要具备六大核心能力，如图 2-2 所示。

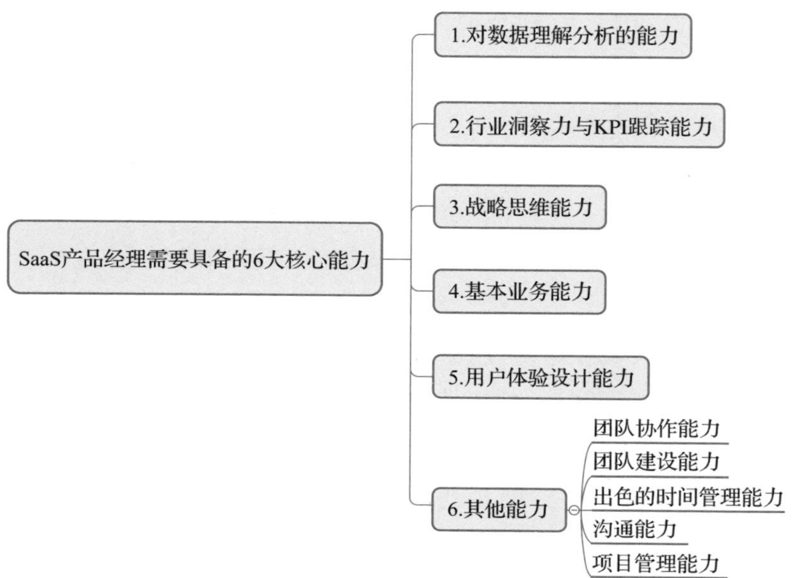

图 2-2　SaaS 产品经理需要具备的六大核心能力

1. 对数据理解分析的能力

很多 SaaS 产品经理喜欢把编写 PRD（产品需求文档）和做原型设计的能力放在第一位。但具备这些能力并不能代表他们已经成为合格的 SaaS 产品经理。SaaS 产品经理需要有对数据理解分析的能力。

SaaS 产品经理需要理解和关注一些常规的数据指标含义，以及每一项数据指标背后的意义和逻辑，例如：

- 网站分析指标：UV（独立访客）、PV（页面浏览量）、点击率、转化率、网页停留时间、网站停留时间、跳出率。

- 渠道分析指标：新增用户数、用户转化率、渠道 ROI（投资回报率）、渠道流量、渠道流量占比。
- 活动效果指标：活动点击率、活动参与人数、活动转化率、活动 ROI。
- 收入指标：付费人数、转化率、订单数、客单价、GMV（商品交易总额）、复购频次、毛利率、毛利额。
- 用户类型指标：新增用户、活跃用户、留存用户、回流用户、流失用户等。
- 用户价值指标：用户最近一次下单时间、用户下单频次等。

在数据统计和分析工具匮乏的过去，SaaS 产品经理依靠其过往经验和敏锐的市场嗅觉进行产品的规划和迭代方向的指导，而不是利用数据驱动来完成决策。

现在有越来越多的数据分析工具，例如，Smartbi、神策数据、友盟 +、GrowingIO、百度大数据分析等。这些工具能够很好地帮助 SaaS 产品经理进行数据分析，但是依旧有一些 SaaS 产品经理对数据的解释不够准确，这需要有针对性地进行训练。

用户在使用 SaaS 产品的过程中，会产生大量的数据。对于 SaaS 产品经理来讲，分析和解释数据的能力尤为重要。利用数据驱动指导 SaaS 产品的迭代和设计方向，成为未来 SaaS 产品非常核心的竞争能力。

2. 行业洞察力与 KPI 跟踪能力

未来，行业洞察力一定会成为 SaaS 产品经理的稀缺能力。

SaaS 产品经理需要关注其所在的市场及行业的趋势，并能够设置和跟踪关键 KPI，例如，用户获取成本、用户转化率、每日活跃用户数、功能使用情况、用户流失率、净推荐值、用户满意度和用户终身价值。

SaaS 企业的市场竞争非常激烈，建议 SaaS 产品经理每天至少抽出 2 小时来关注市场动向、竞品迭代趋势和行业动态，同时积极主动地思考自家产品的创新价值和差异化构建能力。SaaS 产品经理要懂得市场分析，了解本行业的趋势；利用数据和用户反馈来找到所有重要产品与市场的契合度。

推荐一些行业洞察相关的资讯网：艾瑞咨询、199IT、国研网（国务院发展研究中心信息网）、极光行业洞察、Mob 研究院、36氪等。

3. 战略思维能力

国内大多数 SaaS 产品经理是不具备战略思维能力的，主要与职场环境有关，大部分战略方向和规划掌握在高层管理人员手中，导致他们未能在这方面得到训练和投入精力思考。

无论所在企业的定位和职责是什么，作为 SaaS 产品经理，战略思维能力一定是要具备的。这是快速区分优秀 SaaS 产品经理与普通 SaaS 产品经理的标准。成为优秀 SaaS 产品经理是需要具备战略思维的，否则，就仅是一个产品工具人。

战略思维只是一种理性的思维，专注于分析影响企业、团队或个人长期成功的关键因素和变量。它并不是与生俱来就拥有的，而是需要后天的努力和刻意的锻炼加以培养。

战略规划需要具备良好的预测能力，批判性、理性和逻辑思维，归纳和演绎推理能力，果断决策能力，在正确的时间提出正确问题的能力，良好的授权能力，以及设定现实目标并在必要时坚持或更改它们的能力。

最终，战略分析会导致在竞争激烈、不断变化的环境中产生所需的清晰的目标、计划和新想法。这种思维方式必须考虑经济现实、市场力量和可用资源。

4. 基本业务能力

SaaS 产品脱离不了业务场景，笔者从未见过一个 SaaS 产品能够不考虑业务场景的适用性来满足业务需求的。所以，SaaS 产品经理需要对自己所在的行业或者服务的用户群体的业务有所了解，并且熟悉阻碍他们业务目标达成的问题。

作为 SaaS 产品经理，请勿忽视基本业务能力。如果 SaaS 产品经理不具备基本业务能力，那么很难与行业用户进行同频率的沟通，甚至无法用同理心来感受用户的隐性需求，这会对产品及其开发产生直接或间接的影响。

掌握基本业务能力的快速办法就是与所在行业的业务用户进行沟通。

5. 用户体验设计能力

企业使用了 UX（User Experience，用户体验）设计不友好的 SaaS 应用服务，不但无法给企业带来预期内的“降本增效”效果，反而会让整个组织的协作陷入“泥潭”。

SaaS 产品经理需要明白，用户体验设计的目标是用户在与产品交互的过程中感受到实用性、易用性和乐趣，从而提高满意度和忠诚度。

用户体验设计是一个多维度的概念，它包含了很多不同的学科，比如交互设计、信息架构、视觉设计、可用性和人机交互。

用户体验是 SaaS 产品成功关键因素之一，因此 SaaS 产品经理需要拥有用户体验设计的基本知识并与用户体验设计师合作，给用户提供良好的体验。

6. 其他能力

其他常见的核心能力包括团队协作能力、团队建设能力、出色的时间管理能力、沟通能力和项目管理能力等。

真正懂业务的 SaaS 产品经理，其实是掌握了业务场景。

给新入行的想要快速成长的 SaaS 产品经理几个建议：

1）弄清楚所在行业的发展趋势。对所在行业的头部企业从商业模式、战略层和功能三大维度进行竞品分析。

2）找市面上口碑、评价都不错的三本与 SaaS 相关的书籍，先进行通读，再进行熟读。如果有条件，可以选择跟一两位行业领军人物进行沟通。

3）把遇到的问题和困难记录下来，然后自己尝试去找解决方案。请记住，解决问题的方案一定不会只有一种。

4）想办法与业务相关人员建立良好的合作关系，因为未来 SaaS 产品经理的一切工作都离不开业务部门的协助。

企业过往的业务流程很重要，但不要完全依靠流程，尤其是在业务协作方面。一切制度化的标准都建立在合理化之上。

2.2 SaaS 产品管理概述

SaaS 产品管理是一种组织功能，它通过关注产品及其用户需求来指导产品生命周期的每一个步骤：从产品定位、开发到最终的定价上市。SaaS 产品经理对用户产生同理心，并将用户的需求传达给更广泛的组织。SaaS 产品经理与开发团队合作最密切，但也需要从营销、设计和管理方面获得支持，最后需要时刻保持对市场和新趋势的关注。

SaaS 产品管理与传统的产品管理有两个关键不同点：

1）SaaS 产品管理更加注重持续提供令人愉悦并且有价值的用户体验，SaaS 产品经理必须能够预测满足或超过这些期望的用户需求和设计功能。

2）SaaS 产品管理专注于创建能够快速轻松地交付产品的流程。在传统的产品管理中，目标是制定能够可靠且高效地开发、发布和管理产品的流程。SaaS 产品管理对于不断发展并需要跟上快速变化的用户需求的公司来说至关重要。

总体而言，SaaS 产品管理专注于提供高质量的用户体验，从而推动长期业务价值实现。SaaS 产品管理在不同的企业组织里和不同的团队中，其管理方式都会存在差异。每个产品都有自己的目标和挑战，需要组织选择独特的产品管理方法。马丁·埃里克森（Martin Eriksson，ProductTank 的创始人）将产品管理描述为业务、用户体验和技术的交叉点（见图 2-3），并且找到了在产品生命周期中所处的平衡点。这个平衡点通常是指公司提供价值（通常是利润）的需求与用户的需求，以及技术和运营上的可能性。这意味着 SaaS 产品经理要提出产品战略，考虑构建什么（产品开发），并研究如何营销和销售产品（产品营销）。

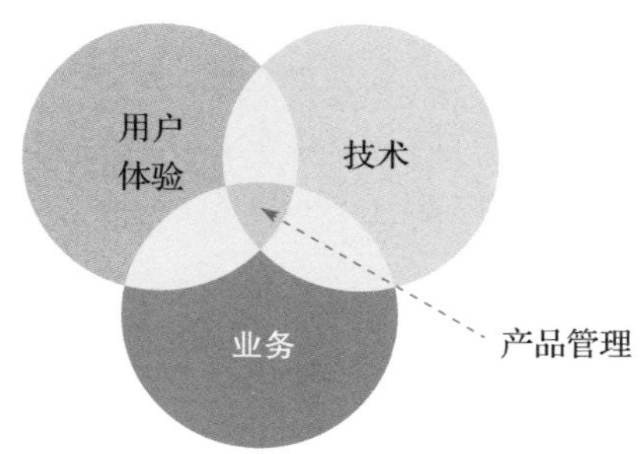

图 2-3　业务、用户体验和技术的交叉点

- ❑ 业务。产品管理通过弥合开发、设计、用户和业务之间的沟通鸿沟，帮助组织达成业务目标。
- ❑ 用户体验。产品管理关注用户体验，并且需要持续地对用户体验进行优化。
- ❑ 技术。SaaS 产品经理需要多与技术部门打交道，同时要对技术有一定的了解，了解产品是如何构建的以及技术是如何应用的（这种了解更多是广泛的认识，而非技术实现）。

产品管理的三个基本目标是：

1）一次建造，多次销售。这意味着要实现规模经济，要使产品多次销售，从而提高盈利能力。

2）成为市场和解决方案方面的专家。这可以确保企业制造出用户愿意购买的产品。

3）领导业务。从整体上管理产品的各个方面，确保团队朝着共同的目标努力，有效推动业务发展。

2.3　SaaS 产品管理流程

成功的 SaaS 企业背后一定会存在一套对 SaaS 产品进行管理的流程，这套管理流程的存在是为了确保 SaaS 产品的成功。如果你想创建具备满足用户需求的最佳产品，实施有效的 SaaS 产品管理流程是关键。

SaaS 产品管理流程包括启动新产品功能或迭代现有产品功能的步骤，涉及与产品生命周期每个阶段相关的一系列任务。这是一个不断进行假设、试验、改进体验，并且从中不断地吸取经验和学习，从而构建真正产品的流程。

作为 SaaS 产品经理，在 SaaS 产品管理的过程中，需要负责平衡用户体验、业务和技术。这涉及与各团队和利益相关者的合作，包括用户、业务领导、设计师、研发工程师、营销人员等。

实施有效的 SaaS 产品管理流程能够帮助企业及其他人快速了解产品价值，并且清楚将销售什么以及如何将开发的产品转化为收入。好的 SaaS 产品管理流程能够带来最大化的成功机会，可快速地验证不同的产品解决方案，围绕着用户的核心需求塑造产品，从而将企业资源聚合在一起。

不同的企业，产品项目不同，企业策略不同，产品管理的周期不同，实施 SaaS 产品管理流程的步骤也会不同，很难一概而论。通常，SaaS 产品管理流程包括创意产生、创意筛选、市场与用户研究、战略开发、产品研发、测试与反馈收集、产品迭代改进等几个步骤。如图 2-4 所示。

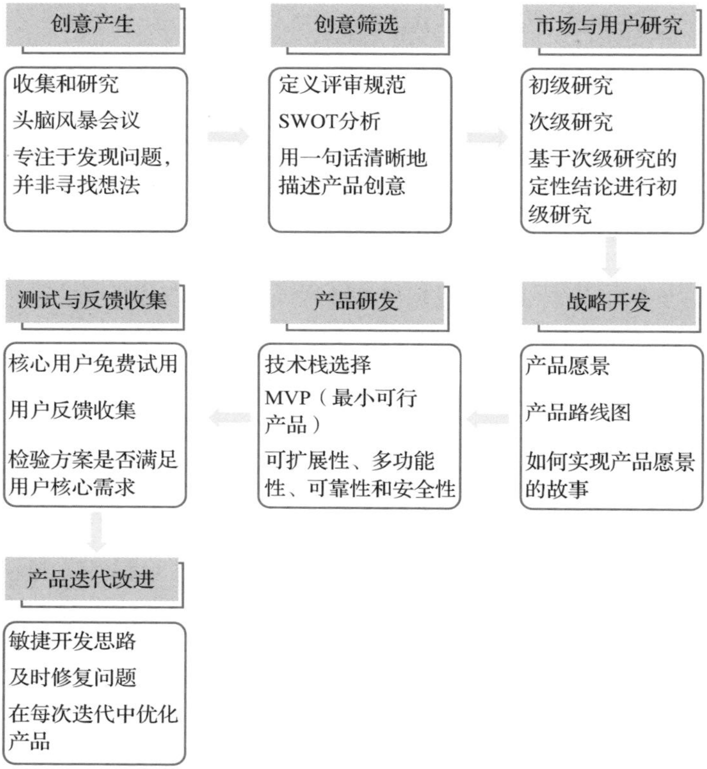

创意产生
- 收集和研究
- 头脑风暴会议
- 专注于发现问题，并非寻找想法

创意筛选
- 定义评审规范
- SWOT分析
- 用一句话清晰地描述产品创意

市场与用户研究
- 初级研究
- 次级研究
- 基于次级研究的定性结论进行初级研究

战略开发
- 产品愿景
- 产品路线图
- 如何实现产品愿景的故事

产品研发
- 技术栈选择
- MVP（最小可行产品）
- 可扩展性、多功能性、可靠性和安全性

测试与反馈收集
- 核心用户免费试用
- 用户反馈收集
- 检验方案是否满足用户核心需求

产品迭代改进
- 敏捷开发思路
- 及时修复问题
- 在每次迭代中优化产品

图 2-4　SaaS 产品管理流程

1. 创意产生

每个人都必须承认，产生新的想法是很困难的，没有办法在一瞬间找到新的想法。要想获得好的 SaaS 想法，需要改变关注点。大多数人在创意产生阶段过分专注于“寻找想法”，而忽视了问题所在。这种方式不仅很难寻找到合适并且有价值的创意，而且很容易陷入“自以为是”的状态。

在创意产生阶段，需要专注于发现人们遇到的问题，并非寻找想法。每个行业都有问题，作为 SaaS 初创公司，更应该多将时间投入到发现问题和产品创意产生方面。对于如何快速地识别并且发现问题，有以下两种方式：

1）收集和研究。关注一个行业或领域，寻找处于发展、成长阶段的行业或者是有高回报的产品；提前收集这些信息资料，分析哪些需求和问题没有被解决。

2）头脑风暴会议。头脑风暴会议是一种应用发散式思考方式的会议，需要营造一种思想开放的氛围，拒绝批评；在会议中，任何观点都没有对错，也不应该带着批判性思维参与会议。头脑风暴会议参会成员最好是来自不同专业领域或者具有不同背景，这样能够从不同的维度进行问题和创意的探讨，以促进创新。

2. 创意筛选

在完成对产品创意的收集后，需要进行规范化定义。采用门径管理流程对所有想法进行筛选，通过“通过”和“不通过”以及评分的方式，从众多的产品创意中选出前三个要进行开发的想法。接下来，可以使用 SWOT 分析来分析这些想法，筛选掉看似吸引人但不可行的想法，并选择收益最大、投入成本最优的想法。

在创意筛选阶段，需要用一句话清晰地描述产品创意，并回答以下问题：

- 想要解决什么问题？
- 如何定义产品创意的成功？
- 希望用户如何描述这种产品创意？
- 别人是否愿意为这种产品创意付费？

3. 市场与用户研究

笔者通过专门分析和研究一些失败的创业公司案例发现，绝大多数失败的创业公司里面第一个失败的原因是创造了没有市场需求的产品。由此可见，市场与用户研究是 SaaS 产品管理流程的核心步骤之一。通过市场与用户研究可以识别市场情况、竞争对手在做什么、整个行业的趋势以及企业产品可能填补的市场空白是什么。

市场与用户研究可以采用初级研究和次级研究。初级研究（Primary Research）是指从头开始收集数据以获得需要的答案，例如，利用问卷调查、深度访谈或焦点小组等研究方法得到的原始数据进行分析。次级研究（Secondary Research）是指基于最初由他人收集而来的数据进行研究，例如，各种研究期刊、论文、简报、统计年报及网上资料等。

市场研究的主要内容包括评估目标市场规模、探索竞争对手情况、分析竞争优劣势、寻找改进的空间。

除市场研究以外，还需要关注用户研究。用户研究常常被忽视，因为大多数 SaaS 产品经理更加注重的是产品的设计和运营数据，对用户的调查和分析比较被动。在用户研究阶段，输出的是用户画像原型，用户画像原型中包含着用户属性和特征，有两个关键要点也必须呈现出来：用户的需求和用户的愿望。

在市场与用户研究过程中，通常会先采用次级研究得出一个定性结论，再在这个定性结论的基础上进行初级研究。这样做能够减少不必要的时间成本投入，同时更加聚焦于问题和解决方案。

4. 战略开发

当企业决定要开发什么产品之后，并不需要马上就进行产品功能研发，应该优先进行产品战略开发。产品战略开发是指基于研发主题的目标实施的计划，研发主题是塑造产品愿景，而产品战略定义了计划采取的步骤，讲述的是随着时间的推移，如何实现产品愿景的故事。

将战略开发拆解为执行步骤的最佳方式是绘制产品路线图。产品路线图是一种工具，它为团队提供具有时间表和具体行动的框架，说明战略开发的愿景、目标和当前状态。一份完整的产品路线图必须要包括业务目标和目的、产品所属领域、产品特点、事项优先级顺序、关键绩效指标（KPI）。

战略开发是一种动态持续地表现企业如何应对市场竞争的思路，而产品路线图同样需要定期动态地调整更新。随着竞争格局的变化、用户的偏好调整或者计划中需要实现的产品功能的修改，产品路线图要能够继续反映当前工作的状态以及长期目标的重要性。通常，产品路线图每周或每两周更新一次，以便团队能够通过它获取准确的事实来源。

5. 产品研发

产品研发的开始阶段需要由 SaaS 开发人员评估并选择最优的技术栈，通常会选择公司或团队较为熟悉的技术生态。在选择技术栈时，需要优先考虑未来 SaaS 应用程序的可扩展性、多功能性、可靠性和安全性。

以下是选择 SaaS 技术栈的原则：

- 选择主流技术语言，如 Java、Python 等。

- 学习曲线低。
- 符合技术战略 S 曲线增长趋势，具有长期价值。

SaaS 初创团队应善于利用构建最小可行产品（MVP）来验证市场。最小可行产品仅具备产品的核心功能，以最低成本为用户创造直接价值。通过 MVP 获取早期采用者的使用反馈，避免构建不符合市场需求的产品，并以最少的成本获取最多的用户信息。

在产品研发阶段，SaaS 初创团队需要关注以下两点：

1）如果将 SaaS 产品外包给其他服务商进行研发，需要优先配置至少一名研发人员进行项目跟进，协同开发。很多 SaaS 初创团队一开始没有办法在研发方面投入足够的研发资源和成本，只能选择外包服务商委托研发。如果采用委托研发，请一定要招聘 1 ～ 2 名研发人员一起协同开发，确保外包服务商交付产品后，自己的团队能够快速跟上后续的迭代开发或者优化，以免出现被外包服务商“卡脖子”的情况。

2）优先关注产品的价值而不是功能的数量。在产品研发阶段，应重点关注产品带来的价值，而不是功能的数量。许多 SaaS 初创团队容易陷入“不停地增加功能”的情况，导致产品越来越复杂。因此，在产品研发阶段应该将重点放在产品为用户带来的核心价值上。这样能使产品更专业、更有针对性，确保开发的功能能够满足用户的真实需求。

6. 测试与反馈收集

产品初次成功研发后，不要急于发布并推向市场，应该先让早期的核心用户免费试用。通过核心用户的试用获取用户行为数据及反馈来进一步确定产品想法是否符合市场预期，解决方案是否能够精准地命中用户的核心诉求。

SaaS 产品的测试可评估托管在网络上的应用软件是否满足用户需求和达到预期的解决方案性能。最常见的测试类型有性能测试、可用性测试、安全性测试、业务工作流程测试等。

用户反馈的收集可以帮助企业预测用户的未来需求，并且在问题困扰用户之前主动解决问题。SaaS 产品是以用户为中心，根据用户的需求创建的。只有通过不断地迭代产品的服务能力和解决问题的能力，才能够让用户买单，并且向其他人推荐企业的产品。

通常可采用实时聊天、用户现场访问、简单的问卷调查、社交媒体等收集用户的反馈。实时聊天和用户现场访问是与用户直接交流的方式，可以提前安排一些特定的实时问题或对产品的使用过程提出一些问题来与用户进行互动。

简单的问卷调查可以轻松快速地获悉用户对产品的印象和服务方面的体验问题，如用户满意度调查。与销售团队成员分享此反馈，为他们提供用例，以便他们在向新用户介绍产品功能时更好地定位产品功能。

社交媒体是人们喜欢表达自己感受的重要平台。尽管这些平台可能不像直接反馈那样有意义和有建设性，但是能够通过它们找到一些有价值的反馈。

在设计产品时可以尽量将用户想象成一个“小白”，但是切忌在收集用户反馈的过程中这样做，在收集用户反馈的过程中要多思考用户为什么会提出这样的问题。多站在用户的角度去思考问题，尤其是对于大多数 B 端用户，他们一般在提出问题之后还会提出“建议性”的解决方案，但 SaaS 产品经理应该理性地看待这类解决方案，慎重地做出决策。这类解决方案很可能不够完善，因为大多数 B 端用户使用产品的场景和视角比较有限，他们无法从系统或业务的全局考虑而提出很好的建议，这也就是企业经常要求 SaaS 产品经理在收到某个用户的需求时要了解一下该用户的岗位职责（站在用户的角度）的原因。

7. 产品迭代改进

产品迭代改进又称为迭代软件开发，它不仅是一个流行词，而且给 SaaS 行业或互联网软件产品带来的实际好处非常大。

（1）更好的软件质量

SaaS 产品开发采用的是敏捷开发思路。迭代开发和增量开发是敏捷开发的最佳实践。我们将产品划分为小的、定义明确的单元体，而不是大的模块和无法把握的大功能。通过快速交付少量的功能，确保每次交付的版本都能够被充分地验证和测试，从而保证产品的交付质量。另外，通过这种方式，如果产品版本交付上线后发生了问题，企业也能够快速地定位问题，及时地修复，以降低问题对用户的影响程度。

（2）更快的交付和实施使用

利用快速的迭代开发，可以在较短的发布周期内对那些能够解决用户问题的功能持续地进行改进，这种方式可以增强用户对企业产品的信心，有利于围绕用户的价值来实现产品的研发。

（3）更高的开发效率

将开发工作划分为尽快交付的小型可交付成果，可降低沟通不畅和需求规格错误的风险。敏捷迭代方法允许软件开发团队计划、设计、检查和调整迭代。相比之下，频繁的发布迫使开发团队成员更快地将他们的工作暴露在现实中，有助于及早解决错误的规范，并更容易响应变更请求，提高开发效率。

通过迭代工作，项目团队成员经历了一个循环，他们在每次迭代中进行评估，并确定需要进行哪些更改才能产生令人满意的最终产品。

SaaS 产品管理没有终点，SaaS 产品管理流程不仅仅是 SaaS 企业和 SaaS 产品经理需要遵循的一组步骤，该流程中的每个阶段都应该有目标，而不仅仅是执行。产品管理最后的焦点需要再次转向优化和效率。尝试考虑扩展、改进运营、维护业务成果可能采用的方法，同时最大限度地降低成本和优化效率。

要记住，产品开发不是一个线性过程。作为 SaaS 初创公司的创始人或 SaaS 产品经理，需要保持灵活性并培养自我和团队的应变能力。

2.4　SaaS 产品管理指标

SaaS 产品经理在管理产品的过程中，定义与追踪关键指标是不可或缺的部分。不同行业的产品以及处于不同生命周期的产品，其核心的关键指标和追踪目标都存在差异。SaaS 产品经理需要能够描述用户或产品生命周期的特定方面，找到易于衡量且具有可比性的产品管理指标。找到正确的 SaaS 产品管理指标对于 SaaS 产品经理来说可能是相当具有挑战性的。

在 SaaS 领域里，用户留存等同于财务的增长，因为经常性收入是持续增长的关键。因此，SaaS 企业更加关注整个用户生命周期，希望通过 SaaS 产品和服务与用户建立长期合作关系，从而增加财务收益。

SaaS 产品管理指标是为满足三方面（销售、营销和用户成功）的需求而量身定制的。通常，产品管理指标的数量非常多，以至于有时候会让 SaaS 产品经理感到非常苦恼：到底哪些产品管理指标是需要特别关注和监控的呢？在跟踪用户旅程阶段对产品指标进行分类，可让企业和 SaaS 产品经理更加专注地跟踪重要的指标。

根据 SaaS 用户旅程，可将 SaaS 产品管理指标分为以下几类：SaaS 激活指标、SaaS 产品采用情况指标、SaaS 产品活跃使用情况指标、SaaS 产品保留指标、SaaS 用户满意度指标和 SaaS 关键财务指标。

SaaS 产品应该如何进行衡量，市面上有很多方法，最常用的方法是利用 AARRR 模型框架（AARRR 是获客、激活、留存、商业变现和自传播英文的首字母缩写词），如图 2-5 所示。AARRR 模型框架被运用在企业运营产品的过程中，通过跟踪用户生命周期内的一组用户行为，指导和改进产品营销，简化产品管理。

图 2-5　AARRR 模型框架

SaaS 产品经理通过跟踪用户生命周期不同阶段的特定指标来衡量 SaaS 产品，有助于了解用户如何与产品交互以及用户的需求是如何被满足的。

任何商业产品取得成功的原因无非就是能帮别人解决问题，并且别人愿意为解决方案买单。而 SaaS 产品的成功则是不间断地为同一类型的人提供持续更新的方案，以解决不断变化的业务场景问题，并且这一类人愿意持续地为服务买单。每个人对成功都有不同的衡量标准，为此，需要定义一些指标，以供大家去判断 SaaS 产品成功与否。

2.4.1　SaaS 激活指标

1. SaaS 激活指标概述

SaaS 激活指标是用户使用 SaaS 产品过程中非常重要的一类关键指标，代表着用户对 SaaS 产品的价值认同，并通过使用产品的关键核心功能来体验产品的价值。SaaS 激活指标代表着用户与 SaaS 产品之间真正意义上的使用连接，用户在产品中执行关键操作，体验其价值并从试用用户转变为付费用户。

用户激活推动 SaaS 产品增长，但用户激活与用户的“顿悟”时刻不同。用户的“顿悟”时刻是指用户在使用产品后，意识到产品的价值，并且这种价值超出用户心目中的“天花板”，从而产生不自然的用户反应的时刻。这种“顿悟”时刻不能当作激活点，因为用户并没有真正为产品价值进行付费。

用户激活率（也称为产品激活率）是衡量用户使用产品后留

存情况的指标。它直接反映了从试用到某激活里程碑的用户数量，揭示了产品的用户参与度和市场表现。其计算公式为

用户激活率 = 激活用户数量 / 注册用户数量 ×100%

- 激活用户数量：在选定的时间范围内到达某激活里程碑的用户数量，例如，完成付费订阅的用户数。
- 注册用户数量：在选定的时间范围内的免费注册用户总数。

例如，如果有 500 个用户注册了服务，其中 100 个用户到达了某激活里程碑，则用户激活率为

用户激活率 = 100/500×100% = 20%

虽然用户激活率的计算方式看起来简单，但 SaaS 企业要充分利用该指标衡量业务状况，需要做好以下两点：

1）用户群体角色的划分：明确不同用户群体的角色和行为习惯，确保在计算用户激活率时能反映不同群体的真实情况。

2）定义用户里程碑式事件：在应用程序内明确哪些事件是里程碑式的特定事件（如首次登录、完成首次购买等），以便准确衡量用户的激活状态。

2. 用户关键活动事件

用户关键活动事件指的是 SaaS 平台对用户的一些关键操作或者处于某步骤的定义，如图 2-6 所示。不同 SaaS 厂商对用户关键活动事件的定义也不一样，通常将用户付费激活定义为一个关键活动事件。

从用户注册账号试用到最终付费激活期间，会涉及更多的场景和功能的触达。例如，注册账号后，第一次试用产品核心功能

完成业务的关键步骤等。为了获得更多、更细致的用户行为见解，需要将用户划分为不同的角色队列，计算每个用户角色队列在特定的时间范围内完成这些关键活动事件的用户数量，并分别计算每个队列的激活率，如图 2-7 所示。这样可以更好地了解用户的行为，发现将某些角色人群转化为付费用户群体存在的问题，改善用户体验，促进激活。

关键活动事件	定义说明
注册成功	自行完成账号的注册申请
初次触达某核心功能	第一次触达某核心功能场景
阅读帮助文档	单击阅读帮助文档
付费激活	完成付费操作流程，成为付费客户
单击“付费”按钮	单击“付费”按钮，未完成付费操作
完成业务流程	第一次使用系统完成整体的业务流程操作
单击“分享”功能	单击“分享”按钮功能
NPS（净推荐值）评分	进行NPS评分的填写

图 2-6　用户关键活动事件定义

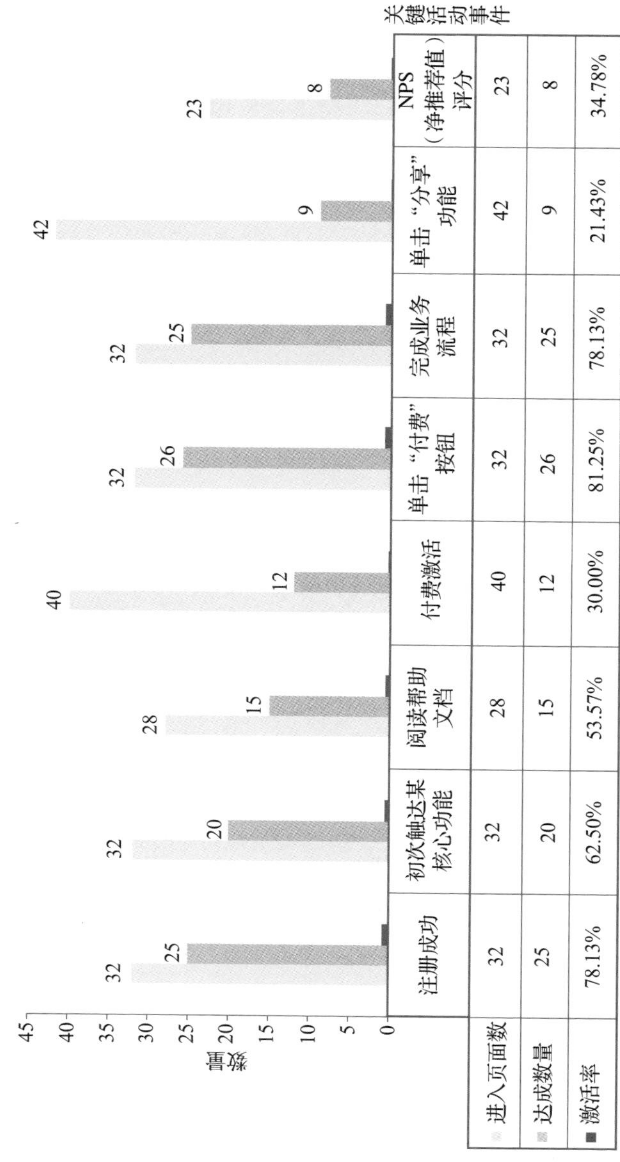

关键活动事件	注册成功	初次触达某核心功能	阅读帮助文档	付费激活	单击“付费”按钮	完成业务流程	单击“分享”功能	NPS（净推荐值）评分
进入页面数	32	32	28	40	32	32	42	23
达成数量	25	20	15	12	26	25	9	8
激活率	78.13%	62.50%	53.57%	30.00%	81.25%	78.13%	21.43%	34.78%

图 2-7 不同角色队列的激活率统计

3. 定义 SaaS 产品的激活里程碑

正如前文所述，衡量 SaaS 激活指标是为了找出阻碍用户激活的问题。因此，每家 SaaS 企业都应根据其产品特性和关键功能定义 SaaS 产品的激活里程碑。激活里程碑的场景通常包括用户注册、完善个人资料、获取免费试用的机会、转为付费用户以及邀请其他用户使用产品等。

用户激活是一个关键的里程碑事件，需要清晰地了解用户在使用 SaaS 产品的过程中，激活时刻是如何发生的。为了实现这一目标，需要遵循典型的用户激活流程进行分析，并绘制 SaaS 用户旅程地图。通过绘制用户旅程地图，可以区分用户与 SaaS 产品的互动过程，并将其集中在产生价值交互的关键场景上。这样做有助于深入了解用户行为路径，并发现用户在各个阶段可能遇到的问题和障碍，进而优化产品和提升用户体验。

用户激活必须经历三个阶段：价值感知阶段、价值体验阶段、价值采用阶段。

1）价值感知阶段。用户在初次接触 SaaS 产品或未真正进入试用阶段时，需要了解产品能够给他带来什么价值、解决他的什么问题。

2）价值体验阶段。用户通过体验和试用产品，认可产品所提供的功能和解决方案带来的价值，并且愿意再投入成本进行使用。

3）价值采用阶段。用户对产品的价值认可，并且想要持续拥有该产品所提供的价值，通过付费订阅将该产品持续应用到自己的工作流程、日常工作中，这时的用户才在真正意义上被“激活”。

产品价值被采用、用户被激活是我们非常希望看到的结果，但并不是所有注册后的用户都能够走到这一步。尤其是当产品价值无法在用户初始体验的时候被发掘时，这意味着用户在第一或第二阶段的时候就已经离去。因此，要对用户的反馈和用户使用产品的行为数据进行分析，找出用户在试用产品时发现产品价值的地方。将能够让用户发现产品价值的地方挑选出来，定义为用户到达激活点的里程碑，以此统计和分析用户在到达激活点时发生衰减的可能性。

4. 提高用户激活率的五大策略

（1）无摩擦的注册体验

什么叫作无摩擦的注册体验？无摩擦的注册体验是指用户在注册试用产品的过程中，没有被阻碍，也没有产生不想注册试用的念头。对大多数 ToB SaaS 产品而言，用户在注册试用产品的时候，SaaS 企业为了获得更加精准的用户资料，在注册过程中让用户填写过多的信息资料，例如，公司名称、用户姓名、手机号码、公司职位、规模等。这些信息或许对线下的销售人员跟进用户有很大的帮助和必要性，但是对以产品为驱动践行 PLG（产品驱动增长）策略的 SaaS 产品来讲，用户体验会稍微差一点。

国内不同行业的大多数垂直型 SaaS 产品在用户注册试用阶段采用了类似的模式：首先收集用户信息，然后安排销售专员进行产品操作演示或一对一跟进。图 2-8 所示为产品试用注册页面。虽然没有专门进行用户激活率的分析，但这种注册体验无疑降低了用户对产品的期待值和价值感知。

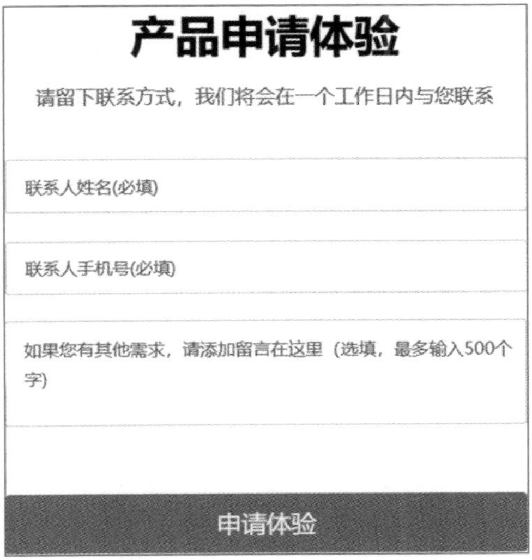

产品申请体验

请留下联系方式，我们将会在一个工作日内与您联系

联系人姓名(必填)

联系人手机号(必填)

如果您有其他需求，请添加留言在这里（选填，最多输入500个字）

申请体验

图 2-8　产品试用注册页面

笔者认为，一个成功的无摩擦注册体验设计应该注意以下几个关键点：

- 简化注册流程。在用户初次注册时，只需要填写有效的联系方式和称呼即可。这样可以降低产品注册门槛，消除用户的注册顾虑，并减少注册所需的时间。同时，减少对用户造成干扰和摩擦的选项。
- 营造紧张的试用体验。用户注册后，应该立即让其进入试用阶段，并在一定时间内体验产品的核心功能。例如，在注册后的 24 小时内，用户可以体验部分核心功能或基础版产品，同时产品系统需要适时提醒用户以进行“补时激励”的引导，鼓励用户完善信息，以延长试用时间和获得完整的产品功能。

- 引导销售成单。当用户愿意填写完整信息时，表明他们已初步感知和认可产品的价值。这时，SaaS 企业可以适时安排销售人员介入，引导用户完成购买流程，从而激活用户。

（2）规划用户旅程图

想要提高 SaaS 产品的激活率，先要了解用户在产品上的“旅程轨迹”，通过分析用户的旅程行为，找到可能阻碍用户进行激活的问题。例如，假设用户想要在电商平台上购买生日礼物给她最好的朋友，其旅程图如图 2-9 所示。

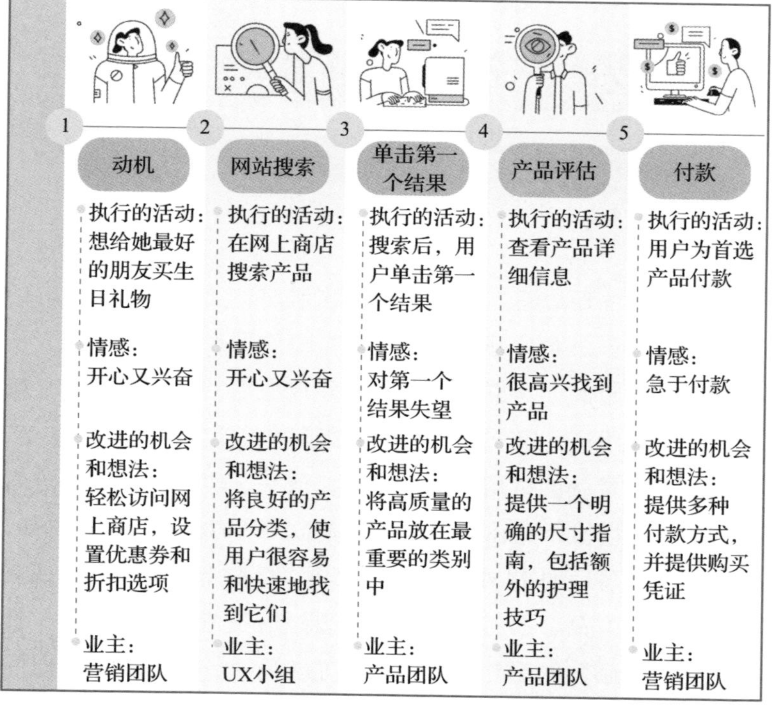

图 2-9　用户旅程图

用户旅程图展示了用户在使用产品的过程中为达到特定目标所需要的过程。用户旅程图的设计思路如下：

1）设定用户旅程图的目标。简而言之，就是要解释为什么要创建这张用户旅程图。这个目标将决定后续的一系列旅程阶段所需要达成的里程碑和关键步骤的选择。

2）定义用户角色。明确要为谁创建用户旅程图，这将决定这个用户旅程图里面所涉及的步骤和路径是给谁进行参考的，以及为谁提供指导。产品的用户群体会存在一些差异，要将这些用户群体重新定义为不同的角色。不同的用户群体所经历的用户旅程路径也不一样，因此要进行精细化的用户运营。

3）定义不同角色的用户旅程阶段。无论将用户群体划分为多少种角色，都要时刻记得，只需要关心那些对企业定义的目标产生影响的阶段。

4）确定用户旅程中的里程碑。里程碑是用户旅程的关键点，通常发生在每一个定义阶段的结尾。里程碑不仅有助于企业跟踪用户到达旅程图的位置，同时也能够通过跟踪每个里程碑目标的完成率了解用户是如何在旅程图里与产品进行互动的。

5）对用户在应用内部的行为数据进行收集和分析。对用户在应用内部的行为数据进行收集和分析，并将这些数据映射到对应的用户旅程图的里程碑路径上，进一步分析用户在哪一个应用环节发生流失或者达成目标的完成率。

（3）提供 SaaS 产品的内部应用功能清单

销售人员们常抱怨道："遇到用户'不识货'该怎么办？"

用户"不识货"，并不是因为用户不了解产品价值，而是无法在感知产品价值后，第一时间了解到产品价值是如何服务他们的，以及价值传导的方式（产品功能）。需要整理一份产品的内部应用功能清单，让用户能够第一时间了解到产品功能是如何满足他们的需求的。国内大部分企业都不愿意公开产品的内部应用功能清单，主要是担心其他同行照着应用功能清单进行模仿和设计，甚至在此基础上衍生出更加先进的解决方案。

这种担心和顾虑并不是没有道理的，但 SaaS 企业在对解决方案"保密"的同时，不自觉地阻挡了一些潜在的付费用户。

（4）交互式的演示体验

交互式的演示体验灵感来源于网络游戏的新手玩家，游戏任务向导通过巧妙的任务设计引导新手玩家通过交互完成游戏内的新手任务，以使其了解整个游戏的操作和背景，并且在新手玩家完成任务时，让其体验到该游戏带来的愉悦感和成就感。交互式的演示可以引导用户通过逐步使用特定的产品功能来了解产品的价值，并且帮助他们完成激活步骤。

大部分 SaaS 企业都会在用户初次使用产品的时候，提供自动化指南。但大多数都不是交互式的演示，而是产品操作导览。交互式的演示与产品操作导览最大的区别在于，产品操作导览一开始就按顺序罗列出所有的产品功能或信息，并且缺乏引导性。产品操作导览与操作指南说明书相似，对新用户来讲意义不大，反而会因为呈现的信息数据过多，让用户产生反感，最后直接一走了之。

交互式的演示是鼓励用户参与产品的互动，并且让用户在互动的过程中了解并使用产品的功能，而不仅仅是通过让用户观看小动画来介绍每个功能的操作。交互式的演示能够让用户在参与互动的过程中不自觉地走到激活的步骤，这种完成一个动作会触发下一个动作的上下文帮助，大大减少了 SaaS 销售支持的成本。

（5）产品问题自助解决

如果用户在使用一款产品的过程中遇到问题，他会希望在多长时间内得到解决？答案是越快越好。

大多数 SaaS 产品虽然内置对应的问题反馈工单，但是响应用户的时间还是较长，这成了用户不满意的一点。把帮助用户解决问题的点放在用户发起阶段，由用户主动发起，这种通过帮助用户解决问题而增加用户黏性的想法固然好，但是让用户被动地等待问题的解决，会让用户对产品服务失去信心和耐心，转而选择竞品。

在应用程序中内置产品问题自助服务，并不是简单地将用户所遇到的问题归纳在一个页面上，供用户自行去查询解决方案。优秀的做法是，将自助服务功能结合用户场景进行整合，通过收集用户使用产品的旅程数据来分析用户行为，提前预判用户可能遇到的问题，并给出合理的解决方案。例如，当用户在填写某表单信息的时候，通过该表单页面的自助服务单击进来，他就可以获得跟这个表单相关的问题和解决方案。这样可以在很大程度上减少用户自查解决方案的精力，节约用户的时间成本，从而增加用户对产品的信赖度。

2.4.2　SaaS 产品采用情况指标

SaaS 企业负责人必须要对自己的 SaaS 产品的采用情况有所了解，这件事情是非常重要的。这好比经营一家服装店，每天有大量的用户进店光顾，但是实际上并没有几个人购买店内的商品，那么这家服装店最终将面临倒闭关门的结局。

SaaS 产品也是如此，如果企业投入大量的销售精力和成本来引流用户，但用户仅仅免费试用产品并没有转化为付费订阅，他们就如同每天进店光顾的用户一样，没有付费购买任何一件商品。需要衡量 SaaS 产品采用率等相关指标来分析为什么用户试用产品后，最终没有付费订阅。

促进和改善 SaaS 产品采用率的核心在于：告诉用户店里有什么商品（功能），他们为什么需要这些商品以及如何使用这些商品来解决他们的问题。

衡量 SaaS 产品采用情况的指标主要包括 SaaS 产品采用率和功能采用率。

1. 产品采用和功能采用的区别

SaaS 产品采用是指用户发现产品并且付费订阅购买产品，将其应用到他们的日常生活或工作中。通常，当用户从试用产品转为付费订阅产品时，产品就被采用了，因此也将 SaaS 产品采用称为用户采用。

功能采用相当于用户在订阅购买产品后，使用产品里面所包含功能的程度。功能采用率可帮助产品研发团队确定用户使用产品功能的时间和频率，从而分析所提供的产品是否在真正意义上帮助到用户，而不是提供一堆用户根本就不需要的功能，这可避免产品研发团队进入通过添加无数功能来增加产品价值的误区。

2. 计算 SaaS 产品采用率之前要考虑的因素

与衡量产品激活的指标一样，衡量 SaaS 产品采用情况的指标是未来行动的指南。第一步是要计算 SaaS 产品采用的相关值，第二步是要使用该指标来采取主动的、有针对性的行动。

在计算 SaaS 产品采用率之前，需要考虑以下因素，这些因素直接影响我们对 SaaS 产品采用率的理解，以及对后续针对性行动的设计。

1）产品对新用户的黏性如何？产品的黏性指的是用户对产品的黏性或忠诚度，即用户愿意重复使用产品的程度。如果产品具有较高的黏性，意味着用户更有可能长期使用产品，从而提高了产品采用率。

2）哪些产品功能与用户参与度和留存率相关？用户是否使用过这些功能或使用的频率如何？了解用户对不同功能的使用情况可以帮助企业确定哪些功能对产品采用率和留存率的影响更大，进而进行针对性的改进和推广。

3）哪些渠道引流过来的产品采用率最高？分析不同渠道引流的产品采用率可以帮助企业确定哪些渠道更适合吸引潜在用户，从而优化营销策略和资源分配。

4）新用户采用产品的速度平均在什么范围内（周期多长）？了解新用户采用产品所需的时间周期可以帮助企业评估用户对产品的接受速度，进而调整产品推广和培育策略。

5）用户平均需要花费多少时间才能够找到产品的核心功能？了解用户找到核心功能所需的时间可以帮助企业评估产品的易用性和用户体验，从而优化产品界面和引导流程。

6）用户在整个生命周期中花在产品上的时间和金额是多少？了解用户在产品上的消费行为可以帮助企业评估用户的付费意愿和产品的商业模式是否可持续，从而制定相应的用户留存和付费策略。

7）从用户注册到最终成功采用产品的链路有多长？了解用户采用产品的整个过程所需的时间和步骤可以帮助企业识别潜在的瓶颈和改进空间，从而提高产品采用率和转化率。

3. SaaS 产品采用的五个阶段

企业除在衡量 SaaS 产品采用指标时需要考虑以上因素以外，还需要了解 SaaS 产品采用的五个阶段。在不同的阶段中，使用不同的策略吸引用户向下个阶段前进。

SaaS 产品采用的五个阶段（见图 2-10）分别为：用户意识阶段、兴趣与发现阶段、评估与决策阶段、产品试验（试用）阶段、采用或拒绝阶段。

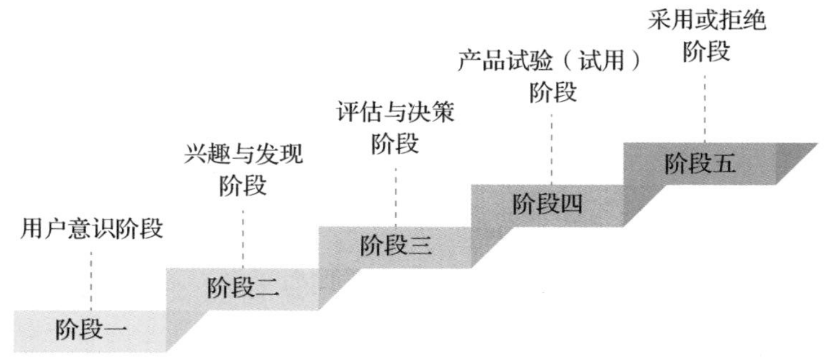

图 2-10　SaaS 产品采用的五个阶段

（1）用户意识阶段

用户一开始对企业产品一无所知，因此他们并不会采用产品。企业利用数字营销或线下营销活动将其产品推向用户，将潜在的用户引导到其产品渠道上。潜在用户之所以能够被吸引并且开始想要去了解产品，是因为用户在该阶段中意识到产品可能对他有帮助，但他们还不清楚产品如何解决他们的问题，甚至还未意识到他们自己存在什么问题需要被解决。表 2-1 所示为影响用户意识的关键因素。

表 2-1　影响用户意识的关键因素

关键因素	描述
自身意识问题	用户自身意识到存在的问题（痛点），并且这个问题非常迫切，倒逼他们去选择解决方案
SaaS 企业品牌影响力	如果 SaaS 企业品牌影响力大，用户对其信任，他们就会更容易去尝试企业产品
解决方案新颖	SaaS 产品针对用户迫切需要解决的问题所制定的解决方案足够新颖，这对用户的吸引力非常大，尤其是对于产品的早期采用者或创新者来说，这意味着产品较容易形成口碑的传播，让其他人更容易接受

因此，在此阶段需要帮助用户理解解决他们问题的方案。要想提高产品对用户的吸引力，就得在品牌的宣传和解决方案的新颖性和专业度方面下足功夫。例如，搭建内容引流渠道矩阵，创建营销内容（白皮书、官方博客文章、公众号文章等），并且通过全渠道进行内容的分发和统计，根据不同用户关注的问题要点创建对应的解决方案。确保所创建的内容反映出销售团队的经验，因为他们最了解用户遇到的困难，以及产品如何为用户提供帮助。

（2）兴趣与发现阶段

当用户意识到产品能够使他们受益并且产生兴趣时，他们愿意进一步挖掘和验证产品的价值。用户在该阶段中的主观意识比较强，往往对产品的第一印象或使用感受就能够让他们决定是否开展接下来的行动。图 2-11 所示为决定用户兴趣的两点核心因素。

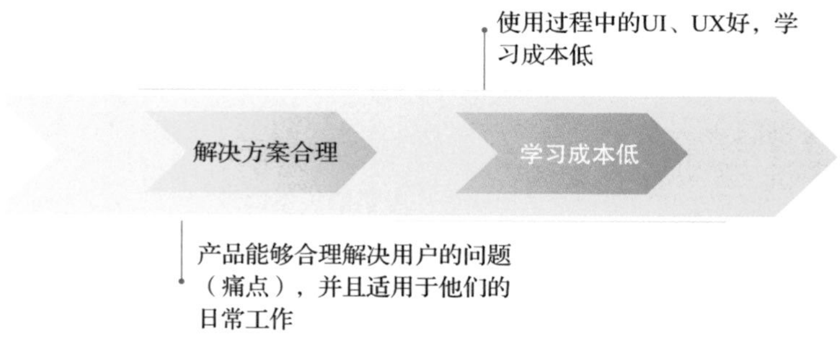

使用过程中的UI、UX好，学习成本低

解决方案合理

学习成本低

产品能够合理解决用户的问题（痛点），并且适用于他们的日常工作

图 2-11　决定用户兴趣的两点核心因素

在兴趣与发现阶段吸引用户的核心是：如何在最短的时间内让用户获得想要的答案。吸引用户的具体措施如图 2-12 所示。

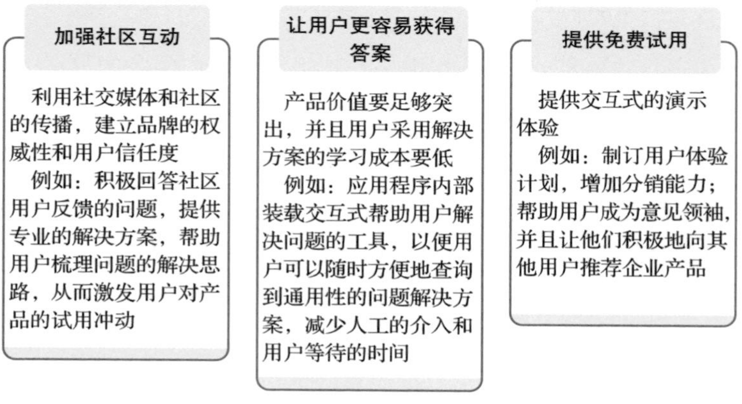

加强社区互动

利用社交媒体和社区的传播，建立品牌的权威性和用户信任度

例如：积极回答社区用户反馈的问题，提供专业的解决方案，帮助用户梳理问题的解决思路，从而激发用户对产品的试用冲动

让用户更容易获得答案

产品价值要足够突出，并且用户采用解决方案的学习成本要低

例如：应用程序内部装载交互式帮助用户解决问题的工具，以便用户可以随时方便地查询到通用性的问题解决方案，减少人工的介入和用户等待的时间

提供免费试用

提供交互式的演示体验

例如：制订用户体验计划，增加分销能力；帮助用户成为意见领袖，并且让他们积极地向其他用户推荐企业产品

图 2-12　吸引用户的具体措施

（3）评估与决策阶段

在评估与决策阶段中，用户通常会将企业产品与其他竞品进行多维度的对比。例如，对比产品满足需求的适配度、价格或者服务权益等方面。要想让企业的产品从众多竞品中脱颖而

出，就得比用户更了解竞品，利用服务差异化来获得用户的最终信任。

在评估与决策阶段影响用户的关键因素见表 2-2。

表 2-2　在评估与决策阶段影响用户的关键因素

关键因素	描述
产品的定价和优惠政策	大部分用户选择 SaaS 产品之前，优先考虑的还是产品的定价，尤其在当下产品同质化非常严重的市场状态下，历来都是价优者赢单
解决方案创新	产品的解决方案新颖
口碑	其他人对产品的看法

在评估与决策阶段吸引用户的有效方式如下：

1）在企业的官网上详细地展示产品功能和产品定价信息。

2）在官网上增强信任背书信息，例如，用户的推荐和评价、某些用户采用产品的案例等，并且能够让用户单击这些用户的名称或案例跳转到对应的官网，以便增强用户信任度。

3）提供折扣优惠、促销和免费演示服务支持，增加用户对产品的价值感知。

4）增加行业案例和适用的行业与业务说明文案，让用户可以快速地对产品的解决方案价值对号入座，增强用户选择的信心。

（4）产品试验（试用）阶段

大多数 SaaS 产品都会给用户提供免费试用产品的机会，无论这个试用期的时长如何。对用户而言，这是验证产品价值的机会，同时也是企业向用户证明产品价值的机会。

经过与多名 SaaS 营销人员和初创者沟通，笔者提炼出在产品试验（试用）阶段吸引用户的有效方式，见表 2-3。

表 2-3　在产品试验（试用）阶段吸引用户的有效方式

方式	描述
提供交互演示说明	为用户试用定制交互演示说明、操作指南说明，以及常见的使用场景问题自查手册
监控用户试用情况	监控用户试用的情况，适当地安排销售人员介入协助。未来 SaaS 产品的销售人员必须要具备一定的产品思维能力，因为他们销售的不是软件，而是帮助用户解决问题的方案
提供用户保障	提供有条件的退款保证，可以在某一程度上打消用户试用产品过程中产生的心理顾虑
专注产品体验和服务	在设计产品的用户界面与用户交互时要尽量美观和简洁，并且要符合用户的使用习惯
优惠政策	通过提供折扣、礼品卡或在用户成功解锁某项核心功能后，及时为用户提供奖励，例如，当用户在产品试验（试用）阶段完成产品预设的关键功能节点后，SaaS 厂商为其提供一些系统内的福利或者购买优惠等

（5）采用或拒绝阶段

用户最终要么选择采用产品，要么拒绝采用产品。当用户确信解决方案有价值时，他们会从试用角色转变为付费订阅角色，并且将产品纳入他们日常的工作或生活中。

无论用户最终是否选择企业的产品，企业都不应该中断产品价值的迭代升级。产品采用是一个持续动态的过程，应该尽量收集用户的想法和建议，并对其进行分析，然后采取相应的应对措施。

企业要意识到：用户随时可能会离开，因此只有不断地提供产品价值，才能让用户持续地采用产品。

4. 衡量 SaaS 产品采用情况的指标

衡量 SaaS 产品采用情况的指标有四个，分别是产品采用率、功能采用率、首次关键活动操作时间、价值实现时间（TTV），如图 2-13 所示。

产品采用率	功能采用率	首次关键活动操作时间	价值实现时间（TTV）
产品采用率=（付费采用产品用户数/产品注册用户总数）×100%	功能采用率=（采用该产品功能的用户数/总用户数）×100%	没有特定计算公式，具体计算思路： ①先定义具体哪些功能或用户活动属于特定的关键活动 ②计算用户从付费订阅开始到执行特定关键活动所经过的天数	新用户从产品或服务中实现和提取价值所需要的时间 用户在接触SaaS产品时的首要任务不是获取产品提供的最大价值，而是如何在最短的时间内获取最佳的价值体验

图 2-13　衡量 SaaS 产品采用情况的四个指标

（1）产品采用率

产品采用率是指在特定的时间范围内，用户由免费试用转为付费采用产品用户数与产品注册用户总数之比，其计算公式如下：

产品采用率 =（付费采用产品用户数 / 产品注册用户总数）×100%

例如：在特定的时间范围内，如果产品注册用户总数是 100，其中付费采用产品用户数是 20，那么产品采用率为（20/100）× 100% = 20%。

产品采用率可以非常直观地显示产品对用户的吸引力和注册用户流失情况，同时也可用于预测未来某一阶段的订阅收入。

（2）功能采用率

功能采用率与产品采用率的计算公式类似，但它主要用于衡量用户在使用产品的过程中对产品所提供功能的采用情况，特别适用于产品新功能发布后或者 A/B 测试阶段看看用户对新功能的认可程度。当出现低功能采用率时，可能表明用户对产品所提供的功能并不认可，需要分析该产品功能的价值是否能够满足用户的需求，或者是否需要采用营销策略引导用户接受该功能。功能采用率计算公式如下：

功能采用率 =（采用该产品功能的用户数 / 总用户数）×100%

（3）首次关键活动操作时间

了解用户首次关键活动操作时间，SaaS 厂商可以更好地了解用户需求和产品使用情况。如果用户过了很长的时间才使用特定关键功能，则可能表示他们对该功能不感兴趣，或者不知道如何使用，也可能是该功能的入口隐藏得较深。

对于该指标，没有特定的计算公式可以直接进行计算。要衡量该指标，首先需要定义清楚哪些功能或用户活动属于特定的关键活动，然后，计算用户从付费订阅开始到执行特定关键活动所经过的天数。

（4）价值实现时间（TTV）

价值实现时间（TTV）是指新用户从产品或服务中实现和提取价值所需要的时间。企业应该尽可能地降低 TTV，让用户更快地从产品中获得价值并享受价值。用户在接触 SaaS 产品时的首要任务不是获取产品提供的最大价值，而是在最短的时间内获取最佳的价值体验。

许多营销或销售人员习惯一开始就试图向潜在用户提供或推销产品的最大价值，尽管其所提供的价值比竞争对手高出两倍，但用户还是不愿意花费几小时甚至几天时间去使用产品。当竞争对手只需要花费几分钟时间就能够让某用户获得产品的最佳价值时，企业将彻底地失去该用户。

因此，企业要从专注于推销产品转变为专注于如何在最短的时间内让用户获得价值，缩短价值实现时间。

TTV 同样也没有固定的公式进行衡量。要找到实现价值的时间，首先必须定义什么行为代表为用户实现了价值。例如，在完成核心业务的最后流程、在上传特定数据或积极使用平台一段时间后等。

一旦价值行为被设定，只需要计算用户注册之日和实现价值之日间的天数，就可以得到价值实现时间。例如，如果用户从注册之日起到完成某项功能后实现价值需要 4 天时间，那么价值实现时间就是 4 天。

如果实现价值的时间太长，可能会导致用户变得不感兴趣并转向竞争对手。当实现价值的时间很短时，用户可更快地实现投资回报，从而会提高对产品的忠诚度和保留率。

2.4.3　SaaS 产品活跃使用情况指标

衡量 SaaS 产品活跃使用情况的指标有很多，通常只需要留意以下两种：用户活跃数与用户黏性。

1. 用户活跃数

用户活跃数是指在特定的时间段内与 SaaS 产品互动的唯一用户数。衡量 SaaS 产品用户活跃情况，通常需要计算日活跃用户数（DAU）、周活跃用户数（WAU）与月活跃用户数（MAU）。

SaaS 产品的用户活跃唤醒难度等同于初次获取新用户的付费订阅难度。如果软件厂商一开始不关注用户活跃情况，可能到月底的时候会突然发现用户的续费率和 MRR（月度经常性收入）直线下滑。

用户活跃数也可评估 SaaS 产品未来的增长趋势、流失情况和黏性，或间接用于预测未来产品收益情况。表 2-4 所示为常见时间段用户活跃数说明。

表 2-4　常见时间段用户活跃数说明

时间段	说明
日活跃用户数（DAU）	在 24 小时内与产品互动的唯一用户数
周活跃用户数（WAU）	在 7 天内与产品互动的唯一用户数
月活跃用户数（MAU）	在 30 天内与产品互动的唯一用户数

例如，虽然 A 用户在某天登录使用系统多次，但仅将 A 用户统计为 1 个活跃用户。

用户活跃数的计算看起来比较简单，但是需要依赖已定义好的用户活动方式进行统计。较为复杂的点在于如何有效地定义用户活动，例如，有的软件厂商将用户登录系统作为用户活跃活动方式来统计，也有软件厂商定义用户触发某个核心的功能为活跃活动方式。

衡量用户活跃度的步骤分为三步，如图 2-14 所示。

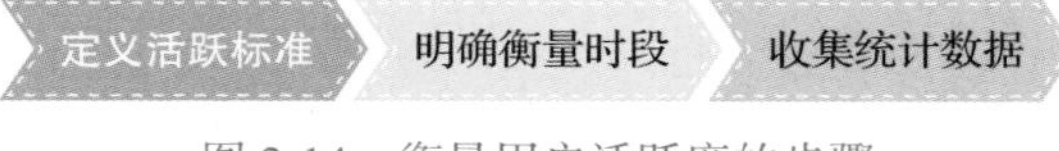

图 2-14　衡量用户活跃度的步骤

1）定义清楚活跃用户的标准。

2）明确需要衡量的时间段（日、周、月等）。

3）收集统计数据，对所衡量的时间段内满足活跃用户标准的唯一用户数求和。

虽然各软件厂商所属行业和产品属性存在差异，对用户活跃的定义各不相同，但衡量和跟踪用户活跃度的目标是相同的——确保产品或应用程序为用户提供持续价值。如果企业不知道如何定义产品用户活跃方式，那最好的办法就是成为“别人家的用户”。简而言之，企业要把自己当作竞品用户去尝试使用同类型的产品，尝试分析该产品能够让用户持续不断使用所具备的核心功能场景，以此为依据重新定义自己的 SaaS 产品用户活跃方式。另外还有一个可以借鉴的方向，即找到让用户习惯循环使用的某个功能或场景。能够让用户投入时间和精力重复循环使用的场景，一定是用户业务流程中的高频场景，我们可以将其定义为活跃用户场景。

在寻找活跃用户场景的时候，需要提防那些短期内使用户上瘾的循环，例如，每日签到获取额外的激励，因为这并不能带来长期价值的收益，缺乏深度的价值循环，最后还是会让用户流失的。

2. 用户黏性

衡量 SaaS 产品活跃使用情况还有一个非常重要的指标——用户黏性。用户黏性是指用户不断使用产品的趋势，这种趋势反映出产品对用户是否存在价值吸引。通过用户黏性指标来判断用户是否频繁地使用企业产品，并且定期续费。用户黏性的计算公式如下：

用户黏性 = 日活跃用户数（DAU）/ 月活跃用户数（MAU）×100%

例如，如果企业产品有 1000 个日活跃用户和 10 000 个月活跃用户，则用户黏性为 10%。

如果单纯从上面的例子来看，我们无法获知哪些用户留存了、哪些用户正在流失。因此，要想更加清晰地了解到这些数据背后的根源，需要进一步细分用户群体，通过同期群体的用户黏性进行分析。例如，将 1000 个日活跃用户划分为新用户（采用产品 3 个月内）和老用户（采用产品 3 个月及以上）。通过细分用户群体来衡量用户黏性，更能够具体分析用户对产品的黏性情况，见表 2-5。

表 2-5　用户活跃细分统计分析

<table>
<tr><th>日活跃用户群体</th><th>数量</th><th>用户黏性</th><th>结论</th></tr>
<tr><td>采用产品 3 个月内（新用户）</td><td>900</td><td>（日活跃新用户数 / 日活跃用户总数）× 100%
（900/1000）× 100% = 90%</td><td rowspan="2">在 1000 个日活跃用户中，仅有 10% 是老用户。企业需要关注用户流失情况和用户续费率等指标</td></tr>
<tr><td>采用产品 3 个月及以上（老用户）</td><td>100</td><td>（日活跃老用户数 / 日活跃用户总数）× 100%
（100/1000）× 100% = 10%</td></tr>
</table>

是不是用户黏性低就表示产品在市场上的表现不佳呢？用户黏性取决于产品和业务类型，不同行业和不同类型的产品，用户黏性指标存在很大的差异。

在所有行业中，20% 的用户黏性被认为是好的。如果用户黏性为 25% 或更高，则被认为非常好。在 SaaS 行业，平均用户黏性为 13%，中位数为 9.3%，即每个用户每月的活动时间少于 3 天。

需要特别注意的是，如果产品属于用户低频使用产品，那么用户黏性就不能直接反映出产品的具体价值和用户吸引力。在这种情况下，应该结合用户流失率、用户留存率、用户推荐值以及用户生命周期价值等指标来综合分析产品在市场上的表现。例如，对于一款线上预约医院门诊医生出诊号的产品，用户可能只在需要预约门诊医生时使用，因此每月的活动时间可能较短，但如果该产品能够提供方便快捷的预约服务，使用户满意并主动推荐，那么即使黏性较低，产品仍然可能表现良好。

2.4.4　SaaS 产品保留指标

SaaS 产品保留指标主要用来分析用户流失原因和产品价值是否长期与用户需求匹配。基于 SaaS 产品订阅的商业模式，其大部分的收入主要来源于老用户的续费，而不是新用户的订阅。因此，时刻关注 SaaS 产品保留指标的状况，主动采取措施来减少用户的流失以增加用户忠诚度，是确保 SaaS 企业未来收益的重要手段。

1. 用户保留率

用户保留率也称为用户留存率，是指用户在首次付费订阅产品后，在一段时间内还继续使用产品的百分比，即用户在特定时间范围内订阅某产品和服务后，又重新续费订阅该产品和服务。

（1）计算用户保留率

要想计算用户保留率，首先得明确时间范围。这并没有统一的标准，可根据业务开展情况和需要框定时间范围，例如，按月、季度或者年份进行。

确定时间范围后，需要获取三个参数以便进行统计，分别是期初现有用户数、期末用户总数、本期新增用户数，见表 2-6。用户保留率计算公式如下：

某时间范围内用户保留率 =［（期末用户总数 − 本期新增用户数）/ 期初现有用户数］×100%

表 2-6　参数说明

计算参数	说明
期初现有用户数	在时间范围内初始阶段的用户数
期末用户总数	在时间范围内结束阶段拥有的用户总数
本期新增用户数	在时间范围内新增的用户数

案例：在某年年初，某产品有 15 000 个订阅用户，到年底产品总订阅用户人数是 25 000，其中新增用户 12 000 个，则用户保留率为［（25 000 – 12 000）/15 000］×100% ≈ 86.7%。

（2）提高用户保留率的策略

较低的用户保留率表明了用户对产品的满意度不高，需要引起重视。如果想了解产品用户保留率是否在健康的范围值内，请先参考产品所属行业的平均值。通常典型的 SaaS 产品相关指标的数值普遍在表 2-7 所示的范围内。

表 2-7　典型的 SaaS 产品月度与年度流失率、目标平均留存率范围

月度流失率	月度目标平均留存率	年度流失率	年度目标平均留存率
4% ～ 9%	89% ～ 95%	32% ～ 50%	50% ～ 68%

但并非所有 SaaS 产品的相关指标的数值都在这个范围内，甚至可能更低些。国内大部分 SaaS 企业对用户的维护和产品创新的投入不足，总想着先把用户引进来。

提高用户保留率最核心的思想便是加强用户与产品之间的互动关系，让用户更加主动地使用产品的功能和服务，而这需要用户在短期内发掘出产品的价值。

提高用户保留率的两个有效策略是交互式演练和设置个性化用户免费试用模块。通过交互式演练用户可以更好地了解产品的使用原理，快速地上手使用产品，并且减少使用产品过程中的疑

惑，未来对新的产品功能的使用意愿更强。在设置个性化用户免费试用模块时，需要收集新用户的信息，将他们划分为不同的细分用户群体。针对不同的用户群体或所属行业，设置不一样的个性化免费试用模块，让新的试用用户能够快速地了解并且通过产品完成他们的工作和达到他们的业务目标。

2. 用户流失率

用户流失是指在固定时间范围内，用户停止使用产品或服务，从而不再续费订阅产品。这些停止续费订阅产品的用户数与期初总用户数的比率，即用户流失率（CCR）。用户流失率与用户保留率表现业务的情况刚好相反，如果说用户保留率表明用户继续使用产品的可能性有多大，那么用户流失率则表明用户停止使用产品的速度有多快。

Forrester 公司研究表明，获得新用户的成本是保留现有用户的成本的 5 倍。同时，贝恩咨询公司研究表明，用户保留率提高 5% 可以为企业带来 25% ～ 95% 的利润增长，企业 65% 的业务收入来源于老用户。

（1）用户流失的类型及原因

用户流失的原因很多，因人而异，流失类型可分为自愿流失和非自愿流失，见表 2-8。

表 2-8　用户流失类型及原因

自愿流失的原因	非自愿流失的原因
❑ 用户没有发现产品或服务的价值 ❑ 用户感觉不到被关注和重视 ❑ 用户因产品糟糕的使用体验而对 SaaS 企业或经销商失去信心 ❑ 用户在市面上找到更好的产品或购买体验好的供应商	❑ 用户停业 ❑ 用户的成本支出支付不起订阅的费用

计算用户流失率是制定用户留存策略时必须进行的一步。用户流失率是以产品为驱动增长策略的核心指标之一。通过分析用户流失率，可以充分了解用户离开的速度，以及在什么环节离开，这样才能有针对性地制定留存策略。

（2）用户流失率的计算

用户流失率的计算与用户保留率一样，首先得确定时间范围。大部分企业会按月、季度或者年份来更好地了解这些时间范围内的业务情况。用户流失率计算公式如下：

用户流失率 =（停止续费订阅产品的用户数 / 期初总用户数）×100%

（3）预防用户流失的方式

预防用户流失是增加用户保留率的有效措施，同时也是增加收入的有效途径。用户流失在任何企业里无时无刻都在发生，就算是再优秀的企业、再大的企业也会面临用户流失的情况。企业能够做的就是预防用户流失，将流失率降到行业或企业能接受的合理范围。

要预防用户流失，就得先了解用户为什么会离开。最直接的方式就是面对面与用户交谈，但面对面与用户交谈的成本比较大，可以采用电话联系的方式。尽量避免采用一些“省时省力”的方式去了解用户离开的原因。直接打电话给用户能够快速地获得最直接的反馈，这也是用户成功团队日常工作中必须要进行的一项任务。利用一切方便与用户达成有效沟通的社交媒体工具，及时了解用户退出的原因，适时地进行产品或服务的调整，也是主动预防用户流失的方式。

HubSpot 企业研究表明，68% 的用户选择离开是因为他们认为供应商企业不“关心”他们。现在越来越多的 SaaS 企业开始要求用户成功经理（CSM）从被动地接受和应对用户流失变成主动地进行用户关系营销，通过“关心”用户来服务用户，增强用户与产品之间的互动。

3. 月度经常性收入（MRR）流失率

如果说用户流失率可表明用户离开的速度，那么 MRR 流失率则表明因用户流失而损失多少收入以及损失这些收入带来的影响。MRR 流失率是一种财务衡量标准，MRR 流失率越低，实现快速增长的机会越大。

通过计算 MRR 流失率还可以深入了解订阅不同版本产品的用户群体的流失情况（见表 2-9），例如，用户流失率高，但 MRR 流失率低，这可能表明订阅低版本产品的用户停止使用产品的速度更快，这些订阅低版本产品的用户可能对当前版本产品或服务不满意。

表 2-9　MRR 流失率分析

用户流失率	MRR 流失率	情况说明	策略
高	低	订阅低版本产品的用户停止使用产品的速度更快。这些订阅低版本产品的用户可能对当前版本产品或服务不满意	尝试采用高版本产品的功能和服务来满足低版本产品用户，试图将他们升级为高版本产品用户
低	高	表明订阅高版本产品的用户流失占比较大	产品价值可能与现有用户需求不符，需要进一步分析： 非产品核心用户，可以放弃 核心用户，则需要关注高版本产品解决方案是否符合他们的需求，又或者定价是否符合市场标准

在计算 MRR 流失率时，需要了解以下几个步骤：

1）计算期间流失的 MRR：在计算期间流失用户的 MRR。例如，如果一个用户在 2 月份取消订阅，其 MRR 为 5000 元，那么流失的 MRR 就是 5000 元。

2）上一期总 MRR：在计算之前的总 MRR。例如，1 月份的总 MRR 为 60 000 元。

3）不包括计算期间新业务的收入：在计算 MRR 流失率时，不应包括新业务带来的收入，因为我们只关注现有用户的流失情况。

MRR 流失率的计算公式如下：

MRR 流失率 = 计算期间流失的 MRR/ 上一期总 MRR × 100%

例如：1 月份的总 MRR 为 60 000 元，2 月份流失的 MRR 为 5000 元，则 MRR 流失率计算如下：

MRR 流失率 = 5000/60 000 × 100% ≈ 8.3%

因此，2 月份的 MRR 流失率约为 8.3%。

2.4.5 SaaS 用户满意度指标

众所周知，与获取新用户相比，留住现有用户所需要的时间和成本更少。可现实中，出于某种原因，许多企业仍然将获取新用户当作首要的任务，并想尽一切办法去实现它。这些企业将所有的精力都投入在获取新用户上，这意味着它们可能正在忽视对现有用户的服务。从企业发展的趋势看，增加新用户在企业发展的任何阶段都是关键，但对于 SaaS 产品的订阅模式而言，持续性增长的秘诀不是获取新用户，而是留住老用户。

留住用户的核心是让用户对企业的产品和服务感到满意。

只有用户对产品和服务感到满意，他们才会主动向身边的人推荐产品、拥护产品，并积极地鼓励其他人购买产品。但衡量用户满意度从来都不是一件容易的事情，好在有一些衡量用户满意度的指标，用来评价用户对使用当前产品的情绪状态。通过这些衡量指标可深入了解用户对产品体验的真实感受，再结合这些不同的指标数据进行评估。

1. 用户忠诚度

用户忠诚度是衡量品牌与用户之间情感的指标，忠诚度越高的用户越坚定不移地与特定品牌开展业务合作，并且热衷于维护品牌形象，这一切都源于高用户满意度。忠诚度高的用户相比于其他普通用户在使用产品时更有耐心，他们一般不会主动去寻找市场上其他的替代解决方案，当出现问题时，他们往往会更加积极主动地反馈情况，耐心地等待解决。

笔者曾经同时为 A、B 两个企业提供过用户数据诊断分析服务，发现 A 企业用户总数虽然不及 B 企业用户总数的一半，但其 MRR 是 B 企业的三分之二，因为 A 企业的核心用户组里有许多忠实的用户；反观 B 企业，虽然用户总数很多，但是忠实用户数不足总用户数的十分之一。对 B 企业而言，这是一个极其危险的信号，这意味着每年都会有大量的用户流失。

针对 A、B 两家企业，笔者提出了应对策略。对于 A 企业，笔者建议其将部分精力放在对现有用户的维护和服务上，将主要精力放在扩大市场份额上，例如，推出“推荐有礼”等优惠措施，鼓励老用户向新用户推荐产品。而 B 企业很明显是产品和服务出现了问题，因此建议其先把精力放在优化服务流程、优化产品用户体验方面，制定以用户满意为主的战略。

在经过一段时间后的复盘中发现，A 企业按照建议执行，用户体量迅速增长，很多老用户复购并向新用户推荐产品，用户留存率也较高。而 B 企业由于未按建议执行，遇到了重重困难。B 企业过于重视 MRR，忽视了持续的 MRR 增长依赖于现有用户的复购。

由此可见，在竞争激烈的 SaaS 领域生存下来的最佳选择是拥有许多忠实的用户，他们不仅坚持使用企业产品，而且还成为品牌拥护者。当用户忠诚时，他们会主动把产品推荐给身边的人，这往往是最有效的营销形式。

可以采用用户忠诚度指标来帮助企业跟踪一段时间内用户的忠诚情况。它的衡量方式类似于净推荐值（NPS），通过用户回复相应问题的分数来进行统计，其中包含三个问题，旨在衡量 NPS、复购、加购销售等。

1）用户将来再次购买产品的可能性多大？

2）用户在自己的圈子中推荐产品 / 服务的可能性多大？

3）用户愿意尝试企业其他产品或新功能的可能性多大？

对于每个问题，用户都以 1 ～ 6 的等级进行回答，其中 1 表示“非常可能”，6 表示“极不可能”，每个等级都有相对应的分数，如图 2-15 所示。

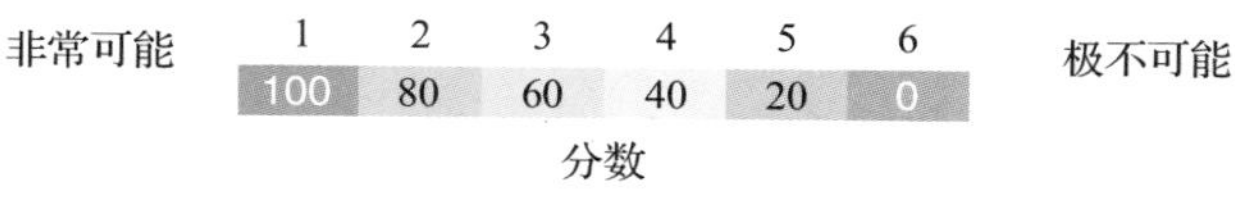

图 2-15　问题等级及分数

用户忠诚度为三个问题答案分数的平均值。需要留意的是，衡量用户忠诚度的方式并不是唯一的，也很难进行定量的科学统计，但是如果企业坚持定期启动调查，依然能够获取一份较为符合实际情况的用户忠诚度分布图，从而了解现有的用户对产品或企业的忠诚情况。

2. 用户满意度（CSAT）

如果你在购买产品之后，回答了销售人员询问的“对该产品或服务的满意度如何？”这一问题，那么你的回答就是一次用户满意度得分。CSAT 是一种用来了解用户对产品或服务是否满意的情绪调研指标，采用 CSAT 最好的时机是在用户刚使用产品时或刚结束某一功能的使用时对其进行调研。

CSAT 与 NPS 的调研方式类似，它们通常都由单一问题或者数字量表来调查用户的情绪。这两种指标的主要区别在于，NPS 主要用于评估总体用户满意度和忠诚度，而 CSAT 通常用于衡量用户对产品特定功能的满意度。

（1）用户满意度问题设计

用户满意度通常通过向用户提出一系列问题来测量，这些问题涉及用户对产品或服务的满意度。

通常，关于用户满意度的问题包含以下几个：

- 您对最近一次的产品支持和服务体验有什么评价？
- 您对今天的问题解决情况满意吗？
- 您对我们产品 / 服务 / 功能 / 解决方案的满意度如何？
- 您有多大可能会再次选择我们的服务？
- 您对我们的服务人员的满意度如何？

评分范围通常是 1 ～ 5，1 代表“非常不满意”，5 代表“非常满意”。用户的评分被收集并进行计算，最终得出 CSAT 分数。图 2-16 展示了 CSAT 评分范围。

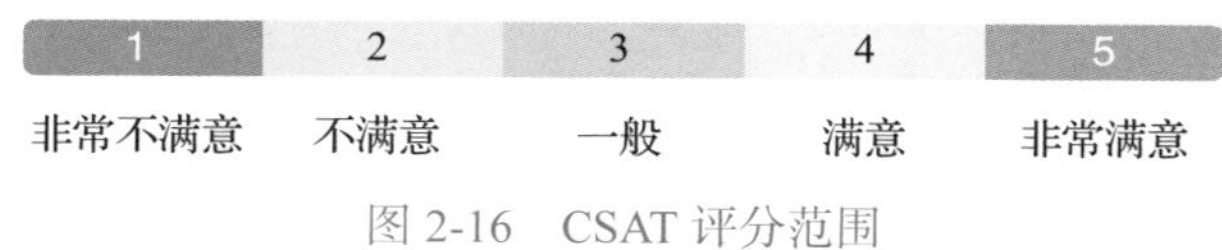

图 2-16　CSAT 评分范围

（2）用户满意度的计算公式

这个公式简单直接，适用于没有复杂权重设置的情况。

CSAT = 满意的回答数量 / 总的回答数量 ×100%

式中，满意的回答数量表示用户在调查中选择“满意”或“非常满意”的回答数量；总的回答数量表示所有用户回答的总数量。

举例来说，如果有 100 个用户参与调查，其中 80 个用户对服务表示满意或非常满意，那么 CSAT 的计算如下：

CSAT = 80/100×100% = 80%

结果表明用户满意度为 80%。这个公式帮助企业衡量用户对其产品或服务的满意程度，并以百分比的形式表示出来。

3. 净推荐值（NPS）

（1）什么是净推荐值

净推荐值（NPS）是由贝恩咨询公司的 Fred Reichheld 在 2003 年提出的一种衡量用户满意度和忠诚度的重要指标。NPS 通过询问用户向他人推荐产品的可能性来评估其忠诚度。受访者在 0 ～ 10 的范围内评分，0 表示不可能，10 表示非常可能，如图 2-17 所示。

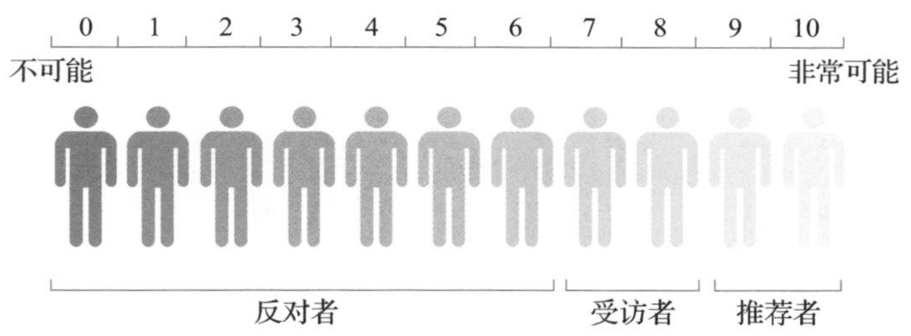

图 2-17　NPS 评分范围

NPS 的计算公式如下：

NPS = 推荐者 / 受访者 ×100 – 反对者 / 受访者 ×100

对于 ToB SaaS 行业，通常平均 NPS 为 20 ～ 41，如果出现负的 NPS，则意味着企业没有进入正确的市场，用户尚未看到企业产品的价值或者企业的产品和服务需要进行改进。

例如，假设 200 个用户的评分结果如下：

- 100 人评分为 9 或 10（推荐者）。
- 40 人评分为 7 或 8（受访者）。
- 60 人评分为 0 ～ 6（反对者）。

那么 NPS 计算如下：

NPS =（100/200×100）–（60/200×100）= 50 – 30 = 20

因此，NPS 为 20。

（2）为什么 NPS 很重要

虽然 NPS 在很多 SaaS 企业里被用来衡量用户忠诚度和满意度，但是很少有人真正能够将这个指标应用在指导用户增长和产品优化方向，最后 NPS 成了很多 SaaS 产品经理口中的“虚荣指标”。不得不承认，就 NPS 这个指标而言，衡量的结果是不准的。如果你所调研的用户群体中很多都碍于人情面子或其他因素，则“卖个面子给你”就会阻碍 NPS 的准确性，又或者你所调研的用户群体数量不足，也会导致无法真实地反映用户的推荐意向度。

单独使用 NPS 确实不太准确，所以在衡量 NPS 时，通常都与用户满意度（CSAT）和用户努力得分（CES）等其他指标一起使用，这样获得的反馈更为准确和直观。

（3）NPS 多久被调研一次

NPS 根据业务的发展、用户生命周期和产品更新频率等进行调研，通常 SaaS 企业会选择每 6 个月进行一次。

对于产品应用内的 NPS 自动调查机制，笔者推荐的调研周期如下：

- ❑ 对初次注册用户的调研应该在用户注册后 7 ～ 14 天内进行。
- ❑ 第二次调研与用户注册后调研的时间间隔为 30 ～ 90 天，这时的调研内容主要围绕核心的应用功能或服务体验。
- ❑ 第三次调研在第二次调研之后的 90 天后进行，主要调研用户对产品的推荐意向和服务满意度。
- ❑ 对于已经经过第三次调研的用户，启动定时调研，一般都是每季度或半年进行一次。

NPS 调研的注意事项如下：

- ❑ **不要在重大的产品更新后马上进行 NPS 调研。**这时的用户可能对产品的新功能并不熟悉，在使用过程中摩擦点较多，对于 NPS 的调研情绪不佳。
- ❑ **不要过度地对用户进行 NPS 调研。**虽然 NPS 调研是获得用户情绪最简便的方式之一，但频繁地进行调研会让用户感觉到被打扰了，尤其是针对产品应用内的核心功能进行调研。

- 千万不要同时对整个用户群进行 NPS 调研。并不是所有的用户群都是核心用户，也并不是所有的用户群都适用于同一类的推荐分值统计。企业需要将不同的分值分配给特定的用户群来使 NPS 的获取更具可操作性。

（4）如何使用 NPS

从理论上讲，NPS 的结果可能是 -100 ～ 100。但现实中这两种极端的情况很难发生。NPS 结果的“好坏”取决于企业所属的行业，但请记住：与其追求比竞争对手更好的 NPS，还不如专注于利用 NPS 来更好地解决问题和达到业务目标。

根据 Retently 网站发布的信息，2023 年，SaaS 行业的平均基准分数为 41。如果企业不打算利用 NPS 来改进产品或者利用忠诚用户推荐产品，那么收集和分析 NPS 就没有什么意义，它将成为“虚荣指标”。

将 NPS 与业务相结合有助于更好地了解用户、提高用户满意度并推动业务增长。以下是要采取的步骤：

- 设定明确的目标。在开始收集 NPS 之前，设定明确的目标。例如，希望提高用户满意度、用户保留率或促使更多用户推荐产品。
- 选择正确的指标。虽然 NPS 是一个有用的指标，但它不应该是唯一指标。考虑将其与其他指标相结合，如用户流失率、用户终生价值和用户获取成本。
- 定期收集 NPS。定期收集 NPS，例如，每季度一次或每年两次，以跟踪用户忠诚度和满意度随时间的变化。每次都使用相同的方法和问题以确保一致性。

- ❑ 分析数据。分析 NPS 以确定趋势和模式。总结做得好的地方，以及需要改进的地方。
- ❑ 采取行动。利用从 NPS 中得到的洞察力采取行动。改善表现不佳的领域并利用表现良好的领域。更改业务流程、产品或服务以改善用户体验。
- ❑ 分享结果。与团队、利益相关者和用户分享 NPS 结果。这有助于建立信任和透明度，并表明企业致力于提高用户满意度。
- ❑ 监控进度。监控一段时间内的进度，了解所做的更改如何影响用户忠诚度和满意度。继续定期收集和分析 NPS，以确保在实现目标方面取得进展。

2.4.6 SaaS 关键财务指标

1. 每用户平均收入（ARPU）

每用户平均收入（ARPU）是一个非常重要的指标，它是指付费订阅产品应用的每个活跃用户平均产生的收入。它与每账户平均收入（ARPA）很相似，两者之间最大的区别是评估的层级不同。

在许多公司，ARPU 指标并不如 MRR 或 ARR 指标受欢迎，但不妨碍它是关键的核心指标。ARPU 低将会直接影响企业的扩展能力，ARPU 低意味着企业如果想要获得更高的 MRR，必须要拥有更多的付费用户。而企业将耗费更多的支持资源和营销成本，不得不削减产品研发和服务支持方面的成本。

ARPU 用于衡量单个用户的平均收入，适用于消费者应用程序。

ARPU 计算公式如下：

ARPU = MRR/ 活跃用户数

式中，活跃用户指的是成功付费订阅并且处于活跃状态的用户，不包含试用用户或免费注册用户。

例如，某个人理财应用程序的 MRR 为 10 000 元，拥有 1000 个活跃用户。通过计算得出：

ARPU = MRR/ 活跃用户数 = 10 000 元 /1000 = 10 元

对所有指标的衡量都是为验证未来的业务发展而提供价值参考和方向，ARPU 也是如此。通过 ARPU 我们可以了解到 SaaS 业务的哪些信息？

（1）MRR 与用户终生价值（LTV）的增长

在短期内，ARPU 直接影响 MRR。另外，ARPU 还会影响用户终生价值的长期增长。单个用户每月贡献的收入总和是他在使用产品的整个生命周期内发生的，而加起来就是用户终生价值，因此增加 ARPU 会增加用户终生价值。

（2）企业财务可行性

企业在进行未来财务可行性分析的时候，特别注重计算 MRR 和 ARR 这两个核心关键指标。从 ARPU 来看，如果 ARPU 过低，则企业每月需要大量的用户才能够达到 MRR 的目标。如果 ARPU 比较高，则不需要太多的用户来实现目标和增长。

（3）价格与产品是否满足用户需求

ARPU 低则表明企业没有从某些付费用户那里获得足够的价值收入，其产品和服务可能并不能够真正满足用户的需求。如果下个月的用户数量还在稳步增长，那说明企业可以适当地把产品的销售价格调高。

2. 经常性收入（MRR 和 ARR）

众所周知，拥有优质的产品或服务并进行良好的营销对于成功开展业务非常重要。但同样重要的是，要关注财务收入指标，其中月度经常性收入（MRR）与年度经常性收入（ARR）这两个核心的财务指标可以帮助 SaaS 企业预测收入：MRR 有助于了解短期收入增长的情况，ARR 有助于了解长期收入增长的情况。

MRR 是用户与企业建立起服务关联后所订阅的行为收益。MRR 上升表明用户获取、计划升级等情况增多，MRR 下降则意味着用户降级、取消订阅、流失等情况增多。要了解 MRR 上升或者下降的背后原因，需要将 MRR 分解为不同的类型，每一种类型对应着不同的用户收入、用户行为和业务健康状况的见解，具体如下：

1）新用户 MRR。新用户 MRR 是指在一个月内获得的新用户所带来的 MRR。例如：某企业在某月获得 10 个新注册订阅用户，订购计划是 5000 元 / 月的版本，则新用户 MRR = 10 × 5000 元 = 50 000 元。

2）升级 MRR。升级 MRR 是指在特定的月份内，用户从现有的订阅计划版本升级为更高级的订阅计划版本所产生的额外收入。在计算升级 MRR 的时候，除了要把用户订阅高版本的产品费用算进去，还需要将一些额外的升级后的服务费用一并纳入计算。例如：用户从 5000 元 / 月的订阅计划版本升级为 10 000 元 / 月的订阅计划版本，并且购买了 50 元 / 月的服务支持，则升级 MRR = 10 000 元 − 5000 元 + 50 元 = 5050 元。

3）降级 MRR。降级 MRR 刚好与升级 MRR 相反，是指用户在特定的月份从现有的订阅计划版本降级为较低版的订阅计划所导致的收入减少的金额。例如，如果用户将其订阅从 5000 元的高级订阅计划版本降级为 1000 元的基本计划，那么降级 MRR = 5000 元 –1000 元 = 4000 元。

4）扩张 MRR。扩张 MRR 是指与上个月相比，给定月份从现有用户那里获得的额外收入。扩张 MRR 是通过附加产品功能、追加销售、交叉销售产生的。正向的扩张 MRR 表明用户满意度和忠诚度较高，可以向这些用户积极地推荐新的产品功能和获得高 NPS。

- 当月扩张 MRR 的计算公式如下：

当月扩张 MRR = ∑（每个现有用户的额外收入）

- 扩张 MRR 增长率的计算公式如下：

扩张 MRR 增长率 = 当月扩张 MRR / 月初总 MRR × 100%

例如，在某月，以下是现有用户的额外收入：

- 用户 A 的额外收入为 5000 元。
- 用户 B 的额外收入为 10 000 元。
- 用户 C 的额外收入为 7500 元。

当月扩张 MRR 的计算如下：

扩张 MRR = 5000 元 + 10 000 元 + 7500 元 = 22 500 元

如果月初总 MRR 为 1 000 000 元，那么扩张 MRR 增长率的计算如下：

扩张 MRR 增长率 = 22 500/1 000 000 × 100% = 2.25%

5）重新激活 MRR。重新激活 MRR 是指原来的用户已经流失后，再次返回付费订阅使用产品所带来的 MRR。例如：如果企业有 10 个当月流失的用户在同月里返回激活使用产品，他们都订阅了 5000 元 / 月的订阅计划，则重新激活 MRR = 5000 元 × 10 = 50 000 元。

6）收缩 MRR。收缩 MRR 是指 SaaS 业务在特定的月份内因订阅取消或降级产生的金额损失。如用户取消订阅、降级到较低的价格、利用优惠折扣或积分进行订阅等，都属于收缩 MRR。例如：企业开展一项活动，奖励 100 个长期订阅产品的用户，给他们每人发放一张 1000 元的抵扣券，那么当月收缩 MRR = 100 × 1000 元 = 100 000 元。

7）流失 MRR。流失 MRR 指的是由于用户取消订阅或降级而减少的 MRR。它是衡量企业用户流失的重要指标，可以帮助企业了解用户流失带来的影响，从而采取措施改善用户留存。流失 MRR 计算公式如下：

流失 MRR = ∑（每个流失用户的 MRR）

其计算步骤如下：

- 识别流失用户：找出在特定月份内取消订阅或降级的用户。
- 计算每个流失用户的 MRR：确定每个流失用户在取消订阅或降级前的 MRR。
- 求和：将所有流失用户的 MRR 加总求和。

例如，在某个月份中，有以下用户发生流失：

- 用户 A：在取消订阅或降级前的 MRR 为 1000 元。
- 用户 B：在取消订阅或降级前的 MRR 为 1500 元。
- 用户 C：在取消订阅或降级前的 MRR 为 2000 元。

因此，流失 MRR = 1000 元 + 1500 元 + 2000 元 = 4500 元。

8）净新 MRR。通过计算净新 MRR 可以直接反映出企业本月收入增长还是减少，从而判断未来 MRR 是否健康。如果净新 MRR 为正数，说明新用户 MRR 与扩张 MRR 之和大于流失 MRR，业务收入比较健康。净新 MRR 的公式为

净新 MRR = 新用户 MRR + 扩张 MRR – 流失 MRR

例如：假设某月内有 20 个新用户订阅了企业服务，每人每月支付 3000 元，同时，有 10 个现有用户从每月 3000 元的订阅计划版本升级到每月 5000 元的更高级别订阅计划版本，但是有 8 个订阅 5000 元版本的用户流失了，则该月的净新 MRR =（20 × 3000 元）+ [10 ×（5000 元 – 3000 元）] –（8 × 5000 元）= 60 000 元 + 20 000 元 – 40 000 元 = 40 000 元。

3. 毛利率

（1）什么是毛利率

毛利率（Gross Margin，GM）是衡量企业盈利能力的重要指标。它是指通过销售产品或服务获得的收入减去提供这些产品或服务的直接成本后的剩余部分。

毛利率有时被称为毛利率百分比、销售毛利率或毛利润。它用于评估 SaaS 业务的增长潜力。

（2）毛利率的重要性

对投资者来说，毛利率是评估企业财务健康和未来增长潜力的重要指标。不同行业的毛利率基准有所不同。SaaS 业务不生产实体产品，因此产品成本较低，毛利率普遍较高。企业向用户提供解决方案的成本称为销货成本（COGS），包括创建产品或提供服务的总费用。由于 SaaS 企业缺乏实体产品，其销货成本通常较

低，从而提高了毛利率。

（3）如何计算毛利率

毛利率的计算公式如下：

毛利率 =（总收入 – 销货成本）/ 总收入 ×100%

- 总收入：企业通过销售产品或服务获得的收入。
- 销货成本：生产或提供这些产品或服务的直接成本，包括材料费、人工费等。

例如，假设一家 SaaS 企业在一个月内销售产品的总收入是 100 000 元，而生产这些产品的成本是 40 000 元。那么，毛利率的计算如下：

毛利率 =（100 000 – 40 000）/ 100 000×100% = 60%

4. 用户获取成本（CAC）

用户获取成本（CAC）是指企业获取用户所花费的成本。通常我们会将 CAC 与用户终生价值（LTV）或月度经常性收入（MRR）结合在一起进行分析。CAC 可以帮助企业计算用户对组织的整体价值，还有助于计算收购的最终投资回报率。

通过 CAC 的分析，可以清晰地看到企业 SaaS 业务未来扩展的能力。简而言之，SaaS 企业扩展业务的能力取决于 CAC。CAC 越低，收入模式就越强大，尤其是在企业想要向市场投资者筹集资金的时候，市场投资者会将企业的品牌与具有相同商业模式的竞争对手的品牌进行比较，而比较 CAC 是最直接的方式。

用户获取成本计算如下。

1）计算 CAC 的简单公式：

CAC = MCC/CA

式中，MCC 为销售和营销总成本；CA 为获得的用户总数。

2）计算 CAC 的复杂公式：

$$\text{CAC} = (\text{MCC} + W + S + \text{PS} + O)/\text{CA}$$

式中，MCC 为与收购相关的总营销活动成本；W 为与营销和销售相关的工资；S 为所有营销和销售产品的成本；PS 为营销和销售中使用的任何其他专业服务（例如，聘请专业顾问）；O 为开销；CA 为获得的用户总数。

5. 用户终生价值（CLV）

并非所有用户所产生的价值都是对等的，有的用户产生的价值比较高，而有些用户产生的价值很低。这就是我们衡量用户终生价值（CLV）的原因。CLV 是指用户在与产品建立关系期间所产生的总收入。高 CLV 是 SaaS 企业财务实力和长期稳定的标志，它通常表示高品牌忠诚度和高经常性收入。该指标可以帮助企业根据过去的交互数据预测用户的价值。此外，还可以轻松地将用户细分为高、中、低价值用户。

CLV 的基本计算公式如下：

CLV = 平均购买价值 × 购买频率 × 用户生命周期

详细计算步骤如下：

1）计算平均购买价值：

平均购买价值 = 总收入 / 购买次数

2）计算购买频率：

购买频率 = 购买次数 / 用户数量

3）计算用户生命周期：

用户生命周期 = 1/ 用户流失率

4）计算 CLV：

CLV = 总收入 / 购买次数 × 购买次数 / 用户数量 ×（1/ 用户流失率）

= 总收入 /（用户数量 × 用户流失率）

假设某 SaaS 企业的统计数据如下：

总收入	购买次数	用户数量	用户流失率
100 000 元	5000 次	1000 人	20%（0.2）

计算步骤如下：

1）计算平均购买价值：

平均购买价值 = 100 000 元 / 5000 = 20 元

2）计算购买频率：

购买频率 = 5000 次 / 1000 人 = 5 次 / 人

3）计算用户生命周期：

用户生命周期 = 1/0.2 = 5 年

4）计算 CLV：

CLV = 20×5×5 元 = 500 元

因此，每个用户在其生命周期内为企业带来的总收入预估为 500 元。

2.5 本章小结

SaaS 产品经理负责整个产品生命周期和产品路线图的规划设计，其目的是确保目前产品的功能和解决方案被用户采纳，同时制订未来的产品计划。

SaaS 产品管理指标是为满足三方面（销售、营销和用户成功）

的需求而量身定制的。

根据 SaaS 用户旅程，可将 SaaS 管理指标分为 SaaS 激活指标、SaaS 产品采用情况指标、SaaS 产品活跃使用情况指标、SaaS 产品保留指标、SaaS 用户满意度指标和 SaaS 关键财务指标。

SaaS 激活指标：意味着用户意识到产品的价值时刻，也是衡量用户的第一个价值时刻。

SaaS 产品采用情况指标：衡量关键操作的频率和节奏，判断产品功能是否真正帮助用户解决问题。

SaaS 产品活跃使用情况指标：衡量每日、每周、每月甚至每年的活跃用户。

SaaS 产品保留指标：衡量留存的用户数量、流失率及 MRR 流失率，以预测未来产品的 MRR、ARR 等。

SaaS 用户满意度指标：衡量用户对产品的忠诚度、用户满意度得分（CSAT）、用户体验效果、净推荐值（NPS）。

SaaS 关键财务指标：衡量 SaaS 产品产生的销售收入、用户终生价值（CLV）和用户获取成本（CAC）等。

第3章 CHAPTER

洞悉 SaaS 市场

我国 SaaS 行业正在快速发展，市场需求日益增长。随着企业越来越重视数字化转型和生产效率的提高，我国市场对 SaaS 产品的需求也越来越多。同时，随着互联网技术的发展，SaaS 企业也在不断推出更先进和更易用的产品，以满足市场需求。我国 SaaS 市场的主要产品包括通过云技术交付的软件解决方案，如企业资源计划（ERP）、客户关系管理（CRM）、人力资源管理（HRM）和项目管理等。

总的来说，我国 SaaS 行业具有巨大的潜力和广阔的前景。尽管相关的市场研究表明国内 SaaS 拥有巨大的增长潜力，但竞争也越来越激烈。SaaS 企业面临着不断改进其产品以满足客户需求并在市场中保持领先地位的挑战。因此，对 SaaS 市场的研究和对未来 SaaS 市场趋势的预测成为当下 SaaS 企业必须要具备的能力之一。

进行市场调研很重要。虽然很多 SaaS 企业对市场调研很重视，但大多数 SaaS 企业无法在真正意义上通过市场调研获得足够的指导。正如虽然我们知道“磨刀不误砍柴工”的道理，但不清楚到底该把这把“刀”磨到什么程度才能够真正给 SaaS 企业带来事半功倍的好处。

通过对本章的学习，读者将对 SaaS 市场调研有一定的了解，并且对常见的 SaaS 市场调研方法和 SaaS 市场分析步骤，以及 SaaS 产品定价方面的知识也有一定的了解。

3.1　SaaS 市场调研

3.1.1　市场调研的类型

市场调研是企业和个人深入了解目标受众、市场趋势和消费者行为的重要工具。市场调研的目的是为决策过程提供可靠的信息依据，帮助企业做出明智的决策。

根据调研的目的和功能性，可以将市场调研分为三种类型：探索性调研（Exploratory Research）、描述性调研（Descriptive Research）、因果性调研（Causal Research）。三种类型有各自适用的场景和调研目的，因此调研人员在做调研时需要慎重选择合适的类型，以增加调研结果的准确性。

1. 探索性调研

探索性调研是一种初级研究，它的特点是具有灵活性、非结构化性，通过初步收集的信息来理解想要研究的问题。当研究人员对某个问题知之甚少，不确定问题产生的原因或者所要研究的问题复杂时，通常会采用探索性调研。探索性调研的目的是明确的，但是研究问题的范围比较广泛。

例如，某 SaaS 企业在第一季度出现严重的客户流失，然而导致这一情况的因素有很多，比如竞争者抢走了客户、市场出现新的替代产品或者企业 SaaS 产品创新价值有限等。由于造成客户流失的因素很多，企业一时难以确定调研重点，又不可能逐一调查，因此，研究人员先进行探索性调研以发现问题，然后再进一步调查产生问题的缘由。最后发现客户流失严重是由于产品价格过高及产品客户体验极差，客户不愿意再支付高昂的订阅费用。

探索性调研除用于发现问题和定义问题以外，还能够用来了解市场的真实情况。对于刚进入市场或正在考虑进入新市场的企业来说，探索性调研提供了对市场、竞争和客户的宝贵见解，并帮助企业就其市场战略做出明智的决策。其优缺点见表 3-1。

表 3-1　探索性调研的优缺点

探索性调研的优点		探索性调研的缺点	
具有灵活性	非常灵活，可以适应各种研究问题和情况。如果发现新信息或研究问题发生变化，研究人员可以快速进行调研方向的调整	缺乏控制	探索性调研是非结构化和非正式的，这意味着研究人员对所收集的数据控制有限，可能会导致数据不完整或不一致
具有成本效益	比其他类型的调研更便宜，因为它通常涉及较少的参与者，并且可以使用不太复杂的研究方法进行	有限的普及性	调研的结果不能推广到更大的人群范围，因为其样本量通常很小，而且参与者不是使用随机抽样技术选择的

（续）

探索性调研的优点		探索性调研的缺点	
可发现机会	可发现新的见解和想法。它提供了更深入地了解问题、识别新因素和意外因素，以及产生新假设的机会	依赖定性数据	很大程度上依赖定性数据，这些数据通常是主观的并且可以被解释。这会使量化和概括结果变得更加困难
节省时间	从长远来看，探索性调研可以节省时间，因为它可以确定进一步调查的关键领域，从而节省时间和资源	有限的统计分析	探索性调研的结果通常是定性的，不适合进行统计分析。这意味着更难确定调研结果的重要性

2. 描述性调研

描述性调研是指对既定的问题进行正式的调研，通过详细调研和分析，对有关问题进行客观性的描述。它通常用于收集有关目标市场或消费群体的特征、行为、态度和意见，大多数的市场营销调研都属于描述性调研。

与探索性调研不同，描述性调研的目的更加明确，所调研的问题也更加具体。描述性调研提供了对给定市场或消费者群体的全面和详细的了解，而探索性调研用于获得对问题的初步了解并确定进一步研究的领域。

（1）优点

- 提供全面的了解。提供了对特定细分市场或人群的全面了解，可用于为业务决策提供依据。
- 具有成本效益。通常比其他类型的市场研究更具成本效益，因为它不需要大量的数据分析或解释。
- 可快速提供结果。通常可以快速提供结果，使组织能够根据最新信息做出决策。

- 易于实施。通常易于实施，因为它可以通过调查、焦点小组访谈或其他简单方法进行。

（2）缺点

- 有限的洞察力。对特定市场行为产生的原因提供了有限的理解，并且没有提供对因果关系或预测信息的洞察力。
- 依赖参与者。调研的成功取决于参与者参与和提供准确信息的意愿，而这在某些细分市场中可能是一个挑战。
- 具有观察者效应。参与者可能会因为知道他们正在接受调查或观察而改变行为，这会影响结果的准确性。
- 有限的普及性。其结果可能仅适用于所研究的特定细分市场或人群，可能无法代表更大的市场。

3. 因果性调研

因果性调研是指为探讨和确定相关变量之间的因果关系而进行的调研，旨在建立两个或多个变量之间的因果关系，又被称为解释性调研或诊断性调研。因果性调研的主要目标是确定一个变量的变化是否会导致另一个变量的变化。在市场调研中，因果性调研用于确定营销活动（如广告、定价和产品设计）与消费者行为（如销售额、品牌忠诚度和客户满意度）之间的关系。

（1）方法

因果性调研常用的三种方法是实验设计法、准实验设计法、回归分析法。

1）实验设计法。实验设计法涉及操纵自变量并观察其对因变量的影响。这种方法被认为是建立因果关系最有效的方法，因为它允许研究人员通过控制无关变量并确保因变量的变化完全是由于自变量的操纵来建立明确的因果关系。实验设计法可以采取真实实验、类实验或随机对照实验的形式，常用于心理学、医学和市场营销等领域。

2）准实验设计法。准实验设计法类似于实验设计法，但它不涉及参与者的随机分配。这种方法通常在随机分配不可能或不合乎道德的情况下使用，但仍然允许研究人员通过比较除所研究的自变量之外在所有其他方面都相似的组来推断因果关系。

3）回归分析法。回归分析法是一种统计方法，涉及使用回归模型来检验自变量和因变量之间的关系。该方法可用于检验两个变量之间关系的强度和方向，并可用于对新情况下的关系进行预测。回归分析常用于经济、金融、市场营销等领域，检验变量之间的因果关系。

虽然这是因果性调研常用的三种方法，但根据研究的问题和数据可用性，也可以使用其他方法，如时间序列分析和路径分析等。

（2）优点

- 加深理解。有助于建立因果关系，加深对潜在过程和机制的理解。这种理解可用于做出明智的决定和制定更有效的策略。
- 改进决策。通过建立因果关系，为决策提供有价值的信息。此信息可用于确定需要改进的领域、确定营销策略的有效性以及预测未来趋势。
- 加强控制。它可以更好地控制所研究的变量。在实验设计中，研究人员可以操纵自变量、控制无关变量，并将参与者随机分配到组中。它可更好地控制研究，减少混淆变量的可能性并提高结果的可靠性。

- 提供更有力的证据。为因果关系提供了比非因果性调研更有力的证据。这是因为因果性调研旨在建立因果关系，其结果可用于对所研究的关系做出可信的陈述。

（3）缺点

- 复杂性高。通常比非因果性调研更复杂。实验设计可能既耗时又耗费资源，需要仔细规划和执行。准实验设计也可能很复杂，需要使用统计技术来控制无关变量。
- 成本高。因果性调研比非因果性调研更昂贵。实验设计通常需要更大的样本量，而使用对照组会增加与调研相关的成本。
- 有限的普及性。因果性调研的结果可能无法推广到其他人群或环境。因果性调研通常是在受控环境中进行的，其结果可能不适用于其他情况。
- 有效性面临威胁。因果性调研的有效性面临多种威胁，包括选择偏差、测量偏差和混杂变量。这些威胁可能会在结果中引入错误并降低调查结果的有效性。

（4）调研场景

因果性调研常用的调研场景如下：

- 产品发布策略。某公司计划推出一种新产品，并希望确定它是否会对销售产生积极影响。在这种情况下，自变量是新产品的推出，因变量是销售额。公司可以通过随机分配一些商店接收新产品而其他商店不接收新产品来进行实验设计，然后可以将接收新产品的商店的销售额与不接收新产品的商店的销售额进行比较，以确定新产品的推出与销售额之间是否存在因果关系。

- 广告效果分析。某公司想要确定其广告活动对销售的效果。在这种情况下，自变量是广告活动的曝光率，因变量是销售额。公司可以通过让一些客户接触广告活动而让其他客户不接触广告活动来进行准实验设计。然后可以将接触广告活动的客户的销售额与不接触广告活动的客户的销售额进行比较，以确定广告活动的曝光率与销售额之间是否存在因果关系。
- 客户满意度调查。某公司想要确定客户满意度与回头客之间是否存在因果关系。在这种情况下，自变量是客户满意度，因变量是重复业务。公司可以通过调查客户对公司产品或服务的满意度来进行观察性研究，然后随着时间的推移跟踪他们的重复业务。然后可以分析调查结果以确定客户满意度与重复业务之间是否存在因果关系。

因果性调研的目标是确定自变量和因变量之间是否存在因果关系，使公司能够就其产品、服务和营销策略做出明智的决策。

3.1.2 市场调研的方法

市场调研的方法是指用于收集和分析有关市场、行业或目标受众信息的各种技术。其目的是为企业提供有价值的见解，这些见解可用作做出产品开发、营销策略和其他业务决策的依据。

市场调研有许多方法，例如，焦点小组访谈、现场访谈、人种学市场研究、问卷调查和二次研究等。市场调研方法的选择将取决于研究的问题、预算和可用资源。

1. 焦点小组访谈

焦点小组访谈是一种市场调研方法，它需要召集一小群人（一般是 8 ～ 12 人）参与并由主持人主导讨论。焦点小组访谈的目标是收集有关消费者对特定产品、服务或概念的态度、看法和意见的定性数据。焦点小组访谈的优缺点及注意事项见表 3-2。

表 3-2　焦点小组访谈的优缺点及注意事项

优点	缺点	注意事项
❑ 允许参与者之间进行深入讨论和思想交流 ❑ 主持人可以提出后续问题并实时澄清回复 ❑ 群体讨论有助于产生新的想法或见解，这些想法或见解可能无法通过其他调研方法揭示出来 ❑ 可以提供有关产品或服务的特定功能或其他方面的详细反馈 ❑ 焦点小组访谈所收集的见解可以帮助企业更好地了解目标受众并做出明智的决策	❑ 焦点小组不能代表更多的人群，可能无法准确反映更广泛受众的观点 ❑ 群体动态有时会导致同伴产生压力或社会期望偏差，参与者可能会改变他们的反应以附和群体 ❑ 主持人可能会无意中影响讨论或使结果产生偏差 ❑ 焦点小组访谈的开展既费时又费钱 ❑ 焦点小组访谈所收集的数据是定性的，可能不容易量化或概括	❑ 应仔细选择参与者，以确保他们代表目标受众 ❑ 主持人应保持中立，避免影响讨论或参与者 ❑ 焦点小组访谈应该在一个没有干扰的位置进行 ❑ 应仔细设计问题以避免偏见并鼓励开放式讨论 ❑ 应结合其他调研方法对结果进行分析，以获得对该主题的更广阔视角

2. 现场访谈

现场访谈是指在自然环境中（例如，在客户的家中或营业场所）对客户进行访谈。现场访谈的目的是收集与特定产品或服务相关的消费者态度、行为和偏好的定性数据。现场访谈的优缺点及注意事项见表 3-3。

表 3-3　现场访谈的优缺点及注意事项

优点	缺点	注意事项
❑ 现场访谈可以更深入地了解客户对产品或服务的体验 ❑ 研究人员可以收集客户在自然环境中对使用产品或服务有价值的见解 ❑ 可以针对个别客户量身定制访谈，从而更加深入地了解他们的隐性需求和偏好 ❑ 现场访谈可以帮助研究人员识别和解决产品或服务的特定痛点或问题 ❑ 从现场访谈中收集的见解可以帮助企业做出有关产品开发、营销策略和其他业务决策的明智决策	❑ 现场访谈既费时又费钱 ❑ 样本量可能很小，不能代表更广泛的人群 ❑ 研究人员可能会通过提出引导性问题而无意中影响结果 ❑ 可能很难与忙碌的客户进行现场访谈 ❑ 收集到的见解可能不容易量化或概括	❑ 研究人员应仔细选择代表目标受众并愿意参与的客户 ❑ 研究人员应避免可能导致结果产生偏差的引导性问题 ❑ 应在中立和舒适的环境中进行，以避免客户分心 ❑ 研究人员最好由营销与技术人员组成，遵循“向正确的人问正确的问题”的原则，避免把现场访谈变成现场销售 ❑ 从现场访谈中得到的见解应结合其他调研方法进行分析，以确保结果的准确性和有效性

3. 人种学市场研究

人种学（Ethnography）市场研究是一种通过在自然环境中观察客户及其行为来收集有关客户及其行为数据的方法。其背后的主要概念是深入了解客户及其行为，这可以帮助企业设计更符合客户需求的产品和服务。例如，研究人员参与到客户的日常工作中，通过观察、提问和倾听获得客户在使用产品过程中遇到的问题和真实的情绪感受。

（1）优点

- ❑ 提供对客户行为和偏好的详细了解。
- ❑ 可以发现未预料到的客户需求和动机。

- 允许在自然环境中观察客户，提供可能无法通过其他调研方法获得的见解。
- 可以帮助企业制定更有针对性的营销策略，开发更能满足客户需求的新产品和服务。

（2）缺点

- 与其他调研方法相比耗时且昂贵。
- 需要熟练的研究人员进行研究和解释数据。
- 其结果可能无法推广到更大的人群范围。
- 如果研究人员的假设或信念影响数据的解释，人种学市场研究可能会导致观察者偏差。

（3）注意事项

- 尊重被调研者的隐私并在进行调研前征得他们的同意。
- 确保调研以合乎道德的方式进行，并遵守知情同意的原则。
- 避免任何可能被视为侵入性或可能干扰被调研者自然行为的活动。

4. 问卷调查

问卷调查是一种常用的市场调研方法，用于从大量受访者那里收集数据。问卷通常由一组问题组成，这些问题被分发给代表被调研人群的个人样本。受访者被要求回答能提供他们的意见、态度、行为或其他信息的问题。

（1）优点

- 可以在相对较短的时间内从大量受访者样本中收集到大量数据。
- 通过在线平台轻松地对地理上分散的人群进行管理。

- 收集的数据可以很容易地被量化和分析。
- 其结果可以推广到正在研究的更大人群范围。

（2）缺点

- 收集的数据仅限于问卷中提出的问题，可能无法提供所研究现象的完整情况。
- 问题的措辞、提供的回答选项和问题的顺序会影响数据的质量。
- 响应率可能较低，这会限制样本的代表性。
- 受访者的回答可能不真实或不准确。

（3）注意事项

- 确保问卷设计良好，问题清晰公正。
- 使用具有代表性的样本来确保其结果可以推广到更大的人群范围。
- 通过跟进未答复者或提供激励参与的措施，最大限度地减少不答复偏差。
- 保护受访者的隐私，确保他们的个人信息得到保密。

5. 二次研究

二次研究，也称为案头研究，是指收集和分析已经发布或现有数据库中可用的信息。这可能包括其他人出于不同目的收集的报告、文章、统计数据和其他形式的数据。

（1）优点

- 具有时间和成本效益，因为数据已经可用。
- 可以提供对主题、行业或市场的广泛理解。
- 有助于确定现有知识的差距并指导进一步的调研。

- 有助于支持或反驳假设或理论。

（2）缺点

- 收集的数据可能已过时或不完整。
- 数据可能存在偏差或不能代表当前情况。
- 数据可能不特定于所调查的问题。
- 数据的质量取决于其来源。

（3）注意事项

- 确保数据来源可靠、最新且与调研问题相关。
- 考虑数据中的潜在偏差以及它们如何影响结果。
- 通过与其他来源的交叉引用来验证数据的准确性。

3.2 SaaS 市场分析

当提出一个创业想法或者准备开发一个产品时，SaaS 企业创始人和团队常常会面临关键问题："谁想要这个产品？他们愿意为此买单吗？"市场上并不缺少 SaaS 产品，而是缺少能够让客户认为值得花钱购买的 SaaS 产品。

创业者很容易陷入这样的误区：一旦发现某个行业的"痛点"或者客户表达出的"强烈"需求，就急于投身于创业的浪潮中，甚至不惜一切成本进行产品的研发和营销。

对于这种创业心态，笔者无法直接给出好或者不好的答案。然而，从创业经验来看，这种方式缺乏对风险的有效管理。创业本身就是在 0 ～ 100% 之间博取最大成功概率的过程。当企业对客户需求和市场情况有较深入的了解时，成功的概率会更大。客户需求和市场情况并不是秘密，只要企业认真观察市场并进行分析，就能够获得这些信息。

发现问题很容易，但是找到解决问题的创新方案却很难，一方面受限于对行业或客户隐性需求的深入了解，另一方面受限于当下的技术或者配套的硬件能力。2015 年，笔者与一位朋友因看到 VR（虚拟现实）市场火热，便萌生想要研发与 VR 相关的软件产品的想法，但经过一个多月对这个行业和市场的考察后，决定暂时不介入该行业。理由很简单：虽然 VR 属于被资本追捧的“明星”项目，但其对应的硬件技术支持不够，软硬件难以结合研发，并且整体的成本支出很大。后来的事实证明，确实如此，因硬件的限制，VR 在第二年的热度快速下降，当初跟随资本热度入局的很多朋友都在这个项目上亏损了。

因此，发现问题并且能够找到解决该问题的创新方案成为 SaaS 创业者最重要的一步，而 SaaS 市场分析是一个关键过程。SaaS 企业通过遵循特定的步骤并采取适当的方法，可以做出数据驱动的决策并创建成功的产品和服务。SaaS 市场分析步骤如图 3-1 所示。

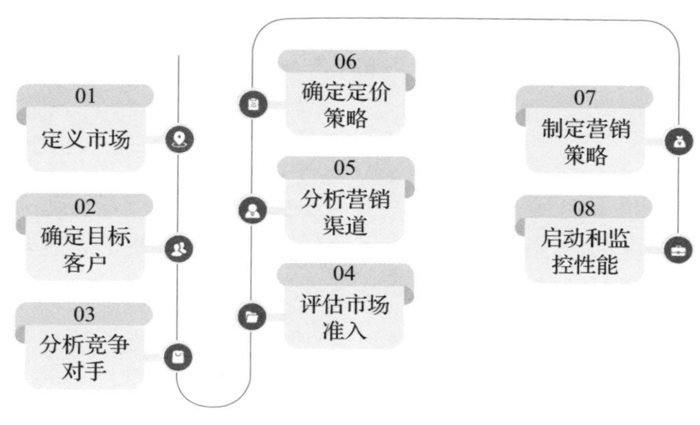

图 3-1 SaaS 市场分析步骤

1. 定义市场

市场分析的第一步是定义市场。定义市场涉及市场规模、市场结构、主要参与者、市场趋势。

- 市场规模。确定 SaaS 市场的总体规模，包括市场增长率和主要参与者的市场份额等。
- 市场结构。分析市场结构，包括参与者数量、提供的产品类型和竞争程度。
- 主要参与者。确定市场中的主要参与者，了解其市场份额、收入和市场增长率。
- 市场趋势。识别和分析市场趋势，包括技术进步、不断变化的客户偏好和监管变化。

一旦定义了市场，就可以开始收集有关 SaaS 市场更多的具体信息。

可以从多个来源收集有关 SaaS 行业的信息，如行业报告、市场调查报告和在线资源。从行业协会、调研公司和政府机构等可靠来源寻找有关市场规模、市场增长率和主要参与者的信息。利用 SWOT 分析来确定 SaaS 市场的优势、劣势、机会和威胁等。

2. 确定目标客户

定义市场后，接下来要确定目标客户。这需要了解客户面临的痛点和挑战，以及 SaaS 解决方案如何满足客户的需求。为了确定客户需求，企业可以对现有和潜在客户进行调查、访谈等，从中找到并确定未来持续接触他们的最佳方式。

要确定目标客户，需要对客户进行分析，见表 3-4。

表 3-4　确定目标客户的分析内容

分析内容	描述
客户人口统计特征	确定目标客户的年龄、性别、收入水平和其他人口统计特征
客户行为	分析目标客户的行为，包括他们的购买习惯、产品使用模式和偏好
客户需求	确定目标客户的需求并确定产品如何满足这些需求
客户细分	根据目标客户的特征和行为对其进行细分，以确定最有利可图的细分市场

确定目标客户的方法如下。

- 使用调查和访谈来收集有关目标客户的信息。
- 寻找客户行为和偏好的趋势，例如，客户对移动友好软件的需求不断增加。
- 考虑使用客户关系管理（CRM）工具、社会化客户关系管理（SCRM）工具来跟踪客户互动并收集客户数据。

3. 分析竞争对手

接下来分析竞争对手。分析竞争对手一方面是为了学习对方的优势，另一方面是为了找到竞争的差异性。其涉及的内容见表 3-5。

表 3-5　分析竞争对手涉及的内容

涉及的内容	描述
竞争对手产品	确定竞争对手提供的产品及其主要功能和优势
竞争对手定价策略	分析竞争对手的定价策略，并确定它们与自己的定价相比如何
竞争对手营销策略	分析竞争对手的营销策略，包括它们的推广、品牌和目标受众等
竞争对手优势和劣势	确定竞争对手的优势和劣势，并确定自己的产品如何从竞争中脱颖而出

分析竞争对手的方法如下：

- ❑ 使用在线工具研究竞争对手，例如，谷歌、百度和社交媒体平台。
- ❑ 寻找竞争对手没有涉足的市场空白，并确定自己的产品是否可以填补这些空白。
- ❑ 考虑利用 SWOT 分析来确定自己的优势和劣势，并与竞争对手进行比较。

4. 评估市场准入

当完成前面三个步骤后，基本上会对整个 SaaS 行业和市场有了较为全面的了解。接下来需要评估市场准入资格，看看值不值得花费精力和资金来做这件事情。其涉及的内容见表 3-6。

表 3-6　评估市场准入涉及的内容

涉及的内容	描述
市场需求	确定市场对产品的需求程度，以及是否有足够的潜在客户来支持本企业的业务
市场规模	分析市场规模，以及是否有新进入者的空间
市场壁垒	确定进入市场的任何障碍，例如，高启动成本或监管要求
市场风险	识别与进入市场相关的任何风险，例如，激烈的竞争或不断变化的客户偏好

评估市场准入的方法如下：

- ❑ 利用 SWOT 分析来确定进入市场的优势、劣势、机会和威胁。
- ❑ 考虑进行试点测试或市场调查研究，以确定产品在进入市场之前的需求水平。
- ❑ 评估进入市场的财务可行性，包括启动成本和潜在收入。

5. 分析营销渠道

分析营销渠道是 SaaS 市场分析中非常关键的一步，因为它有助于确定到达目标市场和推广 SaaS 产品的最有效渠道，其流程如图 3-2 所示。

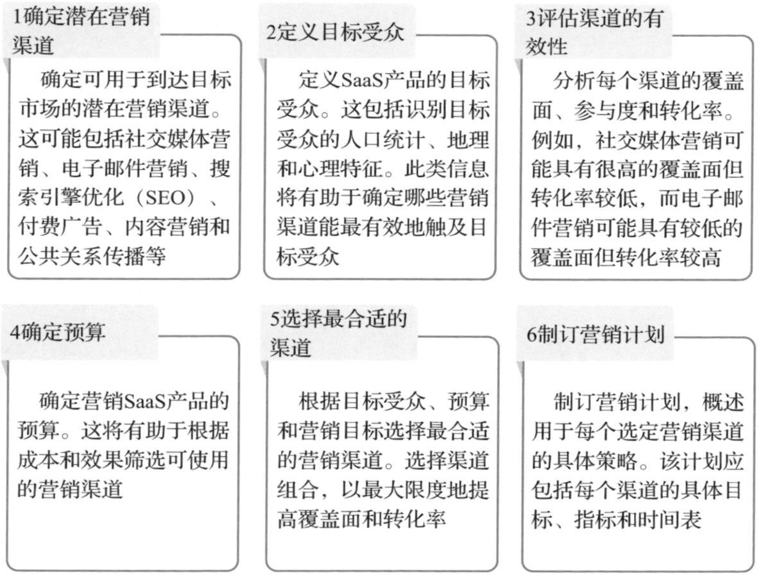

1确定潜在营销渠道

确定可用于到达目标市场的潜在营销渠道。这可能包括社交媒体营销、电子邮件营销、搜索引擎优化（SEO）、付费广告、内容营销和公共关系传播等

2定义目标受众

定义SaaS产品的目标受众。这包括识别目标受众的人口统计、地理和心理特征。此类信息将有助于确定哪些营销渠道能最有效地触及目标受众

3评估渠道的有效性

分析每个渠道的覆盖面、参与度和转化率。例如，社交媒体营销可能具有很高的覆盖面但转化率较低，而电子邮件营销可能具有较低的覆盖面但转化率较高

4确定预算

确定营销SaaS产品的预算。这将有助于根据成本和效果筛选可使用的营销渠道

5选择最合适的渠道

根据目标受众、预算和营销目标选择最合适的营销渠道。选择渠道组合，以最大限度地提高覆盖面和转化率

6制订营销计划

制订营销计划，概述用于每个选定营销渠道的具体策略。该计划应包括每个渠道的具体目标、指标和时间表

图 3-2　分析营销渠道流程

在分析营销渠道时可以多参考同行竞品的营销策略。尤其是在刚进入一个陌生的市场环境时，多分析竞争对手的营销策略可以为寻找目标市场中最有效的营销渠道提供有价值的见解。有效的营销渠道是通过实践选出来的，一方面可以通过调查和焦点小组访谈来收集潜在客户对其首选渠道和消息传递的反馈情况，另一方面可以通过网络分析哪些营销渠道在 SaaS 产品网站上的流

量、参与度和转化率最高。最后，根据营销渠道的有效性、成本和与营销目标的一致性对营销渠道进行优先级排序。

举例来说，HubSpot 作为一个客户平台，通过分析确定了潜在的营销渠道，包括社交媒体、电子邮件营销、SEO 和内容营销。然后，HubSpot 分析了每个营销渠道在接触目标受众和推动转化方面的有效性。最终，HubSpot 确定内容营销是对其目标受众最有效的营销渠道。因此，HubSpot 制定了内容营销策略，包括撰写博客文章、制作电子书和召开网络研讨会，为目标受众提供有价值的信息，并将自己定位为行业领导者。

6. 确定定价策略

SaaS 产品定价是门艺术和科学，它关乎产品的价值与客户付出的成本能否适配。而定价策略阐述了企业向客户出售产品或服务后，如何长期保持合理对等的收益。

在确定定价策略时，重点要考虑竞争格局、客户支付意愿和产品交付成本等因素，还需要考虑通过提供折扣或促销活动来吸引新客户或留住现有客户。

确定定价策略的方法如下：

- 进行客户调查或焦点小组访谈，以获得定价反馈并确定客户愿意为产品支付的价格。
- 了解竞争对手的定价策略并相应地调整自己的定价以保持竞争力。
- 考虑提供免费试用或免费增值模式，以鼓励潜在客户试用产品。

7. 制定营销策略

确定了定价策略后，接下来的重要步骤就是制定全面且多元化的营销策略来推广产品，并吸引目标客户。

首先，根据之前对营销渠道的分析，为产品和目标客户群体选择最合适的渠道。每个渠道都有其优缺点，需要根据目标群体的特性来选择。

其次，需要创建一些吸引客户的营销材料，例如，在社交媒体上发帖子，建立专业的官方网站等，其主要目的是培养目标客户并吸引他们对产品的兴趣。也可以通过写博客文章、发布教程视频等方式来分享产品的专业知识和产品信息，明确产品的独特之处，以及与竞争对手产品的差异之处。

最后，需要制订一个详细的启动计划，将产品推向市场。这可能包括通过产品发布活动，以及一系列的营销活动来提高产品的知名度和销售额。

制定营销策略的方法如下：

- 使用来自市场调查的数据来确定接触目标客户最有效的渠道。
- 专注于建立一个能引起目标客户共鸣的强大品牌。
- 使用客户推荐和案例研究来展示产品的价值。
- 根据客户反馈和绩效指标持续监控并调整营销策略。

8. 启动和监控性能

在制定营销策略之后，就该发布产品并启动和监控其性能了。应该持续监控关键绩效指标，如客户获取成本、客户生命周期价值和保留率等，以确定产品是否成功并根据需要进行调整。

启动和监控性能的方法如下：

- 使用分析工具跟踪客户行为和绩效指标。
- 不断收集客户反馈，并根据反馈调整产品及其营销策略。
- 紧跟行业趋势和变化，以保持市场竞争力。

SaaS 市场分析的八个步骤为进行全面的市场分析提供了一个框架。通过定义市场、确定目标客户、分析竞争对手和评估市场准入，企业可以就产品开发、营销策略和整体业务可行性做出明智的决策。企业在实践过程中遵循这些步骤并不断收集反馈和调整策略，可使自己在竞争激烈的 SaaS 市场中取得成功。

3.3 SaaS 产品定价

3.3.1 SaaS 产品定价概述

1. SaaS 产品定价的概念

SaaS 产品是基于订阅、使用或价值来定价的，客户需要按期支付经常性费用（按月度、季度、年度收取费用）才被允许使用。SaaS 产品定价不同于传统的软件产品定价。在传统的软件产品定价中，客户支付一次性购买费用买断服务独立部署，即可永久使用软件。随着国内信息化、数字化在中小企业的广泛应用，SaaS 这种允许客户访问软件而无须投资昂贵的硬件或基础设施的订阅模式变得流行起来。

SaaS 产品定价通常包括不同的定价层，每个层提供不同的功能和支持级别。客户可以选择最能满足其需求和预算的定价层。这种定价是一个复杂的过程，需要确定 SaaS 产品对客户的价值并设定既有竞争力又有利可图的价格。设定合适的价格可以吸引和留住客户，同时为企业创造收入。

通常基于以下三种模型来对 SaaS 产品进行定价。

- 基于订阅的定价。它是最常用的 SaaS 产品定价模型。该模型是指向客户收取固定费用以允许客户在一定时期（如一个月或一年）内使用 SaaS 产品。基于订阅的定价通常基于客户数量、功能和提供的支持。
- 基于使用的定价。它是另一种 SaaS 产品定价模型。该模型是指根据客户对 SaaS 产品的使用情况向客户收费。这可能包括 API 调用次数、存储或使用的处理能力。
- 基于价值的定价。它是最复杂的 SaaS 产品定价模型。该模型是指根据 SaaS 产品为客户提供的价值来设定价格。其价值可基于使用 SaaS 产品为客户节省的时间、成本或创造的收入来确定。

2. SaaS 产品定价的重要性

定价对于 SaaS 产品的成功至关重要。设定合适的价格，可为企业带来创收、利于获客与留存、增加竞争优势以及增强可扩展性。

- 为企业带来创收。SaaS 产品定价对于企业创收至关重要。通过为 SaaS 产品设定合适的价格，企业可以确保有足够的收入来支付成本并赚取利润。定价太低会导致收入不足，而定价太高会使潜在客户流失。
- 利于获客和留存。SaaS 产品定价也会影响获客和留存。客户更有可能购买价格具有竞争力且物有所值的 SaaS 产品。只有当客户认为他们所投资使用的 SaaS 产品能够为其带来好的回报时，他们才有可能继续使用该产品。定价太高会导致客户流失，而定价太低会导致客户不认真对待软件或认为软件质量低下。

- 增加竞争优势。SaaS 产品定价也可用于增加竞争优势。通过提供有竞争力的价格，企业可以吸引客户远离收费更高的竞争对手。此外，企业可以通过提供满足特定客户需求的独特定价模型或计划来使自己与竞争对手区分开来。
- 增强可扩展性。SaaS 产品定价对于增强可扩展性也很重要。随着企业的成长和扩张，需要调整定价以满足不断变化的需求。通过设置灵活且可扩展的定价模型，企业可以适应市场变化并确保产生足够的收入来支持其增长。

3.3.2 六种常见的 SaaS 产品定价模式

SaaS 圈子里经常流传着这样一句话：成功的 SaaS 产品先从定价开始设计。定价模式决定了客户为 SaaS 产品付款的方式。符合自身产品特性和客户付费需求的定价模式，对企业的整体盈利能力和成功有着重大影响。好的定价模式可以帮助 SaaS 企业实现收入最大化、吸引和留住客户并推动其增长。

几种常见的 SaaS 产品定价模式分别是按客户定价模式、固定费用定价模式、分层定价模式、基于使用定价模式、免费增值定价模式、按功能定价模式，如图 3-3 所示。

模式	说明
按客户定价模式	根据将要访问SaaS产品的客户数量向客户收费
固定费用定价模式	也称为统一费用定价模式。无论客户数量或使用频率如何，都对SaaS产品的访问收取固定费用
分层定价模式	也称为分级定价模式，根据为客户提供的功能需求或服务级别的不同来定义每一级别收费标准
基于使用定价模式	也称为现收现付模式。这种定价模式直接将客户使用SaaS产品的费用与其使用相关联。通常按月免费给客户提供基础的数据API或者功能使用量
免费增值定价模式	免费提供SaaS产品的基础版本，同时对SaaS产品额外的特性或功能收费
按功能定价模式	是一种基于SaaS产品提供的特定功能或特性的定价模式。根据客户使用的特定功能收费，而不是对整个SaaS产品的访问收取固定费用

图 3-3　六种 SaaS 产品定价模式

1. 按客户定价模式

最流行的 SaaS 产品定价模式之一是按客户定价。顾名思义，这种模式根据将要访问的客户数量向客户收费，例如，某家企业订阅了一款 SaaS 产品，按组织内使用该产品的客户数量付费订阅。该定价模式通常用于组织内团队使用的协作工具、项目管理软件和其他类似应用程序。

这种定价模式受欢迎的原因是简单：单个客户每月付固定的单一定价费用，增加一个客户，就得付双倍费用，当增加到第三个客户的时候，得付三倍费用，以此类推。这让客户很容易了解到每个月在 SaaS 产品的订阅方面投入了多少，同样对于 SaaS 企业而言更容易预测和管理收入。图 3-4 所示为飞书 2024 年产品定价页面。

图 3-4 飞书 2024 年产品定价页面

（1）按客户定价模式的优点

- 简单明了。该模式简单、直接，使得潜在客户可以清楚地了解每月的订阅成本，并且简化了企业的销售流程。
- 有效的竞争性。客户容易理解和接受这种定价模式，因为它简单明了，没有隐藏费用，而且很多客户已经习惯了这种模式。此外，按客户定价模式提供了一个统一的标准，使客户能够快速比较不同 SaaS 产品的价格，从而更快地做出购买决策。

- 收入随着客户数量的增加而增加。随着客户数量的增加，SaaS 企业的收入也会增长，如果能够将企业内的客户数量增加一倍，将获得双倍的收入。

（2）按客户定价模式的缺点

- 难扩展。随着客户数量的增长，扩展定价模式可能具有挑战性。这可能会导致复杂的定价结构和客户的困惑。通常在这种情况下，SaaS 企业可能会采取折扣或者优惠价的方式来为客户做费用的部分减免。
- 预测收入困难。由于客户数量会随时间的波动增加或者减少，因此很难预测客户未来会有多少客户，这使得 SaaS 企业很难准确预测收入。
- 对大客户的吸引力降低。拥有许多员工的大型企业可能会因为为每个客户付费而使支出增加。
- 无法准确反映价值。该模式可能无法准确反映客户从 SaaS 产品中获得的价值。例如，一位客户可能只需要一个客户账户，但从 SaaS 产品中获得了可观的价值，而另一位客户可能拥有许多客户，但总体上获得的价值较低。
- 激励使用效果弱。当定价基于客户数量时，客户高频率使用 SaaS 产品的动机就会减少，甚至可能会出现一个账号被多人同时使用的情况。例如，在某 ERP 系统中，业务人员在录入订单数据时共用一个账号来做单。在这种情况下会限制追加销售附加功能或服务的可能性。

（3）使用按客户定价模式的策略

- 捆绑功能。考虑将附加功能或服务与按客户定价模式捆绑在一起，以增加客户的整体价值。

- 批量折扣。为拥有更多客户的大客户提供折扣和一对一服务，以激励大客户添加更多客户。
- 追加销售机会。收集客户使用产品的情况数据，以有针对性地追加销售附加服务或者功能。

2. 固定费用定价模式

固定费用定价模式也称为统一费用定价模式。无论客户数量或使用频率如何，都对 SaaS 产品的访问收取固定费用。SaaS 企业提供单一的产品、单一的功能集合和单一的价格。

固定费用定价模式的三大特征分别是成本透明、简单、可预测。大多数客户喜欢这种简单的定价模式，因为客户在购买的时候能够简单地计算出费用。固定费用定价模式让客户在选择 SaaS 产品时不用担心 SaaS 产品提供额外增值服务而产生费用，可避免产生额外的成本。

（1）固定费用定价模式的优点

- 简单。固定费用定价模式对于任何潜在客户来说都是可以快速理解的。客户可以轻松了解定价结构，从而更容易评估和比较不同的 SaaS 产品。
- 可预测收入。SaaS 企业可以很轻松地预测其月收入或年收入。
- 更容易销售。以单一价格提供单一产品可以简化销售流程，而把销售和营销精力集中在单一的、明确定义的报价上。
- 有追加销售的机会。由于定价是固定的，因此有机会向客户追加销售附加服务或功能。

（2）固定费用定价模式的缺点

- 不灵活。如果客户对软件的使用发生显著变化，例如，客户可能仅使用产品里某一场景的功能，剩余大部分的功能暂时用不上。这时候，客户可能对软件成本不满意并决定停止使用。
- 难以通过不同体量的客户获取足够的收益。如果以 SMB（Small and Midsize Business，中小型企业）为目标，并使用对 SMB 友好的定价策略，那么当其他大客户采用产品时，将失去一笔大额的收入。
- 产品难以适应市场定价。这种模式不适合具有多种功能或用例的复杂软件产品，同时难以调整定价以适应市场或竞争格局的变化。

（3）使用固定定价模式的策略

- 提供灵活的计划。考虑提供具有不同级别的功能或使用限制的不同计划，以满足不同的客户需求。
- 提供附加功能。提供额外的功能或服务，客户可以将这些功能或服务添加到其现有的计划中，但需要支付额外费用。
- 基于使用计费。考虑实施基于使用的计费，让客户更好地控制成本，并使定价与实际使用保持一致。

3. 分层定价模式

分层定价模式也被称为分级定价模式。目前，大多数 SaaS 企业根据为客户所提供的功能需求或服务级别的不同来定义每一级别收费标准。该模式允许客户选择最能满足自己需求和预算的定价计划。定价计划通常会构建为分层系统，每一层都提供比前一层更多的特性和功能。例如，SaaS 提供商可能会提供包含有限功能和使用的基本层、包含更多功能和使用的标准层，以及包含最多功能和使用的高级层。图 3-5 所示为 Teambition 不同版本的定价说明。

图 3-5　Teambition 不同版本的定价说明

（1）分层定价模式的优点

- ❑ 具有可扩展性。客户可以根据需求的变化轻松升级或降级其定价层。
- ❑ 具有可定制性。客户可以选择最适合自己需求和预算的订阅计划，并且为销售人员提供定制定价等级的灵活性以满足不同客户群的独特需求。
- ❑ 提供追加销售的机会。SaaS 企业可以在每一层提供额外的功能或服务，从而提供追加销售的机会。
- ❑ 可有针对性地营销。通过提供多个定价层，SaaS 企业可以更好地针对不同的客户群开展不同的营销工作。例如，功能有限的基本层可能面向小型企业或初创企业，而具有高级功能的高级层可能面向大型企业。

- 具备竞争差异化。分层定价模式可以通过提供满足不同客户需求的独特定价计划和功能，帮助 SaaS 企业从竞争对手中脱颖而出。
- 有更高的客户保留率。设计良好的分层定价模式可以带来更高的客户保留率，因为客户可以根据需求的变化轻松升级或降级其定价计划，而不必完全取消订阅。

（2）分层定价模式的缺点

- 存在价格歧视问题。一些客户可能会认为分层定价模式不公平或具有歧视性，因为其可能会认为使用与价格较低层中的相同功能或服务要支付更多费用。
- 功能混淆。由于有多个层次和定价点，定价结构可能很复杂，可能导致客户无法完全理解每个层之间的差异，出现阻碍选购的情况。
- 实施困难。设置和管理多个定价层对 SaaS 企业来说可能具有挑战性，可能需要大量资源来设计和实施分层定价系统，尤其是在计费和发票流程方面。

（3）使用分层定价模式的策略

SaaS 企业在考虑采用分层定价模式时，需要进行市场调研分析，了解潜在客户的需求和偏好。定义不同的定价层，并明确每层中将包含哪些功能或使用限制，尤其要确保每一层中提供的功能都有明显的区别并与客户的需求和期望保持一致。

在定义定价层后，需要明确每层的定价策略，最重要的是要突出产品的价值和与竞争对手的分层定价差异性，例如，根据竞争对手的定价、每层中所包含功能的成本或这两方面的组合来设置每层的价格。

在对外销售及在网站上公布分层定价时，需要清楚地传达给潜在客户。确保客户能够第一时间了解到产品的分层权益说明，清楚地了解到产品每个分层之间的功能或者服务差异性。例如，在公司网站上显示不同的定价层，包括营销材料中的定价信息，以及对每层中所包含的功能提供清晰的解释。

采用分层定价模式最好能够为客户提供试用期以测试每一层，从而确定哪一层最适合其需求，同时应该考虑在每一层提供额外的可定制选项，为客户提供更大的灵活性。另外，在实施此模式之前仔细分析其潜在的优势和劣势，定期审查和更新定价层以确保它们满足客户和业务的需求，并根据不断变化的市场条件或客户需求在每层中添加或删除功能、调整每层的定价或引入新层。

4. 基于使用定价模式

基于使用定价模式也称为现收现付模式。这种定价模式直接将客户使用 SaaS 产品的费用与其使用相关联。这种根据客户对软件的使用情况向客户收费，通常是按月免费给客户提供基础的数据 API 或者功能使用量的，例如，某邮件营销系统每月可免费群发 1000 封邮件，一旦超过该数量，则收取费用。

通常在使用该模式时会选择将其打包为套餐售卖。该模式用于企业和组织使用的软件，如云计算服务、通信和协作工具以及客户关系管理（CRM）软件等。客户使用的服务或者功能数据量越多，需要支付的费用也就越多，反之则越少。

（1）基于使用定价模式的优点

- 更具成本效益。客户只需要为使用的软件数量付费，这比某些企业使用的其他定价模式更具成本效益。
- 减少使用阻碍。该模式在客户采用早期并没有什么大的投入成本，对于那些初创企业或者正处于业务摸索阶段的小团队来讲，成本也可控。
- 可帮助客户控制成本。客户可以更好地控制成本，并可以相应地调整对软件的使用，以激励客户更有效地使用软件。

（2）基于使用定价模式的缺点

- 不可预测。由于使用情况可能会有很大差异，因此 SaaS 企业的收入可能无法预测。
- 有客户流失的风险。如果客户的使用率下降，那么可能是客户对软件成本不满意并决定停止使用。
- 产品价值断层。客户在使用产品的过程中容易忽略产品所带来的价值，而过多关注其消费的数量数据。
- 难以预测成本。由于客户使用的途径和场景存在差异，导致 SaaS 企业很难预测其所提供的服务涉及的成本支出。

（3）基于使用定价模式实施的策略

在实施基于使用定价模式时，SaaS 提供商应考虑一些预防措施，以确保客户对定价的收费有个清晰的认知。首先要确保定价公开透明，让客户能够轻松了解将如何被收取费用以及哪些因素会影响使用费，并且要避免产生“意外”收费，对于必须存在的“意外”收费需要让客户在使用过程中不感到“意外”，否则容易导致客户的不信任或不满，转而发生流失。例如，三大运营商的流量套餐使用超出后，将按 × 元 /MB 的标准进行收费。

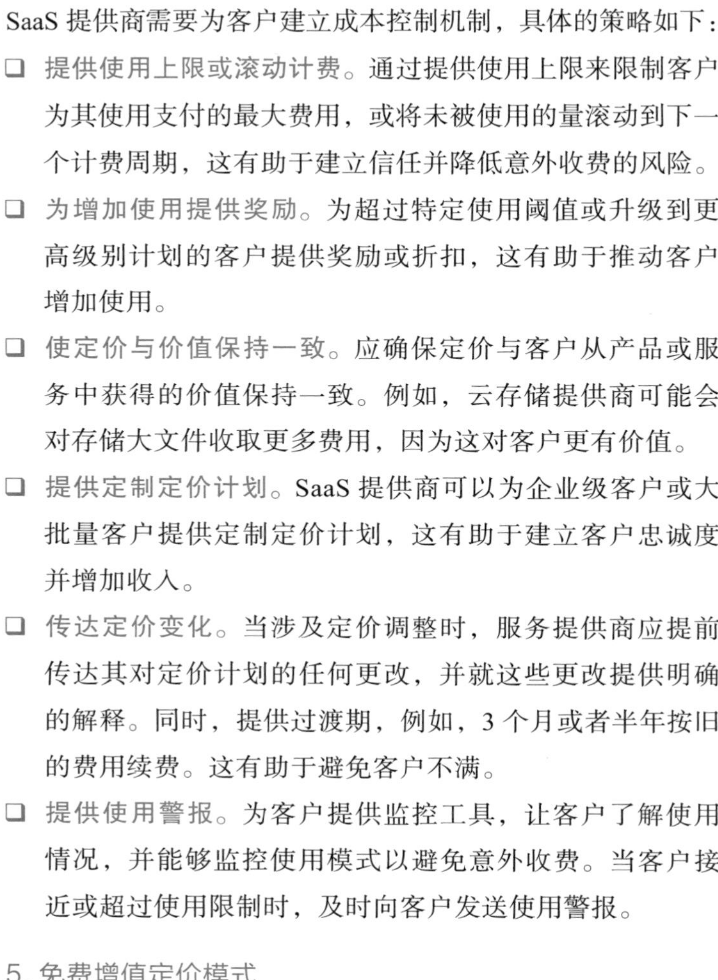

SaaS 提供商需要为客户建立成本控制机制，具体的策略如下：

- 提供使用上限或滚动计费。通过提供使用上限来限制客户为其使用支付的最大费用，或将未被使用的量滚动到下一个计费周期，这有助于建立信任并降低意外收费的风险。
- 为增加使用提供奖励。为超过特定使用阈值或升级到更高级别计划的客户提供奖励或折扣，这有助于推动客户增加使用。
- 使定价与价值保持一致。应确保定价与客户从产品或服务中获得的价值保持一致。例如，云存储提供商可能会对存储大文件收取更多费用，因为这对客户更有价值。
- 提供定制定价计划。SaaS 提供商可以为企业级客户或大批量客户提供定制定价计划，这有助于建立客户忠诚度并增加收入。
- 传达定价变化。当涉及定价调整时，服务提供商应提前传达其对定价计划的任何更改，并就这些更改提供明确的解释。同时，提供过渡期，例如，3 个月或者半年按旧的费用续费。这有助于避免客户不满。
- 提供使用警报。为客户提供监控工具，让客户了解使用情况，并能够监控使用模式以避免意外收费。当客户接近或超过使用限制时，及时向客户发送使用警报。

5. 免费增值定价模式

免费增值定价模式是指免费提供 SaaS 产品的基础版本，同时对额外的特性或功能收费，通常用作分层定价模式的一部分：常规付费套餐辅以免费的入门级套餐。SaaS 产品的免费版本通常包含有限的特性或功能，旨在吸引客户使用产品。图 3-6 所示为钉钉的收费说明。

增值特性或功能作为附加组件提供，客户可以购买这些附加组件以增强对软件的体验。免费版作为一种营销工具，常被用在产品驱动增长（PLG）策略里，它有助于吸引新客户，而其增值功能则可为企业创造收入。

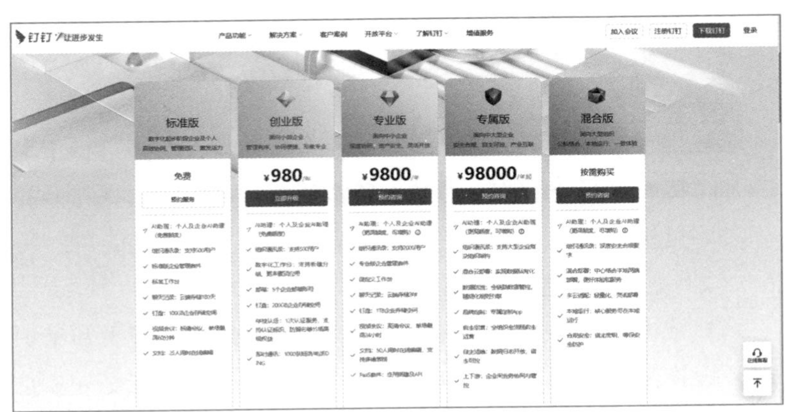

图 3-6　钉钉的收费说明

（1）免费增值定价模式的优点

- ❑ 增加获客。免费增值定价模式最显著的优点之一是它可以让企业吸引大量客户。提供 SaaS 产品的免费版本可以让客户在决定购买之前先试用一下。这有助于获取客户，因为客户更有可能尝试免费产品而不是需要付费的产品。

- 降低进入门槛。免费增值定价模式降低了客户的进入门槛。这意味着以前可能买不起该软件的客户现在可以免费使用它。这有助于扩大产品的客户群，从而随着时间的推移增加收入。
- 增加追加销售的机会。作为附加组件提供的增值功能提供了追加销售的机会。对产品的基础版本感到满意的客户可能愿意购买附加功能以增强体验。
- 留住客户。投入时间和精力学习使用某产品的客户如果已经投入使用其基础版本，则更有可能继续使用它。增值功能还有助于让客户继续使用正在使用的产品，从而降低客户流失率。
- 提供市场调查机会。产品的免费版本还提供了进行市场调查的机会。客户对基础版本的反馈可用于改进产品并可作为附加组件提供潜在的增值功能。

（2）免费增值定价模式的缺点

- 成本较高。免费增值定价模式的缺点之一是开发和维护产品免费版本的成本较高。这对企业来说可能是一项重大投资，尤其是对于资源有限的创业公司来说。
- 存在客户不升级的风险。客户很可能不升级到产品的付费版本。如果增值功能不具备吸引力，客户可能会选择继续使用产品的免费版本，这意味着企业不会从这些客户那里获得任何收入。
- 增值功能定价困难。企业需要提供足够的价值以证明附加组件的价格合理，并且确保价格不会定得太高，以便客户在它们之间找到适当的平衡点。

- 存在过度承诺的风险。在增值功能上存在过度承诺的风险，这可能导致客户不满和产生负面评论。企业需要对免费版本中提供的功能保持透明，并确保增值功能兑现承诺。

（3）使用免费增值定价模式的策略

免费增值定价模式可以成为 SaaS 企业在创造收入的同时吸引和留住客户的有效策略。然而，也伴随着一些风险，例如，开发和维护免费版本产品的成本过高，以及难以为增值功能进行有效的定价。企业在实施之前需要仔细考虑这种定价模式的优缺点。

在实施免费增值定价模式时，首先要确定附加组件所提供的增值服务。这些增值服务需要足够引人注目，并且是客户高频核心的业务场景所需要的，同时能够帮助客户达成业务目标，以吸引客户升级到产品的付费版本。

某些 SaaS 企业为了快速占据市场，获取更多的客户，将自己产品的核心功能作为免费功能推向市场。虽然这种做法对客户的吸引力很大，能够在短期内获得大量的免费客户，但客户对其他的增值服务或者功能无法产生兴趣。他们认为免费的功能就已经能够使他们解决存在的问题，不需要再花钱购买增值功能，最终导致这些 SaaS 企业的营收情况不容乐观。

企业推销免费版本是为了降低客户试用产品的成本，同时也是为了吸引客户，最终希望客户能够付费购买增值功能或高级版本。一旦客户试用了免费版本，企业就有机会追加销售增值功能。

免费增值定价模式的实施策略如下：

- 避免过度承诺。企业需要避免对附加组件提供的增值功能过度承诺。这些功能需要兑现承诺，以确保客户满意并减少负面评论。

- ❑ 开发可持续的商业模式。免费增值定价模式对企业来说可能是一种冒险的策略，尤其对于初创企业。开发可持续的商业模式以确保企业保持长期生存能力至关重要。
- ❑ 监控客户反馈。客户反馈对于识别产品免费版本和附加组件提供的增值功能中的潜在问题至关重要。企业需要监控客户反馈并进行必要的改进以确保客户满意。
- ❑ 提供客户支持。提供出色的客户支持对于留住客户并鼓励他们升级到产品的付费版本至关重要。企业需要确保有足够的资源来为客户提供及时有效的支持。
- ❑ 持续改进产品。持续改进产品对于留住客户和吸引新客户至关重要。企业需要投资研发新功能并改进现有功能，以确保产品的长期成功。

6. 按功能定价模式

在前面所介绍的几种 SaaS 定价模式中，客户是常见的变量，这导致企业在制定 SaaS 产品定价策略时存在更多的约束因素。但还有一种方式，可以把功能作为产品的价值指标。

按功能定价模式是一种基于 SaaS 产品提供的特定功能或特性的定价模式。客户根据使用的特定功能收费，而不是对整个 SaaS 产品的访问收取固定费用。该模式将每个可使用的功能组合成不同的定价层级，使价格较高的套餐与更多可用功能相关联。

这种定价模式在 SaaS 企业中很流行，因为它允许企业为客户提供分层定价选项和更大的灵活性。

（1）按功能定价模式的优点

按功能定价是一种灵活的定价策略，具有以下优点。

- 定价选项多样化。允许企业为不同类型的客户提供各种定价计划。例如，企业提供的有限功能集价格较低，如果增加附加功能，则价格提高。这种策略使得产品更易于吸引不同类型的客户，从而占据更广泛的市场份额。
- 可深入了解客户需求。通过跟踪客户对功能的使用情况，企业可以更深入地了解客户的需求和偏好。这有助于企业确定客户最看重的功能，从而为产品开发和营销策略提供指导，提高产品的市场竞争力。
- 具有高度可扩展性。按功能定价允许客户根据其业务需求的变化来定制产品模块。客户可以根据需要添加或删除特定功能，并仅为所使用的功能付费。这种灵活性有助于提高客户满意度，同时也增加了企业的收入，因为使用更多功能的客户会支付更多费用。
- 可减少客户流失。按功能定价可以与客户不断变化的需求保持一致，从而减少客户流失。随着客户业务的发展和需求的变化，他们更有可能坚持使用能够灵活满足其需求的产品。这种持续的价值交付可以增加客户的忠诚度，使其更倾向于长期使用产品，从而减少客户流失。

（2）按功能定价模式的缺点

虽然 SaaS 产品按功能定价有很多优点，但它也有一些缺点，在实施之前必须仔细考虑。

- 具有复杂的定价结构。不同功能对应不同费率可能导致客户困惑，尤其是当客户需要为多个功能付费时。这种复杂性需要额外的支持和解释，增加了客户沟通和供应商支持的负担，导致客户感到沮丧和不满。

- 收入具有不确定性。SaaS 产品按功能定价允许客户随时添加或删除功能，这导致了收入的不确定性。这种不可预测性使得供应商难以做出准确的收入预测，影响了其业务决策和未来的投资规划，并且影响到产品的可持续性和长期发展。
- 减少追加销售的机会。由于客户只需要为使用的功能付费，供应商追加销售的机会相对减少。这会限制产品的收入增长潜力，并影响到整个业务的成功。供应商需要在创收需求和客户体验之间找到平衡，以避免过度收费或销售导致客户流失和声誉受损。
- 价格敏感性增加。按功能定价使得客户更加关注每个功能的价格，尤其在他们感觉自己的钱花得不值时。这种价格敏感性可能会导致客户流失，同时也会挑战供应商的定价策略和市场定位。供应商需要确保自己的定价结构能够公平地反映产品的价值，同时提供高品质的产品和服务以保证客户满意。

（3）使用功能定价模式的策略

- 确定关键特性。实施按功能定价模式的第一步是确定产品的关键功能。这些功能对客户来说应该是最重要和最有价值的，并且应该相对应地定价。
- 设置定价等级。确定关键功能后，供应商应为每个功能设置定价等级。定价应基于功能对客户的价值和提供该功能的成本。
- 测试定价。在实施按功能定价模式之前，供应商应测试不同的定价结构以确定每个功能的最佳定价。这种测试可以帮助供应商避免定价错误，并确保客户购买的产品物有所值。

- 提供透明度。透明度在按功能定价模式中至关重要。供应商应向客户提供有关定价结构的清晰简明信息，包括每个功能的成本以及定价是如何计算出来的。这种透明度可以与客户建立信任，并确保他们觉得自己的钱花得值。
- 告知变化。按功能定价模式允许客户根据业务需求的变化添加或删除功能。供应商应及时向客户传达定价或功能的任何变化，以避免产生任何混淆或意外。
- 提供指导。一些客户可能会发现按功能定价模式令人困惑或不知所措。供应商应为客户提供指导和支持，帮助他们了解定价结构以及如何从产品中获得最大价值。

（4）使用按功能定价模式的注意事项

- 避免创建复杂的定价结构。如前所述，按功能定价模式可能具有复杂的定价结构。供应商应避免创建过于复杂或让客户感到困惑的定价结构。
- 考虑基于价值的定价。按功能定价模式基于产品的特性和功能。供应商还应考虑基于价值的定价。对于某些产品，基于价值的定价可能是一种更直接、更有效的定价模式。
- 监控客户使用情况。在按功能定价模式下，客户只为他们使用的功能付费。供应商应监控客户使用情况并确保客户不会为他们未使用的功能付费。这种监控有助于建立与客户的信任。

- 规划可扩展性。按功能定价模式具有高度可扩展性，但供应商在实施此定价模式时应规划可扩展性。供应商应确保自己的定价结构能够满足大量客户的要求，而不会过于复杂或难以承受。
- 提供替代方案。按功能定价模式可能并不适合所有客户，应提供替代方案。

3.3.3 影响 SaaS 产品定价的因素

SaaS 产品以订阅方式销售，其定价是一个复杂的问题。影响 SaaS 产品定价的因素有很多，企业在制定 SaaS 产品价格时必须慎重考虑这些因素。

1. 客户价值

客户价值也称为客户认知价值，即客户认为产品能够给自己带来的价值。它是影响 SaaS 产品定价的首要因素。产品对客户的价值决定了客户愿意支付的价格。

如果客户感知到产品提供了重要的价值，那么客户为它支付更高价格的意愿就高，反之则不会。例如，超市里的有偿塑料袋，只有当客户觉得其有使用的价值时，才会愿意购买。

2. 产品差异化

在确定客户价值时，企业应考虑其产品为客户提供的功能和优势与市场上其他产品相比如何，有哪些差异。

产品差异化是指产品与其竞争对手相比所提供的独特功能和

优势。如果产品具有高度差异化并提供独特的优势，那么企业可以为其定更高的价格。相反，如果产品没有差异化，企业可能采取较低的定价以保持竞争力。

在评估产品差异化时，企业除了考虑其产品与竞争对手相比具有的独特功能和优势外，还应该评估这些独特功能和优势的需求水平。企业在进行产品差异化分析时，更多是通过做竞品分析来达成的。

3. 销货成本（COGS）

销货成本（COGS）是指与生产和交付产品相关的费用。这些费用包括开发费用、托管费用、支持费用和其他费用。在设定 SaaS 产品价格时，企业必须考虑 COGS。如果产品价格不包括销货成本，那么企业就不会盈利。

4. 销售和营销成本

销售和营销成本是影响 SaaS 产品定价的另一个核心因素。销售和营销成本包括广告、促销和其他与获取新客户相关的成本。在设定 SaaS 产品价格时，企业必须考虑这些成本以确保盈利。

如果销售和营销成本很高，那么产品的价格可能需要更高才能负担得起。相反，如果销售和营销成本低，那么产品的价格就可以低些。

5. 市场地位

如果一种产品具有市场支配地位，那么企业可以设定更高的价格。相反，如果产品的市场地位较弱，那么企业可能需要设定较低的价格以保持竞争力。

在评估市场地位时，企业应考虑市场竞争程度、市场规模以及市场中客户的具体需求和偏好。

6. 客户获取成本（CAC）

客户获取成本（CAC）是指与获取新客户相关的成本。这些成本包括广告、促销、销售佣金和其他费用。

在为 SaaS 产品定价时，企业必须考虑 CAC 以确保盈利。如果 CAC 很高，那么产品的价格可能需要更高。相反，如果 CAC 低，则产品的价格可以低些。

对企业而言，如果 CAC 已经超出了产品的定价，那这将是一门亏本生意，卖得越多，亏得越多。

7. 客户终生价值（LTV）

客户终生价值（LTV）是指企业在客户订阅产品的生命周期内预期产生的总收入。企业在设定产品价格时应考虑 LTV，以确保收入最大化。

在为 SaaS 产品定价时，企业除需要注意前文介绍的会影响定价的因素以外，还需要考虑表 3-7 所示的几个核心问题。

表 3-7　企业定价需要考虑的几个核心问题

核心问题	描述
客户细分	企业应考虑根据客户的特定需求和偏好对其进行细分。通过这样做，企业可以为不同客户提供量身定制的定价和套餐，以满足客户的独特需求
竞争对手分析	企业应进行竞争对手分析，以了解其竞争对手的定价策略。这可以帮助企业确定其定价在市场上是否具有竞争力，以及是否需要调整定价以保持竞争力

（续）

核心问题	描述
灵活性	企业应考虑向客户提供灵活的定价和套餐。这可能包括提供不同的订阅期限、分层定价和长期承诺的折扣
客户反馈	企业应征求客户对其定价策略的反馈。这可以帮助企业了解客户如何看待其定价，以及是否需要进行调整以保持竞争力

3.4 本章小结

市场调研贯穿整个业务的生命周期，在任何时候都可以进行。市场调研具有时效性，在开展市场调研的时候需要特别注意，市场处于动态变化的趋势中，因此不能依据过去所做的市场调研结果来制定现在或者未来更长远的企业营销策略。对于 SaaS 企业来说，拥有精心设计的定价策略是成功的关键。

SaaS 产品是基于订阅、使用或价值来定价的，客户需要按期支付经常性费用（按月度、季度、年度收取费用）才被允许使用。

SaaS 产品定价通常基于三种模型：基于订阅的定价、基于使用的定价、基于价值的定价。

几种常见的 SaaS 产品定价模式分别是：按客户定价模式、固定费用定价模式、分层定价模式、基于使用定价模式、免费增值定价模式、按功能定价模式。

第 4 章 CHAPTER

SaaS 销售

对于任何 SaaS 企业来说，销售部门一直都是至关重要的部门。即使是最优秀的产品，如果没有强大的销售团队将其推向市场，也难以取得成功。

通过学习本章内容，读者可以清晰地了解 SaaS 销售方面的知识和产品销售思维。本章内容可帮助企业优化原有的 SaaS 销售流程，找到适合自己的销售路径。本章还介绍了 SaaS 销售团队的管理，详细描述了不同类型销售团队的结构和组成，并为销售人员提供了一些行之有效的 SaaS 销售技巧和思路。

4.1 SaaS 销售概述

4.1.1 了解 SaaS 销售

简单来说，SaaS 销售是指将基于 Web 的软件销售给客户。客户可以通过订阅或按需付费的方式获得对这些软件的访问权限，而不需要购买软件的许可证或进行复杂的安装和配置。

SaaS 销售人员的主要任务是获取新客户并保留或增加现有客户。他们必须清晰地向客户传达产品的优点和特性。因此，对于 SaaS 销售人员来说，最基本的要求是熟练使用所销售的产品，以便顺利地进行演示并回答客户的问题。

SaaS 销售是一个复杂的过程，包含多个步骤和场景，例如，确定销售目标，寻找潜在客户，展示软件功能和优势，回答客户问题，与客户协商合同条款和价格，最终完成交易。在执行 SaaS 销售流程时，必须考虑到客户的需求和利益，以确保他们获得最佳的服务和支持。在这个过程中，公司的销售团队需要与其他团队（如市场营销团队、技术支持团队和财务团队）密切合作，以确保销售流程顺利进行，达到最终的销售目标。

SaaS 销售和传统销售在多个方面有所不同（见表 4-1），包括交付方式、收入模式、客户关系、销售周期、定价结构和销售方式。这些差异对于销售人员来说非常重要，因为它们决定了销售策略和方法的不同之处。了解这些差异可以帮助销售人员更好地与客户互动，并推动其成功销售。

表 4-1　SaaS 销售与传统销售的区别

区别	传统销售	SaaS 销售
交付方式	通常涉及销售实体产品，例如，设备等有形产品	在订阅的基础上通过互联网提供软件服务，客户不需要购买或安装实体产品即可在线访问和使用软件
收入模式	通常涉及一次性交易，销售人员在产品售出后立即获得收入	采用订阅模式，客户根据一段时间内软件的使用情况或特定功能付费，并定期（通常按月或按年）付款
客户关系	往往侧重于一次性交易，一旦销售完成，与客户的互动可能就会减少	建立和维护牢固的客户关系至关重要。销售人员需要成为客户的合作伙伴，提供持续的支持和价值，以提高续约率
销售周期	往往销售周期较长，涉及多个决策者和复杂的谈判过程	SaaS 产品易于试用且采购流程简单，销售人员可以很快地完成交易，但由于国内 SaaS 应用普及率并不高，以及产品解决方案不够创新，因此现实中的 SaaS 销售周期和链路反而变得更长
定价结构	产品的定价通常是一次性的，可能涉及额外的维护和支持费用	采用基于订阅的定价模式，通常以较低的入门成本来吸引客户，并根据订阅级别和使用情况制订不同的定价计划
销售方式	往往依靠面对面的沟通、电话或传统的社交媒体广告渠道进行销售	采用网站、在线演示、社交媒体等数字渠道来吸引潜在客户

4.1.2　客户价值驱动

SaaS 销售过程是咨询性的，而不是以产品为导向的，销售人员需要充当客户可信赖的合作伙伴。然而，这往往是大多数 SaaS 销售人员无法理解的一个关键点。销售人员都希望能够尽快地将产品销售给客户，但他们很少会深入思考客户为什么要购买他们的产品。

在 ToB 商业环境中，客户在采购行为上更加理性。他们购买产品是为了解决问题，只有当你的产品能够比其他竞争对手的产品更好地解决他们的问题时，他们才会考虑选择购买你的产品。然而，我们不能忽略一个重要的事实：客户的问题可能会随时发生变化，就像夏天室外的温度一样，早晚可能有些凉爽，但到了中午就会变得炎热无比，这时客户可能需要的不是风扇，而是一台快速降温的空调。

笔者见过许多销售人员经常抱怨自家产品，认为客户已经不再需要这类产品解决问题了，甚至直言客户根本没有这方面的需求，因此也就不需要这类产品。但客户真的不再需要这类产品了吗？实际上，很多时候客户可能认为自己不需要，但其实是需要的，只是销售人员无法唤醒客户购买的意识。

（1）客户拒绝购买的原因

客户最终拒绝购买产品的原因可能有很多，但有几种主要原因，如图 4-1 所示。要想提升成交率，就要先学会站在客户的角度看问题，找到客户拒绝购买的真实原因，然后再对症下药。

图 4-1　客户拒绝购买的原因

如何站在客户的角度去思考，笔者举个简单的例子说明一下。

假如你是一位 CRM（客户关系管理）系统的销售人员，现在要把 CRM 产品销售给一家中小型外贸企业，但这家企业负责人明确告诉你，他不需要这款产品。如果站在客户的角度思考，你认为客户出于什么原因不需要呢？以下是几种主要原因：

1）客户有“懒惰”思维。有些客户可能已经习惯了使用类似的客户关系管理系统，并在使用多年后对其产生了依赖。因此，他们可能不愿意花时间和精力来适应新的系统，认为这样做太麻烦。在选择新产品时，客户通常会担心可能带来原业务流程变动，除非他们意识到当前的业务流程存在问题。

2）客户的购买能力不足。有时客户的预算可能会限制他们购买某些产品或服务。例如，如果你的产品年订阅费用为 5000 元，而客户的预算只有 3000 元，他们可能会被预算限制而无法购买。

3）客户对产品有认知“盲区”。你的 CRM 系统虽然有一大堆强大的功能，例如，AI 邮件写信、自动化营销等，但客户的诉求就只是用来管理客户的信息资料，很多功能都用不上。用老销售人员的话讲：“咱们的产品什么都好，就是客户不识货。”这听起来好像真的是那么回事，其实这不能怪客户，客户自身也有对产品认知不足的地方。在这种情况下，销售人员需要帮助客户充分了解产品的潜力和价值，弥补他们的认知“盲区”。

4）客户购买产品的意愿不足。即使你帮助客户很好地认识到了产品的价值，让他走出了自己的认知盲区，但客户还是觉得你的产品卖得太贵了。一方面是因为客户预算不足，另一方面也可能是因为客户当前遇到的问题不急于去解决。

5）客户的购买动机不足。虽然你让客户认识到了产品的强大功能和解决问题的能力，但客户可能认为专门为了解决某个问题购买一个产品来使用，好像不值得。

6）客户不是购买的决策角色。有时你打动了客户，说服他购买产品，但客户告诉你公司内部采购产品必须要经过上级领导的同意才行，自己做不了主。大多数销售人员都在这个环节上丢单，以为只要说服前面对接的人员即可，而忽略了整个采购环节里面最终的核心决策人员。自己前面花费了大量的时间进行产品知识培训、塑造客户认知价值，却偏偏忽略了做决策的人员。最后，决策人员可能会因为对产品信息了解不多而拒绝采购。

（2）客户价值驱动的来源

在某次线下的交流会上，一位企业销售总监分享了一个故事。他曾去医院看病，遇到了两位医生，其中一位医生面容慈祥、和蔼可亲，给人一种很容易沟通的感觉；另一位医生则表情严肃，看起来脾气可能有点大。如果你是他，会选择哪位医生呢？相信大多数人的选择都会是第一位医生，因为他看起来更容易沟通。但如果这两位医生的确诊出错率不同，和蔼医生的确诊出错率约为 15%，而严肃医生的确诊出错率为 1% ～ 2%，这时，你会如何选择呢？答案显而易见，大多数人会选择那位虽然表情严肃但专业素养更高的医生。

为什么会出现这样的情况呢？笔者认为这涉及专业能力。客户对产品的购买越来越理性化，这也要求销售人员必须具备足够的专业素养。产品在解决客户问题方面必须彰显出专业性，否则客户凭什么购买呢？站在客户的角度思考，并且运用专业能力帮助客户解决问题才是 SaaS 销售成功的关键。

未来，越来越多的 SaaS 销售人员将由关系型销售（利用与客户的内部关系成单）和顾问型销售（帮助客户购买，客户想要怎么买，顾问型销售人员就怎么卖）转变为价值型销售（一切以客户价值为主）。现阶段大多数 SaaS 销售人员还停留在顾问型销售阶段。这导致很多销售人员虽然“陪着”客户购买了产品，但是来年客户续费订阅却成了很大的问题，好端端的一门长期生意硬生生地做成了“一锤子买卖”。

销售人员若忽略了客户的业务价值，实际上也就忽略了客户成功的动机。真正站在客户的视角思考问题，并为客户着想，需要销售人员避免做表面功夫。他们应该利用自身的专业能力帮助客户完成购买，并长期与客户共同成长，这才是真正基于客户价值的销售方式。

SaaS 业务是一种持续的过程，客户使用产品的时间越长，收益回报也就越大。同时，应该为客户创造更多的业务价值。只有这样，客户才会选择长期合作。初次做销售的人往往渴望迅速成交订单，但随后发现，持续性交易才是关键。客户初次选择合作可能是受到销售人员口才和说服技巧的影响，但在使用过程中，他们可能发现产品与其需求不匹配，并受到竞争对手提供的更优惠条件的诱惑，导致其在订阅期结束时放弃续订，转向竞争对手。

设立客户成功部门的初衷就是解决客户持续性订阅和高流失率等问题。客户为何在使用一段时间后发现产品不符合需求，或认为性价比不高呢？这更多是因为客户成长了，而企业的产品和服务仍停留在初次合作的阶段。因此，销售人员除关注客户产品使用情况外，还应努力与客户保持联系，确保产品解决方案和服务与客户的需求保持一致。

4.1.3　SaaS 销售的三种模式

无论是实体产品的销售还是 SaaS 产品的销售，其最终目的都是解决客户特定的问题。SaaS 产品与传统实体产品的不同之处是 SaaS 产品是无形的，SaaS 销售人员需要将互联网软件作为服务销售给客户，这种独特的业务模式的出现，彻底改变了传统软件销售的方式。

我们将 SaaS 销售按类别和服务属性分为三种模式：自助服务模式、常规销售模式和大客户销售模式。它们各自有适用的场景和优势，如图 4-2 所示。

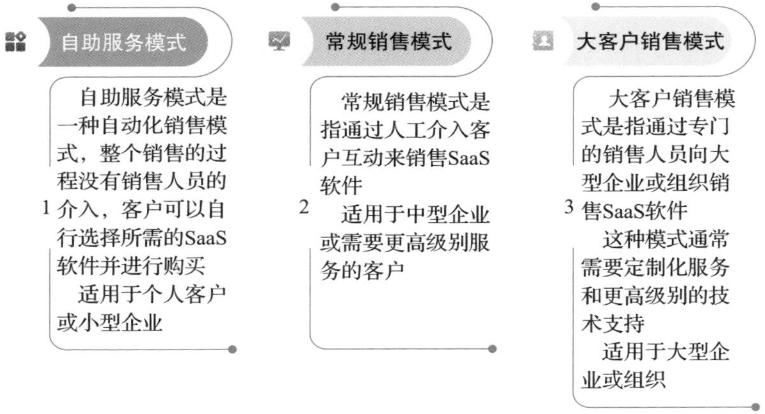

图 4-2　SaaS 销售的三种模式

1. 自助服务模式

自助服务模式是一种自动化销售模式，整个销售的过程没有销售人员的介入。客户可以自行选择所需的 SaaS 软件并进行购买。这种模式通常适用于个人客户或小型企业。一般情况下，SaaS 企业不会主动向自助服务模式中的客户销售 SaaS 产品，企业自身也不会组建销售团队，而是将更多的精力放在营销渠道方面，依靠营销工作来增加销售渠道的流量。

通常，采用自助服务模式的产品因价格普遍较低，更容易被普通客户接受，从而拥有更广泛的市场。SaaS 产品的入门流程也更加简单，进一步提高了产品的可用性。对于初创公司而言，尽管这类产品的利润较低，但通过采用被动销售渠道，公司可以有效地降低销售成本。

尽管企业采用自助服务模式可以不用搭建完整的销售团队，但仍然需要建立客户成功团队。客户成功团队为客户提供所需的服务支持和帮助，以提高客户满意度和留存率。同时，该团队还可以向现有客户推销利润更高的订阅计划和增值服务，例如，提供额外的培训、技术支持等服务。此外，还可以考虑扩大客户成功团队的职能，增加更多与客户互动的角色，例如，社区经理或客户服务代表，以便与客户建立更紧密的联系，使客户感到更受重视和关注，从而增强客户对公司和品牌的信任与依赖。

2. 常规销售模式

常规销售模式是指通过人工介入客户互动来销售 SaaS 软件。相比自助服务模式，常规销售模式更为复杂，因为它结合了内容营销，需要更多的人力和物力进行推广与销售。同时，在整个销售周期中需要培养潜在客户。

常规销售模式通常适用于中型企业或需要更高级别服务的客

户。对于中型企业而言，需要更多的专业支持和定制化服务，常规销售模式可以为它们提供更好的解决方案。此外，常规销售模式也为软件供应商提供了更多机会。通过人工销售，软件供应商可以更好地了解客户需求，提供更加贴心的服务。

在这种销售模式下，营销部门的角色发生了一定的变化。它不再仅将潜在客户推向自动化渠道，而是专注于将合格的潜在客户发送给 SaaS 销售团队。这种转变为整个企业带来积极影响，将营销部门变成一个更加有效的“销售漏斗”。营销团队需要更好地了解潜在客户的需求和兴趣，与销售团队合作，从而为客户提供更细致和专业的软件解决方案，并为客户提供更多价值。客户也可以通过人工咨询更好地了解软件的功能和优势。

随着市场竞争的加剧和客户需求的多样化，未来更多的 SaaS 企业将不得不采用这种销售模式，以更好地满足客户的需求和期望。

3. 大客户销售模式

大客户销售模式是指通过专门的销售人员向大型企业或组织销售 SaaS 软件。这种模式通常需要定制化服务和更高级别的技术支持。在这种模式下，销售人员需要深入了解客户的业务需求，为客户提供量身定制的软件解决方案。

在大客户销售模式下，销售周期比较长。最主要的原因是客户的购买过程通常涉及多个部门和团队。在这种情况下，销售人员可能需要与客户的不同利益相关者沟通，确保所有人都明白产品或服务的价值。此外，客户可能需要进行长时间的内部讨论，一方面，客户需要考虑是否有足够的资金支持；另一方面，客户需要评估如何将产品或服务整合到自己的业务流程中。因此，即使销售人员已经成功说服客户，签署交易仍可能需要数月的时间，以满足客户的特定需求和要求。

通常，大客户销售模式下的软件价格更高，因为它需要 SaaS 提供商投入更多的资源和人力。但是，对于大型企业或组织而言，它们需要更高级别的服务和技术支持，大客户销售模式可以为它们提供更加全面和专业的服务。大客户销售模式可以为 SaaS 提供商提供更稳定和可靠的收入来源，虽然大客户延长了销售周期，但也增加了平均客户终生价值。SaaS 提供商可以借此机会加深与大客户的合作关系，提供更好的服务，为客户创造更多的价值。

4.2 SaaS 销售流程

4.2.1 典型的 SaaS 销售流程

大多数人对销售的印象依旧停留在超市、大卖场层面，对着过往的客户不断地吆喝着自己要促销的商品。然而，在如今的数字时代，销售已经变得更加复杂和多样化。除了传统的门店销售，电子商务、社交媒体，以及移动应用等新型销售渠道也在不断涌现。这些新型销售渠道为消费者提供了更加便捷的购物方式，同时也为销售人员带来了新的挑战和机遇。销售人员需要不断学习和适应新的销售方式，才能在激烈的市场竞争中脱颖而出。

传统销售流程主要集中在三个环节：客户找上门—把商品卖

给客户—解决客户售后问题。销售人员仅关注“把商品卖给客户”这一环节，为了更快地达成这一环节的目标，他们甚至会过度承诺客户需求，最终导致客户的购买体验和满意度下降。我们将这种情况归结为“一次性生意”，因为较差的客户购买体验和售后服务，无法让客户产生复购的冲动。

SaaS 销售流程需要销售人员更加关注客户的购买体验和满意度，以及客户长期价值和回报。

对于 SaaS 销售来说，虽然每家 SaaS 企业的销售路径和过程可能都不太一样，但是典型的 SaaS 销售流程应该是：接近客户—发现客户需求—提供解决方案—完成销售—持续跟进。

1. 接近客户

在 SaaS 销售过程中，接近客户可能是最基本的一步，但它同时也是最关键的一步。要想寻找与客户联系的机会，销售人员需要积极主动地接触潜在客户，以便了解他们的需求和问题。例如，可以通过电话、线下上门拜访、社交媒体等多种方式与潜在客户联系。此外，销售人员还可以参加各种会议和展览会，以拓展客户群并与其建立更多的联系。

为了能够更好地接近客户和构建良好的沟通氛围，销售人员需要熟悉公司销售政策和产品知识。只有这样，他们才能够向客户提供专业的咨询和建议，从而建立信任。此外，销售人员还应该注意互动细节，例如，及时回复客户的电话和信息，以及在与客户互动时保持礼貌和热情。总之，接近客户是 SaaS 销售工作中最重要的一步，销售人员需要不断探索新的方法，并不断提高自己的专业水平，以便更好地为客户服务。

2. 发现客户需求

假如客户找上门，想要购买某款 SaaS 产品，请问：想要购买某款 SaaS 产品是客户的需求吗？如果大家认为客户想要购买产品是需求，那笔者再举个简单的例子：当你感到饥饿时，到一家餐馆点了一份煎饺。在这里将这句话拆分为几个关键词：饥饿、餐馆、煎饺。

- 需求：解决饥饿问题。
- 业务场合：餐馆。
- 解决方案：煎饺。

最终，我们会发现，煎饺只是客户认为他们需要的解决方案，但煎饼并不是他们真正的需求，因为他们也可以选择吃其他食物，比如面条或者汉堡。客户的核心需求是解决饥饿问题，而选择到餐馆用餐只是解决这个问题的一种方式，他们也可以选择点外卖或者在家里自己做饭。因此，对于客户而言，最重要的是能够快速解决他们最紧迫的问题（即需求）。

同样，客户购买 SaaS 产品也需要相应的思考和决策过程。上面的例子在日常生活中很常见，也许客户曾经购买过某家餐馆的煎饺，觉得味道不错，或者有朋友推荐等，因此他们能够迅速地做出选择。但是 SaaS 产品的购买过程更为复杂，客户更加理性和谨慎，需要更多的知识支持。

在发现客户需求这一步骤中，销售人员与客户之间的谈话至关重要。销售人员应该提出有助于了解客户的问题，但要确保花时间倾听而不是考虑下一步该说什么。销售人员可以鼓励客户谈论他们遇到的问题，但不要马上提及产品解决方案。相反，应该继续询问客户解决问题的动机、他们可能尝试过的其他解决方案，或者他们对潜在解决方案的担忧。如果客户正好提到了所要销售的产品，就可以进一步探讨该产品如何解决他们的问题。在提出问题的同时，销售人员可以进一步探索客户的需求，以便更全面地了解其需求。例如，可以询问客户是否有预算或其他限制。

当完成这一步骤时，销售人员应再次与客户核实他们对问题或需求的理解是否正确。因此进行下一步之前，销售人员应确保已经完全理解了客户的需求。否则，销售人员应继续与客户交流，直到完全理解客户的需求。

3. 提供解决方案

在发现并了解了客户的需求后，销售人员就可以尝试针对客户的问题提出有效的解决方案。

这里特别强调专业性的信息传递。例如，虽然很多人都会做饭，但是到饭店吃饭的时候，却无法对厨师提出专业性的建议。

在为客户介绍产品时，请在合适的场景里再次帮客户回顾一下他们确定的需求。例如，如果客户说需要尽快获得解决方案，那么请强调可实现快速交付，解释产品如何快速满足他们的需求并解决他们的问题。

许多 SaaS 销售人员在为客户演示的过程中，经常忽略向客户传达业务服务的流程。客户不仅关心产品如何解决他们的问题，同时也会关注销售人员如何帮助他们使用好产品，以及在使用过程中遇到问题时，他们该如何获得有效的帮助，以及销售人员对他们帮助的程度如何。

在这种情况下，销售人员可以向客户展示项目里程碑阶段

（见图 4-3），以确保他们了解在使用产品时可以获得的支持和服务。确保使用的任何图表和案例都能增强客户的理解，而不会分散他们对所说内容的注意力。

PART2.6　项目里程碑阶段

序号	里程碑	所需周期	工作内容	交付物	备注
1	项目商务	约几天	商务合同签署	《项目合同》	双方签字
2	项目调研	1周	甲方业务方向、运营步骤、资源情况、规划路线调研； 甲方平台期望（风格、内容、布局等）调研	《项目调研纪要》	双方知悉
3	项目规划	1周	乙方项目解决方案（系统原型、业务逻辑）交付； 甲乙双方解决方案评审签字	《项目详细解决方案》	双方签字
4	项目开发测试	5周	平台开发测试	《项目测试报告》、应用程序	双方协同
5	项目上线	1周	平台数据初始化、平台线上部署，甲方签署上线报告	《项目上线报告》	双方签字
6	项目验收	1月	根据项目技术解决方案进行项目验收，签署验收报告	《项目验收报告》	双方签字

图 4-3　项目里程碑阶段示例

销售人员在为客户提供解决方案（产品）时，避免过度推销产品。在讨论产品如何满足客户的需求时要诚实，应该清楚地解释解决方案如何解决他们的问题，避免做出无法兑现的承诺。

4. 完成销售

当客户对产品或服务表示满意时，销售人员需要协商具体的销售条款并与客户签署合同。这是一个非常重要的过程，因为它能够确保双方都清楚地了解他们所购买产品或服务的条款和条件。

在协商中，销售人员必须要了解清楚客户的需求和要求，并确保自身产品或服务能够满足这些需求。当然，在这一阶段，客户往往会提出异议，尤其是在价格方面。为了回应他们的异议，销售人员可以利用客户在第二步中提供的信息，与他们一起探讨。销售人员可以询问客户对哪些方面最为关注以及认为哪个方面最重要，这些信息可以帮助销售人员更好地了解客户需求，以应对各种反对意见。

80% 以上的成交机会都发生在客户异议时期，销售人员除回应客户的异议外，还可以进一步了解客户的需求并提供更多的建议。例如，可以向客户提供更多解决方案（更高端的产品或更全面的服务），以满足他们更深层次的需求。

结束这些步骤后，销售人员将完成一次成功的销售。销售人员和客户应该共同了解接下来会发生什么（例如，产品交付或其他履行细节），以确保完美的销售体验。销售人员之后也应与客户保持联系，以确保他们对产品或服务满意，并为未来的销售奠定基础。

5. 持续跟进

完成销售只是销售人员的一项任务，与客户的关系需要持续维护。销售人员需要跟进客户的使用情况、提供技术支持、协助解决问题等，以便为客户提供更好的服务和体验。

然而，与客户建立长期的合作关系需要更多的努力和投入。销售人员可以通过多种方式来提高客户的满意度，例如，提供额外的信息和资源，为客户提供更多的支持和帮助等。

另外，除了销售产品或服务，还可以通过其他方式来与客户建立联系和互动。例如，SaaS 企业可以组织一些行业会议或者营销活动，以进一步加强与客户的关系和信任。此外，SaaS 企业还可以通过社交媒体等渠道与客户进行交流和互动，以了解他们的想法和反馈。

最后，要记住，与客户建立稳定的合作关系需要时间和耐心。销售人员需要不断努力，不断提高自己的专业知识和技能，以便更好地为客户服务。通过认真对待每一个客户，提供优质的服务和体验，可以赢得客户的信任和忠诚，从而为业务带来更多成功的机会。

4.2.2 创建 ICP

在销售领域，销售人员必须认识到并非所有人都值得耗费精力去服务。这是因为时间、人力和财力都是有限的，向所有人推销产品不仅效率低，而且可能浪费宝贵的资源。因此，销售人员要瞄准那些能够带来最佳回报的潜在客户，他们通常被称为理想客户。理想客户不仅能带来销售收入，还能帮助企业建立良好的信誉和品牌形象，从而实现长期稳定的发展。

实际上，理想客户和非理想客户之间存在显著的差异。这种差异主要体现在他们的需求、预期以及他们与 SaaS 企业互动的方式方面。在 SaaS 企业的业务不断发展和扩大的过程中，需要确保所进行的交易具有足够的价值，以抵消为完成和保留这些交易所需投入的资源。

因此，对于大多数 SaaS 企业而言，理想客户档案有助于识别、寻找潜在客户，并确定服务的优先顺序。

1. 什么是 ICP

理想客户档案（Ideal Customer Profile，ICP）是对最有可能购

买产品和服务、成为长期客户并将产品推荐给其他人的公司类型的概述。在 B2B SaaS 领域，理想客户档案是对公司的全面描述，而不仅仅是针对个人买家或最终客户。

理想客户档案是一份非常重要的文件，其中包含了潜在客户的详细信息，例如，公司规模、行业、业务需求以及决策者。这样一来，SaaS 企业就能够更好地了解潜在客户，并且可以更加有效地与他们联系。此外，ICP 还能帮助 SaaS 企业了解其目标客户的需求和偏好，以便更好地满足他们的需求，并提供优质的服务。

一般来说，理想客户具有六个主要特征，见表 4-2。

表 4-2　理想客户的六个主要特征

主要特征	描述
行业 ICP 契合度	理想客户所属的行业领域对你的产品和服务有重大意义，例如，你的产品是针对跨境出海业务的，而这些客户刚好属于这一重要领域
有经济购买能力	理想客户有足够的财务支持，并且已设置预算购买你的产品或服务，并继续使用它
正准备购买	理想客户对你的产品有明确的需求，并且相信你的公司或产品可以为他们带来价值或解决他们的痛点
有扩展能力 / 目标	理想客户展示了他们的扩展能力，或者已经制订了增长计划，这意味着他们有意愿在未来与你建立更深入的合作关系
员工 / 公司规模	理想客户的员工人数和公司规模与你的总目标市场相适应，这可以确保你的产品或服务能够覆盖到他们所在的范围
地理位置适合	理想客户的地理位置与销售产品的地区相关。例如，如果你的销售重点在沿海地区，那么位于内陆地区的潜在客户可能暂时不太适合

2. ICP 与买家角色的区别

营销与销售人员经常会将 ICP 与买家角色混为一谈。尽管它们很相似，但是应用的场景是不同的。ICP 可以帮助 SaaS 企业确定未来业务应该跟什么公司谈，明确识别出那些能从你的产品或服务中获得最大价值的潜在客户（公司），以及具体的公司属性。这些信息有助于 SaaS 企业确定和优化市场定位，提高市场推广的效率和效果。

买家角色是根据深入研究和分析创建的一种虚构的代表性角色，它代表了 SaaS 企业希望锁定和吸引的特定人群类型。买家角色具有详细完整的特征描述，包括名字、职业、个人背景，甚至有时会包含家庭情况，如是否有宠物狗等。

创建买家角色的主要目标是提供更优质的体验。它能帮助企业更深入地了解目标客户，理解他们的需求和期望，从而增加企业产品或服务的吸引力。

当企业想要尝试与符合 ICP 的客户沟通时，买家角色就开始发挥作用。买家角色是 ICP 的一小部分，因为我们利用 ICP 的核心概念来构建这些角色。

3. 目标受众群体与潜在客户群体以及 ICP 的区别

（1）目标受众群体

在市场细分中，目标受众群体是指在特定领域具有相同业务痛点的客户。这意味着这些客户都面临着类似的业务挑战和问题。然而，目标受众群体仅仅"共享"相同的痛点。在不同的商业模式和行业中，尽管这些客户可能面临着类似的业务问题或痛点，但并不意味着他们都希望采用相同的解决方案来解决这些问题或"痛点"（见表 4-3）。客户拥有各自独特的需求和优先事项，因此产品解决方案并不一定适用于所有情况。

表 4-3　相同“痛点”的不同解决方案

相同的“痛点”	不同的解决方案
业务资料审核流程比较烦琐	❑ 增加人手 ❑ 购买 OA（办公自动化）产品的标准化流程 ❑ 减少审核的流程 ⋮
销售人员对客户的洞察力不足	❑ 购买 CRM 系统，增加自动化 CRM 步骤 ❑ 聘请有经验的销售人员 ❑ 对销售人员进行培训 ⋮
业务数据统计不及时	❑ 需要 BI（商业智能）系统，并且提供统计报表 ❑ 增加员工，提高人工统计效率

举例来说，假设张总是某家外贸企业的负责人，目前需要招聘更多销售人员。人事主管提供了几个招聘方案：

1）增加 HR（人力资源）部门的招聘人员数量。

2）到同行企业挖掘一位高级销售总监，由他来协助招聘更多销售人员。

3）使用招聘软件，以更快的方式获取候选人的简历信息。

4）寻求猎头或招聘合作机构的帮助。

如果你的 SaaS 产品是一款招聘软件，恰好能解决张总所面临的招聘问题，那么张总就是你产品的目标受众群体。因此，目标受众群体面临着与你的产品解决方案相关的问题或痛点，但拥有相关问题或痛点并不代表你的产品解决方案一定适用于所有情况。

（2）潜在客户群体

潜在客户群体是目标受众群体中的一部分，他们不仅面临着与你的产品解决方案相关的问题或痛点，而且你的产品价值主张也与他们相契合。

继续引用上述案例。张总认为企业在招聘方面的预算有限，增加 HR 部门招聘人员数量和寻求猎头帮助的成本太高。而你的 SaaS 产品不仅可以帮助他快速匹配到人才，而且预算也在他可接受的范围内。因此，张总属于你的 SaaS 产品的潜在客户群体。对于这种高契合度的潜在客户群体，转化率相对较高。

举例来说，企业在招聘合适的人选时有多种选择。大型企业拥有足够的预算，通常会选择聘请猎头或寻找招聘合作机构来协助特殊岗位的招聘。然而，预算较小的初创公司和小型企业可能更适合采用内部招聘方式（更适合使用招聘软件），比如 BOSS 直聘 App。

（3）ICP

在之前的案例中，你的 SaaS 产品可以帮助张总解决招聘更多销售人员的问题，而且产品的价值主张也与对方契合。然而，张总认为当前的招聘需求并不是那么紧迫（他还没有准备好购买你的产品）。因此，尽管张总属于你的潜在客户群体，但他并不符合你的 ICP。

在理想情况下，适合 ICP 的客户已经意识到问题，并且已经开始寻找解决方案。因此，ICP 不仅包括与产品解决方案相关的痛点和契合度，还包括客户已经准备好解决问题的程度。

4. 为什么 ICP 很重要

ICP 对于确定潜在客户群体非常有用，它可以使企业提高效率。它可以帮助企业找到那些最有可能成为客户的人，并且可以帮助企业更好地了解客户的需求和期望。这样，企业就可以更好地为客户提供服务，并将他们转化为忠实客户。

企业可以创建一个 ICP 模板，将该模板应用于所有的潜在客户群体，并将其与企业产品或服务进行比较，以确定哪些客户最符合。同时，可以根据模板中提供的指标评估每个客户，并选择最适合企业开展业务的客户。

另外，企业需要思考一个简单的问题：这个客户可能会从本企业这里购买吗？这个问题可以帮助企业更好地了解客户的购买意愿，并帮助企业更好地了解如何与客户沟通以及如何推销产品或服务。如果答案是否定的，那么在该客户身上投入时间、精力和资源用于销售和营销工作可能就没有必要了。

客户可能已经经历了相当长时间的业务上的痛苦，却不知道如何解决自己的问题。SaaS 销售人员的使命就是帮助客户正视业务的痛点问题，并解决它们。

5. 创建 ICP 的步骤

ICP 对销售人员有重要意义。国内大多数 SaaS 企业都没有创建 ICP 的习惯，导致销售人员都在盲目地去寻找客户，同时其营销活动缺少针对性。SaaS 企业根本不清楚自己的客户在哪里、营销活动应该投放在哪里才合适。

好在 ICP 的创建并不复杂，难点在于确保其准确性。笔者根据过往的经验提供了创建 ICP 的步骤，以帮助 SaaS 企业在创建 ICP 时自审调整，提高准确度，如图 4-4 所示。

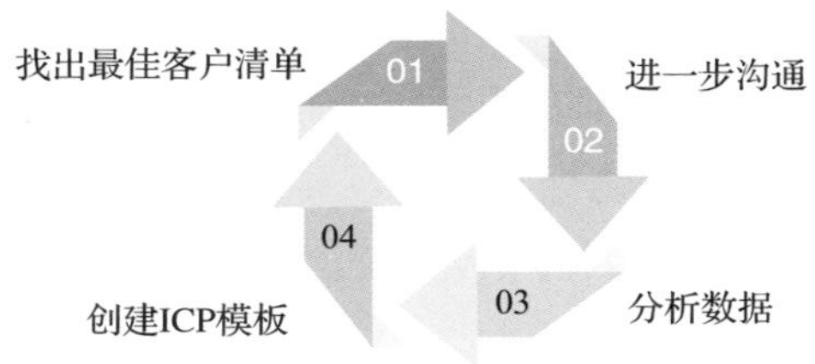

图 4-4　创建 ICP 的步骤

（1）找出最佳客户清单

企业对最佳客户的定义方式可能各不相同，这取决于 SaaS 企业内部的定义。例如，按 MRR 或 ARR，也可以比较客户终生价值、转化需要的时间或者其他指标的组合等。

想要创建 ICP，通常要从近期成交的销售客户清单里找到客户的一些共同特征，这些特征在企业组织内部一定要达成一致。但对于初创企业来说，其客户账户数据可能为空或者数据量非常少，在这种情况下，只能采用早期创建的虚拟 ICP，将我们认为非常适合使用产品的客户信息作为属性档案。之后，随着业务和市场活动的开展而获得有效的客户信息数据后，再对当前的 ICP 数据进行真实的创建描述。

通常，在选择最佳客户时，会分别从客户的“共同点”和“相似处”两个方面进行考虑。

1）共同点。

- 最高 NPS。
- 最高 ACV（年度合同价值）或 TCV（合同总价值）。
- 最大的增长潜力。
- 最高保留率或在企业工作时间最长。
- 最高客户健康评分。

2）相似处。

- 行业。客户有没有共处同一行业的特征？他们的业务领域是否有相似之处？
- 员工人数。客户所处公司的平均员工人数是多少？其公司的规模大致相同吗？
- 公司位置。客户所处公司主要集中在哪些地区或城市？

- ❑ 成立日期。客户所处公司是在什么时期成立的？它们的发展史是否相似？
- ❑ 融资状况。客户所处公司是否有相似的融资历程或背景？比如，它们都是在 A 轮或 B 轮获得融资的吗？
- ❑ 公司状况。客户所处公司主要是营利性的还是非营利性的？它们的商业模式有何相似之处？
- ❑ IPO 状况。客户所处公司主要是上市公司还是私营公司？它们的所有权结构有何相似之处？
- ❑ 招聘。客户所处公司是否正在积极扩大其团队？是否近期有新增岗位的招聘？

（2）进一步沟通

通过整理过去合作客户的清单，尝试确定最佳客户列表，并根据一些共同点和相似处对其进行分类。然而，从这些数据和信息还不能直接得到 ICP。接下来，还需要与这些潜在的最佳客户进行沟通，带着一系列问题进行验证，验证的目的是帮助 SaaS 企业找到具有相同痛点的买家，而不仅仅是受众群体，见表 4-4。

通常，这种沟通会通过客户回访的方式进行。在起草 ICP 问卷调查时，请重点关注潜在客户的痛点，以及企业产品的解决方案如何满足这些痛点。通过进一步沟通，主要是为了验证以下几点：

1）客户是如何做出购买决策的，这个过程中可能包含了哪些关键决策点？

2）客户是通过何种途径或渠道了解和找到本企业的产品或服务的？

3）客户选择购买的原因是什么？是产品特性、价格，还是品牌影响力？

4）客户如何从本企业的产品或服务中获得价值？这是否提高了他们的工作效率或解决了他们的问题？

表 4-4　常见的沟通问题

序号	常见的沟通问题
1	你是如何首次了解到我们的产品或公司的
2	你的购买决定是否受到特定的推荐或评价的影响
3	在你做出购买决策之前，你进行了多少深入的研究和考察
4	在你所处的公司中，购买决定是否需要经过特定的购买委员会批准
5	你最初选择购买我们的解决方案的决定是由哪些因素驱使的
6	在你所处的公司中，负责做出购买决策的人是谁
7	你所处的公司目前面临的主要问题或痛点是什么
8	在所有需要解决的问题中，你认为最紧迫的是哪个
9	目前，我们的解决方案为你带来了哪些明显的好处

（3）分析数据

收集完关于客户的相关信息后，将进行数据的分析。如果 SaaS 企业内部使用了 CRM 系统，也可以利用 CRM 系统来辅助统计分析。

分析数据涉及很多重要的步骤：

1）详细检查电子表格。在进行数据分析之前的第一步是详细检查电子表格，以确保电子表格中包含了所收集的所有数据。这些数据应该既包括硬数据（如销售额、成本等具有量化特性的数据），也包括软数据（如客户满意度、员工反馈等主观且难以量化的数据）。这一步骤是确保拥有全面数据的关键，它将为后续的分析提供必要的支持。

2）对电子表格中的数据进行精细排序。接下来，需要对电子表格中的数据进行精细排序。这个步骤将会把具有相似特性的客户聚集在一起，这样在进行后续的分析时会更为便捷。在排序的过程中，可为每个分组命名，这样在后续参考和研究时可以更方便地识别它们。

3）识别客户共同特征并详细统计这些特征出现的频率。在完成了排序之后，可以通过分析排序后的列表来识别这些客户的共同特征，并详细统计这些特征出现的频率。这一步骤将有助于理解哪些特征在 SaaS 企业中最为普遍，同时，也可以深入了解这些特征是如何影响 SaaS 企业的运营和业务的。

4）突出显示出现频率最高的特征并解释其重要性。最后一步是突出显示出现频率最高的特征，并详细说明这些特征为何非常适合。这一步骤将清晰展示这些特征的重要性，以及它们如何对 SaaS 企业的成功产生积极的影响。在这个过程中，你不仅可以清楚地看到这些特征在 SaaS 企业中的应用，还可以理解它们是如何推动 SaaS 企业向前发展的。

（4）创建 ICP 模板

收集并统计客户的属性信息，并将相似度高的信息按 ICP 模板（见表 4-5）填写。当然，ICP 并非创建之后一成不变。未来随着市场竞争和客户的需求发生变化，ICP 也应该同步进行调整。

随着 SaaS 企业业务的开展，需要定期对 ICP 进行审查。通常，3 ～ 6 个月做一次审查，并根据数据进行调整。如果早期 ICP 做得较为准确，每次审查后，修改的地方其实并不多。

如果在某一次审查时发现得到的最新 ICP 与之前设置的 ICP 相差比较大，SaaS 企业应该引起重视，并且深究原因。

表 4-5 ICP 模板

ICP 属性	描述	示例说明
行业和公司类型	客户所属的行业和公司类型帮助 SaaS 企业聚焦处于特定行业和属于特定公司类型的客户，优化营销和销售策略	餐饮行业
地点	有助于区域市场分析和区域性营销策略的制定	深圳、广州、佛山等沿海地区
公司规模	帮助企业确定目标客户的规模，从而制定合适的销售和支持策略	员工人数普遍在 10 至 100 人之间
预算	了解客户的支付能力，有助于定价和产品配置	最多预算约 10 000 元 / 每月
购买流程	明确购买流程，优化销售策略	通常由客户企业所有者、财务主管或 IT 主管进行决策
采购决策者 / 采购委员会	帮助销售团队锁定和接触关键人物，提高销售成功率	企业 CEO、CTO 或采购部门负责人
痛点	识别客户普遍存在的问题点，以便提供针对性的解决方案	需要减少餐饮人工服务成本与扩大客源流量
业务目标	了解客户的业务目标，以便提供支持和实现共同成长	短期目标：在接下来的三个月内，他们希望将客户群体增长 20%。 长期目标：他们计划筹集下一轮融资，并扩大门店数量，以支持公司的持续发展和扩张
技术工具	确保产品与客户现有系统的兼容性，提供更好的技术支持	一直都在使用某 SaaS 收银产品，如果购买我们的产品，需要考虑系统对接情况

4.2.3　SaaS 销售漏斗

1. 什么是 SaaS 销售漏斗

销售漏斗是一种以客户为中心的营销模型，它描述了客户从意识到行动的各个阶段，涵盖了从潜在客户发展成实际客户的不同步骤。

销售人员通常把销售结果比作一场竞赛结果，通过赢单或输单来衡量。然而，笔者认为客户旅程这个词语更为贴切。随着客户做出购买决策变得越来越理性，吸引更多的潜在客户转化为实际客户的方法之一是让他们参与销售漏斗的每一步。这样，客户可以更好地了解产品的特点、优势和价值，也能够更加自信地做出购买决策。此外，通过客户旅程的概念，我们还可以建立更加完善的客户关系管理系统，更好地满足客户需求和期望，提高客户满意度和忠诚度。

2. SaaS 销售漏斗示例和术语

以下是 B2B SaaS 销售渠道中各个阶段的示例，但其中确切的术语可能会根据业务模式和目标受众而有所不同。

- 未接触过的。尚未听说过你企业产品的人，他们需要被你企业的网站和其他营销材料吸引。
- 访客。以前未接触过的登录你企业网站的人
- 潜在客户。在你企业的网站或其他平台上填写了信息的人，表示对你企业的产品有兴趣。
- 营销合格潜在客户（MQL）。这些潜在客户通过进一步参与销售渠道，表现出对你企业产品的兴趣。
- 销售合格潜在客户（SQL）。你企业的销售团队已确定这

些潜在客户的参与程度足以让销售跟进。

- ❑ 热门买家。准备购买的人。
- ❑ 客户。已成为购买者。

3. 销售漏斗的重要性

我们试想一下：假如有 100 个潜在客户上门咨询产品，最终成功转化了 10 个人付费订阅，那么转化率为 10%。是什么导致剩下的 90 个潜在客户没有被转化呢？是因为价格问题，还是因为产品价值匹配度，又或者是因为销售人员的形象？这些问题如果无从得知，则是因为缺少销售漏斗模型，我们无法从客户的购买旅程中获取对销售有价值的分析。如果从未设身处地地为客户着想并从头到尾地了解购买过程，就无法对销售流程进行优化。为了克服这个障碍，我们需要设计一个适合自己销售团队的销售漏斗。它展示出客户购买经历的流程。为了使其更加清晰，我们使用简单框架的销售漏斗：活动阶段、质量筛选阶段、转化阶段。

销售漏斗对于销售活动的跟踪和优化至关重要。例如，假设你进行了一次电话销售活动，拨打了 100 个潜在客户的电话，其中 30 个潜在客户的电话接通，但只有 15 个潜在客户符合资格，最终只有 5 个成交单。这个过程可以分解为以下几个阶段：

- ❑ 活动阶段：拨打 100 个潜在客户的电话。
- ❑ 质量筛选阶段：30 个潜在客户的电话接通，15 个潜在客户符合资格。
- ❑ 转化阶段：5 个成交单。

销售漏斗的重要性在于它能够清晰地展示每个阶段的表现，帮助你确定哪里需要改进和优化。例如，假设你每拨打 100 个电话只能成交 1 单。在这种情况下，问题就变得不那么明显了。如果没有销售漏斗，你将无法准确判断哪个阶段需要进行改进。

可能存在的情况是：你拨打了 100 个电话，只有 1 个人接通并成交了；或者你打了 100 个电话，有 30 个人接通，但最终只有 1 个人成交。在第一种情况下，你的到达率存在问题，而在第二种情况下，可能是转化率出现了问题。只有通过销售漏斗分析，你才能真正了解到底哪个阶段出了问题，并针对性地进行优化。

因此，一个好的销售漏斗能够给我们带来以下好处：

- 了解客户的购买旅程。你的客户是通过哪些方式找到你的呢？是通过社交媒体、百度搜索、现场活动、朋友推荐、对外销售渠道还是其他方式？有多少人成功地进入了下一阶段呢？在适当的时间和渠道，使用正确类型的内容将有助于提高转化率。
- 专注于正确的新线索。你的产品并非适用于所有人群。销售漏斗的出现就是帮助销售人员聚集精力，将销售工作集中在正确的潜在客户身上。通过潜在客户开发，你可以在潜在客户的购买旅程中尽早接触他们、建立关系。另外，应该不断收集不同潜在客户的想法，看看什么最适合他们的业务。从多种渠道获取线索，利用不同的工具或功能场景来吸引理想的客户，将他们引入预设好的销售漏斗中，然后转化他们。
- 在每个阶段创造个性化体验。现代销售流程已不再是过去“一刀切”的方法。如今，消费者对购买体验的期望越来越高，他们希望获得更加个性化的服务和定制化的建议。因此，规划客户旅程和建立信任与牢固的关系已成为创造个性化体验的关键。这一点在市场竞争日益激烈的今天尤为重要。通过深入了解消费者的需求和喜好，商家可以更好地定位自己的产品和服务。并且，通过为消费者提供定制化的解决方案，商家可以与消费者建立长期的合作关系，从而实现销售的持续增长。

- 使营销目标与销售目标保持一致。企业内部最大的难题之一是使营销目标与销售目标保持一致。营销目标是吸引更多适合使用产品的潜在客户来了解产品，销售目标则是帮助潜在客户进一步了解产品的价值和完成付费转化。如果没有达成共识的销售漏斗，我们无法去判断潜在客户无法成单到底是因为通过营销渠道吸引过来的客户质量不高，还是销售团队在转化的过程中丢失了客户。通过建立销售漏斗，可以将潜在客户的拒绝购买视为了解潜在客户需求的机会，并根据与潜在客户互动时收集的信息来优化销售渠道。销售漏斗应该回答客户在不同阶段的不同问题，并且帮助营销和销售团队不断地优化工作内容。

4. 销售漏斗的阶段

纵观现代销售漏斗，我们可以定义出 SaaS 销售漏斗的七个阶段，即意识、兴趣、考虑、意图、购买、保留、推荐，如图 4-5 所示。

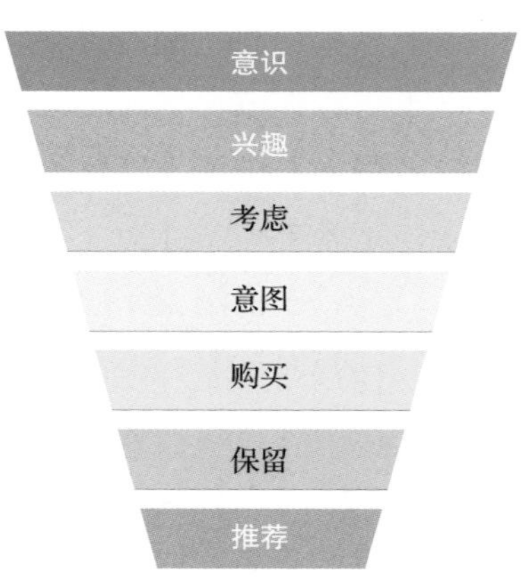

图 4-5　SaaS 销售漏斗的七个阶段

第一阶段：意识。

客户在购买某一产品或者服务时，会显得非常理性。通常他们不会平白无故地关注某个产品或服务，只有当潜在客户意识到自己需要某种产品或服务来解决问题时，客户旅程才开始。

在这个阶段，大多数潜在客户会优先选择使用搜索引擎来查找正确的信息，进行自我教育并试图找到能够解决他们问题的解决方案。为了在该阶段吸引更多的潜在客户，SaaS 企业需要考虑如何扩大影响力，以便在潜在客户的搜索结果中排名靠前。例如，利用搜索引擎优化（SEO）、社交媒体营销和内容营销来实现这一目的。

在客户旅程的早期，潜在客户正在寻找广泛的信息，因此 SaaS 企业需要提供更深入的内容，如博客文章、电子书、白皮书、功能清单、行业报告等。这些内容可以成为意识阶段的强大“磁铁”，吸引潜在客户并使其建立品牌认知。

除此之外，还可以通过打电话、发送电子邮件和开展对外营销活动来吸引潜在客户的注意力。但请记住，在这个阶段，你的主要目标是教育潜在客户，因此请避免激进营销，而应专注于解决潜在客户所面临的问题。

第二阶段：兴趣。

当潜在客户已经了解到你的产品或解决方案，并且已经与你建立起初次的接触点时，他们就成为你的潜在客户。你在当前阶段的目标是激发潜在客户的兴趣并将其引入销售漏斗中。

在这个阶段，潜在客户会试图寻找不同的解决方案，并且会对不同的解决方案进行对比，直到找到他们认为最适合他们需求或痛点的解决方案。如何激发潜在客户对解决方案的兴趣，除了 SaaS 产品解决方案本身足够优秀外，还需要在销售和营销方面造势。如果不能够激发潜在客户的兴趣，再好的产品或服务都不能被他们感知。

在兴趣阶段，表现良好的内容类型有专家指南、操作视频、与产品相关的网络研讨会和播客。另外，为了吸引更多的潜在客户，还可以提供一些额外的内容，例如，行业报告、白皮书、案例研究和客户故事。这些内容将使潜在客户更加了解产品和服务，并建立起信任关系。

对于那些对你的产品和服务更感兴趣的潜在客户，你可以在企业官网上提供更多的交互方式，例如，在线聊天、社交媒体交互和问答论坛。利用这些方式回答他们的问题，提供帮助和建议，以便更好地满足他们的需求。

在这个阶段，除激发潜在客户的兴趣外，还需要提供能够帮助潜在客户解决痛点的能力，并为潜在客户提供进入考虑阶段所需的所有信息。

第三阶段：考虑。

在这个阶段，潜在客户会对你公司的业务和解决方案进行评估，甚至有可能对比其他公司的解决方案，看看谁的解决方案更适合他们的需求。

作为销售人员，除需要与客户分享公司的历史、愿景和使命，以及产品或服务的优点和功能以外，还需要展示相关的客户成功案例和客户正向反馈，以增强潜在客户的信任和了解。以下是在考虑阶段采取的措施：

- ❑ 与客户建立紧密联系，以便及时回答他们的问题和疑虑。
- ❑ 提供详细的解决方案，以满足客户的需求。
- ❑ 提供演示或试用服务，以便客户更好地了解你的产品或服务。
- ❑ 提供良好的售后服务，以留住客户并吸引更多的客户。

评估不应该是单方面的。在考虑阶段，企业还应该评估潜在客户，看看其所提供的产品或服务是否适合潜在客户。这个过程称为潜在客户资格认证。

销售人员必须提出正确的问题，看看潜在客户是否符合 ICP，这样就可以过滤掉那些不符合的客户，并专注于那些将对企业产生最大影响的客户。

第四阶段：意图。

在意图阶段，必须确保客户购买产品或服务的过程轻松，需要着重关注价值和体验。针对潜在客户的痛点，SaaS 企业可以创建一个更为详细的提案，展示解决方案及其潜在的好处和投资回报率。例如，为潜在客户提供更多产品功能场景解决需求的案例，以及曾经为某些企业解决过的类似问题或提供的服务，以帮助客户更好地理解提案。

销售人员在这个阶段所表现出来的专业度，可增强潜在客户购买产品的信心，为销售流程的后续阶段奠定坚实的基础。当然，有时候销售人员就算是全力以赴去服务潜在客户，也不一定能够成单。遇到此类情况，请不要灰心，调整好心态分析客户产生异议的真实原因，看看在哪个环节做得不够好。

后续还可以继续通过社交媒体工具为潜在客户提供有价值的内容，持续培育潜在客户，因为有时需要一个“小触发器”才能将他们从意图转变为购买。

第五阶段：购买。

之前的所有阶段都在为潜在客户从意识转变为到购买铺平道路，最终目的是将潜在客户转变为实际客户。

在购买阶段，企业可以重新评估潜在客户到实际客户的转化率并了解销售渠道的绩效。此时，可以清楚地了解各销售渠道如何运作以及哪些内容转化不佳。通过效果反馈，收集有关理想客户购买流程的见解，从而优化原本的销售渠道。例如，对客户进行调查，了解他们在购买过程中遇到的问题和痛点，然后针对这些问题和痛点制定相应的改进方案。同时，还可以与现有客户建立更紧密的关系，以便将他们转化为忠实客户并获得更多的业务推荐。

第六阶段：保留。

保留阶段非常重要，因为它代表着客户与企业进行了长期的合作，并且已经表现出了对产品或服务的信任。此时，企业可以向客户介绍其他产品或服务，这样客户就不会去寻找其他竞争对手的产品或服务。在这一过程中，企业还可以持续了解客户的需求和反馈，以便改进产品或服务，进一步增强客户的满意度和忠诚度。

第七阶段：推荐。

针对 SaaS 企业，将推荐作为销售漏斗模型的底层其实是比较罕见的。原因在于，即便销售人员成功地将潜在客户转化为实际客户，客户的留存率也是一个相当大的挑战。在这种情况下，让客户主动把产品推荐给身边的人就更不容易了。

然而，如果销售人员能够想出一些切实可行的方法来促使客户推荐产品，那么这种策略就会变得非常有价值。例如，可以提供一些引人注目的奖励计划，鼓励客户主动在他们的社交圈推荐产品。另外，还可以通过密切关注客户的需求和反馈，及时优化产品和服务，从而提高客户的满意度和忠诚度，进而增加他们推荐的可能性。

虽然将推荐作为销售漏斗模型的底层可能会带来一定的挑战，

但只要我们采取合适的方法，就可以取得非常好的效果。

另外一种让客户感到满意的方法是为他们提升忠诚度提供奖励。除此之外，企业还可以使用优秀的 NPS 调查工具来识别那些可能会成为品牌推荐者的客户。可以通过以下方式提高忠诚度，例如：

- 提供独特的产品或服务，使客户感到满意和特别。
- 采用个性化营销策略，为客户提供个性化的购物体验。
- 提供优质的客户服务，包括快速响应客户的问题和需求，以及提供解决问题的方案。
- 通过社交媒体与客户互动，分享品牌价值观和故事，增强客户对品牌的认同感。

在进行这些活动的同时，可以使用 NPS 调查来了解客户的满意度和忠诚度，并识别出那些可能会推荐你品牌的客户。这样，可以更好地了解客户的需求和偏好，并为其提供更好的服务，以提高客户满意度和忠诚度。

4.2.4　优化 SaaS 销售流程

市场的竞争越来越激烈，各个垂直赛道的 SaaS 企业犹如雨后春笋般出现。竞争避免不了，如果你想击败竞争对手，不一定要变得很强大，但是必须要快。

SaaS 企业的快主要体现在 SaaS 销售流程的优化方面。销售流程是一种预先计划的策略，它通过销售漏斗将潜在客户转变为付费客户。它涵盖了客户旅程的每个部分，从第一次接触到购买后的培养。

1. 有效的 SaaS 销售漏斗的创建流程

SaaS 销售漏斗对销售人员和企业帮助很大。如何创建一个有效的 SaaS 销售漏斗呢？

无论你是在寻找从头开始创建一个有效的销售漏斗的方法，还是试图修复已有的充满漏洞的销售漏斗，笔者根据多家 SaaS 企业的销售漏斗整理出来的这份详细的分步指南（见图 4-6）都可引导你完成整个过程。这份指南涵盖了从了解客户到持续衡量并优化的各个方面。其中包括了一些实用的技巧和建议，以帮助你克服常见的销售障碍，并确保你的销售漏斗能够持续有效地工作。

步骤 1：了解客户。

《孙子兵法·谋攻篇》里面有这样一句话："知彼知己者，百战不殆；不知彼而知己，一胜一负；不知彼不知己，每战必殆。"其意思是说了解敌方也了解自己，每一次战斗都不会有危险；不了解敌方但了解自己，胜负的概率各半；既不了解敌方又不了解自己，每战必有危险。

了解自己产品所针对的目标人群是非常重要的。如果你不清楚你的潜在客户是谁，你将很难制定一个吸引他们的市场策略。针对不同的目标客户，你的营销和销售策略也需要有所不同。因此，需要了解客户以便为可转化的销售渠道奠定基础。

首先创建 ICP。ICP 可以帮助你协调你的产品、销售和营销团队并专注于共同目标。

客户不仅是在购买产品或服务，更重要的是在购买一种解决方案，用来解决他们所面临的问题。作为销售人员，只有深入了解客户的痛点，才能够提供正确的解决方案。这也就意味着，在与客户沟通时，销售人员需要以开放的心态去聆听他们的问题和需求，而不是只关注自己的产品或服务。了解客户是进入销售漏斗下一步的先决条件。

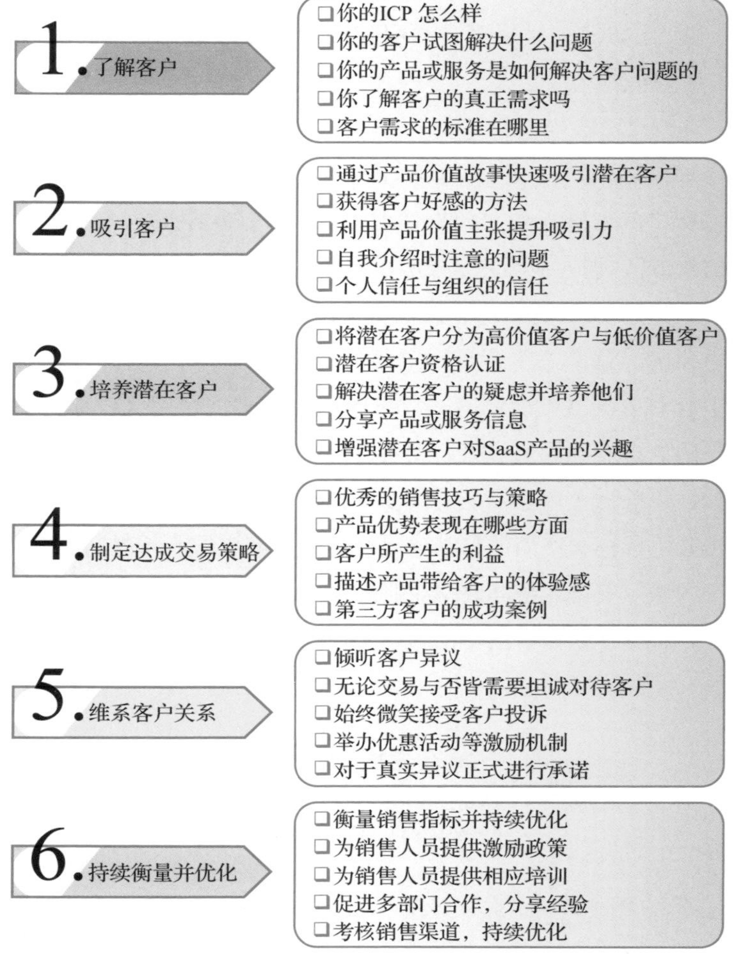

图 4-6 SaaS 企业销售漏斗分步指南

在设计销售漏斗时，多问问你自己：

- ❑ 你了解潜在客户的痛点吗？
- ❑ 销售漏斗中的接触点如何解决这些痛点？
- ❑ 你如何向潜在客户表明你的产品或服务可以解决他们的痛点？

步骤 2：吸引客户。

如果你跟别人说“来来来，我跟你讲几句话”，别人不一定会对你所讲的话感兴趣，如果你说“来来来，我跟你讲一个不可思议的故事”，别人很容易就被吸引了。

在进行 B2B 营销时，提供价值以及创造引人注目的故事是至关重要的。这个故事背景一定要与我们的目标潜在客户相关，能够引起对方的共鸣。同时，故事的内容也必须要围绕着如何解决客户的需求和问题来展开，要有理有据、有具体的数据指标说明。例如，以前做个单据需要花费 10 分钟才能做完，现在只需要轻轻点击几下鼠标，产品的自动化流程会根据客户的业务逻辑要求在 1 分钟内做好单据。整体效率能够提升 80% 以上。

产品故事讲解分为三阶段，如图 4-7 所示。

1.过去很美好
2.突然遭遇困难
3.完美解决困难

图 4-7　产品故事讲解三阶段

在给客户讲解产品解决方案和故事案例的时候，一定要结合当前客户的业务背景，然后找到与其相关的案例进行说明。首先描绘过去的美好场景，然后提出当下遇到的困难，引起客户的共鸣后，最后说明产品解决方案是如何完美地解决这些困难的。

在讲解产品故事时，要能够吸引客户的注意力，让客户从心里认为你是懂他的，理解他的痛点和需求。并且，后续在介绍产品价值的时候依旧要能够紧紧地抓住客户的注意力。

例如，某线下零售门店过去只需要为几个大的供应商供货，并且定期与对方进行货款的结算即可。但是，随着门店的业务范围不断扩大，其商品分类越来越多，面临以下几个问题：

1）无法实时动态地看到门店每日的销售情况，了解哪些商品分类销售比较好、哪些是滞销商品。

2）门店附近有很多小区和医院，但是门店未实行会员体系的管理，无法长期实现客户黏性。

3）门店商品分类复杂，有时候商品卖完后才会补货。门店无法及时预警需要补货的商品，并且无法及时与供应商的供应链后端对接，其实现一键自动下单补货的能力弱。

抓潜在客户痛点不能超过三个，否则潜在客户会觉得好像第四个痛点也没有那么痛，那第三个相比第四个来讲，也还可以接受。最后，潜在客户会觉得其他痛点都不算什么大问题了。

B2B 潜在客户可以使用多种渠道与 SaaS 销售人员互动，例如，他们可以通过电话、社交媒体、在线聊天、搜索引擎或面对面会议来了解更多关于 SaaS 产品的信息。因此，我们需要通过绘制客户旅程图并了解销售漏斗每个阶段所需的不同类型的内容，来创建适合不同接触点的内容。通过了解客户旅程，我们可以更好地了解客户的需求和兴趣，为他们提供有价值的信息和资源。这将有助于建立品牌信任和忠诚度，从而提高转化率和销售额。在创建内容时，我们还需要考虑不同平台和渠道的要求，以确保内容在所有接触点上的一致性和有效性。

步骤 3：培养潜在客户。

当国外 PLG 策略引入国内时，许多 SaaS 企业都争相采纳。这些企业沉迷于该策略：以产品为驱动，让潜在客户在官网上自主进行注册、体验、测试，然后决定立即购买解决方案。但是实际上，这种情况很少发生。相反，SaaS 企业必须投入一些时间和精力来培养潜在客户，直到他们准备好购买。

首先，需要将潜在客户分为高价值潜在客户和低价值潜在客户。这可以利用潜在客户评分来进行。潜在客户评分是根据潜在客户的不同特征和行为对潜在客户进行分级，以确定潜在客户对公司产品或服务的兴趣。然后，进一步将潜在客户分级，如图 4-8 所示。这有助于更好地了解每个潜在客户的需求和兴趣，并为他们提供更加个性化的服务和支持。

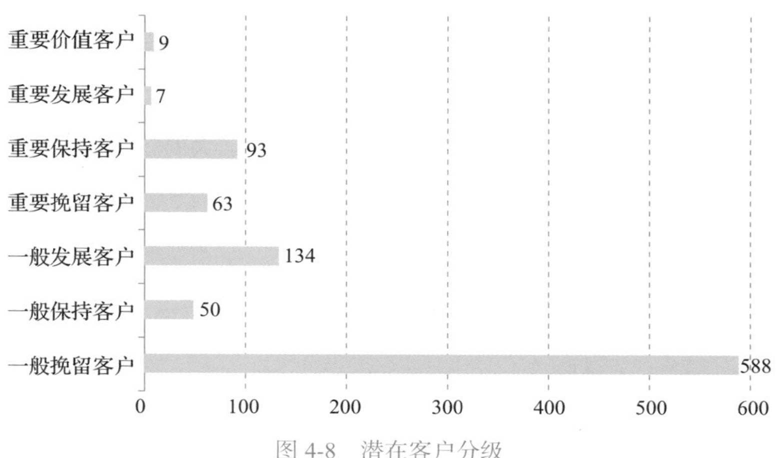

图 4-8　潜在客户分级

在潜在客户评分和分级之后，下一步是潜在客户资格认证。

这个过程将有助于确定每个潜在客户是否真正符合 ICP，以及他们是否值得销售团队花费时间和精力进行销售活动。

一旦完成了潜在客户评分、分级和资格认证，就可以开始专注于培养这些潜在客户。例如，与他们建立联系，分享有关产品或服务的信息，或提供他们可能感兴趣的其他相关内容。通过专注于培养潜在客户，可以与潜在客户建立更加紧密的关系，增加他们对 SaaS 产品或服务的兴趣，并最终将他们转化为忠实客户。

步骤 4：制定达成交易策略。

这一步骤涉及所有客户异议处理方案，是销售成单的关键，也是销售团队面临的最大挑战之一。在销售时，需要有耐心。如果想尽早完成销售，则需要不断地跟进。相关研究表明，80% 的销售需要五次以上的跟进才能让客户采取行动。而销售技巧可以通过不断学习和实践掌握得更加熟练。销售成单不仅是一门技术，而且涉及多方面的综合能力。销售人员除掌握现成的销售成单技术外，还可以通过了解客户需求、掌握产品知识、提高沟通能力等方式来增强自己的销售能力。

有一点可以肯定：如果在制定销售策略时充分考虑了前面提到的各个步骤，企业就能建立一个可靠的销售渠道，以推广产品、构建销售网络并培养销售团队。这也是一个稳定的销售渠道能够帮助企业更有效地管理销售业务、提高销售效率和利润率的原因。

步骤 5：维系客户关系。

大部分企业都会将精力放在获取客户上，但在保留客户方面却经常面临困难。为了维系持久的客户关系，通常可以构建一套卓越的客户体验体系，帮助企业增强与客户的关系。要想提供出色的客户体验，企业可以采取以下措施：

- 向客户介绍产品或服务的特点和优势。详细介绍产品或服务的特点和优势，可让客户了解你的产品或服务为什么是当下最好的选择。
- 建立和维持客户忠诚度。为客户提供特殊优惠、礼品或折扣等，以鼓励他们继续使用产品或服务。此外，定期通过电子邮件、短信或微信等渠道与客户保持联系，分享最新动态和优惠，以增强他们的参与感和忠诚度。
- 分享成功案例和最佳实践。通过向客户分享成功案例和最佳实践，让他们了解如何最大限度地利用你的产品或服务，并取得成功。
- 提供最佳的客户支持来回答他们的所有问题。确保客户支持团队能够及时、专业地回答客户的所有问题，以满足他们的需求。

通过采取这些措施，企业可以为客户提供一个更加完整和有趣的体验，从而增强客户关系并促进业务增长。这些措施不仅仅适用于客户，同时也适用于尚未转化为新客户的潜在客户。

步骤 6：持续衡量并优化。

提高销售人员绩效的唯一方法是衡量结果，但是如何更有效地达到这一目标呢？除关注销售指标以外，还有许多其他的方法可以帮助销售人员提高绩效。例如，销售人员通过参加销售课程和专业技能培训，不断提升自己的销售技能并增加产品解决方案知识。同时积极与其他团队成员合作，分享经验和最佳实践，这为更好地了解客户的需求和偏好提供了不同的视角，以便更好地了解客户并且满足客户需求。除此之外，为了更好地激励销售人员，企业还可以制订奖励和激励计划，以激发销售人员的积极性和创造力，从而达到更好的销售业绩。

在衡量结果后，对其进行分析，并利用见解来优化销售渠道。这可能是建立有效销售渠道最重要的一步。无论企业在销售渠道中投入多少潜在客户，甚至成功地将他们转化为付费客户，如果不能长期保留他们，企业将面临严峻的业务挑战。

要优化销售漏斗，企业必须确定摩擦点。收集客户反馈并分析，以找到这些摩擦点，持续评估并调整销售流程中这些阻碍销售达成的部分。

2. 优化从销售漏斗顶部开始

通常销售人员只关心今天邀约了多少个潜在客户，上门拜访了多少个潜在客户，又获得了多少个潜在客户的联系方式，很少会去思考这些潜在客户是不是他们真正的目标潜在客户。笔者接触过的大多数优秀销售人员都有这一特性：潜在意向客户数据很少。这是因为大部分客户已经转为成交客户。而普通的销售人员还在虚荣的销售指标里沾沾自喜，把自己有限的精力放在非理想客户身上，最后的结果只是增加了潜在客户群体数量。

销售漏斗会反映出销售流程的问题所在。但其中有一个部分总是会从优化中受益：销售优化，从销售漏斗顶部开始。

笔者在前面章节中谈到过，如果企业还没创建 ICP，那么部分销售渠道可能就没有存在的意义。

如果了解 ICP，就更能了解客户需求和偏好，更好地与他们接触，更容易将产品销售给合适的潜在客户。如果对 ICP 不够了解，最后的结果很可能是将大量资源和时间浪费在低质量的潜在客户身上。

在识别客户时，仔细研究他们的共同点非常重要，例如，他们共同的行业属性或需求痛点。同时，考虑他们的公司规模、年收入和职位。此外，尽可能多地了解他们的背景，包括他们的个人兴趣和目标，这一点至关重要。通过这样做，可以更有效地针对客户的特定需求和偏好制定相应的销售策略。

漏斗顶部的质量越好，漏斗底部的结果就越好。

3. 精简、精简，再精简

根据笔者过往的经验，许多 SaaS 企业内部存在过多的被动销售流程。销售人员需要完成许多任务才能取得成功，包括潜在客户发掘、电话联系、线上演示会议、社交媒体工具沟通以及谈判等。然而，如果他们整天在不同任务之间来回切换，尽管他们看起来很努力地工作，但结果却很糟糕。他们可将任务按照时间进行划分（例如，周一发掘潜在客户，周三跟进）。只有当他们能够重复执行一项任务并从中学习时，他们的工作才能专注、流畅和卓越。

另外，要关注不良交易。不良交易是指销售人员为了达成交易，向潜在客户证明购买此产品的合理性，与客户达成一项糟糕的协议。这种超出企业能力的糟糕协议会破坏生意，导致客户流失，并在流失时产生大量额外工作和消极情绪。例如，虽然产品并不提供解决客户某个特定需求的功能，但销售人员为了完成交易，在签署合约或口头承诺时会提供相应功能来帮助客户解决问题。然而，最终这些问题并没有得到解决，导致客户不满。

一般来说，销售人员需要花费大量时间来完成行政工作，例如，安排会议、创建任务、设置提醒、开展营销活动和处理后续事宜。这些行政工作是销售流程的重要组成部分，如果这些工作得以优化，将会为销售人员留出更多的时间来重点关注客户沟通。例如，企业内部可以考虑通过 CRM 系统进行自动化管理。

同时，销售人员还需要不断地学习并了解市场和竞争对手的情况，以及不断地更新和完善产品知识，以更好地为客户提供服务。

4. 缩短销售周期

“时间就是金钱”，尽管这是一句老话，但却是事实。优化销售渠道的最佳方法之一就是加快交易的完成速度。销售周期越短，完成交易的成本就越低，企业在销售过程中的学习、反应和改进的速度就越快，从而获得的利润也就越高。

要缩短销售周期，实际上只需要遵循三个步骤。

首先，避免浪费时间。SaaS 销售团队常常浪费时间，比如，进行演示并不需要 60 分钟，30 分钟就够了。销售人员安排的任务时间越长，一旦发生意外，计划就越容易被打乱。与其因为潜在客户临时有事没有观看演示而损失 20 分钟，不如直接取消演示并另外再约时间。

其次，注重即时性。在与潜在客户交谈时，对于能够立即做出回应的事项，立即做出答复，而不是在沟通结束时再逐一向潜在客户做出回复。在销售过程中，希望尽可能让潜在客户立即采取行动，而不是等到他们很容易分心的时候再行动。

最后，为潜在客户制定购买流程。如果想更快地达成销售目标，必须清楚了解什么阻碍了目标的达成。有时候直接询问潜在客户什么时候能够达成交易可能会感觉很尴尬，但如果明确了潜在客户的资格，那么这应该是理所当然的。

4.3 SaaS 销售指标

当产品上市后，在销售流程中会产生大量的销售数据。作为销售人员，应该关心和追踪销售指标数据来衡量销售成果，并将关键销售指标纳入整体销售策略，以简化销售流程。

4.3.1 SaaS 销售指标概述

1. SaaS 销售指标的定义

SaaS 销售指标是一些用来评估销售团队和企业在吸引新客户和留住老客户方面的表现的数据。该类指标反映企业销售工作做得好不好、哪里可以改进。它们是衡量销售人员、团队和企业成功的关键指标，不仅可以直接反映销售人员和团队的绩效，同时也被企业用于确定薪酬、激励和奖金。

2. 销售指标与销售 KPI 的区别

对于 SaaS 销售团队而言，经常互换使用销售指标和销售 KPI，但它们还是存在一些关键区别。虽然销售 KPI 也是销售指标，但并非所有销售指标都是销售 KPI，见表 4-6。

表 4-6　销售指标与销售 KPI 的区别

销售指标	销售 KPI
销售指标是跟踪个人、团队或组织销售绩效的数据点。销售指标不仅仅是一个简单的数字，它还可以告诉你关于销售过程中所发生事情的详细信息	销售 KPI 是用于跟踪销售团队绩效和整体业务健康状况的指标，用于帮助团队跟踪目标和成长，是企业用来判断事情是否朝着正确方向发展或者是否需要改变方向的具体指标

对于销售人员，销售指标可以告诉他们哪些地方需要改进、哪些地方已经做得很好。对于销售团队或组织，销售指标可以帮助它们更好地了解市场需求和客户反馈，以做出更明智的决策。

销售 KPI 是与一个或多个企业范围内的目标、优先事项或目的相关的特定销售指标。销售 KPI 可以让企业了解销售团队的绩效。企业可以设置和跟踪多个销售 KPI，以充分地了解当前的销售目标达成情况。销售 KPI 可以包括销售额、销售量、客户满意度、客户留存率、销售人员的绩效评估。

通过分析销售 KPI，企业可以清楚地了解到销售绩效是如何影响业务目标达成的。例如，SaaS 产品已进入新市场，企业希望了解该产品的销售表现，可能需要按区域跟踪销售情况。就其本身性质而言，按地区划分的销售额是一个销售指标。但当它用于跟踪和优化 SaaS 产品在新市场中的表现时，它就变成了销售 KPI。它表明该 SaaS 产品在实现公司目标方面取得的进展。

3. 销售指标的分类

通常，根据销售过程将销售指标分为销售活动指标、渠道管理指标、销售结果指标，见表 4-7。

表 4-7　销售指标的分类

销售活动指标	渠道管理指标	销售结果指标
❑ 拨打了多少个客户联系电话 ❑ 与多少个潜在客户联系 ❑ 安排了多少场演示会议并完成它们	❑ 活动是否产生了合格的潜在客户，从而需要创建和发送提案 ❑ 你的潜在客户已经成为实际客户了吗 ❑ 你的成交率是多少	❑ 平均销售周期有多长 ❑ 产生的 ARPU 是多少 ❑ 企业的总销量是多少 ❑ 新客户和现有客户在客户满意度调查中对你的评价如何

4.3.2 潜在客户开发销售指标

销售开发是销售流程里非常重要的环节，因为它可以帮助企业识别潜在销售线索并使其有资格进入销售漏斗。这个过程可以帮助企业弥合营销和销售之间的差距，从而减少在低质量销售线索上花费的时间和资源。

营销团队向潜在客户传递活动和文案内容，帮助企业提高潜在客户对产品或品牌的认知。这些活动和内容吸引了潜在客户的注意，引起了他们的兴趣，并激励他们与企业建立联系。

成功的营销活动可以带来更多的潜在客户。这是一个很好的开始，但并不意味着获得更多的潜在客户就一定是好的，事实上，绝大多数潜在客户都不会被转化，因为有些潜在客户对企业的产品或服务不感兴趣或者他们认为不符合他们的需求，销售人员需要关注潜在客户开发销售指标。

1. 合格潜在客户百分比

合格潜在客户是指与客户的理想概况相匹配的潜在客户。这类客户群体能够加速销售流程的推进。笔者建议企业销售团队至少每隔两个月对自己的潜在客户群体进行划分和梳理，将潜在客户按其质量划分为高、中、低优先级，并将大量不合格的线索与企业销售经理和营销团队同步，以便他们及时调整策略。

合格潜在客户百分比的计算公式如下：

合格潜在客户百分比 = 合格潜在客户数量 / 总潜在客户数量 ×100%

合格潜在客户数量有时候会用 MQL（营销合格线索，也称为营销合格潜在客户）数量或 SQL（销售合格线索，也称为销售合格潜在客户）数量来代替。这种做法是为了更精确地评估并衡量营销和销售活动的效果。

（1）营销合格潜在客户（MQL）

- 定义。MQL 是指那些已经参与了内容互动并准备好与销售团队进行对话的潜在客户。这些客户通常表现出较高的兴趣，例如，他们通过下载白皮书、注册网络研讨会或订阅企业资讯等行为来展示他们对产品或服务的兴趣。
- 应用。通过识别和计算 MQL，企业可以更好地了解营销活动的效果，以及哪些内容或策略最能吸引潜在客户。

（2）销售合格潜在客户（SQL）

- 定义。SQL 是指那些已经通过市场营销和销售团队的研究和审查，并准备好进入销售流程下一步的潜在客户。通常，这些客户已经经过初步筛选，与销售团队进行了初步接触，并表现出强烈的购买意愿。
- 应用。通过识别和计算 SQL，企业可以评估销售团队筛选和跟进策略的有效性，确保资源集中在最有可能转化的潜在客户身上。

假设在某月有 1000 个潜在客户，其中 200 个被标记为 MQL，150 个被标记为 SQL。我们可以分别计算 MQL 百分比和 SQL 百分比，以便更清楚地了解营销和销售活动的效果。

- MQL 百分比计算如下：

$$\text{MQL 百分比} = 200/1000 \times 100\% = 20\%$$

这意味着在这个月 20% 的潜在客户被识别为营销合格潜在客户。

- SQL 百分比计算如下：

$$\text{SQL 百分比} = 150/1000 \times 100\% = 15\%$$

这意味着在这个月 15% 的潜在客户被识别为销售合格潜在客户。

通过分别计算 MQL 百分比和 SQL 百分比，企业可以获得更细致的洞察，了解哪些策略和内容最有效，以及如何优化营销和销售流程以提高转化率。

2. 平均潜在客户服务响应时间

这个指标对于大部分销售人员是不友好的。它意味着销售人员得时刻关注与潜在客户之间的互动，避免让潜在客户长期处于等待销售回应的状态。

客户服务响应时间除在售前需要销售人员注意以外，在客户成功服务阶段也需要进行考量。

当潜在客户向销售人员寻求更多信息和帮助时，需要尽快回复他们的咨询。企业可以通过跟踪单个销售人员、整个企业或团队的服务响应时间来设定良好的 KPI。过长的等待时间会让潜在客户失去信任。研究表明，最佳的服务响应时间为 5 分钟或更短。

我们也可以通过提供更详细的信息和解决方案来增加潜在客户的兴趣，以便客户遇到问题时能够快速地进行自查解决，从而提高转化率，这同样是一个重要的策略。

3. 跟进的潜在客户数量百分比

我们可以通过跟踪每个销售人员跟进的潜在客户数量，来确定销售团队成员是否对分配给他们的潜在客户进行了跟进。通过这些数据指标可以分析销售人员的工作质量和有效性，另外结合他们的销售生产力指标，可以了解他们的销售线索工作量是否分配得当。

企业的销售生产力指标可能会随时间和市场需求的变化而发生变化，销售线索工作量的分配也需要根据实际情况进行调整。我们需要更深入地了解销售人员的情况，例如，他们与潜在客户的互动方式、交流内容等。

企业可以为销售人员提供更全面的培训和支持，以帮助他们更好地与潜在客户沟通，提高成交率。同时，可以考虑为销售团队成员提供更好的资源和工具，例如，客户信息管理系统等，以帮助他们更高效地跟进潜在客户。

跟进的潜在客户数量百分比 =（跟进的潜在客户数量 / 总潜在客户数量）×100%

4.3.3　SaaS 销售生产力指标

销售生产力指标是指用于评估销售人员和销售团队的销售业绩与潜在客户参与度的指标。例如，当月为潜在客户安排演示会议的数量、当月上门拜访客户的数量、与潜在客户沟通的数量等。这些指标是非常重要的，它们可以帮助我们了解销售人员与潜在客户如何完成销售流程。当销售线索进入销售周期时，有些销售线索可能会被取消资格，这也是不可避免的。这些指标可以告诉我们何时被取消资格或失去机会，以及如何在流程早期提出问题，以更好地确定未来潜在客户的资格。

销售生产力指标在部分企业里被当作虚荣指标，因为大部分销售生产力指标并不能直接反映出销售人员为企业带来的高价值收益，只能帮助我们了解销售团队的表现，以及如何改进他们的表现。有的企业内部的销售团队会将这些指标定义为“内卷”的状态指标，企业负责人需要留意这种现象。企业内部要树立使用该类指标的正确价值观，并且要避免销售人员过度追求该类指标的数据，而忽视了销售产出收益。

实现销售目标需要花费时间，而花费的时间越长，销售效率也就越低。然而，在此过程中，可以通过降低成本来提高生产力，这与销售效率息息相关。就像在经济学领域中衡量生产率一样，销售生产率也以类似的方式进行衡量，其中产出或收入是根据每个投入单位来衡量的。观察销售生产力指标的目的是查明哪些投入能够产生最高的产出，以用来提高销售效率并实现销售目标。

销售生产力指标对于任何行业和销售组织而言，统一划分为两种类型：领先指标和滞后指标。例如，客户满意度、NPS 等领先指标有助于预测未来的绩效和销售；而收入等滞后指标有助于解释过去发生的事情。

当涉及 SaaS 销售时，销售团队必须始终关注和监控三个关键的销售生产力指标：平均收入、市场渗透率、销售人员的工作习惯。

1. 平均收入

平均收入是衡量销售生产力的主要指标，这是毫无疑问的。当然，我们还可以通过多种方式对平均收入进行细分，以帮助我们更好地理解业务情况。以下是一些例子：

- 每个客户带来的平均收入。你的每个客户为你的企业带来多少收入？你能从现有客户和新客户中获得哪些不同的收入？
- 每种产品 / 服务带来的平均收入。你的产品或服务价值是多少？企业是否拥有畅销产品？某些产品的销售是否滞后？其他产品是否带来了令人难以置信的收入？

- 每个销售人员带来的平均收入。哪位销售人员的收入最高？他是如何实现这一业绩的？

请记住，不要只关注平均收入。除此之外，还可以研究其他指标，例如，成本、利润率、销售量等。

2. 市场渗透率

如果想详细了解销售人员在将产品和服务交给适当的客户方面的表现，可以考虑采用市场渗透率这个指标。市场渗透率是一个重要的指标，它可用于衡量产品在可用市场中的"拥有率"，并有助于更全面地了解销售人员的表现。

市场渗透率的计算公式如下：

市场渗透率 = 现有客户数量 / 目标市场总客户数量 ×100%

- 现有客户数量：当前使用产品或服务的客户数量。
- 目标市场总客户数量：产品或服务在目标市场中所有潜在客户的数量。

假设某 SaaS 公司在某目标市场中有 5000 个现有客户，而该目标市场的总潜在客户数量为 50 000 人，那么市场渗透率的计算如下：

市场渗透率 = 5000/50 000 × 100% = 10%

这意味着该公司的产品或服务在目标市场中的渗透率为 10%。

除了市场渗透率外，还需要结合其他指标来全面评估销售人员的表现和产品在市场上的表现情况。

如果企业品牌和产品已经家喻户晓，那么销售人员的表现可能会更好，并更容易进行销售。因此，企业需要全面考虑市场策略，如提高品牌知名度、改进产品质量等，以进一步改善销售人员和产品在市场上的表现。

3. 销售人员的工作习惯

在销售团队中，需要了解哪位销售人员拨打的电话最多，哪位销售人员做的笔记最多、发送的电子邮件最多、每次销售推销的产品或服务最多。通过比较这些销售生产力指标数据，有助于更好地了解销售人员的工作习惯和效率，还可以进一步发现销售人员的优点和不足之处，并且帮助他们在工作中取得更好的表现。

除此之外，还应该定期跟踪销售人员的销售生产力指标，以监控他们的工作进度。如果有必要，可以进行干预，并为他们的重大胜利喝彩，以激励他们在工作中更好地发挥自己的能力。同时，也可以提供更多的培训和资源，以帮助他们提高工作效率和业绩。总之，通过综合考虑这些因素，可以不断地优化销售团队的工作方式，使其取得更好的业绩。

在监控这些销售指标时，只有懂得如何去运用这些指标，才能够帮助销售人员提高销售业绩，帮助企业提升收入。尽管可以衡量 SaaS 销售情况的指标很多，但并没有一个有效的衡量标准。衡量的指标和标准因企业而异。

请注意，所有的事情都是动态变化的，包括要跟踪的指标也需要根据不同的情况进行调整。要衡量和跟踪指标，首先需要确定业务或面临的问题，并找到与其相关的关键销售绩效指标。接下来，需要确定跟踪哪些关键销售绩效指标以及如何处理这些指标。在这个过程中，需要考虑的因素很多，比如，市场趋势、竞争对手、客户反馈等。只有通过深入地分析和研究，才能得出准确的结果并做出正确的决策。

4.4 SaaS 销售团队管理

4.4.1 销售团队结构概述

两年前，笔者受邀帮助某企业做内部销售团队培训。当时，笔者发现该企业的销售团队结构很混乱，人员和角色之间划分不清晰。这不仅需要做人员销售技能的培训，更应该对销售团队结构进行梳理，进行角色的定位和划分。

销售团队结构是指将销售团队划分为不同的角色或部门。可以将团队按其所从事的销售类型进行分类，例如，可分为内部销售团队和现场销售团队。另外，也可以根据销售团队所负责的地理区域进行划分，以确保在不同的地理区域有专门的销售人员。还有一些特定的销售岗位，如业务开发代表、SDR（销售开发代表）和客户主管，他们的角色也可以根据组织的需要进行划分。

销售团队结构的设计旨在确保每个销售人员都能够清楚地了解自己的角色和职责，并且能够在整个销售流程中有效地协作和配合。

如何组织销售团队取决于企业服务的区域、提供的产品和服务的数量、销售团队的规模以及客户的规模和行业。不同的企业在组织销售团队时所选择的策略和分组模式是不一样的。

4.4.2 销售团队结构类型

通常，销售团队结构类型主要有三种（见图 4-9），分别是流水线式、孤岛式、豆荚式，每种类型都有其独特点，以及自身的优缺点。企业负责人在选择销售团队结构类型时，不要一味去模仿其他企业，应该先从自身的企业情况出发，结合自己的企业文化、团队属性，以及能够给客户提供的服务权益进行选择。

流水线式销售团队结构	孤岛式销售团队结构	豆荚式销售团队结构
在流水线式销售团队结构中，销售团队是根据个人的职称来组织的。线索在专业团队之间传递，就像在流水线上一样	在孤岛式销售团队结构中，每名销售人员负责管理他所有的潜在客户	豆荚式销售团队结构将孤岛式销售团队结构和流水线式销售团队结构混合在一起。它就像豆荚一样，一个豆荚里面有三五颗豆粒，它们被豆衣紧紧地包裹着

图 4-9 三种销售团队的结构类型

1. 流水线式销售团队结构

（1）流水线式销售团队结构概述

流水线的出现推动了工业革命的发展，让生产线更加高效。通过将生产过程拆分成许多小的步骤，并将每个步骤分配给专业化的工人，整个生产过程变得更加组织化、规范化。例如，在上游环节完成一颗螺钉的加工后，再将其交给下游的工人负责下一道工序，即打上另一颗螺钉，从而不断地推进产品的生产。这一创新不仅提高了生产效率，也为后来的生产制造业树立了标志性的范例。

如果将这种流水线式结构应用在销售团队中，潜在客户就像生产流水线上的原材料，需要经过多个环节的处理和转化，才能最终转化成为付费客户。而每个环节就像工厂的加工步骤，由特定的专业人员（例如，潜在客户开发组、客户经理等）负责，他们分工合作，不断提高客户的价值，直到他们成为付费客户。

（2）流水线式销售团队结构的职能分组

流水线式销售团队结构通常将销售人员按职能分为四个不同的组。

1）潜在客户开发组（LGT）。该组成员负责通过市场调研、线上线下宣传等方式开发潜在客户，并收集潜在客户的姓名、电话号码、电子邮件等信息。他们还会对潜在客户进行初步筛选和评估，以确保将最有潜力的潜在客户转化为销售线索。

2）销售开发代表组（SDR）。SDR 通常也称为合格者 / 探矿者。他们是第一批与潜在客户接触的人，主要通过电话、邮件、社交媒体等方式与潜在客户沟通，了解潜在客户的需求和痛点，并确定潜在客户的购买意向和决策过程。SDR 的目标是将尽可能多的潜在客户转化为销售机会，为客户经理提供高质量的销售线索。

3）客户经理组（AE）。该组成员负责与客户建立联系，完成交易。他们与潜在客户进行面对面会议和演示，了解潜在客户的具体需求和问题，解答潜在客户的疑虑和异议，并推动交易的进展。他们还需要了解潜在客户的商业模式和战略，为潜在客户提供定制化的解决方案和服务，并与潜在客户保持长期的联系，提高潜在客户的满意度和忠诚度。

4）客户成功组（CSM）。在交易完成后，新客户会转移到该组。该组成员的任务是帮助客户快速上手并发挥产品的最大价值，提高客户的使用率和满意度，从而增加客户终生价值。他们通过电话、邮件、在线聊天等方式与客户保持联系，解答客户的问题和反馈，提供产品的培训和支持，并向客户追加销售更高级别的产品和服务，促进交叉销售。

（3）流水线式销售团队结构的销售流程

流水线式销售团队结构有助于专注于不同的职能和角色。销售周期的每个步骤都由专门的组负责。流水线式销售团队结构的销售流程通常分为如图 4-10 所示的步骤。

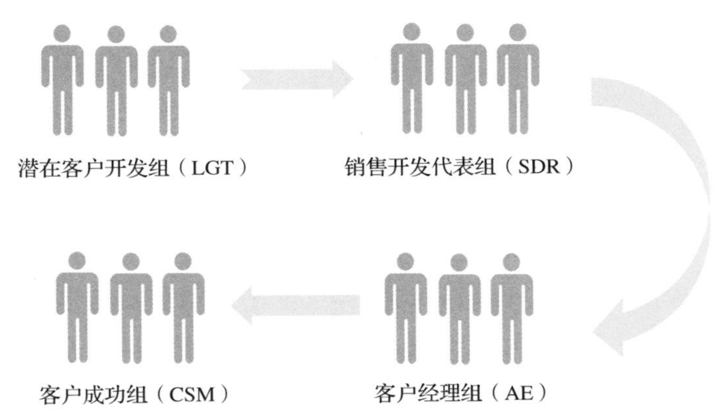

图 4-10　流水线式销售团队结构的销售流程

1）潜在客户开发组（LGT）通过市场调研和宣传活动找到潜在客户，并进行初步筛选和评估。

2）经过筛选后的客户被传递给销售开发代表组（SDR），SDR 进一步与客户沟通，确认其资格并安排下一步互动。

3）客户经理组（AE）接手客户，进行详细的产品展示，推动交易达成，并签订合同。

4）客户经理组完成销售后，将客户移交给客户成功组（CSM），CSM 负责客户的后续支持和关系维护，确保客户的满意度和忠诚度。

（4）流水线式销售团队结构的优缺点

流水线式销售团队结构的优缺点见表 4-8。

表 4-8　流水式销售团队结构的优缺点

优点	缺点
通过专业化最大限度地提高运营效率，从而更快地响应客户需求并提高客户满意度	由于多次交接而存在客户体验不佳的风险，需要加强业务流程设计和规范
加深销售人员在特定销售活动中对专业知识的认识，从而更好地了解和满足客户需求	由于任务专业化而产生额外成本，需要在效率和成本之间做出权衡并不断优化
可快速完成销售流程，从而改善客户体验，提高客户忠诚度	存在团队之间沟通不畅的风险，需要加强团队协作和交流

最重要的是，流水线式销售团队结构能够帮助企业快速定位销售流程中存在的问题，及时隔离销售漏斗中的瓶颈，例如，客户转化率低、客户流失率高或者潜在客户数量不足等。如果采用流水线式销售团队结构，上游数据和指标没有问题，在交付到下游小组时出现了指标异常情况，那么问题就得从下游进行分析和调整。

例如，在某月初，企业设定了一个总体销售目标，计划获得

100 个潜在客户并将其中的 20 个转化为付费订阅客户。到了月底，企业发现已经成功获得了 100 个潜在客户，但只有 5 个潜在客户转化为付费订阅客户。企业通过观察销售漏斗的每一个阶段，来找到其中阻碍业务目标达成的原因。通过销售漏斗数据分析发现，销售人员正在失去接收 25% 的合格潜在客户的机会，而 SDR 只能满足 20% 的原始潜在客户的要求。为了解决这个问题，企业可以探寻更多的销售策略，例如，改进销售人员与潜在客户的交流和沟通技巧，或者加强 SDR 的培训，以便他们可以更好地满足潜在客户的需求。只有这样，企业才能更好地实现销售目标并提高转化率。

即便初创企业只有两位销售人员，仍然可以尽早开始实行专业化。其中，一位专注于寻找新潜在客户资源，另一位专注于与潜在客户达成交易。

（5）哪些公司应该采用流水线式销售团队结构

大多数初创公司会发现采用流水线式销售团队结构比较适宜，因为这种结构有助于降低销售周期的复杂性、提高销售效率，并扩大团队规模。然而，随着企业业务的发展，销售周期可能变得更加复杂。因此，拥有专门负责客户旅程各个部分的专业销售团队成员变得越来越重要。尤其当年度合同价值（ACV）越高时，这一点体现得越明显。

采用流水线式销售团队结构的强大之处在于，它可以创建可靠且可重复的流程，帮助公司培育潜在客户。随着业务规模的扩大，这一结构还可以将渠道转变为收入的动力源。但需要不断调整和优化这一结构，以适应业务需求和客户旅程的变化。

2. 孤岛式销售团队结构

（1）孤岛式销售团队结构的优缺点

在孤岛式销售团队结构下，销售人员扮演着多重角色。每个销售人员将独自管理单个客户，自行生成、限定和关闭销售线索。这种结构赋予销售人员高度的自主权来建立和发展客户关系，但是，这也给销售人员带来了很大的执行压力。孤岛式销售团队结构的任务如图 4-11 所示。

图 4-11　孤岛式销售团队结构的任务

这种结构对于某些企业来说有优势，因为它打造了高度竞争的销售文化。销售人员可以通过开发更多的销售线索、制订更多的销售计划、与客户建立更紧密的关系等方式来实现自己的目标。

由于市场竞争的加剧和企业管理的转型，越来越多的小型企业和新兴产业开始采用该结构。这一结构的优势不仅在于它简单易行，而且在于它能够提高员工的工作效率并有利于个人的职业发展。此外，它还可以加强企业与客户之间的沟通和联系，特别是在金融服务领域等需要与客户进行一对一交流的行业中。孤岛式销售团队结构的优缺点见表 4-9。

表 4-9　孤岛式销售团队结构的优缺点

优点	缺点
销售人员受到更少的一对一管理和监督，从而提高工作效率	需要创建一个非常积极的销售环境来激励销售人员更好地工作
具有简单的销售流程，简化了客户与卖家的关系，例如，一两次电话沟通后就能够确定是否关闭线索	对品牌在市场上的表现方式的控制要少得多，因为它高度依赖于每个销售人员的风格，这可能会导致品牌形象不够一致
可以应用于多个行业，具有广泛的适用性	销售人员需要做所有的事情，这可能会导致其很难跟踪关键销售指标，从而影响其销售业绩

（2）哪些公司应该采用孤岛式销售团队结构

孤岛式销售团队结构对于大多数初创公司来说并不理想，因为这种结构过于激进，竞争过于激烈，很难在市场上立足。

但对于那些已经在市场上运营多年、竞争激烈且销售策略扎实的公司，孤岛式销售团队结构可以帮助它们更好地管理业务流程，提高效率和生产力。此外，该结构最适合低复杂性、高事务量的工作流程，它可以简化流程、减少工作量、提高工作效率。

因此，对于那些需要处理大量事务的公司来说，孤岛式销售团队结构可能是一个不错的选择。虽然这种结构可能需要一些时间来适应，但是一旦适应了，它就可以帮助公司更好地管理业务流程，提高效率和生产力。

3. 豆荚式销售团队结构

（1）豆荚式销售团队结构的优缺点

豆荚式销售团队结构将孤岛式销售团队结构和流水线式销售

团队结构混合在一起。它就像豆荚一样，一个豆荚里面有三五颗豆粒，它们被豆衣紧紧地包裹着。每一颗“豆粒”都是独立的，拥有自己的职责，然后结合在一起，形成一个完整的“豆荚”。与孤岛式销售团队结构类似，单个集群将与客户合作。不过，不同的是每个小组都会有专门负责客户旅程特定方面的代表，包括客户或业务开发代表、客户主管和客户经理。豆荚式销售团队结构如图 4-12 所示。这种结构可以确保小组与客户建立更好的关系并提高服务质量。另外，每个销售人员都会利用专业知识和技能，为客户提供支持和指导，从而提高客户满意度和忠诚度。

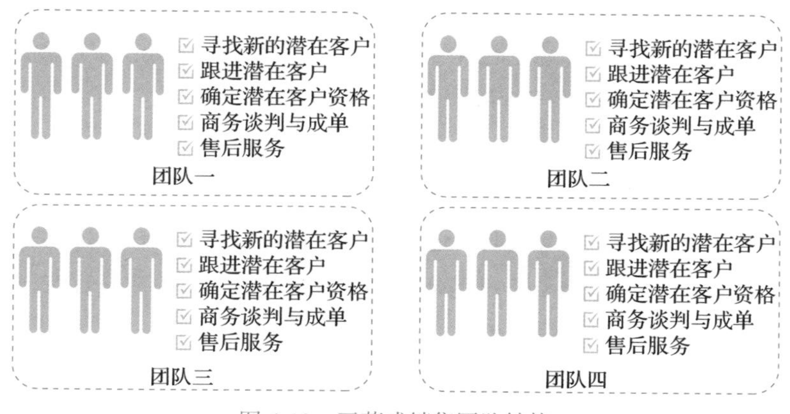

图 4-12　豆荚式销售团队结构

豆荚式销售团队结构除销售团队成员之间的紧密协作外，还有一个重要特点，那就是以客户为中心。这意味着团队的工作流程和任务分配都是基于客户的需求和期望来设计的。这种结构不仅可以更好地满足客户需求，还可以提高客户满意度。豆荚式销售团队结构的优缺点见表 4-10。

表 4-10　豆荚式销售团队结构的优缺点

优点	缺点
减少角色和职能之间的孤岛，有助于团队成员更好地了解彼此的工作职责和所需的协作	允许表现不佳的人躲在成功的队友身后，可能会降低团队整体的绩效
增强协作，从而实现更顺畅的线索交接，提高销售效率和转化率	强调同一群体中个体之间的任何摩擦，需要领导层及时解决，以维护团队的凝聚力和效率
允许领导层灵活调整销售团队，以适应不同的市场环境和销售策略	由于强调团队合作的重要性，个人激励可能会变得困难

例如，一个六人销售小组将由三个 SDR、两个 AE 和一个客户成功代表组成。企业不需要创建大型团队，而只需要创建具有专门角色的小组，每个小组负责特定客户的整个旅程。为了确保小组的运作效率，企业可以考虑提供一些培训和支持，让 SDR 集中于潜在客户的挖掘，让 AE 更加专注于销售过程的后期阶段。

企业为了更好地激励豆荚式销售团队，促进实施以客户为中心的销售策略，可以采取内部竞争的方式。但是请记住，并不是让所有的 SDR 或者 AE 相互竞争，这种竞争的关系不应只存在于个人或者某些特定的角色里，还应该存在于各豆荚式销售团队之间，让每个销售团队共同努力赢得客户。

销售的成功是通过销售团队共同实现的。通过这种豆荚式销售团队结构，每个成员之间的协作更加紧密，并与客户建立了更牢固的关系。

（2）哪些公司应该采用豆荚式销售团队结构

豆荚式销售团队结构是一种高效的结构。它适用于试图通过优化现有销售资源来开拓新市场和垂直领域的成熟公司。豆荚式销售团队结构以效率换取多功能性，在竞争激烈的行业中，如果公司没有创建这种结构，将很难与拥有这种结构的公司竞争。

然而，如果公司已经在市场上建立了自己的品牌，并且具有显著的吸引力，那么可以创造一个更灵活、更敏捷的销售团队，准备好迎接各种挑战并抓住新的机遇。这意味着公司可以更快地适应市场变化和客户需求，以及更加灵活地处理销售流程。此外，销售团队之间可以更好地协作和交流，从而增强整个销售团队的协同作用。

4.4.3 组建销售团队

先举个例子：某幼儿园组织卖报纸活动，幼儿园老师向大班的小朋友发了十份报纸，并且告诉他们，卖报纸最多的人会赢得奖励，然后让这些孩子在规定的安全区域内销售报纸。

其结果不言而喻，大部分小朋友一份报纸也没有卖出去。事实上，小朋友拿到报纸后，没有人告诉他们应该如何寻找合适的买家、如何与买家交谈、如何说服买家购买，其结果注定是失败。当然，有的小朋友依靠自己独特的“可爱”策略成功把报纸卖了出去，但是这种策略无法进行规模化的复制。

现在，依然有很多企业就像幼儿园卖报纸一样运营着销售活动，它们急于雇用一批销售人员，却不管他们的销售能力和经营能力如何，只管把这批销售人员推向市场，希望他们能够通过自己的努力不断获得业绩，为企业卖出更多的商品。结果是，有的销售人员能够脱颖而出获得成功，有的销售人员却碌碌无为，然后被迫离开企业。之后，企业继续补充招聘新的销售人员。尽管这种方法很流行，但它并不是最好的方法。相反，精心打造和培训销售团队是取得成果的最有效方法。

1. B2B SaaS 销售团队角色

在考虑是否需要一支具备所有角色的全职内部销售团队之前，企业需要问自己一个关键问题：是否愿意承担相应的成本和工作量？

表 4-11 所示为 B2B SaaS 销售团队角色及其职责定位说明。

表 4-11　B2B SaaS 销售团队角色及其职责定位说明

角色名称	职责定位说明
MQL 经理	负责审查和管理营销合格潜在客户，把符合条件的客户输送给销售团队以进行后续的销售工作
SQL 管理专员	对 SQL 进行管理，根据客户的购买意向来为客户提供更精准的服务
SAL 经理	专门负责审核和接收来自 SQL 管理专员的 SQL，启动销售流程并与客户进行深入的沟通
客户经理	代表公司监督和维系客户关系，确保客户满意并发掘新的销售机会
业务经理	负责客户获取、客户管理、客户增长以及制定 B2B 销售策略
客户服务代表	解决客户的投诉、管理采购订单或信息请求，确保按正确的顺序优先考虑客户需求，并为销售流程中的每个步骤提供个性化的解决方案
客户成功经理	为客户提供做出最佳购买决策的建议，帮助客户获得成功实现目标和满足需求所需的工具与支持

尽管大部分企业并不会完全按照以上角色进行岗位的划分，但其中覆盖了企业所雇用的员工所需要完成的工作。

2. 组建 B2B SaaS 销售团队的基础

当企业准备组建 SaaS 销售团队时，考虑其基础非常重要，主要包括以下几个关键点：

- ❑ 清晰的组织结构：确保团队成员知道自己的职责，并建立有效的沟通渠道，以便他们可以共同努力来实现共同目标。
- ❑ 有针对性的招聘策略：招聘与企业业务需求相符的人才，这样可以确保团队具有必要的技能和知识来满足客户需求。
- ❑ 设定明确的目标和指标：确保销售人员了解他们的目标，以及他们必须实现的指标，以便他们可以专注于实现业务目标。
- ❑ 提供充足的培训和发展机会：为销售人员提供必要的培训和发展机会，以帮助他们不断提高自己的技能和知识。

通过建立这些基础，可以确保销售团队具有必要的能力和资源来实现业务目标，并取得成功。

3. 组建 B2B SaaS 销售团队的技巧

笔者在拜访多家 B2B 销售团队后，在构建 B2B SaaS 销售团队时有几点心得供参考。

（1）创建销售支持团队

笔者走访过很多 SaaS 企业，严格意义上讲，大多数 SaaS 企业是没有销售支持团队的。有的 SaaS 企业可能仅有几名技术型顾问或实施工程师负责对接销售人员来给客户做现场的演示和对解决方案进行解读。这对销售的支持力度并不够，也会导致前端的销售人员无法获得订单。

销售支持团队负责帮助销售团队取得成功。它在许多方面促进了公司的发展和创收，如市场研究、客户关系管理、售前支持、售后支持等。该团队还可以为客户提供培训和支持，以确保他们能够充分利用产品或服务。此外，销售支持团队还可以协助销售团队与其他部门进行协作，例如，与产品开发团队合作，以确保产品或服务能够满足客户需求并保持竞争力。因此，销售支持团队是任何 SaaS 企业的重要组成部分，能帮助企业提高收入和获得增长。

销售支持对于不同的人来说意味着不同的事情，但它可以被定义为：组织创建和交付用于帮助其销售团队取得成功的内容、工具、流程和技术。

（2）销售团队领导能够激发灵感

“一将无能累死三军”，好的销售团队领导能够为整个团队带来正向的成长，同时也能够激发整个团队努力奋斗。

一个销售人员无法产出，不能代表什么，如果是一批销售人员以前的业绩都不错，但是来了某个企业以后或者加入某销售团队之后却无法完成相应的业绩，问题大概出在企业或销售团队领导身上。而企业很少会从管理者身上找问题，大多都从基层人员身上找问题。在这种情况下，就算企业拥有再优秀的销售人才、再好的营销策略，最后的结果大致还是不尽如人意。

什么样的销售团队领导才是企业希望寻找的呢？笔者总结了以下几点：

- 销售团队领导应该是一个好的沟通者、教练、倾听者等。
- 销售团队领导应当具备全局视野，同时能够将其分解为易于理解的部分。
- 销售团队领导应该能够与技术人员和非技术人员打交道，并且能够从大局出发。

值得注意的是，成功的销售团队领导还应该具备强大的领导技能，例如，有效地委派任务、提供建设性反馈，以及营造富有成效的工作环境。他们还应该对公司的产品或服务以及整个行业有深入的了解，以便在竞争中保持领先并做出明智的决策。他们应该能够适应不断变化的市场条件，并积极主动地发现新的销售机会。

（3）建立激励和奖励机制

通常，销售人员的收入基本上按“底薪 + 业绩提成”进行发放。除此之外，有的企业还会有一些补贴发给销售人员，例如，餐补、交通补贴、住房补贴等。

奖励是激励员工的重要组成部分。它可以让团队成员专注于大局，同时也让他们感觉自己正在朝着共同目标努力。

以正确的方式激励员工以保持他们的积极性和生产力非常重要。因此，企业必须清楚地了解员工是如何利用他们的时间的，以及他们完成这些任务需要多长时间。

企业可以通过为 SaaS 销售周期流程中的每个项目或里程碑建立明确的目标和时间表，将这些目标与整个过程中某些检查点的奖励匹配起来。

（4）为销售人员提供专业的工具

笔者在拜访某 SaaS 企业时，问该企业的 CEO 其企业内部销售团队是否使用 CRM 软件来管理客户资料。他说目前企业仍然是销售人员自主使用 Excel 来进行客户管理。

作为一家销售 SaaS 产品的企业，竟然没有在内部使用自己企业的产品来管理客户资料！这种情况引发了笔者的思考，笔者认为一个企业应该对自己的产品充满信心，并成为产品的首席客户。

面对这种情况，客户可能也会觉得有些许不解和不信任。毕竟，谁会想要购买一款连企业自己都不信任的产品呢？

4.4.4 销售支持团队

1. 什么是销售支持团队

每当笔者在线下分享时提到销售支持团队，总会有一些人想了解关于这个团队的更多信息：销售支持团队到底是做什么的？它又是如何为销售人员提供支持的？

销售支持是为了通过为销售人员提供成功所需的培训、指导和内容来提高销售团队的效率而存在的。

随着现代销售周期变得更加复杂，客户受教育程度更高，销售支持团队变得越来越有必要。以前，客户必须依靠销售人员来向他们介绍产品。现在，客户在与销售人员接触前会先进行广泛的研究，在之后与销售人员沟通的环节里，客户期望销售人员为他们提供在其他地方无法获得的深刻见解和指导。这将销售人员的角色从“教育者”转变为“值得信赖的顾问”。

然而，尽管销售支持服务对于提高销售团队的绩效至关重要，但研究表明，高达 38% 的组织仍没有承诺提供销售支持服务。这意味着许多企业可能错过了提高其销售业绩的机会。如果没有销售支持团队，企业可能很难确定如何提高销售人员的绩效，甚至无法确定哪些销售方法是有效的、哪些销售方法需要改进，导致销售团队可能会失去一些商机。

当然，这种转变并不是一蹴而就的。销售人员需要不断学习和更新他们所需的知识和技能，以满足客户的需求。销售人员不但需要了解客户的偏好和行为模式，还需要与不同的部门和团队合作，确保掌握了最新的产品知识和市场趋势，以便更好地为客户提供个性化的建议和服务。

2. 销售支持团队的工作

销售支持团队是指帮助销售团队实现销售目标的一个重要的组织部门，其使命是提高销售效率。为了达成这一使命，销售支持团队需要关注关键影响领域，例如，销售流程的改进、客户关系的维护、市场营销策略的优化等。通过不断地对这些关键影响领域进行研究和分析，销售支持团队可以提供更加有针对性的支持和服务，以帮助销售团队更加高效地开展工作，实现销售目标并赢得市场竞争优势。

销售支持团队的工作包括但不限于以下几点：

- 为销售人员提供售前技术支持。这包括为销售人员提供产品演示和解答技术问题等方面的支持。通过提供专业的技术支持，销售人员能够更好地向客户展示公司的产品和服务，从而提高销售业绩。
- 教育和培训销售人员。销售支持团队还需要教育和培训销售人员，以便他们更好地理解公司的产品和服务，并能够更好地向客户展示。确保销售人员了解每次与客户对话时应该说什么、展示什么和做什么。这种深入、持续的学习应该从销售人员加入公司的那一天就开始，并在销售支持团队（和正确的销售支持平台）的支持下，成为他们日常工作流程的一部分。销售支持团队通过引导新员工入职、管理辅导和培训活动，以及将微学习嵌入其销售支持平台来实现这一目标。

- 收集和分析情报。收集和分析情报是优化销售团队并促使其成功的核心。对内容如何使用、是否需要培训或者销售活动是否有效落地进行深入分析，能使销售团队就如何发挥自己的优势并克服自己的弱点做出战略决策。销售支持团队通过跟踪和监控这些方面，可以在销售组织的持续改进中发挥重要作用。销售支持团队还需要收集客户反馈，并将其传达给相应的团队，以便改进产品和服务。
- 与其他部门合作。销售支持团队需要与市场部门合作，帮助销售人员制订营销策略和销售计划，从而提高销售业绩。同时，还需要与客户服务团队合作，提供及时的客户支持和售后服务，从而提高客户的满意度。

3. 销售支持的最佳实践

(1) 创建易访问的解决方案销售内容

大多数 SaaS 销售人员都明白，客户下定决心购买一款产品需要足够充分的理由。客户在选择购买时，会主动对当前的产品及其解决方案思路进行研究，看看其是否能真正满足自己的需求，解决自己的业务问题。企业为了更好地吸引客户，需要提供更多的销售支持资源。

易访问的解决方案销售内容除展示产品或服务如何为每个目标受众解决不同类型的问题外，还应该提供更多的信息，例如，解释产品或服务工作的细节、行业趋势和市场前景等。

销售支持团队需要定期完善销售话术、产品功能解决方案的内容等。通常，优秀的销售支持团队会将这些内容放在线上的共享文档或者内部的系统中，供销售人员查阅。

（2）创建持续迭代的培训文化

大多数企业的销售培训内容都存在滞后迭代的情况。对企业而言，销售培训的效果很一般。归根结底还是因为销售人员觉得其作用不大，老的销售人员觉得反反复复培训的内容没有什么新意，新的销售人员感觉对现有系统的实际操作或者销售技巧的帮助不大。

销售支持团队在提供定期指导方面可以采取多种方式，例如，举办培训活动、开展在线学习、提供知识库等。这些指导活动的目的是使销售团队了解新产品或正在发挥作用的销售支持实践的最新情况。

除了定期指导，销售支持团队还可以提供其他支持，例如，定期跟进客户反馈，确保销售人员能够及时了解客户的需求和关注点。此外，销售支持团队还可以提供市场研究和竞争情报等信息，帮助销售人员更好地了解行业趋势和市场情况。

这些支持活动不仅可以保证销售人员向客户销售最新的解决方案，还可以帮助他们及时了解最有效的销售技巧。通过与销售支持团队密切合作，销售团队可以更好地了解市场和客户需求，以提高销售效率和业绩。

（3）提供自动化工具

相关调查显示，约有 41% 的销售人员认为，他们把太多的时间花费在了创建管理任务上。这些琐碎的管理任务不仅浪费了销售人员的时间，还占用了他们完成交易的时间，从而影响了销售业绩的实现。

然而，使用正确的销售支持技术，销售人员可以自动执行许多琐碎的任务，从而腾出时间进行更多的销售活动，实现更多的销售目标。销售自动化工具可以通过多种方式减少手动任务。例如，销售自动化工具可以减少数据输入、手动审批流程等。

（4）树立销售人员标杆

销售团队中是否有一位销售人员遥遥领先呢？如果有，那么可以参考这位遥遥领先的销售人员的表现来制定销售支持策略。但是，为了更好地了解他的成功之道，企业需要进行更深入的研究。

例如，高绩效销售人员比低绩效销售人员更有可能监控客户沟通历史记录，高绩效销售人员查看客户购买历史记录的可能性也更高。

因此，为了找到表现最佳的销售人员，51% 的企业使用销售数据来评估销售人员的绩效。企业可通过深入研究过往的销售数据，找出团队中的顶级销售人员，并询问他们的成功做法。

一旦确定了成功之道，就可以将它们整合到销售支持培训材料中。例如，可以探究这些销售人员与客户交谈的方式是否独特、他们是否在调整客户旅程，以及他们选择和限定潜在客户的方式是否不同。这可以为其他销售人员提供有价值的信息，帮助他们更好地了解如何与客户互动，并最终促成更多的交易。

4.5 SaaS 销售面临的挑战

常有人问："为什么在国外销售 SaaS 产品看起来很容易，但在国内却很难？”

在国内销售 SaaS 产品很难已经形成了行业共识。这种难，更多是客户对产品价值认知不足所造成的。

在互联网普及的当下，客户对于寻找自己面临的痛点和合适的解决方案已经形成一种特定的模式。在这种特定的模式下，客户会“自以为是”地对市面上的 SaaS 产品进行自主评估，甚至在销售早期阶段，不希望被销售人员介入打扰。

现在的客户很聪明，也很理智。如果他们购买了一款不符合业务需求的 SaaS 产品，很有可能会影响他们的职业生涯。在这种压力下，客户变得谨慎。因此，销售人员销售 SaaS 产品比以往销售其他实体产品面临的挑战更大。

现阶段，SaaS 销售人员遇到的两个挑战是：销售资格的确认、客户拥有太多的选择。

4.5.1　销售资格的确认

销售行业里至今流传着这样一句话：不怕客户不识货，就怕销售搞错对象。客户不识货，销售人员可以培育他，为产品价值提供支持。但是，如果一开始销售人员就搞错了潜在客户对象，就像非要把轮椅卖给腿脚利索的人一样，那根本就是无法完成的任务。

近年来，ToB 行业的获客成本高居不下，并且高质量的客户资源也在逐年地被消耗殆尽，使得 SaaS 销售获客陷入了举步维艰的境地，投入产出比往往相差甚大。

对于销售人员来讲，销售的第一步就是学会识别潜在客户。合格的潜在客户不仅能够加速销售过程，而且能提高销售效率；

反之，不合格的潜在客户将会破坏整个销售渠道，给销售人员和企业带来巨大的成本压力。

虽然销售人员都清楚合格的潜在客户能够带来多大的价值，并且拥有了更多的拓客工具和资源，但他们忽略了销售资格等问题，导致他们中的一些人采用一种“先发制人”的方法，试图向任何人推销自己的产品。

确认销售资格时需要将潜在客户与 ICP 进行比较，以确定是否匹配。有了理想的客户资料，销售团队才可以专注于优化销售资格流程。

1. 什么是销售资格

销售资格是销售活动过程中非常重要的一环，它可以帮助销售团队确定哪些客户需要被优先考虑、哪些客户可以搁置或者稍后再跟进，具体表现在通过聚焦有限的销售资源来激发销售成功率更大的客户的购买欲，以达成销售目标。

确认销售资格是必不可少的步骤，因为它可为后续的步骤提供清晰的信息，帮助识别有问题的地方，以及节省客户和销售团队的时间。

为了更好地获悉和确认客户的销售资格，要学会如何询问销售资格问题。

2. 什么是销售资格问题

销售资格问题是销售团队向潜在客户提出的问题，以发现潜在客户的需求和愿望，与他们建立联系。对销售资格问题的回答有助于确定潜在客户是否适合企业的产品或服务。

请记住，销售资格问题只用于帮助销售团队更好地区分和了解潜在客户的销售资格，并不意味着问销售资格问题就一定能够得到想要的答案。同时，要在真实的销售场景下，谨慎选择所需要提问的问题，换而言之，有些问题并不是通过询问而得知的，也可能通过其他方式或者途径而得知。

最后，还需要明白一点：销售中最糟糕的不是失去一笔交易，而是已经花了很长时间之后失去一笔交易。以下是销售人员始终应该询问潜在客户的 10 个销售资格问题：

（1）决策过程涉及谁？

这是个核心问题，许多销售人员花费太多的时间在不合适的人身上，导致早期投入过多的成本，但依旧完不成业绩目标。

在销售过程中，需要想办法弄清楚交易涉及哪些部门或哪些关键人员，以及内部决策流程是什么样的。

（2）你可以告诉我“NO”的原因吗？

这似乎是个很奇怪的问题，但是你会惊讶于它的作用力。

在我国，直接拒绝别人似乎是一件非常难的事情。客户有时候为了顾全销售人员的面子，不得不委婉地拒绝销售人员。如果销售人员能够听得懂客户拒绝的意思，则大家可愉快地结束，给彼此留下好的印象，为后续合作奠定基础。

但是，有的销售人员陷入了沉没成本的“沼泽圈”后，全然不顾客户的婉拒，想着依靠自身的坚持和持久的耐力来打动客户，其实这反而会适得其反。

心理学中有个关键词：弥补受伤心理。当一个人拒绝另外一个人的时候，他内心大概率会产生一种愧对感，这种愧对感会驱使其在后续的行为中不自觉地拉近与对方的关系，以弥补受伤心理。

因此，当对方婉拒销售人员时，或者已经在暗示销售人员的时候，销售人员要大大方方地虚心向对方请教到底自己哪里做得不够好、哪个环节需要改进，或者询问对方拒绝的理由，以及对方是否已经找到合适的解决方案供应商。

这个时候，大部分客户会因为销售人员的真诚以及自身弥补愧对感而很诚恳地告知销售人员原因。

试想一下，如果这样做，那么在这次销售过程中，也不算一无所获。

（3）如果不做这个决定（解决这个问题）会怎样？

销售人员应该每次都问客户这个问题。只要客户还没有做好决定来解决这个问题，或者回答这个问题的答案不够具体，又或者他们现阶段似乎在采用其他替代方案解决这个问题，销售人员预测的销售机会就为 0。

但是，如果他们回复不解决这个问题会对他们产生特定的影响（最好是负面的），那么销售人员就知道需要关注些什么。

（4）你想解决什么问题？

询问客户目前在业务中遇到了什么问题、是否迫切需要解决。潜在客户有一个需要解决的痛点，这也是销售人员沟通的切入点。在沟通过程中，销售人员不仅要了解潜在客户在试图解决的问题，还要向客户表明在倾听他们的意见，而不是不加选择地向他们推销产品。

很多销售人员在与客户沟通的过程中，为了增强客户选择自家产品方案的信心，会不断地把自家的产品解决方案强加给客户，这会使得客户感到厌烦，草草结束沟通。销售人员要珍惜每一次与客户沟通的机会，多引导客户发现未知的问题，而不是优先想着如何去帮他们解决问题。

只有弄清楚沟通的次序，才能加速达成销售的目标。当销售人员协助客户挖掘更多的问题时，客户对销售人员后面提出的解决方案的接受程度也会大大提高。

（5）是什么阻碍了问题的解决？

这是个不常被销售人员关注到的问题。当了解到潜在客户的痛点后，销售人员需要关注是什么阻碍了这些问题的解决，可能是预算、方案的成熟度，又或者是某个关键的决策领导没有拍板等。无论什么样的因素，销售团队都必须要去了解实际情况并在必要的时候采取相应的措施。

一些客户可能会分心，从而延迟解决他们的问题。所以，在了解阻碍解决问题的因素时，要记得询问客户这样一个问题：如果你没有解决这个问题会有什么后果？

这个问题很重要，它制造了一种紧迫感，并使销售团队成员和潜在客户专注于目标。

（6）你有预算吗？

潜在客户不一定有特定的预算。一个粗略的数字会给销售团队一个估计值，在目标设定和规划期间可以使用。如果潜在客户的预算太低，那就是不合适的迹象。当然，销售团队也可以降价销售。在这种情况下，最重要的是不要被锁定在一个数字上，可做一些让步、调整，并找到合适的解决方法。

（7）是什么让你对我们的品牌感兴趣的？

这个问题类似于“你是怎么知道我们的？”。它可以让销售团队更好地了解客户。通过知晓品牌，客户可以更深入地了解品牌代表什么，以及他们应该期待什么。销售人员可以更深入地研究潜在客户的想法和决策方式，而不是只关注潜在客户过去是通过哪个渠道找到他们的。

（8）你正在考虑哪些其他解决方案？

销售人员了解竞争对手是谁，并制定策略以确保自己的产品对潜在客户更有价值，也可以使用竞争对手的报价作为与客户谈判的筹码。

（9）如果你对问题不采取任何措施，会发生什么？

与第三个问题类似，此问题有助于销售团队取消潜在客户资格，并提醒潜在客户问题长期得不到解决的弊端。

（10）你打算什么时候做决定？

最合格的潜在客户是那些准备好做出决定的人。他们愿意为解决问题而努力。你可以感受到他们的紧迫性。因此，要优先考虑这样的潜在客户而不是其他尚未准备好做出决定的潜在客户。

4.5.2 客户拥有太多的选择

先举个例子：某客户想要采购 SCRM 产品，但市面上有太多相似的产品，它们的功能和服务都差不多，所以，该客户不知道选择哪款产品好。从例子中可以得出：客户拥有太多的选择。

市面上大多数产品都存在同质化问题。虽然各 SaaS 厂商都在宣传差异化，但其差异点不够突出，无法打动客户的心。

产品同质化是市场竞争下的跟随者策略所造就的，行业龙头只要有什么新的功能推出或者行动策略，其他企业也会蜂拥而至、争相模仿。

客户的选择多了，考虑的点也多，当然就不好下定决心做决策。客户需要花时间“货比三家”，这导致产品销售周期变长。以客户为中心的销售，就成了当下 SaaS 销售破局的方式。在销售产品时，要学会像客户一样思考，摆脱销售人员的角色视角，从每一位客户的角度去看待这件事情。

当客户有众多的选择方案时，销售人员该如何应对？以下是客户可能提出的问题：

- 你的产品与某产品之间有什么区别？
- 你的产品怎么卖得这么贵？
- 某企业有优惠折扣活动，为什么你没有？

这种以某产品或某企业做对标提的问题，往往会成为销售人员的“噩梦”。客户拥有太多的选择时，必然会提出更多对比性的话题。请记住，无论客户提出什么话题，我们都不要回避，更不要通过贬低某企业的产品来提升自己产品的价值。无论何时，请记住站在客户的角度去看问题。

第二个问题是最常遇到的。客户在拥有足够多的竞品信息时，最喜欢提类似的问题，一方面为后续的谈判做铺垫，另一方面也想让销售人员知难而退。有的销售人员遇到这类问题，立马就会解释一分钱一分货，产品为什么贵、贵在哪里，但贵的好处是销售人员的自我感觉，并不完全是客户所能体会到的。因此，销售人员在回答客户这个问题时，要围绕着解决客户当前痛点进行描述。例如，你可以回答：“你的这个问题提得真好，你不问，我也正想跟你聊聊我们的产品为什么卖这么贵。你看看（然后结合产品功能和客户业务场景讲解解决方案）……”

再比如第一个问题，当客户问我们的产品与某竞品有什么区别时，请销售人员先思考以下几点：

- ❑ 你与客户的销售旅程到了哪个阶段？是谈判阶段还是初次沟通阶段？
- ❑ 你所了解到的客户的需求和痛点是什么？
- ❑ 你对竞品的了解程度如何？

如何回答第一个问题取决于销售人员对客户了解的程度。如果销售人员清楚客户的痛点，又熟悉竞品，那可以围绕着产品解决客户痛点的方案与竞品的差异点进行充分讲述，但切忌过度使用自我感受的形容词或语句，例如："我们的产品非常好用，对方的产品客户体验很差。"

面对这些问题，有一些策略可以参考：

1）实事求是。始终努力对客户诚实。如果我们缺乏对竞争对手的了解，那就如实地告诉客户实情，并承诺后续深入研究。

2）使用多种策略来回应客户的询问和疑虑。首先，如果客户提出了一个事实问题，我们可以集中讨论所涉及的情感和价值观。这可以使客户感到被倾听和理解，同时也让他们放心——他们的担忧正在得到认真对待。如果客户的担忧更加主观，并且基于个人感受或经验，我们可以通过提供具体的例子或案例研究来回应，以证明过去如何成功解决类似的问题。这可以使客户对他们的问题得到有效解决充满信心，同时也为他们提供了相似的背景和视角，以帮助他们更好地了解当前的情况。

4.6 有效的 SaaS 销售技巧

什么是技巧？技巧就是能够让你花最少的时间和精力快速达成目标的手段。

销售需不需要技巧，这已经成为不值得探讨的话题，销售有没有效果才是我们需要关注的点。有效的销售技巧往往能够促进与潜在客户的沟通，让成单事半功倍。“良言一句三冬暖，恶语伤人六月寒”这句话强调了言辞的重要性，尤其在销售中更是如此。因此，在销售中，需要具备情商，能够言简意赅地传达信息，而不是说得越多越好。高超的销售人员通常不是因为善于说话而受人欢迎，而是因为他们懂得如何在适当的时候说正确的话，从而引起客户的共鸣和信任。

4.6.1　有效的沟通

1. 有效沟通的重要性

销售需要与客户进行沟通，而良好的沟通技巧一直以来都是销售人员追求的关键成功因素。然而，在面对客户时，过于侧重自身观点和想法，而忽视客户的感受，往往会导致销售信息与客户期望不符，从而降低客户的兴趣。

要让客户产生兴趣，首先需要深入了解他们的需求。如果客户难以理解，可以用简单明了的语言解释产品或服务。如果客户的需求与所提供的信息不符，就需要更加细致地听取他们的意见，以确保产品或服务与其期望相符。

能言善辩不仅仅指口才，更在于能够有效地与客户沟通。销售人员应当努力确保自己的每一句话都能够触达客户的心灵，让他们认同自己的观点、接受自己的说法。这种沟通技巧对于销售成功至关重要，因为一个成功的销售过程取决于与客户之间的有效交流。

2. 与客户沟通的四个层级

当谈及有效的沟通时，重要的不仅仅是你说什么，更重要的是你怎么说。这对于销售人员来说尤其重要，因为成功的销售流程在很大程度上依赖于与客户的沟通。在与客户沟通时，可以分为四个层级，如图 4-13 所示。

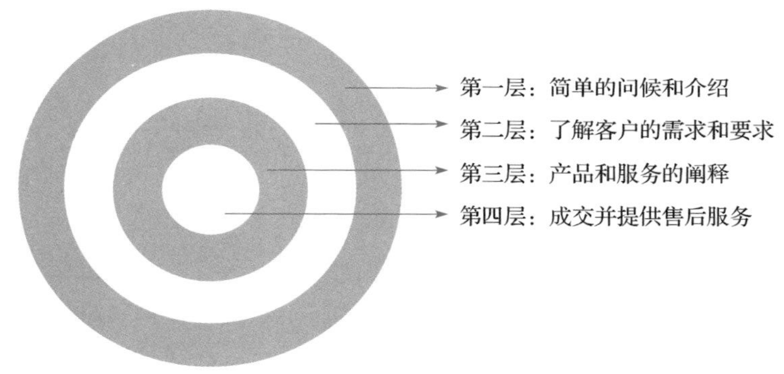

图 4-13　与客户沟通的四个层级

第一层是简单的问候和介绍。此层对于与客户建立联系和信任至关重要，可确保他们愿意听取销售人员的建议。在这一层，销售人员可以介绍公司的历史、背景、业务范围、成功案例等相关细节，让客户对公司有一个基本的了解。此外，销售人员还可以进行自我介绍，包括姓名、职位、工作经历等相关细节，帮助客户更好地了解他们，建立信任感。

第二层是了解客户的需求和要求。销售人员需要询问客户一些问题，以了解他们的需求和要求，并根据这些信息提供适当的建议和产品。在这一层，销售人员可以询问客户的需求、预算、时间范围、目标和其他相关问题，以更好地了解客户的需求和要求。销售人员还可以根据客户的反应提供更多的信息和建议，以指导他们选择最合适的产品和服务。

第三层是产品和服务的阐释。销售人员需要向客户解释所推荐的产品或服务的详细信息，包括特点、优点、缺点等。在这一层，销售人员可以向客户展示图片、视频、手册等相关信息来帮助客户更好地了解产品或服务的特点和优点。销售人员还可以比较不同的产品或服务，以帮助客户做出更好的决策。

第四层是成交并提供售后服务。销售人员需要与客户协商价格并完成交易，然后提供售后服务以确保客户满意和忠诚。在这一层，销售人员可以介绍公司的售后服务体系、保修政策、客户服务热线等相关信息，以便客户在使用产品或服务遇到问题时可得到及时的帮助和解决方案。销售人员还可以为客户提供一些注意事项，帮助他们更好地使用产品或服务。

因此，销售人员在与客户沟通时，需要遵循这四个层级，以确保客户需求得到满足，提高销售效率和客户满意度。除这四个层级之外，销售人员还应该注重一些沟通技巧，比如，积极倾听、清晰表达、态度友好、及时回应等。

销售中的沟通主要分为听、说、问三个动作。首先是听，听是最重要的动作，因为只有听懂了客户的需求和疑虑，才能更好地回应他们的问题和提供解决方案。在听的过程中，销售人员应该注意客户的表情、语气和身体语言，这些都有助于了解客户的真实需求。其次是问，通过提问来更深入地了解客户的需求，同时引导客户更好地了解产品和服务。最后是说，需要用简洁明了的语言来介绍产品和服务的特点和优点，同时需要注意客户的反馈和回应，及时调整沟通策略。

4.6.2 学会倾听

1. 倾听的重要性

很久以前，在一个遥远的山村里，住着一位聪明睿智的老者。他因擅长倾听和解决问题而在村中享有盛誉。

有一天，一个年轻的旅行者来到了山村，心怀疑惑，希望找到一位智者指点迷津。他听说这位老者善于倾听，便毫不犹豫地前去拜访。

旅行者问道："尊敬的长者，请问如何才能成为一个出色的倾听者？"

老者微笑着点了点头，示意旅行者坐下。他取出一只小瓶子，里面装满了清澈的水。老者将水倒入一个玻璃杯中，然后将玻璃杯放在桌上。

"你看，"老者说道，"倾听就像这杯水一样。当你与他人交谈时，你需要像这个玻璃杯一样，留出空间，接纳他们的想法和感受。"

接着，老者拿出一块海绵，轻轻地放入玻璃杯中，水立即被吸收了一部分。

"但是，如果你只是倾听而不做出回应，就像这块海绵一样，水会被吸走。"老者解释道，"你需要学会适时地表达理解和同情，这样才能保持与他人的连接。"

随后，老者又拿出一小袋盐，轻轻撒入水中，水有了微咸的味道。

“最重要的是，”老者说，“倾听不仅仅是接纳，还需要适度地调味。你需要学会用爱和关怀来回应他人的需求，让他们感受到你的真诚和关心。”

听完老者的教诲，旅行者恍然大悟。他明白了倾听的价值，以及倾听所需的包容、理解和关怀。从此以后，他将这些智慧带回了自己的家乡，成为一位出色的倾听者。

这个故事告诉我们，倾听的重要性不仅在于理解他人的需求，还在于倾听所需的包容、理解和关怀。能够倾听并且以真诚和关心回应他人的人，不仅受人尊敬，也能赢得信任和友谊。在人际关系和社交互动中，倾听是一种无价的财富。

会倾听客户的需求，销售业绩一般都不会太差。会听在于你是否能够听出客户真正的意图和隐性需求。例如，在一次线下活动中，服务员端着一杯热茶和一杯咖啡询问客人：“先生，你是需要咖啡还是热茶？”客人伸手摸了下热茶，马上将手缩了回去，说道：“不用了，谢谢。”请问客人是真的什么都不需要吗？其实是因为热茶太烫了，客人不好拿而已。客人只想喝茶，不需要咖啡，但是因为茶太烫了，就直接拒绝了服务员的服务。

这里的服务员如果真的在用心服务，他应该会看出客人真正的需求：需要一杯不太烫的热茶。

销售人员认为只要装作用心地听客户说，适当的时候点头表示赞同就能够获得客户的好感，最后就能够大概率成单。但装出来的“会听”，只是在自欺欺人罢了。客户可能会因为你假装在倾听，对你产生好感，但绝对不会为这种所谓的好感而买单。客户买单基于满足自我需求，而非自我感受，尤其是在 B2B 销售的场景里。

怎样才算会听？在与客户沟通时，销售人员通常会以为自己听懂了客户的意思。但是，销售人员真正听懂了吗？客户想要传达的信息在他们内心中占据了 100% 的比重，但是当他们口头表达时，只有 75% 的信息能够被真正表达出来。出现这种情况可能有很多原因，包括语言障碍、沟通方式不当或者有所顾虑等。例如：

A 客户说："我们公司现在的客户资料管理非常混乱，很多客户信息都不全，希望采购 CRM 系统来解决这些问题。"

B 销售人员说："好的，刚好我们家的产品在客户管理方面能够很好地满足你的需求，我们的功能有……"

如果销售人员这么回复客户，大概率是无法成单的，因为他根本就没有听清楚客户的真实需求。客户先是表明了目前面临的业务场景痛点：客户资料管理混乱、客户信息不全，然后提出了自己想象中的解决方案：采购 CRM 系统。

B 销售人员在这个环节至少犯了三个倾听客户信息方面的错误：

1）没有深入了解客户资料管理混乱的原因是企业内部的管理流程有问题，还是每个人都有一套自己维护客户资料的方式。

2）未明确客户真正需要解决的问题：客户是希望我们的产品解决"客户资料管理混乱"，还是解决"客户信息不全"？

3）未明确客户真正需要的解决方案：客户认为应该采购 CRM 系统来解决问题，这是客户内心真正需要的解决方案吗？我们的其他产品是否能够解决这些问题？

2. 倾听的层次

倾听可划分为五个层次，分别是忽视层次、假装层次、选择层次、专注层次和同理心层次，如图 4-14 所示。

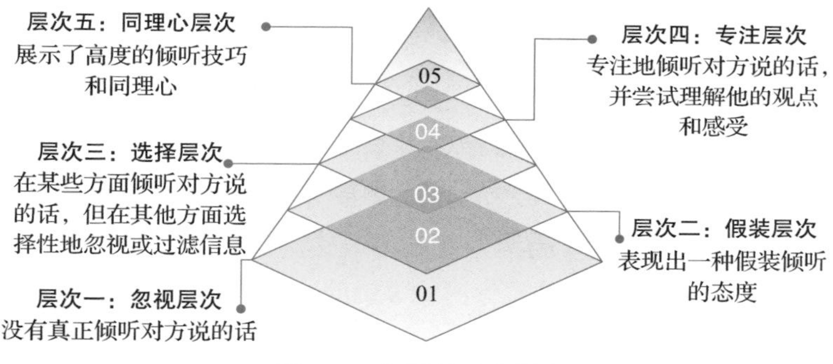

图 4-14　倾听的五个层次

1）忽视层次。没有真正倾听对方说的话，可能是对对方的言语不感兴趣，或者被其他事物干扰。这可能导致对方的信息被忽略或无视。例如，你正在会议上为客户进行系统使用演示，突然有个人闯了进来，客户介绍这个人是他的同事 ×××；然后你继续给客户做演示，却怎么都想不起来这位闯进来的同事叫什么名字。这是因为一开始客户在向你介绍这位同事时，你并没有当回事，因为你认为这位同事跟本次会议没有多少关系，所以你没有放在心上。

2）假装层次。表现出一种假装倾听的态度。人们可能会给予表面的关注，例如，点头或发出肯定的声音，但实际上并没有真正理解对方的意思或关心对方的观点。例如，张三作为销售人员，每次与客户沟通的时候都表现得非常认真。但是，与他长期交流过的客户最后都不再与他联系了，因为虽然他每次在交谈时都表现出倾听的态度，但在深入交流的时候才发现他根本就没有真正理解客户的信息和观点，只是一味点头，假装认真在听。为了更好地倾听，我们可以通过积极提问、表达自己的观点和感受，以及寻求对方的反馈来增强互动性。

3）选择层次。在某些方面倾听对方说的话，但在其他方面选择性地忽视或过滤信息。人们可能只关注自己感兴趣的部分内容，而忽略其他重要的信息。为了更全面地了解对方，我们可以尝试倾听对方的所有观点和意见，并关注对方的情感和体验。

4）专注层次。专注地倾听对方说的话，并尝试理解他的观点和感受。人们会关注对方的言语和非言语表达，保持专注，并积极参与对话。我们可以通过反复复述对方的意见和观点、给予合适的反馈，以及尊重对方的观点来表明我们的专注。

5）同理心层次。展示了高度的倾听技巧和同理心。人们不仅能够理解对方的意思，感受对方的情感和体验并产生共鸣，还能够给予支持、鼓励和理解，从而建立良好的沟通关系。我们可以通过主动了解对方、表达自己的感受和观点，以及给予支持和鼓励来表明我们的同理心。

3. 有效倾听的关键

（1）倾听的态度

倾听的态度直接决定了销售人员在与潜在客户交流的过程中处于何种倾听的层次。请你回忆一下，你在与客户交谈的过程中，是抱着什么样的态度去倾听客户所讲内容的？

笔者认为有效的倾听态度是尊重对方、认真、好奇并且富有同理心。当对方开始讲话时，停止自己的讲话或思考，专注地倾听对方讲的话。要经常用眼神交流，不要东张西望，给予对方足够的空间和时间来表达自己的想法和感受。有时候，由于客户所具备的购买知识不足，在表述内容时可能会存在一些瑕疵，而销售人员一定要认真并且耐心地倾听下去，给予对方足够的鼓励，让对方更好地将隐性需求表达出来。

（2）倾听过程的互动

倾听并不仅仅是简单地听，而需要在适当的时机与讲话者进行互动。在交流的过程中，我们可以通过一些方式来表明自己的支持，比如，通过点头、肢体语言和关键词的复述等方式来提高沟通的效果。在这个过程中，我们也可以适当地分享一些类似的经验或者观点，以此来加深彼此之间的理解。比如说，我们可以说"你刚提到的这个问题，我曾经也遇到过类似的情况""确实，这种情况会对团队的效率产生非常大的影响"等。通过这样的方式，可以更好地进行沟通，并且在交流的过程中获得更多的信息和反馈。

在倾听的过程中，我们可以表现出身体略微向前倾而不是后仰的姿态，这体现了一种积极的态度，即愿意倾听并努力倾听。同时，这种积极的态度还会让对方愿意传达更多的信息。在倾听的过程中，还可以通过注视对方的眼睛、面部表情和手势来更好地理解对方的意思和情感。此外，可以尝试提出问题或回答问题，以加强与对方的互动。

（3）提出问题或给予反馈

倾听是为了完全理解对方所说的信息。在沟通的过程中，如果没有听清或者没有理解对方所说的话，应该及时告诉对方，请求对方重复或者解释。这是我们在沟通过程中经常遇到的情况。在这种情况下，我们可以多问一些问题，以确保自己完全理解对方的意思。此外，在倾听过程中，我们应该注意细节，例如，对方的语气和肢体语言，以更好地理解他们的意图和情感。在了解对方的全部信息后，我们可以更好地回应他们的需求和担忧。

（4）表达共鸣和理解

以客户为中心的销售，需要建立对客户的同理心，这不仅要倾听客户的倾诉，更要体现出我们对客户的关心和尊重。除了倾听客户的痛点和需求外，我们还应该主动了解客户所处行业和市场情况，以便更好地为客户提供解决方案。在理解客户需求的基础上，我们应该站在客户的角度对方案进行分析和讲解，以确保我们提供的解决方案符合客户的期望和要求。同时，我们还应该表达共鸣和理解，让客户觉得我们是他们最值得信赖的合作伙伴。通过积极的反馈和沟通，不断地加深与客户的合作关系，提高客户的满意度和忠诚度。

4. 倾听的技巧

肢体语言在面对面交流中扮演着非常重要的角色。以下是一些可以表明听众感兴趣的肢体语言：

（1）良好的目光接触

与讲话者保持良好的目光接触是非常重要的。这可以表明你重视讲话者所说的话以及你对讲话者的真诚。因此，请尽可能保持良好的目光接触，不要通过凝视来表达负面反应。

（2）身体定位

身体定位可以表达你对讲话者所说内容的兴趣。稍微向对方倾斜的放松姿势通常是最有效的，不要将双臂交叉放在胸前，因为这通常被认为是一种防御或“封闭”的姿势。

（3）点头和面部表情

点头和面部表情可以传达你对讲话者的态度，它们对讲话者的影响很大。努力表达开放和欢迎的态度，不要传达明显的情绪暗示，例如，愤怒、无聊、兴奋或沮丧。

（4）鼓励的话

鼓励的话可以帮助讲话者更好地表达自己。例如，开场白（“你能告诉我一下吗？”“如果你想谈谈，我想听听。”）和偶尔持续表达兴趣的口头语（“哦？”“真的吗？”“啊，当然！”）。这些是为了让讲话者知道你正在认真听他们讲话。

（5）沉默

沉默是鼓励讲话者说话的有效方式。避免用自己的声音来填补沉默的场景。有时候，只需要在沉默中等待，讲话者就会自己开始说话。如果你想让讲话者继续说下去，可以使用简单的鼓励性短语，例如，“请继续”或“说得很好”等。

4.6.3 学会提问

1. 学会提问的重要性

中医看病需要经过“望、闻、问、切”四个步骤：观察病人的面色、舌苔等，听病人说话的声音、喘息声等，询问病人的症状和生活习惯等，最后把脉来对病因进行判断。销售也是如此，如果一面对客户就马上拿出产品进行演示，拿出 PPT 进行介绍，大概率会被客户拒绝。我们应该先了解客户的真实需求，然后有针对性地制定与客户沟通的策略和销售思路。

学会提问比会说更加重要。优秀的销售人员会针对客户反馈的情况，精准地抓取客户的真实想法，并且提出有效的问题，引导客户最终达成交易。

销售人员长期与潜在客户打交道后会发现，一旦他们对客户采用销售话术或者采用逼单策略，客户就会委婉地拒绝他们。

为什么会这样呢？道理很简单，因为客户不希望被销售人员掌控。

时至今日，对话式销售仍是销售人员最有效的沟通策略。

对话式销售是一种通过在线工具与客户进行对话的销售方式。但它到底是如何运作的呢？对话式销售不是用产品详细信息和促销信息“轰炸”客户，而是提出开放式问题并积极倾听答案。因此，销售人员使用这种方式可以更好地了解客户的需求。

对话式销售也是一种入站销售方法，它基于只向那些准备购买产品的客户销售的原则，并使用销售对话来简单地解决那些尚未准备好做出购买决定的客户的问题或疑虑，从而为这类客户提供更好的购物体验。

SaaS 产品的销售采用对话式销售是具备优势的，它与传统的销售方式的最大区别在于：对话式销售依赖销售人员与客户的双向沟通。它旨在模仿病人与医生之间的看病过程，通过双方的互动交流，探索客户的需求并共同寻找最优解决方案。这种方式可以帮助客户更加清楚地了解他们所需要的产品，也可以让销售人员更加了解客户的需求，从而创造出更加符合市场需求的产品。

国内大多数 SaaS 企业的在线销售模式都存在以下问题：对内

容信息不够重视，潜在客户有疑问时，通常只能通过提交联系表单与销售团队取得联系，或通过自动聊天机器人获得回复，而这些自动聊天机器人缺乏满足消费者需求所需的复杂知识。为了改善这种情况，我们可以考虑采取以下措施：

- 增加在线销售平台上的常见问题解答，以便客户可以直接获得所需信息。
- 建立一个在线客服团队，方便客户在任何时间与真人交流，以获得更好的帮助。
- 提供更多的产品信息，包括产品使用方法、规格和保修条款等，以帮助客户更好地了解产品。
- 开发更智能的聊天机器人，以便更好地回答客户的问题，并提供更多的帮助（大多数企业在短期内无法具备这样的条件）。

2. 对话式销售的技巧

采取对话式销售避免不了语言沟通，良好的语言可促进销售进程，增强客户的信任，令人反感的语言则会阻碍销售进程，以下是一些示例：

- 许多销售人员和营销专业人员经常使用“我们提供……”作为向客户传递产品价值主张的开场白，但是它会立即在潜在客户的大脑中建立起抵制意识。潜在客户会在潜意识里将它解释为“即将到来的销售、营销”，然后会不自觉地忽略销售人员接下来所阐述的产品价值。如果在一次交谈中使用这句话四次及以上，成交率会大大下降。
- “竞争对手”这个词语只应该在企业内部同事之间使用，

而在与潜在客户沟通的过程中则需要避免。如果销售人员与潜在客户沟通时使用了这个词语，可能会给他们留下不好的印象，让潜在客户感觉销售人员只是为了赢得订单而不是真正为了服务他们，这会让他们感觉你的表现过于激进了。因此，销售人员应该采用一些更委婉的同义词来替代“竞争对手”的表达，例如，销售人员可以使用同行企业、同行竞争者、行业对手、同类公司、同类品牌、相似业务等替代词语，同时也需要避免贬低我们的竞争对手。这样做的好处是，可以让潜在客户认为销售人员更加真诚、更加专业。

- 不建议销售人员向潜在客户撒谎，但是在销售对话中应该避免使用与“诚实”相关的语句，如“我实话告诉你”“我可没有骗人”等。当销售人员使用这些语句时，可能认为这样做可以加深与客户的关系，但实际上，它们的效果恰恰相反。这些语句甚至会让客户产生不信任感。因此，销售人员在与潜在客户对话时，应避免使用这些语句，否则就是在向潜在客户暗示他们之前所说的一切都不真实，这会影响到潜在客户对他们的信任感。尝试使用诸如“根据我的经验……”之类的替代语句，或者直接阐述观点，这样会让销售人员更值得信赖。
- “购买”“付费订阅”等词会让人感到有一定的压迫感。为了避免这种情况，销售人员应该尽量避免使用这类词。相反，销售人员可以使用“投资”这个词来强调产品或服务的长期回报，以便更好地体现购买的最终价值，从而使客户更加愿意去购买。此外，还可以提供有关产品或服务的更多信息，帮助客户更好地了解其价值，从而增强客户购买的信心。

- 有的销售人员在无决策权的潜在客户身上投入了过多的精力，在最后决策阶段不得不以失败而告终。销售人员为了让自己有限的精力投入在正确的人身上，在一开始接触客户时，就要想办法打听最终决策权在谁手上。但是，直接问客户“你是决策者吗？”是一种消极的方式，会挑战潜在客户的权威（和自我价值感）。

这个问题会让潜在客户快速失去兴趣。不要直接问客户是不是决策者，而要问是否会有其他人参与该过程。

- 销售人员害怕与潜在客户交谈时出现尴尬的沉默，常常过度包容，让客户无法做出决定。这种行为常导致该交易失败。如果客户需要更多时间去考虑，销售人员应该给予他们充分的时间和空间，让他们能够冷静地做出决定。但在这种情况下，应避免为潜在客户找开脱的理由，尤其避免提出“需要时间考虑一下吗？这类问题。虽然不能为客户做出决定，但可以尽可能地提供帮助和支持，以确保客户能够做出最好的决定。
- 之前，免费试用策略是 SaaS 企业打开市场的一种有效营销策略，因为它可以帮助客户了解产品的功能和特点。然而，随着时间的推移，免费试用策略被越来越多的公司采用，这导致了市场的饱和与客户对产品的贬值感知。销售人员要避免向潜在客户提出免费试用的请求，而是改为限时使用，例如，可以为潜在客户申请 7 天限时使用。

3. 学会提问的技巧

销售提问是一门艺术，提问的问题恰当，不仅能够获得潜在客户的更多真实想法，还能拉近与客户之间的亲密关系。提问的问题不恰当，不仅浪费彼此的时间，还会让客户反感。

会说话不如会提问，说得好不如问得妙。在 B2B 销售场景里，提问成为销售旅程里缺一不可的环节。那么怎样才算是会提问呢？问题如何设计才是符合场景的呢？

案例一：某 SaaS 产品销售人员上门拜访客户，花费 1 小时向客户演示产品解决方案后，直接问客户："你今天会确定购买吧？"客户说："我们想再考虑一下。"

案例二：销售人员与潜在客户正在交流，突然问道："你的预算是多少？"客户说："没有预算，看好就买。"

案例三：销售人员问潜在客户："你是购买的决策者吗？"客户回答："是的"。但潜在客户心里却想："我已经决定不购买了。"

类似的案例场景很多，为什么销售人员每次都会被客户拒绝？而且明明知道客户可能会拒绝他们，但他们依旧喜欢这样问？他们问了很多看似很合理的问题，却无法获得好的结果，归根结底是因为他们缺少对人性的理解。销售问题的设计要符合人性、顺应人性，才能合乎情理。

怎么问才能不引起客户的负面反应呢？怎么问才能得到真实的信息呢？这就是接下来要讲的重点了——如何设计销售问题。

在开始设计问题之前，我们需要了解问题的形式。问题形式通常分为封闭式和开放式。封闭式问题通常有一个特定的答案，而开放式问题则没有一个特定的答案。这些不同形式的问题在不同的场景下会呈现不同的效果。封闭式问题可以用于测试一个人对某个特定主题的了解程度，而开放式问题则可以用于引导创造性思维和探索未知领域。例如，你可以判断一下下列问题哪些是开放式问题、哪些是封闭式问题。

- 请描述你对我们产品的第一印象是什么。
- 你认为我们可以改进哪些方面以更好地满足你的需求？
- 如何评估供应商合作伙伴关系？
- 请解释你最关注的市场趋势是什么，以及它们对你的业务有何影响。
- 你更喜欢在早上工作还是在晚上工作？
- 你是个人购买还是团队购买？
- 你倾向于在云端存储数据还是在本地存储数据？
- 你对以下选项中的哪个最感兴趣？ A. 功能增强 B. 客户界面改进 C. 性能优化
- 你更倾向于按月付费还是按年付费？

（1）封闭式问题

封闭式问题是一种常见的问题形式，问题里面包含了需要回答者回答的答案，通常要求回答者从提供的选项中选择一个或多个答案。这类问题通常具有明确的选项，可以用简短的回答或选择进行回应，而不需要提供对回答的解释。封闭式问题最常被用于收集特定信息，例如，客户的偏好或意见，以及对方的看法。比如，你问客户他今天是否会购买，客户回答购买或不购买；你问客户他需要订阅 A 套餐还是 B 套餐，客户如果有购买意向，就只能选择 A 套餐或 B 套餐。

在销售过程中，封闭式问题常在逼单场景中使用。这种问题通常用来引导潜在客户回答“是”或“否”，从而推动销售进程。然而，如果过度使用封闭式问题，会让客户感到被逼迫，从而产生反感情绪，因此，在使用这种问题形式时需要注意适量，以避免给客户带来不良体验。

比如，肠粉店的老板通常会问客人：“你要加个鸡蛋吗？”客人的回答要么是“加”要么是“不加”。如果老板换个方式问客人：“你要加一个鸡蛋还是两个鸡蛋？”这时候，大部分客人会很自然地在两个答案之中选择一个。

（2）开放式问题

与封闭式问题不同，开放式问题鼓励回答者自由表达观点、提供详细信息或分享个人经验，而不受限于特定的答案选择或结构。开放式问题不包含答案，不涉及简单的“是”或“否”的回答，而是要求回答者用他们自己的话来解释或阐述观点。例如，你问客户的业务需求是什么，客户的需求多样化，他不说，我们不是很清楚；或者你问客户他的预算是多少，他不说，我们不能一下子就猜到客户的预算。

提出开放式问题的目的是激发创造性思维和了解回答者的观点、需求、意见或体验。这种问题形式在市场调研、客户需求分析、销售、客户服务和问题解决等领域被广泛使用。

开放式问题通常以下列词语开头：

- ❑ 请描述……
- ❑ 你认为……
- ❑ 如何……
- ❑ 请解释……
- ❑ 你对……有何看法

开放式问题的优点包括：

- ❑ 提供详细信息。回答者有机会详细说明他们的观点、需求和经验。
- ❑ 激发创造性思考。鼓励回答者自由思考并提供独特的见解。
- ❑ 深入了解需求。帮助销售人员了解回答者的具体需求，以更好地满足其期望。

虽然开放式问题可以让潜在客户更加轻松地回答问题，但是在销售信息的收集方面，存在一定的局限性。如果我们只是使用开放式问题与潜在客户进行沟通，可能只能获取到信息的一部分，这些信息可能并不能够完全促进销售进程。因此，我们需要交叉采用开放式问题和封闭式问题。例如，我们可以询问潜在客户他们的疑虑和问题，以便更好地了解他们的需求和期望。我们还可以利用调查表和问卷调查等方式来收集更加具体的信息，这些方法可以帮助我们更好地了解潜在客户的需求，从而更好地促进销售进程。

4.7　本章小结

SaaS 销售和传统销售在多个方面有所不同，这些方面包括交付方式、收入模式、客户关系、销售周期、定价结构和销售方式。

理想客户档案（ICP）是对最有可能购买产品和服务、成为长期客户并将产品推荐给其他人的公司类型的概述。B2B SaaS 的理想客户档案是对公司的全面描述，而不仅仅是针对个人买家或最终客户。

SaaS 销售按类别和服务属性分为三种模式：自助服务模式、常规销售模式和大客户销售模式。

典型的 SaaS 销售流程应该是：接近客户—发现客户需求—提供解决方案—完成销售—持续跟进。

销售团队结构类型主要有三种，分别是：流水线式销售团队结构、孤岛式销售团队结构、豆荚式销售团队结构。

现阶段，SaaS 销售人员遇到的两个挑战是：销售资格的确认、客户拥有太多的选择。

第 5 章 CHAPTER

SaaS 销售方法

SaaS 销售是有方法论的。有时候销售人员在与客户打交道的过程中，不自觉地会将这些方法运用在销售场景里，有可能用某一种方法，又或者是将多种方法结合实施。无论采用何种销售方法，最终的目的都是与客户达成签单合作。

优秀的销售人员有一套行之有效的销售方法，他们利用这套方法从容地应对销售流程中任何突发的情况，一路披荆斩棘直到成单。然而，大多数销售人员依然陷入各种迷茫和无助，在面对客户异议时，不知道如何处理，在销售流程中，不知道该在何时何地采用何种方法来与客户进行有效的销售互动。

本章根据笔者过往的销售经验，以及与各企业销售负责人、销售人员的深入沟通，把销售方法与市面上流行的销售方法论进行结合，帮助读者快速地掌握和运用有效的销售方法。

通过本章的学习，读者能够对 SaaS 销售方法论有一定的了解，同时，能够熟知市面上十种流行的销售方法。

5.1 SaaS 销售方法论

1. 什么是销售方法论

销售方法论是一种在销售流程中解决问题的框架，描述了销售人员应该如何处理在销售流程的每个阶段中遇到的问题。销售流程展示了销售达成交易的关键阶段，而销售方法论则是为达成这些关键阶段的目标提供的方法指导。

简而言之，销售方法论是销售流程背后可操作的指南。它解释了销售流程中的“方式”与“内容”。其中，内容包括潜在资格分析、追加销售、给潜在客户打电话等销售活动。而销售方法将销售流程与客户需求关联起来，让我们更好地了解客户的需求和想法，为客户提供针对性的解决方案。

例如，在销售方法论中，强调在销售流程的早期阶段建立有效的客户关系，这可以通过与潜在客户建立联系、了解他们的需求和建立信任来实现。同时，还探讨了如何在销售流程的后期阶段保证客户满意和促进交叉销售，为客户提供良好的售后服务并建立长期的客户关系。

销售人员为了达成销售目的，采取了一系列技术来执行他们的方法。这些技术包括市场研究、目标客户分析、竞争分析、销售策略制定、沟通技巧等。然而，销售方法论不仅是一种解决方案或技术，而且是一个规范组织所有销售活动的框架。

在未来，随着技术的不断发展，最好的销售方法论是使用数据分析来建议销售团队该采取何种策略，以提高销售机会。数据分析可以帮助企业了解市场趋势、客户需求和竞争对手的策略，从而制订更加精确的销售计划。

为了能够让销售方法论长期有效，必须应用一致、定期强化，并与指导组织销售活动的正式流程和通用语言匹配。在实践中，销售方法论为销售团队提供了实用、可重复、可扩展的销售成功框架。

2. 销售方法论的重要性

销售方法论是销售组织成功的支柱。在现代商业环境中，销售人员及其团队需要有一个可重复、可扩展和可预测的运营方式，以实现更高的流程成熟度和成交率。因此，每个销售组织都需要一套有效的销售方法论。这套方法论需要帮助销售人员识别问题并解决问题。这套方法论需要经过长期的实施和测试，并在原来的基础上不断地进行完善和改进。方法论没有好坏之分，只有适合与不适合。对大多数企业而言，一套好的销售方法论一定是与企业的销售流程、销售活动、企业战略相结合的，缺少其中任何一个要素，该方法论就不太可能带来最佳的销售结果。因此，企业在衡量任何销售方法论是否行之有效时，最直接的方式就是评估它是否能为企业或销售团队取得最佳的销售结果。

因此，使用有效的销售方法论不仅可以提高销售人员的个人表现，还可以提高整个组织的销售业绩。销售人员的个人表现不仅取决于他们的销售技能和知识，还取决于他们与客户之间的关系。企业应该为销售人员提供实现这种关系所需的资源和支持。在现如今激烈的市场竞争中，一套成功的销售方法论是每个组织必不可少的，也是保持组织竞争力和可持续发展的关键之一。

3. SaaS 销售方法的发展趋势

尽管有许多成功的销售方法可以借鉴和学习，也有很多优秀的同行案例可以参考，但是在这个不断发展和规范化的 SaaS 行业中，客户对 SaaS 企业的服务要求也越来越高。销售方法必须与时俱进，不断适应日益复杂的市场变化和潜在客户的需求。

SaaS 销售方法的发展趋势如下：

（1）结合新兴技术和工具来销售

技术进步为销售流程引入新工具创造了机会，这些工具让销售团队更高效地完成任务。展望未来，随着技术的不断发展，我们将看到更多的数据和分析工具被应用于销售流程中，使得销售团队能够更加精准地了解客户需求，制定更有效的销售策略，同时提高成交率，将销售方法转化为现实行动。除此之外，不断涌现出的各种新兴技术，如人工智能和机器学习等，这些技术将帮助销售团队更好地了解客户，进一步提高销售效率和质量。

（2）不断更新和改进销售工具

随着销售方法的发展，企业必须始终跟上客户的需求和不断变化的客户期望值。因此，企业需要不断更新和改进销售工具。通常，企业可以围绕“在线销售培训、个性化工具、销售分析、销售协作工具”四个方向改进销售工具，见表 5-1。

表 5-1　销售工具改进的方向

在线销售培训	个性化工具	销售分析	销售协作工具
提供更多的在线销售培训，以确保销售人员了解最新的销售策略和技巧	开发个性化销售工具，以便销售人员可以更好地满足客户的需求。这些工具可以根据客户的需求和喜好进行定制，使销售人员可以更轻松地推销产品	增加销售分析，以便销售人员更好地了解客户及其需求。这些销售分析还可以帮助企业了解客户的购买习惯和偏好，从而更好地定位销售策略	开发销售协作工具，以便销售团队可以更好地协作和共享信息。这些工具可以使销售人员更容易共享客户信息、销售策略和最佳实践

5.2 十种有效的 SaaS 销售方法

5.2.1 解决方案销售

1. 什么是解决方案销售

提到解决方案销售的时候，我们不得不提到另外一种常见的销售方法：产品销售。

产品销售是大多数 SaaS 销售人员所采用的销售方法。通常情况下，销售人员在销售过程中更专注于以产品的功能作为切入点，在介绍产品时强调其用途、功能及价格。例如，一位销售人员要销售一个保温杯，他可能会利用保温杯的形状、容量或功能等产品特征来吸引客户。这些特征是产品销售的关键方面。

在 SaaS 销售中，销售人员通常倾向于快速完成交易并进入下一个销售环节。这种心态可能导致他们过于关注产品的功能，而忽视了产品背后所能带来的实际价值。销售人员往往会列出产品的功能清单，强调这些功能的特点，但很少从客户的需求和业务挑战的角度去讲解这些功能如何切实帮助客户解决问题，即使有时会提到产品如何应对客户的具体场景问题，这种讨论也往往是基于产品自身的功能特性，而非根据客户的痛点和需求来提供定制化的解决方案。

与此不同，解决方案销售的核心是关注客户的需求，并通过产品来提供切实的解决方案，而不仅仅是介绍产品本身的特性。解决方案销售的关键在于通过深入了解客户的业务问题、挑战和目标，帮助客户看到产品如何在实际应用中发挥作用，解决他们的痛点。这种方法侧重于将产品与客户的实际需求和长期目标相结合，从而更有效地推动销售进程，建立起长期信任关系，并最终实现价值驱动的销售成功。

从本质上讲，解决方案销售要求销售人员深入挖掘潜在客户的真正需求，而不是将每次销售视为推销特定产品的机会。产品销售侧重于快速完成短期的交易，而解决方案销售则注重长期的合作关系。解决方案销售的重点在于满足客户的需求，不仅提供产品，还提供完善的技术支持和售后服务，以确保客户的业务稳定运行。此外，解决方案销售通常也会提供客户培训、咨询等增值服务，以帮助客户更好地使用产品和解决实际问题。相较于产品销售，解决方案销售更注重长期的战略规划和与客户的合作关系，以实现双方共赢。

产品销售和解决方案销售各有优势。在销售低成本、快速流通的产品（例如，零售商品）时，产品销售通常比解决方案销售更有效。然而，在销售高价值、复杂的产品（例如，软件）或服务时，解决方案销售更为适用。这是因为解决方案销售通常需要更详细的产品说明和演示，以便潜在客户能够理解其价值。

2. 解决方案销售的优缺点

（1）解决方案销售的优点

解决方案销售可以带来以下几个好处：

- 提升与客户对话的质量，使对话更具吸引力，从而增加销售人员的成功率。
- 通过提出相关问题，帮助销售人员更深入地了解他们的客户，进而更好地满足客户的需求。
- 关注产品为客户带来的价值及其可以提供的结果，从而提高客户对产品的认可度。
- 使销售人员全面了解客户需求，使客户将销售人员定位为值得信赖的顾问，进而增强客户的忠诚度。
- 让客户意识到产品非常适合他们的业务，从而提高客户终生价值和客户保留率，实现长期稳定的收益。

（2）解决方案销售的缺点

然而，解决方案销售也存在以下两个缺点：

- 销售人员需要具备更深入的产品知识，了解产品的每一个细节，并对常见问题有深入的理解。这意味着对销售人员的个人能力和知识储备有一定的要求。
- 需要对潜在客户进行更多研究，所以在时间和精力方面的投入会更多些。

虽然解决方案销售存在一些缺点，但是通过充分准备，可以最大限度地弥补这些缺点，从而取得更好的销售成果。

3. 如何有效地采取解决方案销售

（1）为客户提供购买产品的理由

销售人员如果要采取解决方案销售方法，必须要向客户提供购买产品的理由，并且这个理由能够给客户带来长期的价值。例如：

- ❑ 你的产品可以满足客户的需求，并且可以提供持久且可靠的解决方案。
- ❑ 与其他产品相比，你的产品具有独特的优势，可以为客户带来更多的价值。
- ❑ 你的产品不仅可以解决客户当前面临的问题，还可以为客户提供长期的技术支持和升级服务，以确保客户的业务始终保持领先地位。
- ❑ 你的产品可以帮助客户降低运营成本并提高效率，使客户的业务更加具有竞争力。
- ❑ 你的产品已经在市场上得到了广泛的认可和好评，证明了它的品质和性能优越。

重点关注客户可能遇到的痛点以及产品可以帮助解决这些痛点的方式。这可以让你更好地与客户建立联系，并让他们意识到你的产品所具有的价值和优势，从而增加销售机会。

（2）遵循解决方案销售六大阶段

解决方案销售六大阶段如图 5-1 所示。

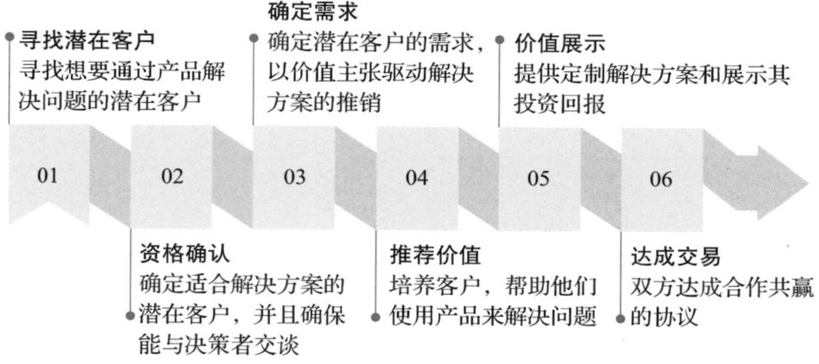

图 5-1　解决方案销售六大阶段

1）寻找潜在客户。寻找潜在客户是销售和营销工作的重要组成部分。为了找到潜在客户，我们需要尝试不同的渠道和方法，并综合考虑其效果和成本。一些常见的寻找潜在客户的方法包括社交媒体广告、搜索引擎优化、电子邮件营销、电话呼叫、网络研讨会和贸易展会的参展等。我们还可以寻找合作伙伴，以扩大客户群。

2）资格确认。在资格确认阶段，销售团队需要确定潜在客户是否适合该产品。我们的产品并不是“万金油”，只有找到适合使用产品的潜在客户，交易达成的概率才会更大。在销售领域里有种“钉子精神”。钉子精神是指销售人员应该“钉”在木板（目标客户）上，牢牢抓住目标客户，直到与其完成交易。本来钉子精神代表着坚韧、耐心，但是很多人却曲解了其本意，并且不是所有的潜在客户都能够被销售人员的钉子精神折服，尤其是不合格的潜在客户。与其在不合格的潜在客户身上耗费更多的精力，还不如痛痛快快地放弃他们，然后寻找更适合产品解决方案的潜在客户。

采用产品销售的销售人员在资格确认阶段将重点关注产品功能，并尝试向潜在客户描述产品是什么，并询问其是否想要购买。而采用解决方案销售的销售人员将首先尝试了解客户的痛点，然后向客户解释为什么产品解决方案很适合他们。

场景案例：销售人员向客户销售某款 CRM 系统。

当销售人员采用产品销售方式时，通常用以下方式向客户介绍产品：“你好！我们有一款 CRM 产品，既能够快速批量地收发邮件，又能够自动记录电话信息和跟进记录，提高你的销售效率。同时，它还提供自动拨号功能。我们现在有优惠活动，每个座席每月只收 200 元，而不是 300 元，这将为你的公司节省大量的成本。此外，我们的产品还提供其他许多实用功能，例如……你是否想要了解更多有关我们产品的信息呢？”

当销售人员采用解决方案销售方式时，他们会向潜在客户提出更多问题，以确保他们了解客户的需求并提供最佳解决方案。销售人员通常用以下方式来了解客户需求：“你在管理客户方面遇到了哪些具体问题？这些问题对你的公司有多大的影响？你认为手动输入数据需要多长时间？是否会对你的团队造成额外的压力？我们的解决方案可以显著缩短你的操作时间、提高效率并减轻团队的工作压力。我们可以提供详细的演示，并就如何使用我们的解决方案回答你的任何问题。你是否有兴趣了解更多关于我们解决方案的信息？”

3）确定需求。每个潜在客户都会在业务中产生独特的需求。因此，在给潜在客户提供解决方案之前先要确定他们的需求。

为了更好地确定潜在客户的需求，请编制一份旨在突出他们痛点的问题列表。你可以从客户的角度出发，思考潜在客户可能会遇到的问题，并将这些问题转化为具体的问题列表。另外，我们还可以对产品和服务所适用的更具体的行业领域进行分析，将这些行业领域所涉及的问题整理到列表中，以便我们能够从一个广泛的需求列表聚焦到具体的需求点上，对潜在客户的需求有个全面的了解。

最后，对这些需求点设置优先级，并且与潜在客户进行沟通确认。

4）推荐价值。在确认需求后，销售人员接下来需要向潜在客户传达产品解决方案是如何帮助他们满足这些需求的，以及如何为他们的业务增加价值。

在推荐价值阶段，销售人员给潜在客户推荐的解决方案是高度个性化的，优先考虑的是潜在客户当下最紧急和最需要解决的问题。推荐价值注重结果并且更加需要以客户为中心。销售人员会向潜在客户提到产品的功能，但仅限于描述这些功能是如何帮助潜在客户实现其业务目标的，并不会向潜在客户强调产品的定价和优惠政策。对潜在客户而言，解决方案的价值是他们首要关注的点，价格只是在下一步决定是否达成交易时才会去考虑的。请记住，潜在客户之所以愿意花钱购买产品，最可能的原因是产品能够帮他解决问题。

5）价值展示。在价值展示阶段，销售人员主要的工作目标是为潜在客户展示为什么公司的产品或服务是解决客户问题的最佳解决方案。通常可以通过多种途径进行，例如，产品演示、案例研究、客户见证、行业分析、市场调研等。

基于解决方案销售策略，在这个阶段，销售人员要避免强调产品的规格和功能，而应该从解决潜在客户的问题出发为潜在客户做价值展示。

例如，在产品价值展示中，销售人员可以这样说："贵公司反馈销售人员在跟进潜在客户的过程中，需要花费大量的时间去登记跟进记录和信息，我们的 CRM 产品提供自动化跟进记录信息并更新的场景。我给你演示一下，比如，销售人员在给客户打电话、发邮件或信息、拜访客户等过程中，我们的 CRM 产品会自动抓取相关的关键词并利用 AI 自动补充完成跟进记录，还可以实时进行分析、预判销售进程，为销售人员的下个行动计划提供指导。这样，销售人员既能跟进登记方面花最少的精力和时间，又能够利用 CRM 系统为下个步骤提供见解，提高工作效率和成单的概率。"

在价值展示的过程中，销售人员不仅需要提供解决方案，还需要建立客户和品牌之间的联系。例如，提供免费试用或演示，以便他们了解产品或服务。通过这种方法，可以在不过度强调产品规格和功能的情况下，让客户了解品牌价值，并建立长期的客户关系。

另外，为了展示产品方案价值，销售人员可以与潜在客户分享成功案例和客户故事，以证明解决方案过去如何成功帮助他人。同时，了解竞争对手能够为客户提供什么，因为有时候价值在对比的情况下传递给客户才最深刻，因此，应展示产品价值是如何超越竞争对手的。

6）达成交易。在销售的最后阶段，需要处理任何销售异议。许多客户在线上付款订阅或在线下签署合同之前会希望确保销售人员给他们的承诺能够兑现。这意味着销售人员需要做好充分的准备，并且要通过了解过去有哪些异议被提出以及如何处理这些异议。

要处理异议并完成销售，最佳的方法是查看过往的销售记录和互动。作为销售角色，不要过度害怕销售异议，要明白处理销售异议才是成长的最快捷方式。在解决异议时，了解客户的需求和担忧是非常重要的。销售人员可以通过强调产品或服务如何满足客户的需求，从而消除客户的疑虑或担忧。此外，还可以通过提供案例或客户见证来帮助客户消除疑虑。这些都是非常有力的证明，可以帮助销售人员向客户展示产品或服务的价值。

4. 解决方案销售的技巧

采用解决方案销售有以下几个技巧。

（1）为每个潜在客户创建其独特的销售需求分析

客户的需求是多样化的，既有共同点，也有独特点。销售人员需要收集好这些需求，并且要做好分析，找到客户核心的需求。销售人员也可以邀请销售支持部门来协助。

销售需求分析（或评估）是一种工具，可收集有关潜在客户及其遇到的问题的信息。它通常通过在线网络表格、调查问卷、测验等来完成。销售需求分析还可为销售人员提供未来谈话的要点。通过将销售需求分析的答案与行业最佳实践进行比较，可以制定直接满足潜在客户需求的销售宣传方案。

（2）先发现问题，后推荐解决方案

采用解决方案销售时，切忌一上来就推荐解决方案。正如前面所讲，潜在客户不会购买他们认为目前并不存在的问题的解决方案，也不会为没有价值的解决方案付费。因此，在与潜在客户沟通的过程中，销售人员要带着潜在客户在日常工作和运营中可能遇到的问题拜访他们。同时，不要急于说出潜在客户面临的问题是什么，而是让他们谈论可能隐藏的问题。随后，销售人员就可以将产品或服务作为完美的解决方案来介绍。

5.2.2　SPIN 销售

在竞争激烈的市场环境里，成功的销售方法对于企业的发展至关重要，而挖掘和发现客户的真实需求是成交的基础。SPIN 销售是一种被广泛认可和应用的销售方法，它注重了解客户需求、挖掘潜在问题，并提供切实可行的解决方案。

1. 什么是 SPIN 销售

SPIN 销售这种方法在尼尔·雷克汉姆（Neil Rackham）于 1988 年出版的 *SPIN Selling* 一书中首次提出。它的理念是，只有当销售人员真正了解客户的问题时，才能赢得最终的交易。这种交易只有通过询问特定类型的问题才能实现。

SPIN 是 Situation（情境）、Problem（问题）、Implication（影响）和 Need-payoff（需求回报）四个英文词组的首字母缩写。SPIN 的含义如图 5-2 所示这种销售方法的核心是在与客户对话的过程中，主动引导他们去发现问题，从而激发他们对解决方案的需求和渴望。

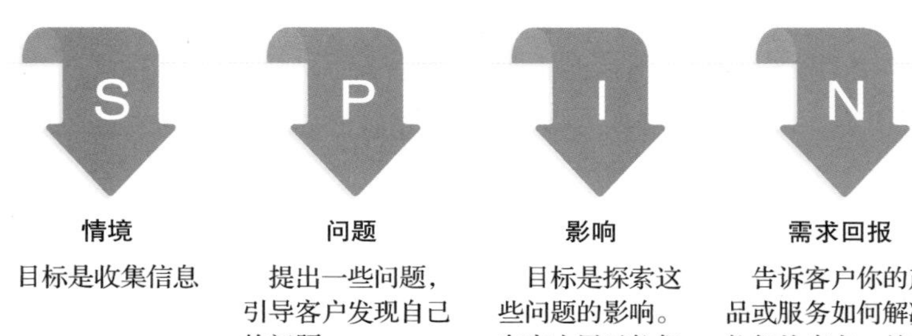

图 5-2　SPIN 的含义

2. SPIN 销售的四个阶段

销售人员采用 SPIN 销售方法与潜在客户沟通时，通常会遵循四个阶段：开放阶段、调查阶段、价值展示阶段、获得承诺阶段。

（1）开放阶段

正如前面章节所述，在初次与潜在客户沟通时，话题应该由浅到深，从开放式问题到封闭式问题。优秀的销售人员不会在与潜在客户见面时，马上介绍业务和产品。业务对话应先从随意的开场白开始，例如，“今天天气怎么样？”“路上的交通怎么样？”等，然后无缝过渡到背景问题。一个强有力的开场白应该让潜在客户有喘息的空间来了解销售人员和销售人员的业务，而不需要立即推销。

这种看似很随意的开场沟通更能够为接下来的谈话提供一些可靠的信号。销售人员看似很随意的开场闲谈，一方面，可以让客户在轻松的状态下快速放松下来，为后续的谈话提供铺垫，另一方面，也能够通过闲谈的方式来了解客户当下的心态。如果客户状态不佳，则可以多聊一些不需要过多思考的、简单轻松的话题来缓解客户的焦虑。

（2）调查阶段

一旦对潜在客户的情况有了大致的了解，就可以开始进入调查阶段来深入探索潜在客户的业务，了解他们面临的业务挑战和问题。在这个阶段，我们可以反复采用 SPIN 中的背景问题、难点问题、暗示问题和需求 – 收益问题与客户交流，收集更多有效的信息。例如，他们的目标市场、竞争对手、现有的销售策略和营销活动等。

在这个过程中，一定要注意避免急于下结论或做出假设，因为这可能会误导调查结果，影响最终建议和决策。销售人员应当通过问一些开放式问题引导潜在客户自我诊断问题，以便更好地理解他们的需求和痛点。

（3）价值展示阶段

接下来，我们详细介绍一下如何展示产品。雷克汉姆建议从三个方面展示产品。

1）产品功能。产品功能是指产品能够完成的具体任务。例如，汽车的功能包括行驶、载人和载货。如果你的产品是软件，其功能可能包括数据分析、安全防护和文件管理等。

2）产品特点。产品特点是指相对于竞争产品的独特之处。例如，汽车相对于自行车的特点在于其速度快和舒适度高。如果你销售的是一款新的电子设备，则它的特点可能是更快的处理速度和更长的电池续航时间。

3）产品好处。产品好处是指客户因使用产品而获得的实际益处。例如，汽车销售人员可能会说："由于这辆汽车的强劲马力，你可以更快到达目的地，同时享受舒适的乘坐体验。"这样，客户就能清晰地了解产品带来的具体好处。

（4）获得承诺阶段

在销售的最后旅程中，要么潜在客户决定购买，要么拒绝购买。在 B2B 的商业模式下，有的潜在客户可能需要经过几个月甚至几年时间才同意购买解决方案。因此，如果早期没有达成交易，并不意味着失败。在第一次拜访潜在客户到潜在客户最终确定购买期间，你会有多次与潜在客户交流和推进流程的机会，每当潜在客户一步步完成你预设好的销售漏斗阶段时，你就离获得成功近一步。

3. SPIN 销售的技巧

笔者最常被问的一个问题是："SPIN 销售有什么技巧？"

以下是 SPIN 销售的一些技巧，可以帮助销售人员与潜在客户建立联系。

- ❑ 提出挑衅性的问题。销售人员需要说出吸引潜在客户的话。潜在客户不喜欢只对他们说好话的销售人员。相反，他们认为那些想挑衅他们的人会以新的方式看待他们的问题。因此，如果销售人员想让自己与众不同，请通过提出挑衅性的问题来与潜在客户建立联系。

- 不必过度热情。我们对积极进取的销售人员的刻板印象是过度热情，而且令人恼火。请记住，销售人员不必过于热情，要适可而止。要真诚和专业，因为与真诚的人交谈会让人放心。销售人员与客户之间是合作的关系。销售人员不必过分地讨好潜在客户，当然也不能表现得很无礼。
- 一切都围绕着潜在客户。销售人员应该努力关注潜在客户的需求。过度推销产品会让潜在客户失去兴趣，并妨碍销售人员与潜在客户建立牢固的关系。销售人员要时刻牢记站在潜在客户的角度思考问题，所销售的产品应当以能够帮助潜在客户解决问题并且带来收益为前提。
- 让潜在客户多说。少说多听是与潜在客户建立良好联系的好方法。销售人员在与潜在客户接触时要牢记这一点，让潜在客户多说话。
- 了解主要挑战。销售人员应该提出针对潜在客户所面对的主要挑战的问题，并深入挖掘这些挑战如何影响他们。
- 提出开放式问题。当销售人员提出问题时，请让潜在客户详细阐述，而不是问："你通常会……吗？"应当问："你平时怎样……？"这迫使潜在客户详细回答问题并为销售人员提供更多见解。
- 不要跳过提前的研究和准备。问题不应取代背景研究和资格认证。在进行销售拜访时，销售人员应该尽可能多地了解潜在客户所处公司的规模以及他们遇到的问题。

- **最后谈论产品 / 解决方案。**在推销产品 / 解决方案之前，销售人员应仔细遵循问题的提问顺序。
- **利用演示平台发挥产品的优势。**当销售人员想让潜在客户了解产品时，可以利用交互式的定制演示方式来展示产品，这将使潜在客户能够亲自试用产品并了解它的工作原理。

4. SPIN 销售问题示例

让我们来了解一下四种类型的 SPIN 销售问题，以下提供了一些示例。

（1）背景问题

顾名思义，背景问题可以帮助销售人员了解潜在客户的当前状况。销售人员经常在不了解潜在客户的情况下强行推销，只关注他们所销售的产品而不关注潜在客户及其需求。

背景问题可以让销售人员花点时间了解潜在客户业务中产生的问题以及产品如何帮助他们解决这些问题，也为调整和个性化销售人员的销售宣传奠定了基础。

背景问题示例：

- 你们目前的业务流程是什么样的？
- 你目前使用什么工具？
- 你过去用过什么工具？其效果如何？
- 你多久使用一次这些工具？
- 你为什么购买这些工具？
- 为什么这个优先事项对你的业务很重要？

（2）难点问题

一旦销售人员了解了潜在客户的当前状况，就可以开始更深入地挖掘他们遇到的难点问题。

通过向客户提出他们可能面临的难点问题，引导他们回忆和思考这些问题发生的场景。销售人员需要从客户的角度（而不是自己的角度）深入了解他们所面临的不同问题。

因此，在销售过程中，客户的需求驱动着他们的购买决策。如果客户没有意识到问题的存在，他们就不会觉得有必要购买产品或服务来解决这些问题。

难点问题示例：

- 你认为你的流程是否已尽善尽美？

  目的：探讨客户对现有流程的满意度，揭示潜在的改进空间。

- 是什么阻碍了你当前的流程？

  目的：明确流程中的具体障碍和挑战。

- 这些问题通常什么时候出现？

  目的：了解问题发生的频率和常发生的情况。

- 是什么原因导致这个问题发生呢？

  目的：找出问题发生的根本原因，帮助制定解决方案。

- 谁遇到过这个问题？

  目的：确定受问题影响的人员或部门，评估问题的范围。

- 这对你团队的生产力、利益相关者的支持、运营有何影响？

  目的：评估问题的具体影响，量化其对业务的负面效果。

（3）暗示问题

在了解了潜在客户的当前状况以及他们面临的难点问题后，是时候更好地了解难点问题的范围了。

暗示问题可帮助潜在客户了解难点问题真正给他们带来了什么损失。虽然潜在客户可能知道他们在业务中存在某些问题，但他们可能没有考虑到这些问题在金钱、时间和资源损失方面给他们造成的损失。

暗示问题将帮助潜在客户意识到他们没有充分利用自己的资产，让他们产生紧迫感。

暗示问题示例：

- ❑ 你每周在无效流程上浪费多少时间？
- ❑ 如果你的团队不面临这些问题，你认为你的团队可以取得多少成就？
- ❑ 这些问题是否曾经影响过你向客户提供服务或产品的能力？
- ❑ 这如何影响流入组织的现金流？
- ❑ 是否有客户因这些问题而投诉或取消订单？

（4）需求 – 收益问题

销售人员不需要告诉潜在客户解决方案将帮助他们解决问题，而是让他们自己得出这个结论。要想做到这一点，需要提出需求 – 收益问题。

需求 – 收益问题示例：

- ❑ 自动化手动流程的工具会减少支出 / 改善交付吗？
- ❑ 这对你的团队有价值吗？
- ❑ 如果你可以自动化某些流程，你的团队会节省多少成本？
- ❑ 如果你的团队能够……会有多大用处？

5.2.3 MEDDIC 销售

1. 什么是 MEDDIC 销售

大多数销售人员都经历过这样的阶段，自己明明很努力成为公司里最好的销售人员，每天最早到公司，最晚下班，看过市面上各种优秀的销售书籍和学过无数遍销售培训课程，但是，业绩依旧没有获得很大的增长。

对于公司而言，有时候销售团队明明已经找到了合适的客户进行沟通和交易谈判，但是最终还是没能成交。销售人员很容易将失败归结为其他客观因素，如产品不好、客户不需要、价格不合适等。

MEDDIC 是一种 B2B 销售资格框架，用于简化潜在客户资格认证流程。它类似于 BANT 框架。BANT 包括 Budget（预算）、Authority（权威）、Need（需求）和 Timeline（时限）四个方面，最初是由 IBM 提出的，旨在帮助销售人员在进行销售活动时更好地了解客户的需求和意图。MEDDIC 关注销售过程中的特定阶段——认证潜在客户资格，有助于销售人员更好地了解客户的需求和意图，提供个性化解决方案，并在整个销售周期中保持一致性和相关性。MEDDIC 在全球范围内被广泛应用，其主要优势是简单易用且具有深度。它主要用于帮助销售人员确定潜在客户组织内是否存在真正的成交机会，并可用于销售预测。

对于 B2B 销售而言，MEDDIC 非常实用。企业销售通常涉及复杂的解决方案，需要与多个利益相关者互动，并需要保持专注和警惕。MEDDIC 可以使销售过程更加高效，同时提高客户满意度和信任度。

如图 5-3 所示，MEDDIC 主要由六个主要元素组成，分别是指标（Metric）、经济买家（Economic Buyer）、决策标准（Decision Criteria）、决策过程（Decision Process）、识别痛点（Identify Pain）、拥护者（Champion）。它可帮助销售人员在销售渠道中更有效地吸引客户，提高交易成功的可能性。采用 MEDDIC 销售可让销售人员知道如何将潜在客户的需求与他们的价值主张相匹配，从而使潜在客户更加合格，提高完成交易的机会。潜在客户越合格，完成交易的可能性就越大。

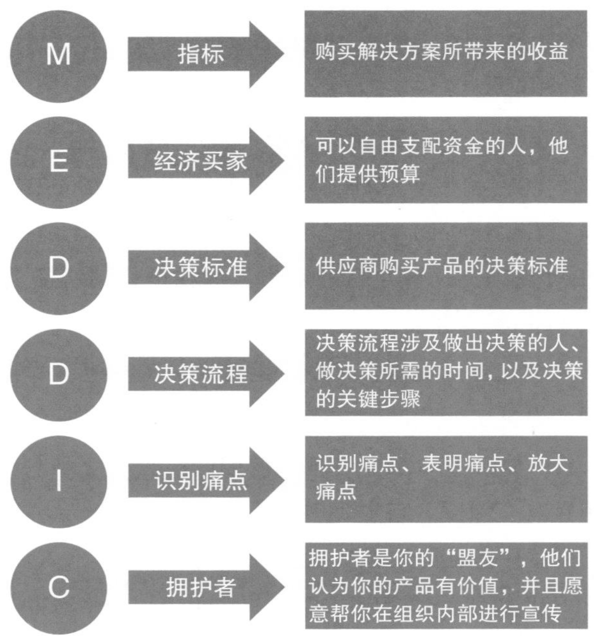

图 5-3　MEDDIC 体系

2. MEDDIC 销售的优缺点

MEDDIC 作为销售资格框架，首先帮助销售人员确定与当前的潜在客户是否存在合作的机会或者他们是否拥有销售资格。尤其在 B 端企业市场的激励竞争下，销售人员获客相对困难，所以他们试图在不合格的潜在客户或组织里寻找销售机会。而这些不合格的潜在客户或组织通常有以下特征：

- 你试图想要去解决的问题或者客户痛点价值不大（从客户的视角来看）。
- 你所接触的潜在客户不清楚他们内部的购买流程或者不愿意耗费精力去推动流程（通常发生在大客户群体里，他们所处组织的部门结构复杂、利益相关者众多，往往在某个购买决策环节必须要多个部门共同参与）。
- 潜在客户受自身资金方面的影响，无法购买你的产品。

过去，MEDDIC 销售常被用于大客户群体。由于大客户群体资金充足、决策周期长、利益相关者众多，所以需要销售人员全程参与整个销售的推进过程，帮助大客户群体发现他们当前面临的更重要的痛点和需求，并通过指标来衡量痛点程度，从而提高其紧迫性。另外，通过全程参与客户的决策过程，销售人员可尽早找到决策者，甚至在某些情况下还可帮助客户制定决策的流程和标准。

由于 MEDDIC 销售流程注重获取知识而非运用销售技巧，因此，即使对于非“销售型”的销售人员来说，也很容易实施。除此之外，MEDDIC 销售还可以帮助任何规模或行业的企业更好地识别和鉴定潜在客户，特别是在周期较长且需要更多资源（通常需要更多资金）的 B2B 销售中，其效果尤为显著。

（1）优点

MEDDIC 销售可以帮助销售人员快速识别哪些客户适合使用他们的产品。了解客户的需求和对客户业务或痛点非常重要的 KPI，就可以很好地确定到底谁更适合使用产品。对于不适合使用产品的潜在客户，请果断放弃。销售人员应该将精力放在那些最可能通过他们的产品获得成功的企业组织中，而不是对所有的客户都一视同仁。

国内 SaaS 产品续费困难的核心原因是：销售团队找了太多不适合使用他们产品的客户，这些客户无法通过他们的产品获得目标业务的成功。之后，这些客户必然不会再继续购买产品，甚至可能会对品牌产生负面的影响。

销售人员应清楚客户的购买决策步骤，了解应该找谁来做决策推进、哪些客户可以快速进行推进、哪些客户的决策流程复杂，然后围绕这些方面创建出相应的推进时间计划表，在适当的时机帮助客户做出合理的决策，并以同理心来帮助客户完成交易。为每个客户量身打造独特的购买体验，让客户感受到自己得到真正了解他们的人的大力帮助。

（2）缺点

实施 MEDDIC 销售最重要的原则是：必须了解客户。这意味着，你必须要投入足够多的时间和精力去了解你的客户，如果你对你的客户了解不多，则无法实施 MEDDIC 销售。

另外，MEDDIC 销售并不适用于所有的销售场景。例如，如果销售低价商品，你可能不希望采用 MEDDIC 销售，因为它需要大量的销售资源。

3. MEDDIC 销售的元素

MEDDIC 销售包括六个元素，接下来介绍每个元素的含义。

（1）M（Metric，指标）

指标是将解决方案提供的价值进行量化的衡量标准。通常它们被以一种简单易懂的方式向潜在客户强调产品解决方案的价值。指标应该作为独立的业务价值要点，让在潜在客户组织内部的任何利益相关者都能够轻易地看到，这样可以吸引他们立即想了解解决方案能够为他们所带来的具体价值。

通常情况下，指标有多种形式和数值大小的区分。潜在客户最终的购买目标与他们的业绩目标相关。你需要了解潜在客户想要实现什么目标，他们将如何衡量成功。换句话说，他们将使用哪些指标来评估你的解决方案？

例如，你是一位销售 CRM 系统的销售人员，你所定义的指标需要聚焦于 CRM 系统的解决方案能够为客户提供的独特价值点。

在这个示例中，假设你的解决方案具备三个优势：

1）自动跟进客户互动记录。

2）AI 自动回复客户信息。

3）可对客户数据进行统计分析。

这些优势属于产品优势，并不代表其能满足客户的需求。如果你仅把指标重点放在这三个优势上，并没有深入去了解客户真正的需求，就意味着你的解决方案无法激起客户的兴趣。比如，客户在日常工作中跟进客户互动记录和对客户数据进行统计分析都能够通过人工表格快速完成，并且完成得很好，在这方面并没有感觉到有什么不妥，如果围绕着这两个优势去构建指标，那在帮助客户感知产品价值方面并没有什么作用。

在创建指标时，请先忘记你的产品优势，一切都应该从以客户为中心出发。在上述示例中，随着深入地调研和拜访客户，发现客户目前对客户资源获取和销售资格分析功能的需求特别迫切。于是，我们可以设置以下相关指标：

- 增加获客渠道。每天通过 CRM 系统的对接渠道功能获得 100 个新客户信息。
- 分析客户销售资格。利用 CRM 系统的分析功能，分析效率提升了 40%。以前 30 分钟分析一位客户，现在 10 分钟分析一位客户。

也许我们会为客户设置很多指标，在上述示例中，可能会设置三个及以上的指标。要知道什么样的指标才是客户真正在意的，又或者什么样的指标能够引起客户方利益相关者对解决方案的兴趣，还需要了解客户期望的 ROI。

要激起客户的兴趣，销售人员需要善于利用指标来讲故事。指标可以作为与客户交流的桥梁，通过案例研究和证据点的呈现，让客户更加深入地了解你与其他客户合作的情况。

在与现有客户进行交流时，销售人员可以讲述其他客户使用解决方案之前的状态以及他们面临的挑战和困难。详细说明解决方案是如何帮助其他客户解决这些挑战和困难的，并阐述其他客户从解决方案中获得的多项好处，这些好处可以通过指标来进行衡量。

例如，可以使用销售额、市场份额、客户满意度等指标来说明实施解决方案所带来的价值。通过展示其他客户在使用解决方案后所实现的具体成果和增益，可以更直观地向现有客户展示解决方案的价值和效果。例如，销售人员可以这样表述：

- 借助我们的解决方案，你将节省 X 工作时间。
- 将每月访客数量增加 X。
- 使用我们的解决方案后售出了更多商品！
- 使用我们的软件产品后，你的业绩能够在原来的基础上提升 20%。

（2）E（Economic Buyer，经济买家）

经济买家在任何销售过程中都扮演着关键的角色，他们有权批准费用支出。在购买决策环节，当别人说“不行”时，他们有能力说“行”，当别人说“行”时，他们有能力说“不行”。通常，经济买家对商业利益、决策标准和完成交易的流程有清晰的认识。一般小公司的经济买家就是该公司的 CEO，大公司可能会涉及多名经济买家，他们通常是各相关部门的负责人。

与真正的经济买家会面是获取复杂决策标准和流程线索的有效途径。为了成功地准备经济买家会议，你需要对价值主张进行彻底的调查，并确保获得参加会议的资格。

在与真正的经济买家交谈时，确定资格是至关重要的。你可以提出一个好的限定问题，例如：“如果你与我们达成合作协议，是否还需要其他人正式或非正式地参与或批准？”这个问题有助于你了解达成协议的可能性以及需要满足的条件。

以下是向经济买家询问的一些问题：

- 你对这个项目表示支持吗？
- 对于你来说，成功的标准是什么？
- 如果我们满足了成功交易的标准，下一步是什么？

如果经济买家确认了该项目并概述了可能的完成日期，那么你的交易很有可能完成。但如果你没有与经济买家见面或没有得到他的批准，那你及时完成交易的机会就会低于 50%。

相关数据显示，超过 80% 的交易失败都是因为无法接触到经济买家。而如果你与经济买家有着密切的互动，则超过 80% 的交易都会获得成功。因此，与经济买家的积极互动对于交易的成功至关重要。

（3）D（Decision Criteria，决策标准）

MEDDIC 中的第一个 D 代表决策标准。简而言之，就是做出购买决定的标准。

潜在客户会收到来自多个 SaaS 企业的销售人员给到的解决方案，这会迫使他们不得不在进行对比后做出选择。如果你提前了解到他们的决策标准，就能够根据他们的决策标准更好地传递信息。

决策标准各不相同，但公司通常会根据简单性、集成、预算限制和潜在投资回报率等因素来进行分类。通常，决策标准分为三类，如图 5-4 所示。

技术标准

1. 你的解决方案是否具备满足客户需求的技术能力?
2.客户将如何实施你的产品?这比他们预期的工作更多还是更少?
3.从基础设施和安全角度来看，你的解决方案是否可行?
4.客户使用你的界面感到舒服吗?

经济标准

1. 你的解决方案能否提供足够强劲的ROI?
2.实施的财务成本和资源成本各是多少?
3.存在机会成本吗?
4.是否有资源可以更好地部署在其他地方?

关系标准

1. 客户想与你合作吗?
2.你是否倾听了利益相关者的个人意见并激发了他们对你解决方案的信任?
3. 你的路线图符合客户的愿望吗?
4.你公司的发展方向是否符合客户的期望?

图 5-4　决策标准的分类

如果你的客户已经有了全面的决策标准，你将需要确保你的解决方案能够很好地与之匹配。并非所有客户都会有明确的决策标准。这种情况是你影响客户制定决策标准并发挥解决方案优势的绝佳机会。

在任何情况下，无论决策标准是否构建良好，销售人员都要将产品价值附加到决策标准上。销售人员需要对决策标准进行调整，以包含自己可以提供的其他价值领域，这些价值领域要么是自己的主张所独有的，要么是足够有差异化的或足以作为优势而捍卫的。

（4）D（Decision Process，决策流程）

决策标准是指制定决策的依据，而决策流程则是实现决策的途径。通过了解潜在客户的决策标准，我们了解到他们决策所需要具备的内容，而决策流程则告诉我们他们的决策是如何被制定和执行的。通常情况下，决策流程中包含着做出决策的人、他们执行决策所需的时间，以及正式批准决策的关键步骤。

我们在了解潜在客户的决策流程时，最关键的是要看看是谁做出决定、使用什么时间框架和流程来做出决定。要考虑的问题如下：

- 采购决策是经过公司不同部门共同思考后做出的吗？如果是，都包括哪些部门？
- 每个部门需要多长时间做出决策？
- 谁参与了这个决策过程？
- 决策的过程需要提供哪些资料供决策者参考？

（5）I（Identify Pain，识别痛点）

潜在客户主动对外寻求解决方案的前提是他们存在痛点或者

业务问题。大多数潜在客户往往会自行对需求痛点进行归纳，总结出自认为可行的解决思路，并且按照这个解决思路去寻找市面上的解决方案。

销售人员需要了解、识别潜在客户产生痛点的原因，并且要确定自己的产品解决方案是否适合帮助潜在客户解决这些痛点。在 MEDDIC 最初的设计里，“I”表述为“识别痛苦”。时至今日，仍然有很多 SaaS 企业在采用 MEDDIC 销售时，把“I”表述为“识别潜在客户的痛苦”。现在我们需要重新定义“I”的含义，笔者认为“I”应该分为三个阶段：识别痛点、表明痛点、放大痛点。

在识别痛点阶段，销售人员仅识别到潜在客户的痛点，知晓潜在客户目前存在的业务问题，以及自己的产品是否能够解决潜在客户的痛点。但是这种识别无法唤起潜在客户对解决该痛点的紧迫性，在情感上无法引起他们的共鸣。

在表明痛点阶段，大多数销售团队在识别出潜在客户的痛点后，会将痛点向客户阐明，告诉潜在客户如果这些痛点不解决将如何影响他们的业务收入、日常的工作效率、业务风险等，从而让潜在客户在看待痛点时能够与销售人员同频，彼此之间产生共情。

在放大痛点阶段，痛点虽然会影响到潜在客户的业务和日常工作，给潜在客户带来不少麻烦，但是，对于什么时候解决，潜在客户自己心里也没有太多想法，只要不是非常致命的痛点，也许他们会一直拖下去，直到某一天实在受不了了，再去解决。优秀的销售人员将会放大痛点，指出它对潜在客户的伤害有多大，以及解决它后能够带来多大的收益，使潜在客户感到痛点带来的业务压力。

（6）C（Champion，拥护者）

找到一个拥护者，这个拥护者是你的“盟友”，一个为你的成功投资的内部人士。他认为你的产品有价值，并且愿意帮你在他的组织内部进行宣传。拥护者很可能是受公司业务痛点影响最大的人，或者是从你的解决方案中受益最多的人。由于他想要你的解决方案，所以他希望与你合作，并且会利用他的影响力从内部推销该解决方案。

什么样的人才算是好的拥护者？笔者认为必须要具备三个要点，如图 5-5 所示。

以上三个要点缺一不可，如果你所找到的拥护者仅具备第二、第三点，并不具备第一点，那么他根本算不上是拥护者，顶多算是解决方案的“教练”，因为他无法在最终销售阶段为你的成功提供决策上的影响力和帮助。

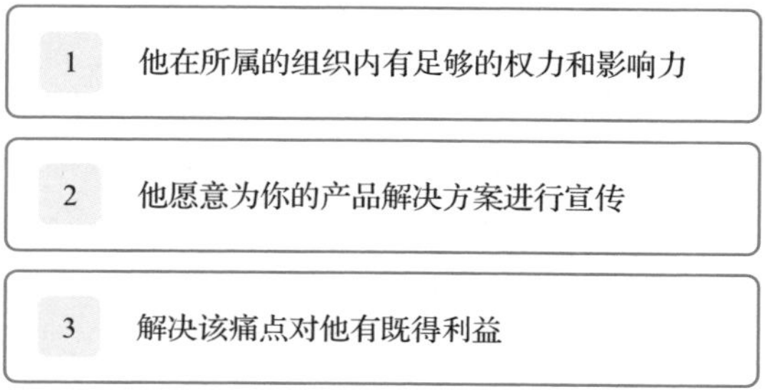

1　他在所属的组织内有足够的权力和影响力

2　他愿意为你的产品解决方案进行宣传

3　解决该痛点对他有既得利益

图 5-5　好的拥护者必须具备的三个要点

如果缺少第二点，则意味着你的解决方案不会在他的组织内部或与其他利益相关者的讨论中被提及，这是一个非常危险的信号。请确保他积极谈论你的解决方案，如果有人提出批评，请判断他是否会坚持采用你的解决方案。

判断某人是不是拥护者要问的问题：

- ❑ 为什么这个人是拥护者？
- ❑ 这个人有影响力吗？
- ❑ 他 / 她的个人兴趣是什么？
- ❑ 当你不在的时候，他 / 她会为你挺身而出并为你推销吗？

4. MEDDICC

现在的市场竞争非常激烈，销售格局也发生了很大的改变，迫使越来越多的销售组织开始关注竞品以及与竞品之间的竞争关系。这也导致 MEDDIC 升级为 MEDDICC，增加了第二个“C”（Competition，竞争）。

如今不仅有更多的直接竞争对手，还有大量的间接竞争对手。它们提供类似的产品价值主张或具有相同目标但完全不同的产品价值主张。

这意味着你的竞争对手不再只是解决方案提供商，而是与你竞争相同资源或预算的任何个人或供应商。

以正确的态度对待你的竞争策略将使你获得更大的交易、更稳定的客户，以及整个业务的总体升级；突出你的品牌与竞争对手相比的优势；全面地了解竞争对手的立场，并确定你与他们对抗采用的独特、具体的方式。在与客户进行交流时，永远不要贬低竞争对手，否则将立即降低你在客户眼中的可信度。如果客户信任你，他们最终会购买你的产品；如果客户不信任你，他们就会去找你的竞争对手。

你需要问客户的问题：

- ❑ 除了我们之外，你还在考虑哪些公司？

- ❑ 你希望我们采取不同的做法吗？
- ❑ 为什么我们不能赢得这笔交易？
- ❑ 我们尊重我们的竞争对手，你对它们的看法是什么？
- ❑ 如果我们在这次评估中落后于竞争对手，你能告诉我原因吗？

5.2.4　入站销售

1. 什么是入站销售

当客户清楚地了解自己想要什么时，销售就会变得很简单。客户会从被动地接受销售人员的产品推销，转为主动地与销售人员联系，以获取更多有关产品方面的信息，并且对产品的解决方案表示出兴趣。通常情况下，销售人员只需要协助客户完成演示和了解相关的合约政策或定价说明，客户即可做出购买决策。

入站销售是一种独特的销售方法。它强调在向客户推销产品或服务之前为其提供价值。入站销售基于潜在客户通过内容营销、社交媒体营销和其他在线渠道来了解你的品牌、业务和解决方案，并以此来培养他们的兴趣。之后，他们会通过在线沟通工具主动与你联系或留下相关的联系方式。接下来，你的销售团队会与客户联系并进一步培养他们的兴趣。这个过程可能包括与客户的交互，例如，提供有价值的产品解决方案资源（如白皮书或演示文稿等）。

让我们通过一些统计数据来了解入站销售的成果。

- LinkedIn 的数据表明，62% 的 B2B 客户会对通过分享产品相关内容和见解与他们建立联系的销售人员做出回应。
- 41% 的 B2B 客户在与销售人员互动之前会在线查看 3 ～ 5 条内容信息。
- 个性化有助于培育内部销售的成功。近一半（49%）的消费者表示，在获得个性化购物体验后，他们可能会成为回头客。
- 专注于在通话期间为客户提供价值的销售人员的成功率提高了 96%。

2. 入站销售的三个阶段

入站销售分为三个阶段，即认知阶段、考虑阶段、决策阶段，如图 5-6 所示。

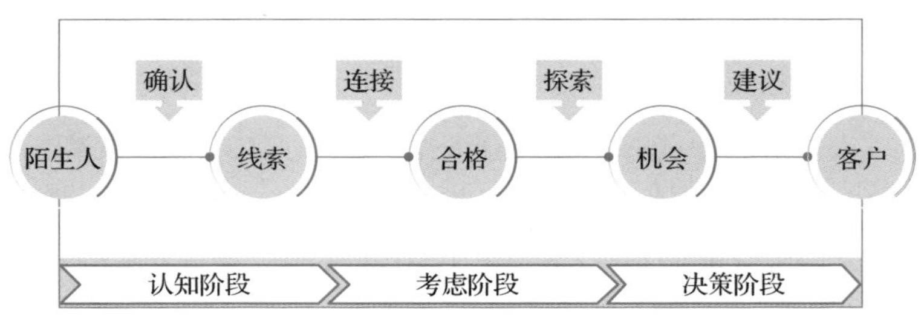

图 5-6　入站销售的三个阶段

（1）认知阶段

潜在客户意识到自己的业务存在阻碍问题，并且认为应该尽快寻找解决方案。在这个阶段，潜在客户会自行主动地寻找有关的产品和服务信息，并对多种解决方案进行分析评估，例如，他们可能通过线上搜索引擎、官网、社交媒体、其他人的口碑推荐或个人之前的经历等获取信息。

在这个阶段，销售人员需要充分了解潜在客户的需求，并且为他们提供足够的信息来帮助他们。销售人员应优先考虑活跃的客户，如果活跃的客户符合 ICP，应该立即采取行动。

（2）考虑阶段

当潜在客户已经明确了他们的问题后，他们会对所有的产品解决方案或服务权衡利弊。在这个阶段，企业需要持续地为潜在客户提供有效的信息和内容，引导他们做出最正确的选择。例如，提供免费试用体验、操作演示说明、适当的折扣优惠等。

销售人员在这个阶段还需要了解潜在客户目前将他们的产品与哪些竞品进行对比。这对销售人员接下来做差异化服务非常有帮助。掌握这些信息可以让销售人员在与潜在客户联系时更轻松地提出价值主张。

（3）决策阶段

在决策阶段，客户已经选择了他们认为最好的解决方案来解决他们的痛点。如果他们选择了你的产品，那是因为你已经成功地与他们建立了联系，提供了有价值的主张，并向他们展示了你的产品是最好的解决方案。在这个阶段，你可以采取措施来增加他们选择你产品的可能性。例如，你可以通过提供更多的信息、提供更好的客户服务、提供更好的保证等方式来增加他们选择你产品的可能性。此外，你还可以与他们建立深入的关系，以确保他们对你的产品感到满意并愿意推荐给其他人。

3. 入站销售流程

入站销售流程可分为四个步骤，如图 5-7 所示。

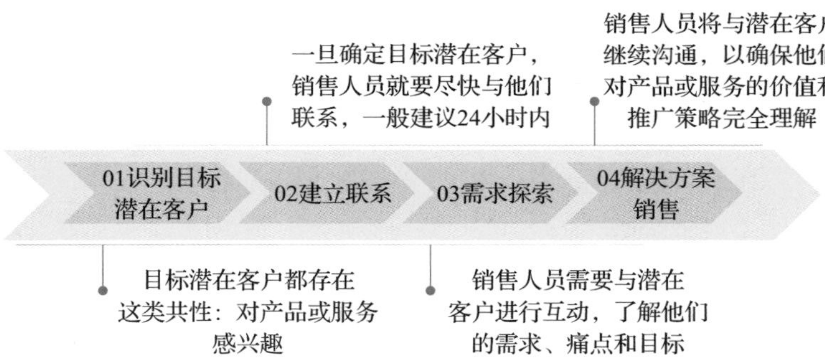

一旦确定目标潜在客户，销售人员就要尽快与他们联系，一般建议24小时内

销售人员将与潜在客户继续沟通，以确保他们对产品或服务的价值和推广策略完全理解

01识别目标潜在客户 → 02建立联系 → 03需求探索 → 04解决方案销售

目标潜在客户都存在这类共性：对产品或服务感兴趣

销售人员需要与潜在客户进行互动，了解他们的需求、痛点和目标

图 5-7　入站销售流程

（1）识别目标潜在客户

入站销售的第一步需要先识别目标潜在客户。这些目标潜在客户都存在这类共性：对产品或服务感兴趣。

通常情况下，登录官网并且填写相关信息资料表单的潜在客户属于最直接的目标潜在客户，应优先考虑这一类主动入站的潜在客户，而非将精力放在被动入站的潜在客户身上。

（2）建立联系

一旦确定目标潜在客户后，销售人员就要尽快与他们联系。一般潜在客户在官网上填写相关联系方式后，24 小时内完成初次联系。

销售人员在与目标潜在客户初次电话沟通时，简单说明情况，例如：

1）我们是谁（公司）。简单介绍一下你自己（公司），不需要过度地夸大或聊太多，潜在客户是对你的解决方案感兴趣，而不是对你（公司）感兴趣。

2）在哪里看到潜在客户留下的信息。帮助潜在客户回忆录入联系方式的情景，唤醒他们解决问题的紧迫感。他们能够主动填写信息，很大程度上是希望能够尽早解决问题的。

3）初步咨询了解潜在客户目前遇到的问题。这需要引导式提问，并需要在与潜在客户进行互动时，观察潜在客户的反应。有的潜在客户并不希望一开始就向“陌生人”谈论更多自己存在的问题。

4）抓住机会与潜在客户完成“常链接”。所谓“常链接”，就是指能够让潜在客户随时随地找到你，同时你也方便将信息数据传递给潜在客户的渠道。比如，企业微信、个人微信或者其他有效的在线沟通工具。与潜在客户达成“常链接”，才是促使销售达成的第一步。

（3）需求探索

在需求探索中，销售人员需要与潜在客户进行互动，了解他们的需求、痛点和目标。为了提高销售效率和沟通的有效性，需要提前创建探索性对话沟通框架。SaaS 企业的销售支持团队需要提前将这些沟通框架整理出来，通过培训销售人员可实现规模化的销售模式效益。表 5-2 所示为需求探索步骤及话术示例。

表 5-2　需求探索步骤及话术示例

步骤	话术示例
建立融洽关系	由浅入深，先用开放式问题提问再用封闭式问题提问。 示例：你好，我这边是 ××× 公司的销售经理，我们收到你在我们官网上预留的信息。现在想跟你这边做个初步的沟通，不知道你现在方便吗? 上述话术存在几个问题：沟通目的不清晰；自我介绍不精准；把沟通的选择权交给了客户。 现在我们改为：你好，我是 ××× 公司的销售经理，你在我们官网上预留了需要咨询的问题，针对这些问题我们有相应的解决方案，现在请让我花 1 分钟时间为你说明一下。

（续）

步骤	话术示例
建立融洽关系	示例： 第一点：客户永远只会对自己的问题感兴趣，所以沟通的第一步先要从客户的角度出发，告知客户我们是来帮助他解决问题的。 第二点：把沟通的主动权抓在自己的手里。在初次沟通时，我们只想激起客户的兴趣，1 分钟的时间是足够的。正因为时间短，才能顺势提出添加客户微信或其他社交工具，以方便解决方案的传输和后续跟踪对接
回顾初次沟通	成功添加客户微信或其他社交工具后，我们不能马上进行产品解决方案的销售，因为这样做只会引起客户的反感和戒备。 示例：你好，在我们初次电话沟通时，你提到贵公司客户资料的管理比较随意和混乱，这导致公司存在客户流失和资源外泄风险。针对这些问题，你这边还有需要补充的点吗？
展开议程	当时机合适时，我们开始邀约客户进行会议沟通和产品解决方案演示。 对于是否召开会议，需要销售团队根据自己公司所售卖的产品定价和模式来决定。如果使用产品一个月仅需 99 元，那就没有必要召开客户会议了。 示例：我们可以聊聊如何帮助你的公司通过数字化进行市场营销和获客，我们有与类似公司合作的经验，可以根据这些经验为你提供建议。然而，我发现每家公司都是独一无二的，所以我想要更多关于贵公司解决问题的目标、挑战、计划、时间表和限制条件的背景信息。你今天有空谈话吗？
提出痛点问题	与其主动告诉客户他的痛点，还不如引导他主动告诉我们。 示例：我知道许多医疗保健合作伙伴就像你一样，过去一直在互联网营销方面遇到困难，虽然与网络公司合作进行社交媒体营销、搜索引擎优化和设置按点击付费广告，但却没有任何改进。你曾经面临过这些挑战吗？我很想听听你的经历，看看我可以提供什么帮助
探讨业务目标	与客户聊其业务目标，主要是为了让他把沟通的注意力聚焦在业务目标上。目标之所以被称作目标，是因为它代表着未来的状态，一种需要付出努力之后才有可能获得的成绩。 与客户聊业务目标，能够让他产生解决痛点问题的紧迫感。 示例：贵公司的年销售额目标是多少呢？销售人员招聘是否有具体的目标？

（续）

步骤	话术示例
了解客户过往规划	了解客户过往的情况和对痛点问题的解决方式，一方面能够更加深入地了解客户过去为了解决这些问题付出的努力和得到的成效，另一方面可为我们自己的解决方案造势，营造一种“千呼万唤始出来”的氛围。 示例：你以前对这种客户信息资料填写不规范、客户互动沟通登记不及时的情况是如何解决的呢？ 你们是如何看待这些问题的？过去针对这些问题有什么解决措施吗？
强调不解决痛点问题的后果	通过与客户沟通不解决痛点问题所带来的后果，同样可以激发客户的紧迫感。有时候，客户认为这件事情很紧迫，但是过一阵子可能会觉得好像这件事情没有想象中那么紧急。这是很正常的情况，我们需要将痛点问题与客户进行关联性绑定。 示例：如果达不到这个目标，公司会怎样？你会怎样？其他人（你的领导、同事等）会怎样？ 如果解决这些问题对你的公司有多重要？
关注预算问题	客户的预算，会直接影响到销售是否成单。 关注客户预算的问题，可以让我们更好地为客户提供合适的销售方案。 示例：解决这个问题需要多少预算？ 这个费用是否合适？

（4）解决方案销售

解决方案销售是至关重要的一步。在这一步骤，销售人员将与潜在客户继续沟通，以确保他们对产品或服务的价值和推广策略完全理解。

除提供演示或试用，以及回答潜在客户可能提出的任何问题外，销售人员还可以提供更多的支持来促进销售。例如，他们可以帮助潜在客户制定更好的推广策略，以便更好地推销产品或服务。此外，他们也可以与潜在客户一起讨论合同条款和条件，以确保双方达成一致并建立起互信的关系。

在这一步骤，销售人员的目标是确保潜在客户对解决方案的价值和使用方法有充分的了解，并与潜在客户建立长期的合作关系。通过与潜在客户建立这种关系，销售人员可以为公司带来更多的业务，并获得更高的客户忠诚度。

5.2.5 挑战者销售

1. 什么是挑战者销售

现代 SaaS 销售方法论认为：在销售复杂的、大规模的 ToB 组织解决方案时，与潜在客户建立关系并深入了解其需求和痛点的传统销售流程如今被认为是一种失败的销售方法。

现阶段，客户比以往任何时候都更加有经验，他们能通过互联网线上渠道、社交媒体平台等在线资源，获取到更多的数据信息。他们甚至有些时候表现得比销售人员或实施工程师更加专业，这是因为他们有自我学习的能力，并且对解决方案有更加深刻的思考。这些客户现在逐渐成为市场上主流的客户，正是因为他们自我学习的能力强，所以常常会充当组织里关键的购买角色。他们不想再浪费宝贵的时间，与销售人员进行长时间的电话沟通或开会，听销售人员推销其产品的优点。

这就引出了挑战者销售模式，它符合客户自行研究的偏好，让他们以自己的方式学习和找到解决方案。

挑战者销售模式是建立在销售流程之上的，它强调教导、定制和控制销售体验。其核心理念是销售人员通过正确的销售培训指导和销售工具，可以控制与任何客户之间的对话，并在销售过程中提出挑战性的观点和见解。这种方法能够使销售人员与客户建立更深入的关系，更好地理解客户的需求，从而更好地满足他们的期望。

挑战者销售的目标是为客户提供新的视角（教他们新的内容），为客户量身定制销售宣传（将你的产品定位为解决方案），然后控制对话（完成交易）。

在我们研究如何使用挑战者销售来控制销售形势之前，有必要深入了解挑战者销售的含义。挑战者销售通过创造积极紧张的氛围，鼓励客户思考新观点，从而推动销售。销售人员会有意挑战客户的思维方式，引发轻度辩论，激发客户探索新机会。此方法依赖于对客户业务的深入了解和市场研究，以获取未知问题或机会的洞察。

2. 为什么挑战者销售能够有效

Gartner 的研究发现，在考虑购买时，B2B 潜在客户仅花费 17% 的时间与潜在供应商会面；同时，他们花费 27% 的时间在互联网上进行独立研究。

这告诉我们，潜在客户在进入销售环境时，对他们想要什么功能以及他们愿意支付多少钱抱有先入为主的想法。

正是在这种环境下，挑战者销售脱颖而出。潜在客户对了解产品的功能和优点并不感兴趣，因为他们已经通过自己的研究了解了这些功能和优点。潜在客户可以从互联网上获取大量高质量信息，通常他们已经知道现存解决方案了。

3. 挑战者销售的步骤

挑战者销售的目标是教育潜在客户，销售人员教潜在客户如何解决问题以及告诉潜在客户为什么自己的产品才是最佳解决方案。挑战者销售的步骤如图 5-8 所示。

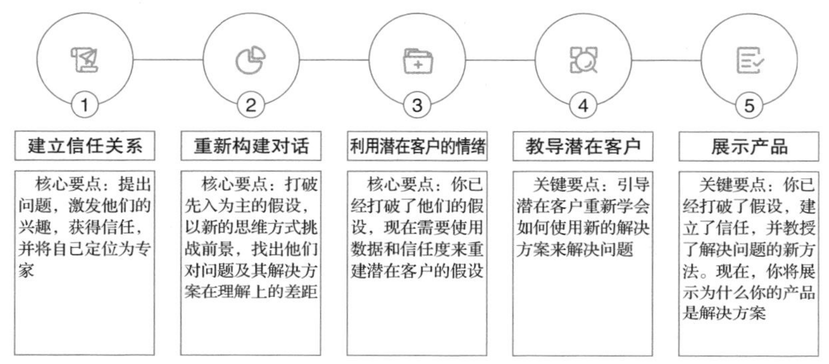

图 5-8 挑战者销售的步骤

（1）建立信任关系

潜在客户愿意跟销售人员分享他们的故事和需求痛点的前提是他们信任销售人员，并且认为销售人员有可能能够帮助他们解决问题。

要与客户建立信任关系，需要从沟通、专业和同理心出发。销售人员要站在潜在客户的角度去思考他们所反馈的问题，以及了解潜在客户目前所面临的挑战。潜在客户对销售人员信任，是推动整个销售流程的关键点。潜在客户之所以对销售人员信任，是因为销售人员表现得很专业。只有树立能顺利解决问题的专家形象，潜在客户才会对销售人员倾诉所有。

在这一步骤，挑战者销售方法要求销售人员仅谈论潜在客户的需求，而非强调产品的功能或者用途。整个讨论话题都应该集中在潜在客户的问题上，而不要提及产品。例如，销售人员可通过介绍过往的一些与潜在客户的问题相似的案例来引起潜在客户的兴趣，又或者向潜在客户证明自己有足够的经验来解决潜在客户所面临的问题。

建立信任关系的核心要点：提出问题来引起客户的兴趣，建立信任，并树立专家形象。

（2）重新构建对话

ToB 潜在客户更倾向于自己去寻找解决问题的答案，因此常常会有先入为主的观念。他们通常会将暴露在外部的显性需求或痛点当作核心的业务问题，然后根据这个问题去寻找解决方案。一旦销售人员发现了潜在客户的痛点，就需要更深入地去挖掘问题的根源——产生这些显性需求或痛点的隐性需求。

采用挑战者销售方法的销售人员，会通过沟通的方式重新激发潜在客户的好奇心，在对话中引入新的视角，潜在客户会逐渐将注意力从他们原先认为的问题答案上转移，并且被激励去质疑自己最初的问题假设。例如，当发现客户销售力不足（客户痛点）时，潜在客户认为是因为缺少获客渠道（客户自认为的问题），希望通过购买 SCRM 软件来扩大获客渠道和管理客户信息（客户自认为的解决方案）。但销售人员提出，应该构建销售漏斗模型和 ICP，并且利用第三方社交媒体工具进行线上品牌的曝光（销售人员提出的质疑和挑战）。

在对话结束时，销售人员实际上已经告诉潜在客户他们原先所认为的解决方案是行不通的。这需要销售人员挑战潜在客户原先的想法，从而引导潜在客户探讨问题，以帮助他们更好地理解问题的本质。

在解决问题时，销售人员要专注并提供更多相关信息。他们可以通过举例解释问题并讲解解决方案的使用方法，帮助潜在客户理解。有时潜在客户可能会误解，这时销售人员需要挑战他们的想法，提出更好的解决方案。销售人员需要自信，让潜在客户相信他们能解决问题，建立信任关系，获得更多机会。

重新构建对话的核心要点：销售人员应该挑战潜在客户先入为主的观念，以新的思维方式提出问题，并找出潜在客户对问题及其解决方案理解上的差距。

（3）利用潜在客户的情绪

销售的最终目的是说服人。人的一切行为和情绪都被其观念影响。无论产品多好、功能多丰富，人的情绪依旧会在 B2B 销售的流程里发挥关键作用。

梁总是 SaaS 行业里较为有名的销售专家，在一次线下交流中，她提到关于她年轻时因个人疏忽而丢单的故事。当时，她与对方公司的采购经理经过多轮的沟通和商议，准备第二天到对方公司签署合约。结果第二天因为路上堵车，导致她迟到半小时到达现场。对方公司的采购经理当场拒绝与其签署合约，转头便与另外一家竞品公司签署了合约。事后，梁总多方打听才了解到，原来签署当天，对方公司的采购经理为了表达对双方合作的重视程度，特意邀请了公司总经理一同参加。结果，梁总因堵车晚到现场，让他下不了台，产生了不满的情绪。尽管梁总公司的产品比竞品公司的产品好，但他还是直接拒绝与她签署合约。

哈佛商学院教授 Gerald Zaltman 表示，95% 的购买决策都是在潜意识中做出的，这通常由情绪反应驱动。

故事是传达产品价值的强大方式之一。通过分享类似客户的成功故事，引导潜在客户将自己置于故事的主角位置，并感受与产品的联系。销售人员可以说明产品如何解决其他客户的问题、如何帮助其他客户实现目标，并受益于新的解决方案，从而激发潜在客户想象自己也能获得类似的好处。

一旦潜在客户意识到替代解决方案实际上可以解决他们的问题，他们就很难回到原来的思维方式。这种思维方式的转变将进一步加强他们对产品的兴趣，并增加他们与销售人员合作的可能性。

当潜在客户想象自己正在使用新的解决方案时，销售人员需要趁机向潜在客户表明如果他们不进行改变会发生什么不好的情况，从而调动起潜在客户的情绪。可采用以下几种方式进行：

- 讲述故事。没有人会对故事失去兴趣，故事是影响情绪的重要途径。笔者通过多年的观察发现，大多数优秀的销售人员都是讲故事的高手。销售人员通过讲述故事，向潜在客户描述如果不尽快解决问题会给他们带来怎样的灾难性后果，而如果解决后又会带来怎样的收益。故事需要具备相关性，能够将潜在客户的痛点、面临的挑战和解决方案结合起来进行阐述。
- 讲述其他客户的案例。用现实生活中的成功案例取代虚构的故事。在讲述其他客户的案例时，可以加入更多细节和情节，生动地描述其他客户面临的问题以及他们是如何使用替代解决方案解决问题的。销售人员在讲述其他客户的案例时，不仅可以使用视觉效果，还可以使用生动的语言和形象的比喻，以吸引潜在客户的注意力。这些案例可以在销售宣传或销售演示 PPT 中使用，甚至可以通过文件资料共享，以便更多的潜在客户能够了解产品或服务的优势和价值。

- 真实可信的支持。为了获得潜在客户的信任和兴趣，销售人员必须提供真实可信的支持。一旦潜在客户表现出兴趣，销售人员就应该凭借对潜在客户痛点的见解，并结合数据来支持自己的论点。这样做不仅能使陈述更有说服力和合理性，还能进一步增强潜在客户的兴趣和信任。

真实可信的支持的核心要点：在成功打破潜在客户的假设后，需要利用数据和可信度来引起他们的情感共鸣；销售人员利用其希望潜在客户记住的信息，来重新构建他们的假设。

（4）教导潜在客户

教育与教导虽然仅相差一个字，但是含义相差甚远。互联网产品经理经常讲要教育客户，通过教育客户让他们学会如何使用产品。然而，教育更注重培育，而教导注重的是引导和开导。

销售人员与潜在客户之间只能采用引导和开导的方式。没有人愿意承认自己比其他人笨，如果销售人员以教育潜在客户的态度去销售，潜在客户大概率不会购买。

在采用挑战者销售模式时，销售人员不会过早地向潜在客户介绍产品解决方案，也不会直接告诉潜在客户他们的产品是什么，反而会注重介绍产品的价值主张，告知潜在客户如何解决他们的问题，并且引导潜在客户专注于解决问题的前景。

在这一步骤，销售人员的目标是教导潜在客户如何识别和解决问题。通过重建潜在客户对问题和解决方案的假设，可以让他们以自己的方式将各个点连接起来。

销售人员可以通过以下方式制定解决方案：

- 向潜在客户展示解决问题后的美好场景。在向潜在客户描述了问题导致的不良结果后，可通过讲述一个美好的场景来展示解决方案的潜力，让潜在客户看到如果他们采取行动，未来会变得怎样。

- **聚焦问题和解决方案**。在引导潜在客户聚焦当前存在的问题时，销售人员应该向他们展示解决问题的思路和方案，同时专注于教会潜在客户如何思考解决方案。例如，某潜在客户在仓储管理方面面临库存锁单的难题，销售人员应该先让他思考这些问题是如何产生的，然后引导他思考解决问题的切入点和方案，让他自己将问题和解决方案的关键点联系起来。如果销售人员一开始就告诉潜在客户他的产品能够解决这些问题，潜在客户可能会带着质疑的态度思考这些问题，这将给销售人员后续的销售工作带来很大的阻碍。
- **做好长期服务的心态**。销售人员应该花时间向潜在客户解释可能存在的任何不确定的问题，并在需要时帮助潜在客户将各个点联系起来，可通过定期与潜在客户联系并解决他们可能存在的任何问题来实现。此步骤的最终目标是让潜在客户了解他们问题的理想解决方案是什么样的，而不需要提及产品。这似乎违反常识，但如果能够让潜在客户自行意识到理想中的解决方案，他们会更主动和积极地向销售人员提出采用产品解决方案的愿望。

因此，销售人员要花时间了解潜在客户面临的问题，以及他们的需求、期望和现有解决方案的优缺点。在这个过程中，销售人员可以提供有价值的建议和见解，以帮助潜在客户更好地理解他们的需求和问题，并在不提及产品的前提下，建立与潜在客户的关联和信任。这样，销售人员就可以为他们的产品或服务打下坚实的基础，吸引潜在客户的兴趣，从而增加销售机会。

教导潜在客户的核心要点：引导潜在客户重新评估他们现有的解决方案，并学会如何使用新的解决方案来解决他们的问题。

（5）展示产品

《三国演义》中有一段描写。刘备、关羽、张飞第一次聚餐时，关羽问刘备该如何称呼他，刘备没有直接回答，而是缓慢起身，悲伤地说："有一个人，原是汉室宗亲，十五岁就开始四处游学、寻师访友，经常思考如何报效国家、如何为百姓谋福祉，但如今，他已经二十八岁了，却一事无成。"说到这里，他已经泪流满面。此情此景，让关羽、张飞二人感同身受，都用期待的眼神看着刘备。此时，刘备缓慢地跪坐下来说："实不相瞒，这个人就是在下。"

在《三国演义》中，刘备这段自我介绍堪称经典，前面做了足够的铺垫，吊足了关羽、张飞二人的胃口，有种"千呼万唤始出来"的感觉。挑战者销售也是如此，经过前面的步骤，销售人员已经解决了潜在客户的问题，赢得了他们的信任，并提出了解决方案。销售人员唯一要做的就是向潜在客户表明他们有确切的解决方案。除非潜在客户已经在第四步中得出结论并且拒绝了销售人员，否则销售人员的产品即将登场。

通过让潜在客户质疑他们对问题解决方案的假设，销售人员已经打下了基础。在这个过程中，销售人员已经成功地指导潜在客户如何解决问题。现在，销售人员可以巧妙地将这些知识点结合起来，与产品相结合，逐渐引导潜在客户意识到解决方案和产品之间的联系，并帮助他们更好地理解产品如何提供更全面的解决方案。

展示产品的核心要点：如今，销售人员已经打破了假设，建立了信任，并教导潜在客户发现了一种解决问题的新方法，接下来可以展示产品解决方案了。

4. 如何运用挑战者销售方法

我们接下来用一个简单的案例来阐释挑战者销售方法如何在销售过程中被运用。在一家小型 IT 咨询公司的销售人员与一家中小型企业的 CEO 之间的对话中，挑战者销售方法被成功应用。

首先，IT 咨询公司的销售人员了解到该中小型企业在数字营销方面的挑战，特别是在推广产品和服务方面的困难。该中小型企业的 CEO 认为，唯一的解决方案是通过购买社交媒体广告来扩大品牌影响力，但这已经在很大程度上耗费了他们的预算，却没有带来预期的回报。IT 咨询公司的销售人员开始对这个问题进行深入挖掘，向该中小型企业的 CEO 展示了一系列数据和案例，说明购买社交媒体广告并不总是最有效的解决方案，在某些情况下，有机营销和内容营销可能比购买社交媒体广告更具吸引力，并提供了相关的数据支持。

接下来，IT 咨询公司的销售人员分享了一些客户成功故事，说明了这些客户如何成功地通过改变数字营销策略获得了更好的结果。这些故事让该中小型企业的 CEO 开始重新考虑其数字营销方法，并对新的解决方案产生了兴趣。

在这个过程的最后阶段，销售人员展示了他们公司的解决方案——一种智能数据分析工具，可以帮助该中小型企业更好地了解它的目标客户，并采取更有效的数字营销策略。通过这个案例，该中小型企业的 CEO 意识到企业的数字营销策略需要更多元化和创新，而不仅仅依赖于购买社交媒体广告。

最终，该中小型企业的 CEO 对 IT 咨询公司的销售人员提出的解决方案产生了兴趣，并表示愿意进一步了解。这个案例展示了挑战者销售如何帮助销售人员改变客户的思维方式，从而成功促成了一次销售交易。

5.2.6 概念销售

1. 什么是概念销售

笔者曾经在某个销售组织论坛会上问过这样一个问题：我们向客户销售的是产品本身，还是客户所期待的结果或解决方案概念？

遗憾的是，时至今日还是有很多销售人员认为他们销售的是产品本身。大家之所以这么想，无非是受到实体销售观念的影响，又或者是没有真正弄明白销售的本质。

无论是销售实体产品还是虚拟的线上 SaaS 产品，最终的目的还是以这些产品为载体，向客户销售一种美好的愿望或者概念。为什么国内大多数 SaaS 产品卖不动？笔者并不认为是国内 SaaS 产品不够优秀，其实绝大多数情况是销售人员不知道如何去卖。尽管销售人员知道要推销的是产品的好处而不是产品的功能，然而，仍然会听到他们在销售过程中推销最新的产品功能。

采用实体销售的方法去销售 SaaS 产品，会让整个组织陷入困境。

无论是实体销售还是虚拟销售，都只是借用产品来使人们达成美好愿望的手段。有一种销售方法可以使销售人员销售解决方案而非 SaaS 产品本身，那就是概念销售。

什么是概念销售？概念销售是由罗伯特·米勒（Robert Miller）和史蒂芬·海曼（Stephen Heiman）共同提出来的销售理念。它是一种强调期望结果或美好的概念，而非强调产品本身的方法。例如，在一家水果店，店主不会直接告诉顾客现在苹果促销打折，1 千克便宜多少钱，或者告诉顾客苹果多大多圆、水嫩多汁，而是会告诉顾客多吃苹果的好处，而这个好处强调的就是期望和概念。

特别是在 ToB 销售中，与拥有多个决策者的企业组织打交道时，概念销售是一种特别有效的策略，尤其在应对复杂的交易和高价值的订单时，概念销售是不二选择。

试着想象一下，你去某家超市想要为父母购买一个按摩椅。这家超市的导购员告诉你某种特定型号的按摩椅产品可以满足你父母的所有按摩需求。该产品不仅可以按摩全身，还可以进行足浴，同时还能针对老人的“三高”情况进行专门的穴位按摩，起到日常的保健作用。而客户只需要躺在上面，通过遥控选择所需要的按摩场景。

现在重点不是产品本身，而是产品所包含的美好概念以及客户可以从产品中获得的所有好处。在商业中，产品的本质和外观虽然是重要的，但更重要的是产品能为客户带来的价值。概念销售强调的是产品的价值和用途，而不仅强调产品的外观和功能。从本质上讲，产品是什么以及它的外观（如 UI）并不那么重要，重要的是为什么客户必须拥有该产品。这是概念销售背后的关键思想。

2. 概念销售的好处

概念销售在 SaaS 行业里更为适用，因为让销售人员向潜在客户描述产品实际上是什么比向潜在客户介绍产品的好处更难。

从本质上讲，概念销售是一种以客户为中心、努力倾听客户需求的方法。它并不是用事实和数据来吸引客户，而是使销售人员主动了解客户的需求，并且将产品定位为最优的解决方案。

销售人员的销售目标不仅仅是卖产品，更是卖概念。这个概念可能是解决问题的方法，也可能是一种新体验，甚至是一种价值观。销售人员努力确保客户不仅理解这个概念，还能在未来持续受益。因此，他们的销售不只是交易，更是长期的合作关系。

概念销售不仅可以提高销售业绩，还可以提高客户满意度，其好处如图 5-9 所示。

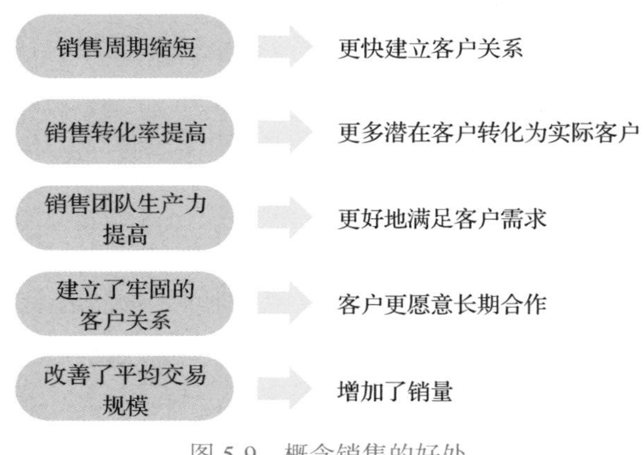

图 5-9　概念销售的好处

3. 概念销售提问题的阶段和问题类型

在过去，销售人员注重学习如何开口说话，在潜在客户面前滔滔不绝地夸产品和推销产品，而不是倾听。这种方法的弊端是，销售人员可能会忽略潜在客户的需求和问题。

在概念销售中，销售人员首先倾听潜在客户的意见，以便充分了解潜在客户针对其问题定义的概念（潜在客户希望解决该问题后能够带来的美好愿景）。然后，销售人员将产品与该概念联系起来。通过倾听潜在客户的意见，销售人员可以更好地与潜在客户建立联系，同时能够更好地为获得有效信息向潜在客户提出正确的问题。

如果不提出正确的问题，销售人员永远不会获得有效信息。因此，概念销售是围绕提出明智的问题而设计的。

提问题主要分为三个阶段：获取信息、提供信息和获得承诺（见图 5-10）。

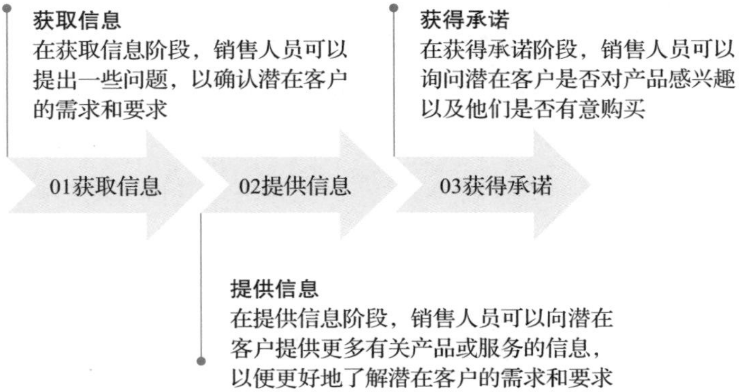

获取信息
在获取信息阶段，销售人员可以提出一些问题，以确认潜在客户的需求和要求

获得承诺
在获得承诺阶段，销售人员可以询问潜在客户是否对产品感兴趣以及他们是否有意购买

01获取信息　02提供信息　03获得承诺

提供信息
在提供信息阶段，销售人员可以向潜在客户提供更多有关产品或服务的信息，以便更好地了解潜在客户的需求和要求

图 5-10　概念销售提问题的三个阶段

概念销售提出的问题可分为以下五类：

（1）确认性问题

销售人员需要理解从潜在客户那里所了解或者自行收集的信

息。如果没有正确理解这些信息，那么他们将无法在销售过程中提供准确的回答和解决方案。因此，销售人员在销售过程中要询问潜在客户一些需要客户确认的关键信息，例如：

- 这个问题出现多久了？目的是确定这个问题的紧迫性和重要性。
- 你解决这个问题的预算是多少？目的是确定解决方案的成本和可行性。
- 谁决定采购？目的是确定在销售过程中需要与哪些人员联系和沟通。

（2）新信息问题

一旦销售人员与潜在客户通了电话，他们就需要在电话中提问潜在客户的需求以及他们遇到的痛点，可以将提问的问题视为新信息问题。例如，销售人员可以这样提问：

- 到目前为止，你尝试过哪些解决方案？目的是了解潜在客户已经尝试过哪些方法来解决问题，以及这些方法的效果如何。
- 你还面临哪些其他问题？目的是确定其他可能影响潜在客户做决定的因素，以便销售人员能够提供更全面的解决方案。
- 谁是决策者？目的是确定在销售过程中需要与哪些人员联系和沟通。

（3）态度问题

销售人员需要了解潜在客户的一切，包括他们将从解决方案中获得什么、他们是如何看待解决方案的，以及他们的担忧是什么。因此，销售人员可以这样提问，例如：

- 你愿意接受新的解决方案吗？目的是确定潜在客户是否对解决方案感兴趣。
- 你执行新解决方案的速度有多快？目的是了解潜在客户在实施解决方案时需要多长时间。
- 是什么阻碍了你前进？目的是确定潜在客户目前面临的最大挑战和障碍。

（4）承诺问题

为了完成销售，销售人员需要提出一些问题并获得潜在客户的承诺，例如：

- 什么样的解决方案对你有价值？目的是确定哪些方案最适合潜在客户的需求。
- 你寻找解决方案的截止日期是多少？目的是确定在销售过程中需要遵循的时间表。
- 我还需要和谁讨论这个问题？目的是确定在销售过程中需要与哪些人员联系和沟通。

（5）基本问题

在销售过程中总会遇到潜在客户有异议的情况，销售人员的工作就是提出基本问题以确定这些异议是什么，例如：

- 你在这个问题上浪费了多少钱？目的是确定潜在客户是否已经投入了大量的资源来解决这个问题。
- 为什么你还没有解决这个问题？目的是了解潜在客户目前面临的挑战和障碍。
- 什么会阻止你今天签署协议？目的是了解潜在客户的顾虑和问题，以便销售人员能够提供更好的解决方案。

4. 概念销售的技巧

销售人员通常会有这样的疑惑："为什么我明明按照公司的销售话术和流程去推进与客户之间的互动了，却依旧没有达到自己所期望的结果？"

影响 ToB SaaS 产品销售成单的决定性因素很多，我们很难把问题归结在一个点上。哪怕销售人员完全按照公司的销售技巧去做，也不能保证一定获得成单。所谓的销售技巧或策略仅是增加了成功销售的概率。

同样，如果想更好地实施概念销售，不得不关注一些技巧，如图 5-11 所示。

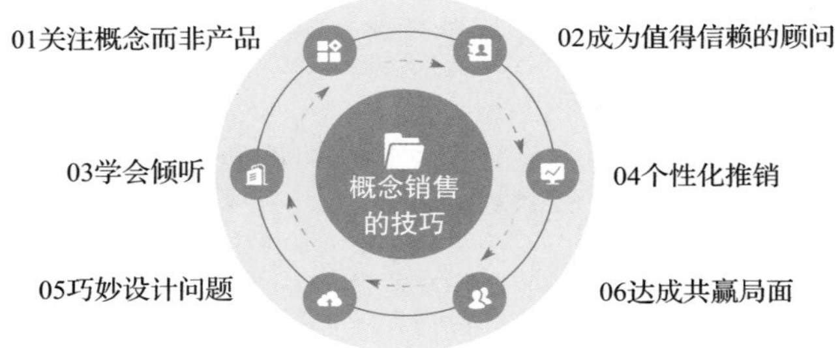

图 5-11　概念销售的技巧

（1）关注概念而非产品

销售人员要学会主动去研究潜在客户，可以先从潜在客户的行业进行深入的了解，包括他们的痛点和动机。

在与潜在客户交流的过程中，不要去描述产品及其功能，而是要向潜在客户解释产品如何解决他们的需求。例如，如果销售网络安全产品，则可以详细介绍如何保证潜在客户的数据安全及产品所能够给潜在客户带来的价值，还可以与潜在客户分享其他客户的成功案例，以及该产品如何在市场上脱颖而出。这样可以让潜在客户更好地了解产品，从而增加购买意愿。

（2）成为值得信赖的顾问

任何客户都希望从他们视为“值得信赖的顾问”的人那里购买产品，因此 SaaS 产品销售人员的工作就是以这种方式定位自己。

销售人员如何才能成为一名优秀的销售顾问呢？最重要的方法是确保关注点始终放在客户身上——以客户为中心。应了解潜在客户的痛点和需求，以便能够提供解决方案，这可以通过提出有针对性的、发现性的问题来实现。

请记住，销售人员不仅要销售自己的产品，还应该帮助潜在客户完成购买过程。这种引导潜在客户完成购买流程的概念也称为买家支持。这种支持可以包括多个方面，如提供数据以帮助潜在客户做出决策、展示特定产品将如何满足客户的特定需求以及提供任何额外的支持等。

（3）学会倾听

概念销售最强调倾听潜在客户的意见。现代销售方法注重与潜在客户建立联系、了解他们的需求和担忧，这与过去的销售方法截然不同。过去的销售人员学习如何说话而不是倾听，主要关注的是推销的效果如何。

为了全面了解潜在客户对困难和挑战的看法，销售人员需要从倾听开始。可以通过与潜在客户直接交流或通过调查问卷了解潜在客户的需求和反馈，倾听是许多优秀销售人员都必须要学会的一项特质。

另外，在倾听的过程中，销售人员应该提供有价值的信息，例如，市场趋势和竞争对手的分析。这样可以帮助客户更好地理解他们的业务，并使他们更愿意购买产品或服务。

之后，销售人员应该明确地将产品或服务与他们的想法联系起来。通过演示产品或提供试用产品，客户可以更好地了解产品的功能和好处。

（4）个性化推销

概念销售的关键是，针对不同的人群，产品可能会有不同的意义。因此，销售人员需要个性化推销。

为了更好地进行个性化推销，销售人员需要深入地了解潜在客户的痛点和需求。尤其是要将解决这些问题的方案作为推销宣传的主要内容，从而增加潜在客户对产品的兴趣。同时，利用合适的案例研究，来加强推销的说服力。

当然，这种个性化推销需要销售人员花费更长的时间进行准备和传达。企业如果想加速完成这个环节，应让销售支持部门提前制定好各种类似的 B 端客户案例，以供销售人员在个性化推销过程中使用。

（5）巧妙设计问题

如果不提出正确的问题，就无法了解有关潜在客户的所有信息。

问题的设计必须要基于客户的需求，在与客户进行会议沟通之前，应当先把这些问题整理好，至少要形成一个提问大纲。大纲中的问题可以围绕着概念销售中所涉及的内容提出。

（6）达成共赢局面

概念销售的根本目的是为买卖双方创建双赢场景。很多销售人员只想尽可能地完成更多的交易，然而，这可能会让销售人员显得专横，好像将自己的意志强加给潜在客户一样。从长远来看，这可能会对企业的客户保留率、客户流失率以及其他支撑客户留存的 SaaS 指标产生负面影响。因此，概念销售强调的是在买卖双方需求一致的情况下找到折中方案。销售人员需要关注客户的需求，并解释产品将如何成为满足他们需求的有效方式。

为了实现这个目标，销售人员应该采用积极的销售方法来与客户互动，并且向客户提供相关信息。销售人员还应该在客户需要的时候提供帮助和支持，以便建立起长期的合作关系。

5.2.7　SNAP 销售

互联网的出现改变了传统的销售和营销方式。过去，客户的选择通常只限于当地的商店。如今，在互联网的帮助下，客户可以从全球各地的商家中选择，享受更多的便利。然而，这也意味着客户需要花费更多时间和精力来确定他们的购买决策，他们需要仔细考虑每个选项、阅读评论和比较价格。对于那些习惯于面对有限选择的人来说，这可能是一项挑战，因为他们可能会感到困惑或不知所措。

此外，随着当今世界经济的不断发展，竞争日益加剧，为了保持竞争力，不断寻求解决问题的方法变得越来越重要。针对这样的情况，客户面临着为其公司提供最佳解决方案的压力，这需要他们保持敏锐的洞察力，以便在新的竞争环境中，能够及时采取有效措施。他们每天都要面对繁忙的日程安排，无法与销售人员进行长时间的聊天。

想学会如何与“疲惫不堪的客户”打交道，需要采取 SNAP 销售方法。

1. 什么是 SNAP 销售

SNAP 销售是由吉尔·康耐斯（Jill Konrath）开发的销售方法。康耐斯是作家、销售策略师和演讲家，其客户包括 IBM、GE 和 Hilton 等。她在其 2011 年的畅销书《速售：“忙人”客户必杀技》中详细介绍了 SNAP 销售。该书概述了快速、成功地向忙碌的现代客户进行销售的策略。

“ SNAP ”代表 Simple（保持简单）、iNvaluable（保持有价值）、Aligned（保持一致）和 Priority（提高优先级），其含义如图 5-12 所示。SNAP 销售让客户清楚而紧迫地采取行动并购买产品。

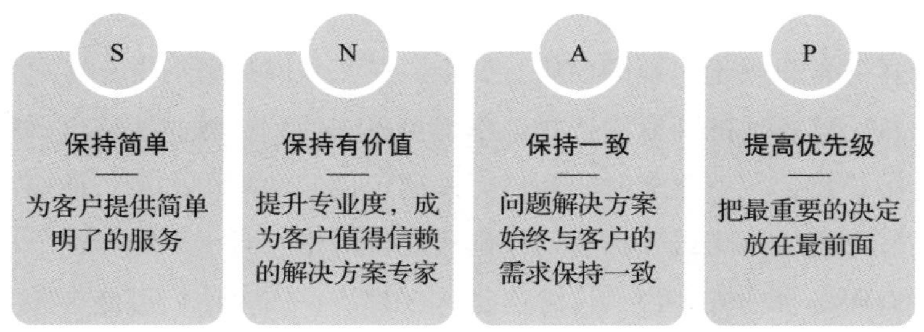

图 5-12　SNAP 的含义

SNAP 的含义如下：

（1）S——保持简单

让潜在客户处于简单的销售过程中，这种简单来自销售信息的透明和清晰。而有些企业在面对潜在客户时不太愿意一开始就透露自己的底牌，因为害怕整个销售链路透明会让自己陷入被动的局面。例如，直接将核心的产品解决方案过早或者公开透露给潜在客户，担心其他竞品会参照模仿产品解决方案的功能。

笔者在给 SaaS 企业做内训时，常问销售人员三个问题：你们能不能用三句话让我知道你们的产品是什么？你的产品能解决什么问题？我为什么非要为解决这个问题付费？

相信大多数 SaaS 企业的销售人员都无法精准地回答这三个问题。在面对压力重重的潜在客户时，销售人员不应该一次做太多事情（为潜在客户一次性提供太多的信息），过多的信息有时会让潜在客户感到困惑，而应该在正确的时间询问恰当的问题，以及提供正确的答案。

保持简单的核心要点：在与潜在客户沟通时，要抓住要点，并用适当的方法使你的产品看起来比竞争对手的产品更简单。你可以问自己两个问题：我怎样才能让我的信息更容易被理解？我如何才能更好地传达我的价值主张？

销售人员为了与潜在客户更好地沟通，并且让潜在客户更容易理解他们的产品和服务，需要关注以下几个方面。

1）减少会议次数，提高会议质量：

- 在会议之前，向与会者发送议程，以便他们提前了解会议主题和内容。
- 在会议中，确保每个与会者都有机会发表意见和观点，以便会议更富有互动性。
- 在会议结束后，提供反馈和建议，以便下一次会议可以更加有效地进行。

2）提出更少的选项以简化决策过程：

- 在提出选项之前，进行充分的研究和调查，以便提供更

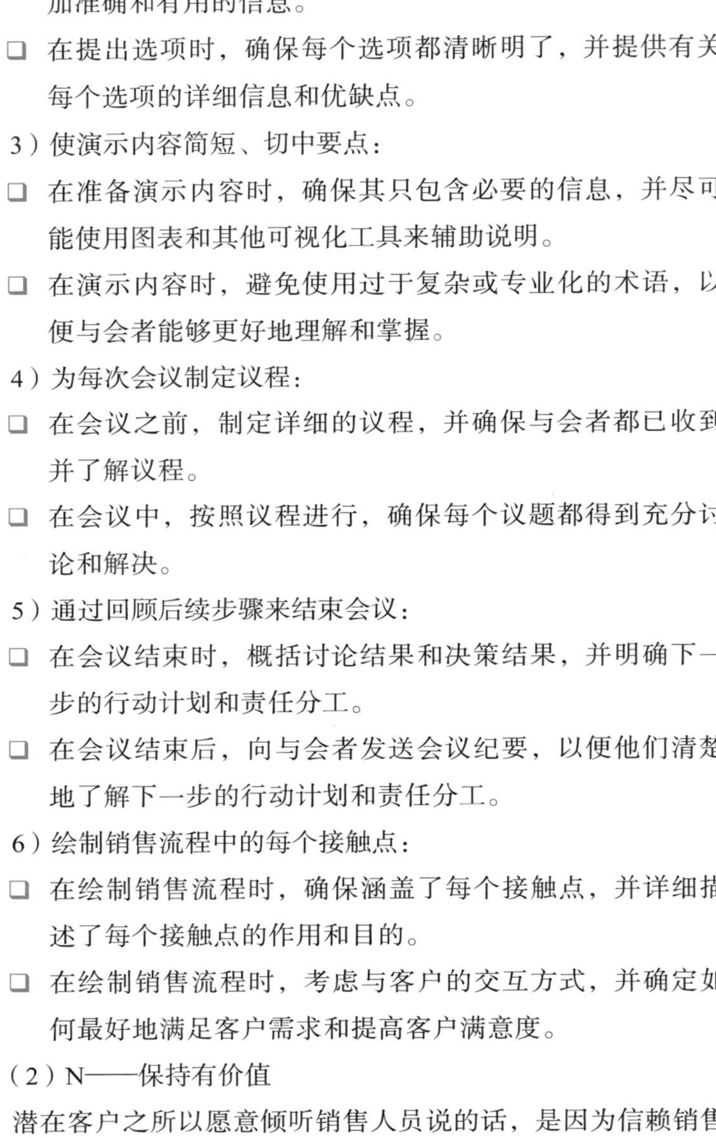

加准确和有用的信息。

- ❑ 在提出选项时，确保每个选项都清晰明了，并提供有关每个选项的详细信息和优缺点。

3）使演示内容简短、切中要点：

- ❑ 在准备演示内容时，确保其只包含必要的信息，并尽可能使用图表和其他可视化工具来辅助说明。
- ❑ 在演示内容时，避免使用过于复杂或专业化的术语，以便与会者能够更好地理解和掌握。

4）为每次会议制定议程：

- ❑ 在会议之前，制定详细的议程，并确保与会者都已收到并了解议程。
- ❑ 在会议中，按照议程进行，确保每个议题都得到充分讨论和解决。

5）通过回顾后续步骤来结束会议：

- ❑ 在会议结束时，概括讨论结果和决策结果，并明确下一步的行动计划和责任分工。
- ❑ 在会议结束后，向与会者发送会议纪要，以便他们清楚地了解下一步的行动计划和责任分工。

6）绘制销售流程中的每个接触点：

- ❑ 在绘制销售流程时，确保涵盖了每个接触点，并详细描述了每个接触点的作用和目的。
- ❑ 在绘制销售流程时，考虑与客户的交互方式，并确定如何最好地满足客户需求和提高客户满意度。

（2）N——保持有价值

潜在客户之所以愿意倾听销售人员说的话，是因为信赖销售人员。而信赖来自销售人员的专业度，所以销售人员要尽力成为行业解决方案的专家。销售人员在每一次与潜在客户交流时，都必须要把价值融入其中，主动将自己定位为可靠且值得信赖的合作伙伴。

要保持有价值，需要考虑以下几个方面。

- 考虑一下可以采取哪些措施在每次与潜在客户互动时产生更多的价值。例如，可以提供更详细的信息、更好的客户支持、更有趣的内容等。
- 避免与客户争论或使用公开的说服策略。相反，可以尝试与客户建立互信关系。这样可以使客户感到更舒适，更愿意合作。
- 在“平等”的基础上吸引客户。尝试与客户建立长期的合作关系，这样可以使企业在市场上更有竞争力。
- 呈现数据驱动、经过充分研究的见解和解决方案。通过收集市场调查数据、了解竞争对手的策略等方式来为见解和解决方案提供更充分的支持。

除上述几个方面外，还可以考虑以下几个方面：

- 了解客户的需求和偏好。这可以更好地满足客户的期望，并提供更优质的服务。
- 尝试采用多种营销策略。尝试使用在线广告、电子邮件营销、社交媒体营销等多种方式来吸引客户。
- 关注市场趋势和竞争对手的动态。这可以更好地了解市场，制定更有效的营销策略。
- 不断改进和优化营销策略。通过收集反馈、分析数据等方式来不断改进营销策略，提高营销效果。

（3）A——保持一致

问题解决方案始终要与客户的需求保持一致。如果企业的产品不能满足客户的需求，尽管产品很优秀、价格很实惠，甚至拥有一群优秀的销售人员，那也不能达成交易，尤其在 ToB 行业，不能满足需求的方案对客户来说一文不值。

因此，销售人员需要充分了解潜在客户对未来的担忧、恐惧和希望是什么，以及他们在工作上所面临的困难和挑战，例如，预算限制、技能缺乏、资源短缺等。

在理解潜在客户的需求和问题后，销售人员的工作是找出潜在客户最关心的问题并与解决方案紧密结合，始终保持一致。为了确保这种一致性，销售人员要时刻关注两个核心问题，如图 5-13 所示。

01 解决方案如何符合潜在客户的目标

02 什么样的标准很重要

图 5-13　确保一致性的核心问题

在确定解决方案之前，需要考虑如图 5-14 所示的关键因素。

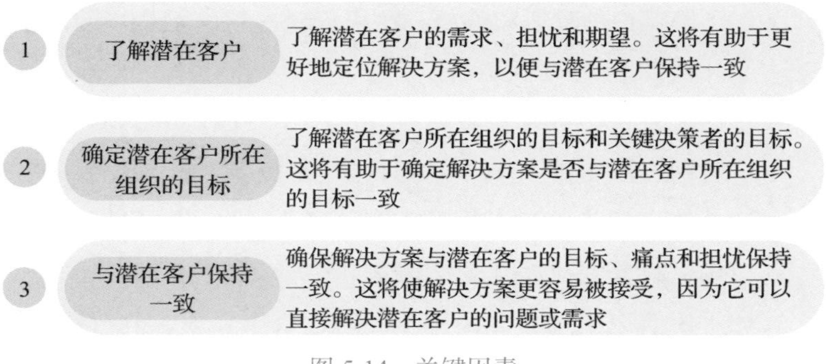

1 了解潜在客户：了解潜在客户的需求、担忧和期望。这将有助于更好地定位解决方案，以便与潜在客户保持一致

2 确定潜在客户所在组织的目标：了解潜在客户所在组织的目标和关键决策者的目标。这将有助于确定解决方案是否与潜在客户所在组织的目标一致

3 与潜在客户保持一致：确保解决方案与潜在客户的目标、痛点和担忧保持一致。这将使解决方案更容易被接受，因为它可以直接解决潜在客户的问题或需求

图 5-14　关键因素

（4）P——提高优先级

每次到做出销售决定的关键时刻，潜在客户总会跟销售人员说："我们再考虑考虑。"又或者说："我需要跟我的领导进行请示。"但是，他明天或者下周会给销售人员回电话告知他决定购买吗?

更多时候，这将是一次不了了之的销售。潜在客户不再主动与销售人员联系，甚至销售人员每次询问事情进展的时候，潜在客户总会采用推托的方式让整个事情无休止地后延。

例如，在最终的销售阶段，潜在客户告诉销售人员他需要向领导请示，由领导来决定是否采购。这时候，销售人员需要弄清楚他是真的需要跟领导请示还是只是找了个借口拒绝。就算是他只是找了个借口拒绝，也请销售人员不要当面去拆穿他，那只会让彼此之间的关系变得更僵。

销售人员可以问潜在客户："领导这边会对这个方案有什么顾虑吗?"

又或者问："我可以为你的请示提供哪些协助?"

销售人员需要始终让潜在客户感觉到他们在同一战线，最后销售人员还得跟潜在客户说："无论最终是否达成合作，都请你告知我，同时也希望你能够跟我说说拒绝的理由，这样我才能够知道以后该如何调整。"

让客户从众多的优先事项中把购买解决方案这件事提到前面，需要始终围绕客户的利益，可向客户展示解决问题后所带来的好处，或者不解决这些问题所带来的糟糕情况。必要的时候，可把竞品当作典型的案例来讲解。

销售人员可以采取的一些方法是：

- 传达解决方案可以给现状带来的改进。销售人员可以详细说明解决方案如何改进现状并提高效率，以及解决方案是如何满足客户需求的。例如，通过数据、图表、案例研究等方式呈现这些信息，以便让客户更好地理解解决方案。
- 尝试利用法律变化、预算波动等触发事件来改变客户的优先事项。通过跟踪相关的新闻报道、政策变化等方式了解这些触发事件，并及时向客户传达这些信息。这可以让客户更加关注解决方案，并可能促使他们改变原先的优先事项。同时，提供一些针对具体事件的定制解决方案，以便更好地满足客户需求。

2. SNAP 的三个关键决定

康耐斯指出，对于任何一笔交易，都不仅仅涉及一个决定——购买或不购买，实际上涉及三个关键决定，如图 5-15 所示。

图 5-15　SNAP 的三个关键决定

（1）第一个决定（允许访问）

在这个阶段，潜在客户刚开始可能对与销售人员建立联系不感兴趣。因此，销售人员需要采取措施，与合适的潜在客户建立联系，并让他们对产品或服务产生足够的兴趣，以便进行第二次交流。

例如，通过电话或其他社交媒体工具联系客户，甚至可以直接拜访他们来建立联系，并向他们介绍产品或服务，还可以分享本公司的优势，以及你的产品或服务如何解决他们可能遇到的问题。

（2）第二个决定（发起改变）

在某些情况下，潜在客户可能对改变现状持有固执的态度。因此，销售人员需要采取措施来让他们接受改变，并考虑使用你的产品或服务。以下是可以提出的一些问题示例：

- 你能告诉我更多关于你的流程的信息吗？
- 你能帮我了解这个问题对组织有什么影响吗？
- 你能告诉我如果我们今天不解决这个问题会发生什么吗？

分享一些成功案例，向潜在客户展示其他客户是如何使用你的产品或服务解决问题的，还可以提供免费试用或优惠，让他们亲身体验你的产品或服务的好处。

（3）第三个决定（选择资源）

最后，潜在客户需要决定是否选择购买你的产品或服务。在这个阶段，销售人员需要让潜在客户了解为什么你的解决方案是他们的最佳选择。

例如，销售人员可以提供一些详细的资料，如产品文档、测试报告或客户评价等，让他们更好地了解你的产品或服务，还可以提供一些针对他们具体需求的解决方案，以满足他们的需求。

接下来，销售人员需要了解潜在客户的决策流程和标准，可提出以下问题来了解这些详细信息：

- ❑ 你能向我介绍一下你做出这个决定的过程吗？
- ❑ 还有谁参与了这个过程？
- ❑ 你需要我提供什么才能获得最终批准？
- ❑ 其他利益相关者会使用什么评估标准？
- ❑ 你如何衡量成功？
- ❑ 你能告诉我更多关于你当前解决方案的信息吗？

3. 什么情况下适合采用 SNAP 销售

在销售中，有两个因素需要考虑：客户和市场。

对于那些疲惫不堪、不知所措的客户，SNAP 销售为他们提供了一个框架。这些客户宁愿维持现状，也不愿意在已经排满的日程中添加另一项任务。如果销售人员销售的是廉价的现成产品，则此方法不适用。但是，如果销售人员销售的产品复杂，或者在 ToB 领域运营，则采用 SNAP 销售可以帮助你说服客户购买。SNAP 销售通过将购买决策分解为三个较小的决策来实现这一点，从而更容易让客户在压力下做出有利于销售人员的决策。

除了客户，市场也是一个非常重要的因素。如果销售人员在拥挤的市场中销售，那么说明竞争很激烈，而且客户总是有其他选择。因此，为了在这样的市场中脱颖而出，销售人员需要采用一些独特的策略。大多数公司的销售人员通常会强调其产品能提供什么，但采用这种方法通常会导致潜在客户已经多次听到过同样的推销，使其失去兴趣。因此，销售人员需要制定一种新的销售流程和推销策略，使其与众不同。这就是 SNAP 销售方法的好处所在。通过采用 SNAP 销售，销售人员可以更好地应对市场竞争，从而取得更多的销售业绩。因此，在市场竞争激烈的时候，采用 SNAP 销售是一个非常好的选择。

4. SNAP 销售的成功策略

SNAP 销售是一种独特的方法，可帮助企业赢得压力大、忙碌的客户的青睐，从而提高企业的利润。要使这种方法成功，关键是对其进行微调，以适应客户的思考过程。以下是一些可以帮助销售人员朝着正确方向销售的提示。

（1）关注决策者

在 ToB 业务中，购买决策通常由多个部门或关键决策者组成。对于潜在客户来说，越重要的购买，决策过程就越复杂。销售人员需要尽早了解决策者是谁，还要确定他们中的谁（如果有的话）将拥有最终决策权。

适当调整销售策略，例如，为每个决策者构建人物角色，这可以更加清晰地了解每个决策者或利益相关者之间的关系，并且还可以创建客户购买矩阵，在矩阵中可以列出重要因素，例如，角色、挑战、变革驱动因素或抑制因素。这将有助于更有效地沟通。

客户在决策过程中需要考虑各种因素，例如，预算、时间表、需求、竞争对手等。因此，要确保销售团队与决策者保持紧密联系，并提供有关产品或服务的详细信息，以帮助决策者做出最终决策。

核心要点：别在错误的决策者身上耗费太多的精力，牢牢抓住核心决策者，积极传递价值主张。

（2）了解潜在客户如何做出决策

许多营销人员和销售人员错误地认为，潜在客户只有购买或者不购买这两种决策，其实这仅体现了当前的销售结果。销售人员需要深入了解并分析潜在客户是如何做出决策的，这对于把握适当的时机与潜在客户进行主动沟通有很大的帮助。根据 SNAP 销售，实际上，潜在客户在整个过程中做出了三个不同的决策：

- 针对是否允许销售人员访问或联系他们做出决策。这可能涉及潜在客户对企业的信任和了解其服务或产品的程度。如果潜在客户不信任该企业，他们会拒绝访问和联系。
- 针对是否要拓展业务或者改变过去的业务工作方式做出决策。这可能需要潜在客户对业务流程和策略进行改变。如果潜在客户不认为这种改变对其有益，则会拒绝进一步了解企业。
- 针对是否要从一种资源或做事方式切换到另一种资源或做事方式做出决策。这可能涉及潜在客户对新技术、新服务或新产品的学习和接受程度。如果潜在客户认为这种切换会带来太多的不确定性或风险，他们可能会退缩。

核心要点：销售人员在推进销售进程时，需要考虑客户对公司信任度的影响、业务流程与工作方式的调整，以及资源调配方式的转变。每一个决策都会影响客户的接受程度和信任，从而带来不同的风险和机会。

（3）将客户的优先事项作为自己的优先事项

站在客户角度来考虑问题，找出客户想要什么，以及对他们来说最重要的是什么。一切以客户为中心，将沟通对话要点和销售推广尝试与基本价值观结合起来。

核心要点：话题要与客户当下最重要的优先级事项有关联性，以引起客户的关注。

（4）简化并组织沟通

要成功采用 SNAP 销售，关键是避免向潜在客户提供过多信息或让决策过程过于复杂。相反，请确保所有的沟通都循序渐进，并在个人对话中开门见山。逐步提供重要信息，以便潜在客户有足够的时间和空间来消化它们。同时，可以加入更多的细节和例子来支持所提出的观点，同时更好地满足潜在客户的需求；重点关注如何帮助潜在客户实现目标并解决他们最紧迫的问题；提供更多案例研究和数据，以支持所提出的主张。

核心要点：对话要简洁明了，沟通方式要循序渐进，要谈论最紧迫的问题，挑选合适的案例和数据进行展示。

5.2.8 桑德勒销售

1. 什么是桑德勒销售

传统的销售使得企业与客户相互竞争。企业常用高压策略促使客户购买产品，它可能夸大其辞，使用心理学销售技巧（例如，二手车推销员在推销时常采用恐吓法、说服法、排他法、例证法，在谈价时常采用限时法、激将法、危机法、诱导法）吸引客户。这让客户感到不安，因为他们不确定企业是否真的为他们着想。

而客户也会采取防御措施，试图找出他们所知道的信息，寻找不购买的理由、协商价格，并寻找替代解决方案，因为他们希望达成最好的交易，并确保不会受到任何损失。

SaaS 销售人员注重的是与客户保持长期友好的合作关系，客户使用产品的时间越长，他们的收益越大。SaaS 销售人员在销售的过程中，需要扮演专业顾问的角色，而非销售人员的角色，从如何把产品销售给客户，转变为如何帮助客户进行有效的购买。

桑德勒销售的策略重点是在资格审查过程中提出正确的问题，而不是将产品推销给不需要的人。从本质上讲，桑德勒销售是独一无二的，因为它优先考虑在销售人员和潜在客户之间建立相互信任。在此过程中，销售人员将充当顾问并提出问题，以便在资格审查阶段立即排除大多数障碍。

桑德勒销售于 1967 年由大卫・桑德勒（David Sandler）提出，旨在解决现有销售方法中存在的三个主要问题：

- 在不合适的潜在客户身上浪费时间。
- 浪费时间提供免费建议。
- 过早拒绝或缓慢同意。

桑德勒认为，这些问题的根源在于传统的销售方法注重的是销售人员的利益，而非客户的需求。因此，他提出了一种全新的思维方式，即成为一名顾问，而不是成为一名销售人员。这种思维方式的核心是与客户建立关系并提供关于如何帮助他们克服痛点的建议，而不仅仅是推销产品。

桑德勒销售的另一个关键点是建立长期的关系。桑德勒认为，销售人员不应该只关注当前的销售机会，而应该将客户视为长期伙伴。因此，他提出了“卖掉自己”这个概念，即在销售过程中，销售人员应该展示自己的专业知识和能力，以赢得客户的信任和尊重。通过这种方式，销售人员可以将客户视为长期伙伴，而不仅仅是一个销售机会。

2. 桑德勒销售的核心阶段

桑德勒在观看某部电影时，对潜艇船员关上船舱门以降低洪水进入船舱的速度的反应感到震惊。当潜艇受到攻击时，他们会一个一个地穿过船舱，关上后面舱室的门以降低洪水进入船舱的速度。他将这比作销售过程中的步骤。在桑德勒销售中，销售过程的每个阶段都被设计为一个“隔间”，每次通过一个“隔间”，以安全地达成一笔交易。一旦向前推进，回到前一阶段就有可能使销售过程失败。如果在第一阶段未能与客户建立联系，那么在后续阶段也无法了解他们的真正需求。

销售人员就像潜艇中的船员，需要坚持计划，确保每个销售区域的安全，并根据客观事实做出决策，还需要遵守纪律和拥有勇气。桑德勒销售可使销售过程变得更容易、更顺畅。

桑德勒销售共有三个核心阶段。

（1）建立关系

在销售人员担任顾问的过程中，建立信任和融洽的关系是非常重要的。销售人员需要通过诚实地讨论和提问来展示自己的专业知识和价值，以便客户相信他们并更愿意接受他们的建议和帮助。在这个阶段，销售人员需要通过以下方法来建立关系：

- 听取客户的故事和问题，并了解他们的需求和目标。
- 针对客户的问题和需求，提供有针对性的建议和解决方案。例如，提供销售支持资料和相关案例 PPT 等。
- 与客户建立联系，以便他们可以更容易联系到你并寻求帮助。例如，添加客户的微信或者联系电话等。

（2）确定资格

在建立关系之后，销售人员需要确定哪些客户符合服务对象的资格，以便可以更好地为他们提供帮助。当然，对于那些不适合你产品的客户，在这个阶段要尽早做出决断，忽略他们。在这个阶段，销售人员需要考虑以下问题：

- 我可以为哪些客户提供特定的价值和服务？
- 我的服务是否符合客户的需求和预算？
- 我的产品是否适合当前的客户对象？

（3）结束销售

在确定资格之后，销售人员需要专注于帮助客户解决他们的痛点，并将产品或服务定位为他们的解决方案。销售人员不必急于获得想要的结果，可以在此阶段为客户提供更多的信息和帮助，来满足他们的需求和要求。在这个阶段，销售人员可以通过以下方式来促成销售：

- 向客户展示产品或服务如何解决他们的问题，并为他们提供相关的详细信息和资源。
- 建立信任和关系，以便客户更愿意达成交易，并在未来再次寻求销售人员的帮助。

如果销售人员想让这个过程更加高效和有效，可以尝试以下方法：

- 针对每个客户制订个性化的计划，因为每个客户的需求和要求都不同。
- 帮助客户了解他们的需求和问题，而不仅仅提供产品或服务的细节。
- 提供更多的信息和资源，使客户在购买前了解更多关于产品或服务的信息，从而更加信任你。
- 建立长期的关系，而不仅仅是一次性的销售过程。通过保持与客户的联系，可以为他们提供更多的价值和帮助，并在未来获得更多的业务和机会。

3. 桑德勒销售的步骤

桑德勒销售的步骤如图 5-16 所示。

图 5-16 桑德勒销售的步骤

（1）建立联系和融洽的关系

客户在进入每一段销售关系之前都会提前做好准备，他们会在互联网上了解一些信息，包括价格、解决方案建议等，这些本质上都是免费的咨询。

传统的销售人员会跟随客户的购买流程，为客户提供他们在每个阶段所需要的信息，最后进行产品的推销。而到了最后阶段，要么客户主动接受销售人员的销售建议，要么销售人员会一直追着客户"逼"着他们购买，又或者与客户断了联系（客户失去购买欲望）。

桑德勒认为，业务赢得或业务失去的关键在于销售过程的开始阶段，也就是建立关系阶段。所以，销售人员在一开始不要被客户当作普通的销售人员，应该停止一切销售的行为，从一个友好的专业顾问的角色来引导客户进行购买。

笔者与销售人员分享过一句话：在与客户初次见面（哪怕不

是第一次联系）之前，请先收集该客户的信息，全面了解该客户和他可能面临的业务痛点。这将帮助销售人员在面谈会议中提出富有洞察力的问题。在面谈会议开始前的 3 分钟里，与客户闲聊，闲聊是为了建立起融洽的关系，但请记住，并不是闲聊过后就马上进入销售流程。

特别需要注意的是，不要以任何方式误导客户。诚实是销售难能可贵的品质，如果销售人员知道产品不适合某客户，请不要将其作为解决方案出售，以避免浪费该客户的时间。销售人员应该提出一些问题，表明其对客户感兴趣并热衷于帮助他们，而不是向他们推销。例如，销售人员可采用以下话术：

- ❑ 你希望我们公司提供什么帮助？
- ❑ 是什么原因让你接了这个电话？
- ❑ 你当前的解决方案有什么问题？

诸如此类的问题可表明销售人员真正对客户在工作中想要实现的目标感兴趣。如果销售人员能够真正与客户建立联系并打破与客户之间的“围墙”，将与客户建立一种以开放和诚实沟通为基础的关系。

（2）创建合作期望

一旦双方进入一段融洽的合作关系，销售人员需要继续为后续的销售活动和对话制定基本的规则，为双方提供一个互相信任和透明的合作沟通环境。

在这一步骤中，销售人员需要定义明确的职责并创建合作期望，以巩固与潜在客户建立的关系。当销售人员从一开始就明确双方的角色时，通常可以避免任何潜在的协议障碍。

销售人员每次与潜在客户会面之前要制定基本的规则，规则包括以下组成部分：明确的目标、代表性议程、潜在客户议程、会议时间表和会议的预期结果。

- 明确的目标。在会议中明确希望实现的目标以及希望潜在客户获得的内容。询问潜在客户希望获得什么，以便有效制定议程。
- 代表性议程。列出在会议的每个阶段要做什么，还应该涵盖会议的目标并为潜在客户提供足够的信息。
- 潜在客户议程。强调潜在客户在会议的每个阶段做什么。这有助于了解他们的需求和期望。
- 会议时间表。明确会议需要多长时间。这样，潜在客户可以安排自己的时间，以确保他们可以全程参加会议。
- 会议的预期结果。重申会议目标并明确接下来会发生什么。让潜在客户感到自己参加这次会议是值得的，并且他们将在会议后获得收益。

制定这样的规则表明销售人员尊重潜在客户的时间，并为会议的成功做好了充分准备。计划和细节越充分，潜在客户就越有可能对业务感兴趣。

（3）识别痛点

第三步就是要识别潜在客户的真实痛点，在 SaaS 销售的链路里，销售人员识别潜在客户的痛点并不会花费太多的时间。销售人员识别潜在客户痛点的同时也在确定潜在客户的销售资格，对于不适合解决方案的潜在客户，应该尽快结束这段销售关系。

把产品卖给适合使用它的人很重要，尤其是在 ToB 商业领域里。然而，在当下的商业环境中，这却成为难以达成的目标。SaaS 企业为了获得更多短暂的收益，默许销售人员将产品销售给不适合的客户群体，这也助长了销售人员为了业绩而不择手段地进行虚假销售。

在这一步骤中，销售人员将花费大部分时间倾听客户的需求和问题。一个好的经验法则是，70% 倾听，30% 交谈。这样做有助于建立与潜在客户的联系，让他们感到被重视和理解。在倾听中，销售人员可以提出开放式问题，以深入了解客户的需求和问题。

正确地获取信息实际上就是要提出合适的问题，例如：

- ❑ 你目前最担心的是什么？
- ❑ 对于今天的这个问题，你认为它有多严重？
- ❑ 你觉得是什么原因导致了这个问题？
- ❑ 你能告诉我你目前是如何处理这个问题的吗？
- ❑ 如果你无法解决这个问题，你的企业会受到什么影响？
- ❑ 你希望我如何帮助你解决这个问题？

一开始，销售人员可能会有些不适应，但是经过一些练习，就会掌握这些技巧，并能够不断提出更多的问题，以获取更多的信息。

例如，销售人员可以询问客户他们的目标是什么、他们的时间表是什么、他们的预算是多少、他们的决策过程是什么等。通过提出这些问题，销售人员可以更好地了解客户的需求和问题，并提供更好的解决方案。

（4）确定预算

销售人员可能曾经有过这样的经历：潜在客户面临的痛点与我们的解决方案非常匹配，而且潜在客户也非常认同我们产品的价值主张，但最后依旧无法达成交易，因为潜在客户自身的预算不足。

也许是因为面子问题，潜在客户不会主动告诉销售人员他们的预算是多少。他们通常会模糊地回应："只要方案合适，预算不是问题。"

桑德勒在设计这一步骤时遵循事实原则：试图向无支付能力的人出售产品或服务是没有意义的。在这一步骤中，销售人员要对潜在客户的预算进行资格预审，以便在谈判阶段避免不必要的困扰。这一步骤的重点在于发现潜在客户是否愿意并有能力投入时间、金钱和资源来解决问题。

如果大约有 50% 的潜在客户并不适合购买某产品，那么销售人员需要在早期就确定这些潜在客户，以便能够集中精力向真正有需要和有意向购买产品的潜在客户推销。

销售人员应该在提出预算问题的同时，通过以下问题来深入了解潜在客户的资格：

- ❑ 这个问题对你整个业务的财务影响如何？它对你的未来发展有何影响？
- ❑ 你目前的预算状况是怎样的？你准备投入多少资金来解决这个问题？
- ❑ 如果这个问题得不到解决，会对你的业务带来哪些长远的影响？这些影响是否可以被避免或减少？
- ❑ 你的团队是否有足够的时间和资源来解决这个问题？如果不行，你需要寻找额外的支持或资源吗？
- ❑ 除了主要的财务影响，这个问题还会带来哪些次要的影响？这些影响对你的业务有多大的影响？

通过深入了解潜在客户的预算情况和需求，销售人员可以更好地为他们提供解决方案，并赢得客户的信任和忠诚。

（5）讨论决策过程

在 ToB 交易中，通常潜在客户不太可能是交易的唯一决策者。因此，对于销售人员来说，了解决策过程中各方的角色和职责、整个过程的细节以及所需的时间是非常重要的。这些信息可以帮助销售人员更好地理解潜在客户的需求和决策动机，并提供更有针对性的解决方案。

此外，了解参与交易的决策者数量对于完成交易也非常重要。研究表明，参与决策的人数越多，完成交易的机会就越高。在 ToB 销售中，了解决策过程中的各种因素可以提高销售人员的成功率，并有助于提供更优质的客户服务和支持。

这是销售人员最后一次取消潜在客户资格的机会。因此，销售人员需要了解更多信息来确定完成交易的可能性。销售人员可以提出以下问题，以便更好地了解潜在客户的需求和决策过程。

- 决策过程是怎样的？询问潜在客户在决策过程中会考虑哪些因素、是否有其他人参与决策，以及他们对不同方案的偏好。
- 做出决策的时间表是怎样的？询问潜在客户他们计划在何时做出决策，以及是否有截止日期或其他时间限制。
- 还有谁参与决策过程？询问潜在客户是否有其他人参与决策过程，以及这些人的角色和职责。
- 在批准购买之前需要做什么？询问潜在客户是否有特定的要求或程序需要完成，以便他们可以被批准购买。
- 你以前做过类似的决策吗？询问潜在客户是否有类似的购买经验，以便更好地了解他们的期望和需求。

- ❑ 你是否要求其他人提交提案？询问潜在客户是否要求其他人提交提案，以便更好地了解他们的需求和预算。

通过提出这些问题，可以更好地了解潜在客户的需求，从而提供更好的服务和支持，增加完成交易的可能性。

（6）履行销售承诺

在了解了潜在客户的痛点、预算以及决策者后，确定潜在客户的资格，然后就进入了桑德勒销售的下一个步骤——履行销售承诺。

在这一步骤中，销售人员将以 SaaS 产品或服务的形式应对潜在客户的挑战，你的解决方案应该满足潜在客户的需求，尤其是与财务和决策过程相关的需求，并将在资格审查过程中收集的所有信息纳入解决方案。

这是一个关键的步骤，销售人员需要在满足潜在客户需求的同时，建立足够的信任，使得潜在客户决定选择你的提案。

如果在审核过程中出现任何一个插曲，销售人员都需要回顾之前的工作并确定是否遗漏了某个步骤或者没有建立足够的信任，导致潜在客户没有透露他们真正的痛点。因此，建议销售人员仔细审查和调整自己的工作，以确保为潜在客户提供了最好的解决方案。

（7）跟进售后

许多销售人员在面对最后一步时可能会松懈，认为一旦潜在客户答应成交，他们的工作就完成了。但是实际上，还应该定期跟进潜在客户，以确保他们不会因为达成交易而后悔，并随时了解交易的后续情况。这样可以建立更强的客户关系，同时也可以为团队带来更多的销售机会。

当然，销售人员已经完成了前面所有困难的步骤，但重要的是不要在接下来的步骤中脱离销售漏斗，因此，还需要不断地提出以下问题来跟进售后。

- 你对自己的决策满意吗？
- 你什么时候开始使用我们产品的？我们是否可以提供一些培训以帮助你更好地使用产品？
- 如何帮助你完成客户入职？是否有问题需要我们解决？
- 你对客户入职有任何疑问吗？是否需要更多的支持？
- 你在使用过程中有什么问题我们可以帮忙解决吗？

通过这些问题，可以更好地了解客户的后续情况，以为他们提供更好的服务。同时，销售人员也可以提高自己的销售技能，获得更多的成功机会。

5.2.9 GAP 销售

GAP（差距）销售是一套相当有趣并且具有实用性的销售方法。在过去，销售人员主要侧重于将产品或服务尽可能地推销给客户。然而，这样的方式往往使得成交的概率相对较小。这其中的原因主要有两个方面：一方面，客户可能对自己面临的问题的严重性并没有充分的认识；另一方面，产品或者解决方案可能并未引起客户的充分共情和认同。

为了使成交的概率增大，GAP 销售应运而生。它的主要目的是帮助客户更加专注于他们所面临的问题，以及他们想要达到的未来状态。通过采用这种方法，销售人员不仅能更好地理解客户的需求，也能提供更加满意的解决方案，从而提高销售的成功率。

1. 什么是 GAP 销售

GAP 销售是一种以问题为中心的销售方法，由著名的销售教练基南（Keenan）开发，他曾任美国 ASG 公司的首席执行官，也是 *Gap Selling* 一书的作者。

这里的"GAP"（差距）是指潜在客户的当前状态与他们期望达到的未来状态之间的空间（见图 5-17）。销售人员需要深入地理解这两种状态，理解潜在客户目前的挑战和他们期望达到的理想状态。然后，需要把产品或服务作为解决方案，帮助潜在客户缩小这一差距，从而满足他们的需求。这种方法需要深入了解客户的需求和期望，并以此为基础制定有效的销售策略。

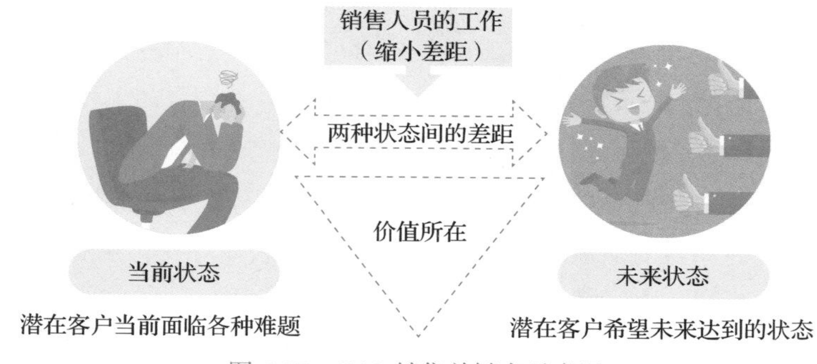

图 5-17　GAP 销售关键点示意图

GAP 销售侧重于三个关键点：当前状态、未来状态和两种状态间的差距。

（1）当前状态

对于潜在客户当前状态的描述，基南将其分解为五个关键要素，如图 5-18 所示。

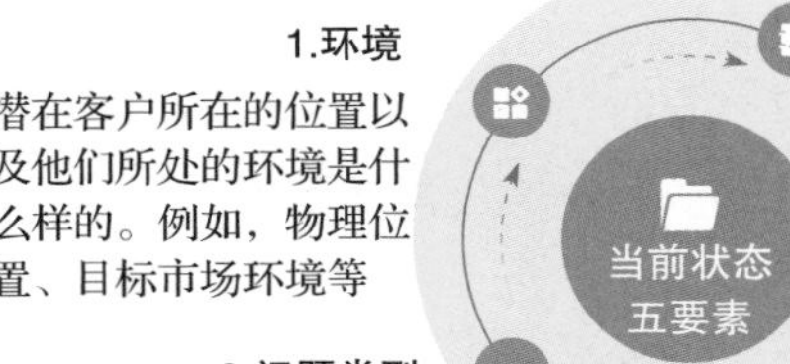

图 5-18 描述潜在客户当前状态的五个关键要素

要想全面掌握潜在客户的当前状态，销售人员需要从多个方面对潜在客户进行研究。询问潜在客户所面临的问题，他们也许很容易地告知销售人员，但他们所说的不一定是真实的。因此，笔者建议销售人员在向潜在客户咨询时，可以采用探究性问题、发人深省的问题和验证性问题等形式进行。

1）探究性问题。探究性问题是一种特殊的问题形式，旨在鼓励潜在客户与销售人员对特定主题进行深入思考和分析。提出这类问题的目的是推动思考和讨论，而不仅仅是寻找直接的答案。此类问题的示例如下：

- 你能详细描述你正在面临的问题吗？
- 在你的公司里，哪些策略是有效的？哪些策略是无效的？
- 你希望通过引入新技术来实现什么目标或解决什么问题？

2）发人深省的问题。发人深省的问题是一种富有挑战性的问题形式，其目的是挑战潜在客户当前对问题或状况的认知和看法。其核心目标是引导他们以全新的、他们以前未曾尝试过的方式来思考问题。此类问题的示例如下：

- 你有没有考虑过从另一个角度看待这个问题，比如……
- 针对 ××× 问题，你的观点是什么？
- 你们已经意识到这个问题的严重性，为什么没有及时开展修复工作？

3）验证性问题。验证性问题通常是封闭式的，目的是验证销售人员对潜在客户问题的理解是否准确。此类问题的示例如下：

- 如果我理解正确的话，你的意思是……吗？
- 为了确认我的理解是否正确，你能再说明一下……吗？
- 你说你希望通过……对吗？

（2）未来状态

未来状态是一种理想结果，是潜在客户期望通过解决某些问题或改变所达到的目标。销售人员要想深刻理解这种改变的状态，需要确定要发生哪些变化，以便最终实现这种潜在客户所期待的未来状态。理解未来状态需要考虑以下几个方面：

- **新的物理环境**。潜在客户想要构建什么样的新环境？这个新环境对于他们的公司有何重大意义？
- **问题**。潜在客户现在面临的主要问题是什么？他们预计哪些问题可能会对公司产生长期影响？
- **预期结果**。潜在客户的最终目标或期望的结果是什么？这个结果如何与他们的公司战略相匹配？
- **期望的情绪**。解决方案实施后，潜在客户希望自己的员工、客户以及其他利益相关者有何情绪反应？
- **潜在的解决方案**。潜在客户是否已经研究过可能的解决方案？解决方案的效果如何？

（3）两种状态间的差距

理解潜在客户的目标、面临的挑战以及他们的决策标准，对于交易的成功或者创造出采取行动的紧迫感至关重要。

在揭示这种差距时，量化其影响是非常重要的一步。通过量化，销售人员能够更直观地展示这种差距对潜在客户可能产生的影响。这样做不仅能够创造出一个更引人入胜的叙述，还能激发潜在客户的情绪，使他们更有可能采取行动。

2. GAP 销售的实施阶段

GAP 销售的实施阶段如图 5-19 所示。

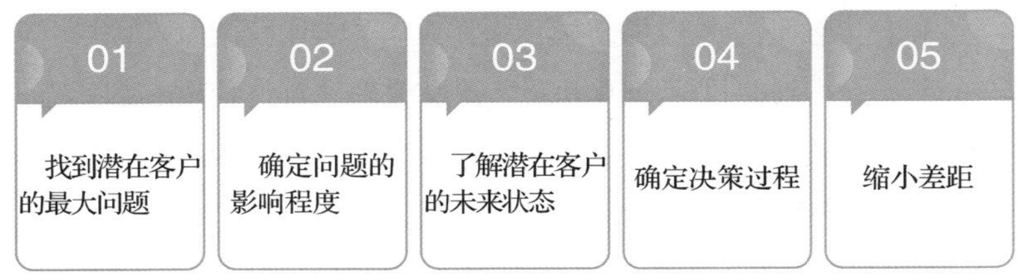

图 5-19　GAP 销售的实施阶段

（1）找到潜在客户的最大问题

此阶段的目标是深入了解潜在客户的业务状态。这是一个理解他们的业务运作、问题和挑战的机会。对他们的策略进行深入了解，找出有效的地方和待优化的地方。

此阶段并不是讨论产品和服务的最佳时机。以项目管理工具为例，应先询问潜在客户以下问题：

- ❑ 你平时如何管理项目？
- ❑ 你遇到了哪些问题或效率低下的情况？
- ❑ 在团队协作中遇到了哪些挑战？

通过倾听和了解潜在客户的情况，可以为潜在客户提供有针对性的建议，开启新的商业机会。

（2）确定问题的影响程度

销售人员现已对潜在客户的业务有了初步认识，接下来还要深入了解他们的需求和业务挑战。此阶段的重点是建立信任，鼓励潜在客户分享他们的想法并确定问题的影响程度。其目标是帮助他们了解问题对组织正常运营的影响。提出的问题示例如下：

- 现有软件是否能够帮助到客户关系管理？
- 销量下降或客户保留率降低对业务的影响如何？
- 错过销售机会或延误销售对业务的影响如何？
- ××问题如果没有得到解决，会造成多大的损失？

这些问题将引导潜在客户思考问题的影响和原因，帮助他们理解问题，也让销售人员更准确地把握问题，提供有效的解决方案。

鼓励潜在客户用自己的话分享他们的想法和见解，在提出问题时，要尽可能引导他们提供详细的信息，而不仅仅是简单的“是”或“否”的答案。这样，销售人员就可以得到更全面、更深入的信息，以帮助他们解决问题。

（3）了解潜在客户的未来状态

在销售人员与潜在客户进行深入交流时，就是确定潜在客户未来目标的关键时刻。交流的内容包括潜在客户希望实现的环境，以及他们期望的结果将如何影响他们的情绪感受。这些内容描绘出一幅生动、具体的未来画面。交流中提出的问题示例如下：

- 为什么找到这种解决方案对你来说如此重要？

- 找到解决方案后，你的感受是怎样的？

举个例子，假设你是一家 SaaS 公司的销售人员，正在销售一款营销自动化平台。在这种情况下，你可以进一步询问：

- 拥有高效、自动化的营销流程会对你的团队士气产生怎样的影响？
- 对于你来说，轻松而准确地达成业务目标意味着什么？

通过深入挖掘潜在客户对理想结果的情绪反应，你可以更好地理解他们的驱动力和欲望。如果你的潜在客户提到他们希望实现的结果，你必须询问这种结果对他们来说为什么如此重要。了解潜在客户的优先事项和期望，将有助于你更准确地确定对他们来说真正重要的事情是什么。

（4）确定决策过程

在销售人员向潜在客户分享解决方案之前，必须对潜在客户的购买决策将如何展开有一个准确的理解和把握。这将意味着销售人员需要深入了解潜在客户的购买考虑标准、这些标准在他们的优先事项中排在什么位置，以及整个决策过程是如何从起步阶段一直走到最终决策阶段的。

这就是要谈论验证性问题重要性的原因。验证性问题可以帮助销售人员确认和验证他们对决策过程的理解是否准确无误，让他们能够清楚地了解所涉及的所有步骤和参与者。这将使销售人员能够在向潜在客户展示解决方案时无缝地解决这些问题，从而提高销售效率和成功率。

销售人员可以提出的验证性问题的示例如下：

- 采购团队在进行评估时优先考虑的具体标准是什么？他们是更注重成本效益、易于实施性、可扩展性，还是其他一些因素？这些因素在他们的决策过程中分别占据了多大的权重？

- 在整个购买过程中，谁是关键决策者和有影响力的人物？是否有特定的个人或团体拥有否决权或对最终决定有重大影响？他们在决策过程中的角色是什么？
- 在决策过程中，是否有你必须注意的特定里程碑或阶段？例如，是否会有正式的产品演示或试用期？这些阶段在整个购买过程中扮演了什么样的角色？
- 在购买过程中，是否有需要解决的预算限制或财务问题？谁将负责签署购买合同？在预算和财务上有什么特殊的要求或限制？

（5）缩小差距

实施 GAP 销售的最后一步就是缩小差距。当销售人员完全了解清楚潜在客户想要的业务结果和对未来渴望达成的目标时，就可以将产品或服务作为他们最佳的选择提供给潜在客户。

在此阶段，要突出产品的核心功能特点（最多 6 个）。虽然产品可能具备很多功能，但并非所有的功能都与潜在客户相关。销售人员要找到最有可能与潜在客户的特定需求和愿望产生共鸣的功能。

基南提出，完成销售交易的关键在于如何巧妙地强调产品是潜在客户特定业务问题的完美解决方案。销售人员需要清楚地展示出产品如何能够满足潜在客户的需求，以及如何通过解决问题来帮助他们达成业务目标。而在这个过程中，销售人员不仅需要展示出产品的优势，还需要表现出销售人员对他们业务的理解和专业知识。只有这样做，才能够成功地完成销售交易。

5.2.10 TAS 销售

销售人员总在抱怨他们明明很努力、很用心地对待每个潜在客户，但收益往往还是不尽如人意。对不合适的客户付出努力，只会增加个人的机会成本。在每个季度进行总结时，公司就会发现表现不佳的销售团队会浪费较多的时间来寻找数百个无法带来丰厚回报的小客户。

为什么会这样呢？这是因为他们注重客户的数量而不是质量。

如果对客户一视同仁，但未收到足够的成效，那么是时候考虑采用 TAS 了。

1. 什么是 TAS

TAS（目标客户销售）是一种 ToB 销售方法，它根据交易价值、ICP、行业、收入、痛点、购买信号和预算等特定因素来识别潜在客户，然后将更多个性化的销售资源集中在高质量的潜在客户身上。

实施 TAS 的销售团队可以优先考虑花费更多的时间和精力来研究适合其产品的潜在客户群体，这样做可以产生更多具有强烈购买动机的、有价值的潜在客户。通过深入研究这些潜在客户的需求和偏好，销售团队可以更加准确地了解如何营销和销售他们的产品。

销售人员采用 TAS 来寻找合格的潜在客户，会增加将其转化为付费客户的机会。判断并选择合格的潜在客户需要销售人员提前做好研究工作，并且记录下潜在客户所面临的痛点。其实很重要的一点是，销售团队是否建立了 ICP。如果没有一份合格的 ICP，那么在实施 TAS 时也就无法对症下药。

销售团队可以瞄准渠道中拥有最高价值的潜在客户，并投入更多的时间和资源来关注他们，而不是引导每个潜在客户完成相同的流程。

2. TAS 的三大核心

TAS 的三大核心分别是选择潜在客户、研究潜在客户、建立联系。

（1）选择潜在客户

TAS 的核心之一是选择潜在客户。在此过程中，销售人员需要确定哪些潜在客户符合购买的标准，以确保资源得到最大利用。

选择潜在客户的常见影响因素见表 5-3。

表 5-3　选择潜在客户的常见影响因素

因素	说明
公司规模	潜在客户的公司规模是一个重要的标准，因为它可以证明追求目标所需的时间和资源是否合理。如果公司规模足够大，那么所追求的目标就有可能实现
行业	潜在客户的公司所在的行业是否适合产品或服务也是一个重要的考虑因素。如果公司所在的行业与产品或服务相符，那么成交的机会更大
地理位置	如果潜在客户的公司位于服务区域，那么这也是一个非常重要的因素。如果无法提供服务，那么就无法实现目标
年收入	潜在客户的公司每年是否产生了足够的收入也是一个需要考虑的重要因素。如果公司的经营情况不佳，它们就不会愿意在 SaaS 产品上进行投资
过去的购买历史	潜在客户的公司过去是否从竞争对手那里购买过类似的产品或服务也是需要考虑的因素。如果它们有这样的购买历史，那么成交的机会就会更大
目标客户的符合情况	潜在客户的公司是否符合理想目标客户的特征？也是需要考虑的因素。如果符合，那么就是潜在目标客户
基本信息	查找潜在客户的公司网站和社交媒体资料，以了解它们的产品、服务和文化等更多信息。这些信息将有助于了解它们在市场上的地位以及它们可能需要哪些产品或服务

（续）

因素	说明
关键决策者	确定潜在客户的公司中参与采购流程的关键决策者（通常是在与对方建立起联系的时候进行的步骤），这样就可以更好地了解它们对产品或服务的需求，以及如何向它们展示产品或服务的价值
财务稳定性	研究潜在客户的公司的财务稳定性，以确保它们能够负担得起你的产品或服务。如果对方是大公司，并且对外公布财务状况，那么可以研究，否则请忽视这点，尤其是面对中小型公司时，研究其财务稳定性很困难。但是可以了解其行业市场情况及咨询对方的销售情况，这也可以帮助你了解对方的长期发展计划，以及它们在未来可能需要哪些产品或服务
需求和愿望	确定产品或服务可以满足潜在客户的公司的哪些具体需求和愿望。这样就可以更好地定制销售方法，以及向对方展示你的产品或服务的价值
竞争对手	研究潜在客户的公司当前的竞争对手及其产品。这样就可以更好地了解市场环境，以及如何将你的产品或服务与其他竞争对手区分开
增长潜力	评估潜在客户的公司的增长潜力，以确保与它们能够维持长期的业务关系。这样就可以更好地了解它们的长期需求，以及如何在未来为它们提供更多的产品或服务

（2）研究潜在客户

在研究潜在客户时，请务必记下潜在客户的痛点或即将推出的项目等信息。这些信息将帮助销售人员制定更具体的销售宣传，并更好地向潜在客户展示产品或服务的价值。

生成最全面的客户档案将为销售人员销售时带来显著优势。尽可能多地了解潜在客户，这将有助于销售人员达成更多交易。因此，花费更多的时间和精力来对潜在客户进行深入研究是非常值得的。

（3）建立联系

一旦获得了潜在客户列表，就可以完成 TAS 的第三个核心，即建立联系。通过深入了解每个潜在客户，可以更好地为他们提供有价值的产品或服务，并建立长期的业务关系。

3. TAS 的优缺点

销售人员不能将产品销售给所有人，因为这样会浪费时间和资源。TAS 可以帮助销售人员在市场上更加精准地定位目标客户，从而提高销售成功率。当销售人员提供利基产品时，TAS 尤其有用。不过，如果销售人员提供的产品种类较多，这种高度具体的方法可能会将其他潜在客户排除在外，因此销售人员需要根据具体情况进行权衡。

TAS 的优点是，改善客户关系。通过调查找出最合适的客户，与最合适的客户交流可以减少被拒绝的机会。例如，在销售团队被拒绝的次数减少以后，能够提高销售团队的整体士气，因为他们可以进行更有成效的讨论，减少探究性的讨论。

TAS 的缺点是，所有研究都需要花费大量时间。即使有足够的资源来利用这些时间，但有时使用 TAS 达成交易的成本也是不合理的。当然，TAS 并不是万能的，也有可能存在在目标客户身上花费数周甚至数月时间，但最后还是无法成交的情况。

4. TAS 的流程

任何销售方法都需要遵循它们使用的准则和步骤，同时还需要关注其使用的条件，TAS 也是如此。SaaS 企业需要充分理解 TAS 每个阶段的含义才能更好地执行，只有经过多次验证，才能投入使用。以下是 TAS 的流程：

（1）确定目标

为什么要采用 TAS？这需要提前明确，因为 TAS 需要投入大量的时间和精力。因此，从一开始就要定义清楚销售目标。例如，建立新的销售渠道、完成更多的交易、提升转化率、增加交叉销售的机会等。

目标并不是长期不变的存在，要视情况动态调整。

（2）寻找合适客户

参照理想客户档案（ICP）来选择使用 TAS 的客户群体。在这个过程中，深入了解潜在客户，包括他们的需求、偏好和购买行为等方面。只有这样，才能确保 ICP 符合实际情况，并能够真正获得 TAS 的好处。

从当前的 ICP 出发，进一步执行更具体的研究来识别潜在目标。以下是一些值得跟踪的重要信息，这些信息可以帮助销售人员深入了解潜在客户。

- 潜在客户的公司规模、收入、地理位置等。这些信息有助于更好地了解潜在客户的业务，并在营销策略中做出相应的调整。
- 潜在客户正在使用哪些技术来支持他们的业务。这些信息可以帮助销售人员更好地了解潜在客户的需求和挑战，以及如何利用产品来帮助他们应对挑战。
- 潜在客户的在线活动、社交媒体活动等。这些信息可以帮助销售人员了解潜在客户是否对产品感兴趣，还可以为他们提供更加个性化的营销策略。

（3）列出清单，缩小范围

或许通过 ICP 能够匹配到不少合适的潜在客户，但并不意味着销售人员需要马上进行销售跟进，建议一周内仅跟进 10 ～ 20 名潜在客户。

接下来需要对潜在客户使用 TAS，以进行战略规划。在进行战略规划时，可以使用公司 CRM 系统或其他客户关系管理工具统计数据，以决定首先联系哪位潜在客户。通常在初次开始的时候，很难接触到最终的决策者，并且大多数潜在客户可能表现得较为冷漠，因为他们并不确定销售人员能否解决问题，以及能够给他们带来什么样的价值主张。

示例：

一位销售人员正在尝试向一家大公司销售新的 CRM 系统。这家公司有许多不同的部门，每个部门都有自己独特的需求。为了确保每个部门都能够受益于这个 CRM 系统，销售人员使用了 TAS 来识别每个部门的决策者，并定制个性化的推销方式以满足每个部门的特定需求。

在研究过程中，销售人员了解到该公司正计划与另一家公司合并。这对于销售人员来说是一个重大的发现，因为这将是一个推销他们 CRM 系统的重要时机。销售人员进一步调整他们的推销方式，强调拥有一个可以容纳许多客户的 CRM 系统的重要性，因为这将是公司合并后所需要的。他们还讨论了该公司可能面临的挑战，例如，如何将两个公司的数据整合在一个系统中。

销售人员还提到了他们 CRM 系统的一些其他功能，例如，如何跟踪销售渠道、管理客户关系以及提高销售效率，还介绍了该系统如何帮助该公司更好地了解其客户，并在销售过程中提供更好的支持，以及向该公司提供了一些成功案例，这些案例表明了其他公司如何使用他们的 CRM 系统来提高销售业绩。

最后，销售人员强调了他们 CRM 系统的可扩展性。他们说该系统可以根据公司的需求进行定制，以确保它可以随着公司的发展而进行扩展。这将确保该公司在未来仍然可以从该 CRM 系统中受益，并为其业务增长提供支持。

（4）开始销售

TAS 的实施可以缩短销售周期，但在实践过程中可能需要多次尝试。为了保持客户的兴趣和反馈，销售人员需要跟踪他们在销售漏斗中的位置，并记录每一次与客户的沟通和社交互动。此外，销售人员还需要与公司的相关部门保持联系，以确保 TAS 的正常运作。鉴于销售团队需要具备高度的响应能力和适应性，销售人员需要了解关键决策者的立场，以便更好地为他们提供服务。

在 TAS 成功实施后，销售人员需要继续为客户提供服务，制定与他们相关的里程碑，并检查目标实现情况。一旦客户看到了结果，他们就会愿意进一步购买产品，从而为你投入的精力带来回报。虽然 TAS 需要全力以赴，但一旦成功，将会获得长期稳定的利润回报。

5.3 如何选择适合自己的 SaaS 销售方法

在 ToB 领域进行销售时，销售人员会面临多种困难和挑战。其中之一是如何选择最合适的销售方法，因为不同的方法对于不同的客户和市场会产生不同的效果。因此，销售方法的选择需要谨慎，需要考虑到多个因素，如客户的需求、市场趋势、竞争对手的策略等。

在 ToB 销售场景下，选择销售方法时需要考虑三个方面，分别是战略、产品和客户，如图 5-20 所示，以确保业务的成功和增长。

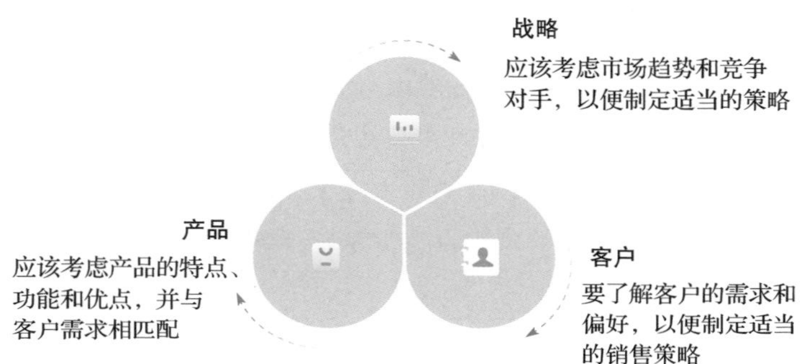

图 5-20　选择销售方法时需要考虑的三个方面

在为销售团队选择合适的销售方法时，除了围绕这三个方面来思考，还需要考虑以下几点：

- 公司的愿景和目标。
- 客户购买偏好和行为。
- 销售团队的优势与劣势。
- 市场的竞争情况。
- 产品或服务的复杂度。

1. 公司的愿景和目标

再好的产品也需要销售团队来销售，SaaS 企业最核心的两个部门分别是产品研发部门和销售部门。这两个部门是 SaaS 企业未来发展的核心驱动力。

因此，在选择销售方法时，必须与公司的发展目标保持一致。举例来说，如果公司目标是在短期内增加市场份额，那么销售人员可能需要选择一种强调积极开发潜在客户的销售方法，例如，挑战者销售。这种方法将帮助销售人员主动寻找新的市场机会，与潜在客户建立良好的关系，并提高销量。通过积极挑战传统销售方法，销售人员将能够更好地应对竞争，实现更多的销售成果。

当销售资源紧张，无法在客户跟进方面投入更多销售资源时，销售人员可以采取 MEDDIC 销售方法来提高销售效率。这种方法的目标是尽早筛选出不合格的潜在客户，将更多精力放在可能成单的潜在客户身上。

如果公司的目标是提高客户的忠诚度，销售人员可以考虑采取其他方法来提高客户的忠诚度并与其保持长期合作。一种方法是采用 GAP 销售，它可以帮助销售人员发现客户的需求与现有产品之间的差距，并提供相应的解决方案。另一种方法是采用桑德勒销售，它注重建立长期关系和持续的客户沟通，从而增强客户的忠诚度。

2. 客户购买偏好和行为

销售人员要顺应客户的购买习惯来销售。大多数 ToB 客户更喜欢先自行研究解决方案，再与 SaaS 销售人员进行购买前的沟通和验证解决方案的可行性。

因此，销售人员应该更加注重与客户建立起融洽的合作关系并为他们提供量身定制的解决方案，可以参考 SPIN 销售方法。

3. 销售团队的优势与劣势

笔者在担任战略顾问时，最常听到销售人员说这句话："为什么其他公司可以很好地使用 ×× 销售方法，而我们却失败了？难道是因为我们不够努力、执行能力不足吗？"

然而，在大多数情况下，问题并不在于销售人员能力不足，而是因为某些销售方法与销售团队无法有效地结合。

因此，公司需要关注销售团队成员的组成，与他们进行深入的讨论并培训他们，以确保他们了解并能够正确应用各种销售方法。此外，公司还可以考虑与其他公司的销售团队进行合作，分享彼此的经验和最佳实践，以进一步提升销售业绩。

4. 市场的竞争情况

市场常常决定什么是成功的、什么是不成功的。这是因为市场是一个竞争激烈的环境，各种因素都会影响一个品牌或产品的成功与否。因此，作为企业负责人或市场营销人员，需要密切关注市场动向，了解竞争对手的成功之处，并从中吸取经验和教训。

如果竞争对手成功地使用了特定的销售方法，则需要考虑采用对比方法。通过采用对比方法，可以将自有品牌与竞争对手品牌区分开来，吸引那些有不同需求的潜在客户。例如，可以通过提供更多的选择或更个性化的服务来满足客户的不同需求。这样一来，品牌就能够在市场中脱颖而出，并吸引更多潜在客户的关注和支持。

因此，在制定营销策略和销售方法时，要时刻牢记市场因素的重要性。了解竞争对手的成功之处，并找到与之不同的方法来满足不同的客户需求，将是公司取得成功的关键所在。

5. 产品或服务的复杂度

复杂的产品可以通过采用差距销售或者利用概念验证模板展示解决方案来获益。这些销售方法可以帮助销售人员更好地表达产品的价值，吸引潜在客户的关注并建立信任。此外，销售人员还可以通过提供详细的案例研究、演示或培训来进一步展示产品的复杂性和功能。通过展示产品的特点和优势，可以更好地满足客户的需求，并确保他们理解产品的价值。

此外，产品类型也会影响客户做出购买决策。易于使用的产品可通过自助服务门户购买，其他产品需要为销售团队提供更广泛的前期培训，以说服客户购买。

销售人员确定最适合公司的销售方法的最简单方式是了解自己的需求。例如：

- 如果你无法解释为何你的产品可行、无法确定潜在客户的问题，则可能需要调整销售流程。
- 如果你的服务易于掌握，将潜在客户转化为客户不需要花费过多精力，建议使用使客户更容易获取产品的方法。

在选择销售方法时，很多人会关注新颖、引人注目或华而不实的内容。然而，这是错误的。过于简单的解决方案容易导致销售失败，因为客户期望在购买过程中获得更多帮助。另外，过于复杂的销售方法可能会在低价值客户身上“超支”，提高了获取成本，影响了利润率。因此，取得适当的平衡可能具有挑战性。销售人员可以跟踪平均交易规模、营销周期和每月交易量。同时，计算平均客户获取成本并使用保护利润率的技术，确保公司获得最大利润。此外，考虑与行业领导者合作，加强销售策略。合作可以获得专业知识和经验，提高销售效果，还有助于扩大市场份额，获取更多的潜在客户。最后，定期评估和调整销售策略。市场和客户需求不断变化，销售策略需要不断调整。定期评估和调整销售策略有助于保持竞争力，确保销售策略与市场趋势一致。

总的来说，ToB 销售是一个复杂而多样化的领域。通过遵循适当的销售原则和采取有效的销售策略，企业可以更好地与客户互动，并实现销售目标。此外，还有一些其他因素需要考虑，例如，了解客户的需求和市场趋势，以便做出准确的销售预测和决策。

5.4　本章小结

销售方法论是一种在销售流程中解决问题的框架，描述了销售人员应该如何处理在销售流程的每个阶段中遇到的问题。销售流程展示了销售达成交易的关键阶段，而销售方法论则是为达成这些关键阶段目标所提供的方法指导。销售人员将销售方法论转变为最佳实践行动。

在 ToB 销售场景下选择销售方法时需要考虑三个方面，分别是战略、产品和客户。

建立良好的客户关系管理体系对于长期发展业务至关重要。通过定期与客户保持联系，并提供高质量的售后支持和服务，企业可以获得高客户忠诚度和口碑推荐。

第 6 章 CHAPTER

SaaS 营销

通俗来讲，营销就是结合市场的需求，将产品通过合适的渠道呈现在客户面前，并且让客户心甘情愿地购买。SaaS 营销与实体营销有些差别，SaaS 营销主要是利用数字渠道（如社交媒体营销、搜索引擎营销、内容营销等）来推广和销售 SaaS 产品。

SaaS 营销是一种有助于建立意识和推广 SaaS 产品的营销类型，有助于将 SaaS 产品推向市场、定位 SaaS 产品，其目的是吸引潜在客户，并将他们转化为付费客户。

在本章中，我们将深入探讨 SaaS 营销的各个方面。首先，我们将从 SaaS 营销概述开始，介绍其基本概念、与传统营销的区别，以及面临的挑战。

接下来，我们将探讨 SaaS 三大营销核心，包括增长营销、产品营销和内容营销，以便读者了解在 SaaS 营销中不同角色的职责和所需的技能。

随后，我们将讨论 SaaS 营销团队的构建，包括不同规模营销团队的组成和架构，以及小型、中型和大型 SaaS 营销团队的定义、核心角色等。

通过阅读本章内容，读者将全面理解 SaaS 营销，并在 SaaS 行业中开展有效营销奠定基础。

6.1　SaaS 营销概述

1. 什么是 SaaS 营销

SaaS 营销是 SaaS 企业所采取的营销策略和方法，其主要目标是通过数字渠道（如社交媒体营销、搜索引擎营销、内容营销等）来推广和销售 SaaS 产品，从而吸引潜在客户并将其转化为付费客户。

SaaS 企业通常提供基于订阅的服务，它们的营销工作旨在定期获取和留住客户，这导致 SaaS 企业在营销方面面临着独特的挑战：如何在保持较低的客户获取成本的同时获取新客户？由于 SaaS 采用经常性收入模式，企业可能需要几个月甚至几年的时间才能收回客户获取成本，因此，企业必须关注客户保留率并提高客户终生价值，以确保盈利能力。

2. SaaS 营销与传统营销的区别

SaaS 营销和传统营销的区别主要在于其营销渠道和策略。传统营销通常采用广告宣传和销售人员推销等传统手段进行推广和销售，而 SaaS 营销主要依赖数字渠道和技术手段，如社交媒体、搜索引擎等。此外，SaaS 营销更加注重数据驱动和客户体验，通过数据分析和 A/B 测试等技术手段来优化营销策略和转化率。

SaaS 营销与传统营销之间的主要区别分别体现在定价模式、客户获取、关系建立、客户留存和指标方面，见表 6-1。

表 6-1 SaaS 营销与传统营销的区别

区别	SaaS 营销	传统营销
定价模式	SaaS 公司通常提供基于订阅的服务，意味着 SaaS 营销必须专注于定期获取和留住客户	传统公司通常销售一次性产品或服务，传统营销则针对一次性购买
客户获取	在 SaaS 营销中，目标是吸引对产品持续感兴趣的客户，并随着时间的推移将他们保留为忠诚客户	在传统营销中，目标是接触尽可能多的潜在客户并将他们转化为付费客户
关系建立	关系建立是 SaaS 营销的重要组成部分，SaaS 公司必须努力与客户建立信任和关系。这是因为 SaaS 公司的成功取决于留住客户并让他们与产品保持互动	传统公司可能较少关注关系建立，因为它们通常销售一次性产品或服务
客户留存	在 SaaS 营销中，重点是长期留住客户。这是因为 SaaS 公司依赖现有客户的经常性收入来推动利润增长	在传统营销中，重点通常是获取新客户
指标	SaaS 公司通常关注客户终生价值、客户流失率和月度经常性收入等指标	传统公司可能更关注销售收入和利润率等指标

3. 我国 SaaS 营销面临的挑战

我国 SaaS 市场虽然发展迅速，但仍面临一些挑战，主要包括以下几个方面：

1）品牌知名度不足。由于国内 SaaS 发展相对于国外晚些，大多数 SaaS 企业属于新兴企业，在市场上缺乏知名度和品牌认知度。这就导致潜在客户对 SaaS 企业的产品缺乏信任，对企业的品牌和产品有疑虑，从而影响销售和市场份额。

2）缺乏市场认知度。在我国市场中，客户对 SaaS 产品的认知度相对较低，因此导致 SaaS 企业需要投入更多的时间和精力去培养潜在客户，以提高其对 SaaS 产品的认知度及接受程度，这也间接导致营销预算被削减。

3）营销渠道单一。许多 SaaS 企业的营销手段较为单一，例如，展会营销和搜索引擎营销等，并没有充分利用数字营销手段，如社交媒体营销和内容营销等。传统营销手段的效果可能已经达到了瓶颈，而数字营销手段可以帮助企业更好地定位目标客户、提高曝光率和转化率，从而获得更好的市场效果。

4）缺乏优秀的营销人才。SaaS 企业需要具备一定的技术和市场营销能力的人，但目前市场上缺乏高质量的营销人才，这限制了它们的发展。SaaS 企业需要既懂技术，又具备市场营销能力的营销人才，他们应了解客户需求和市场趋势，并能够制定有效的营销策略和推广方案。然而，目前市场上的高质量营销人才相对较少，而且 SaaS 企业的特殊性质也使得人才的培养和招聘更加困难。

对于 SaaS 企业而言，市场营销是非常重要的一环，因为产品的推广和销售需要依靠营销渠道和策略来完成。如果 SaaS 企业缺乏高质量的营销人才，就很难制定出切实可行的营销策略和推广方案，从而影响企业的发展。

接下来，我们重点从营销核心和营销团队的构建方面进行详细说明。

6.2 SaaS 三大营销核心

如今市场上 SaaS 企业的数量快速增长，竞争也变得越来越激烈。SaaS 企业对营销的重视程度不亚于产品的研发。为了在这个竞争激烈的环境中脱颖而出，建立一个强大的 SaaS 营销团队是至关重要的。

一个强大的 SaaS 营销团队可以为 SaaS 企业带来无限的好处。他们不仅能够帮助 SaaS 企业更好地了解市场需求和客户喜好，还能制定出一系列针对不同目标受众的营销策略和方案，提高品牌知名度和市场占有率。

在 SaaS 营销领域，不同类型的营销角色和技能都有其独特的价值和作用。其中，市场营销经理是整个团队的核心，负责规划和实施整个营销战略，协调团队成员的工作，确保团队目标的实现。

另外，SaaS 营销团队还需要拥有一批技术型人才，他们需要对市场趋势和客户需求有深刻的理解，掌握数据分析、SEO、SEM 等一系列技能，能够根据数据分析制定出更有针对性的营销方案，为企业带来更多的收益和利润。

除了市场营销经理和技术型人才外，SaaS 营销团队还需要拥有一些其他的角色，如内容营销专家、社交媒体专家和销售人员等。每个角色都有其独特的技能和责任，都是 SaaS 营销团队的重要组成部分。

拥有一支结构良好的 SaaS 营销团队对于 B2B SaaS 企业来说至关重要，企业需要重视人才引进和培养，同时也需要不断创新并更新营销策略和技术手段。结构化的团队有助于确保每个成员都朝着相同的目标努力，避免混乱和重复工作，并且更容易衡量团队绩效的有效性。

SaaS 的三大营销核心分别是：增长营销、产品营销、内容营销。

6.2.1　增长营销

增长营销的核心理念是利用数据分析和市场营销自动化来实现企业的业务增长和收益增加。这要求增长营销团队深入挖掘数据，了解客户行为、市场趋势和竞争对手情况，为企业制定更科学、精准的营销策略。

与其他营销团队不同，增长营销团队成员通常具有更高的技术水平和更强的数据统计和分析能力，掌握各种数据分析工具和编程语言，能够更好地分析数据，为企业制定更具实际效果的营销策略和计划。增长营销团队与销售团队密切合作，销售团队负责推销产品和服务，增长营销团队则负责利用数据分析结果和市场营销自动化工具，支持销售团队实现更多的销售目标，增加企业的收益。

增长营销团队注重不断测试和优化营销策略，以确保最佳的业务增长效果；不断监测和评估市场反馈，并对营销策略进行调整和优化，以最大化企业的业务增长和收益。增长营销团队包括以下岗位。

1. 营销运营经理

营销运营经理负责制订、执行和监控营销计划，以确保整个营销运营体系的顺畅运行。这个岗位通常需要具备一定的管理和组织能力，能够有效地协调各个部门和团队。

营销运营经理需要具备以下能力或者技能：

- 熟悉市场营销自动化工具，如百度营销自动化、友盟+、GrowingIO 等，并能使用这些工具进行客户管理、营销活动规划、报告分析等操作。
- 了解 CRM 系统，可以管理客户数据、搭建营销活动流程，并跟进潜在客户的信息。
- 精通数据分析和报告，能够监控和分析营销活动的效果，并对数据结果进行汇总和解释。
- 了解广告平台，如小红书和百度等，并能通过这些平台发布和管理广告活动。
- 具备项目管理技能，能够组织和管理多个营销项目的进程和进度，以确保营销计划按时完成。
- 拥有优秀的沟通技巧，能够与团队成员和其他部门的人员进行有效的沟通。

2. 广告投放专家

广告投放专家负责制定和管理付费广告策略，例如，百度搜索引擎广告、短视频广告、小红书广告等，以吸引更多的潜在客户和提高企业的曝光度。这个岗位需要具备一定的数字营销和广告投放经验，以及对广告平台有深入的了解。

广告投放专家需要具备以下能力或者技能：

- 熟悉广告平台，如百度推广平台、腾讯广告平台、头条系广告平台、微博广告平台等，并能使用这些平台进行广告投放、广告调整和广告管理。

- 具备关键词研究和分析的能力，可以确定最佳的广告定位和目标受众。
- 能够根据广告效果进行优化和调整，提高广告投放的 ROI。
- 精通竞争对手分析，了解市场竞争格局，并能够根据市场趋势和竞争情况进行调整。
- 具备数据分析能力，可以监控广告活动的效果，并对数据结果进行汇总和解释。
- 拥有良好的沟通技巧，能够与团队成员和其他部门的人员进行有效的沟通。

3. 入站营销经理

入站营销经理负责制定和实施网站流量优化和转化的策略，包括网站设计和客户体验优化、内容营销、社交媒体营销等。入站营销经理需要具备较强的市场分析、数据分析、SEO 等技能，以及对客户体验和设计的敏感度。

4. 客户成功经理

客户成功经理也被称为客户营销专家、数据营销专家或 CRM 专家。该岗位主要负责使用客户数据和行为分析来优化营销策略和活动，以提高客户参与度、客户转化率和客户忠诚度。

客户成功经理需要具备以下能力或者技能：

- 客户数据分析：需要熟悉各种数据分析工具和技术，例如，通过对客户的使用习惯、购买历史、互动情况等数据的分析识别出客户流失的风险、潜在的销售机会，为决策提供依据。

- 客户行为分析：需要了解客户行为分析的最佳实践，以及如何利用分析结果来确定目标客户，并为他们提供有意义的营销信息。
- 个性化营销：需要了解如何基于客户数据和行为创建个性化营销策略，包括电子邮件营销、内容营销、社交媒体营销等。
- 客户洞察和反馈：需要熟悉如何获取客户反馈和洞察，并将其转化为有效的营销策略和活动。
- 营销自动化：需要了解如何利用营销自动化工具来提高效率和效果，并能够管理和优化自动化工作流程。
- 团队合作：需要具备卓越的团队合作和沟通能力，能够与团队成员、内部和外部合作伙伴建立良好的工作关系。

5. 搜索引擎优化专家

搜索引擎优化（SEO）专家负责制定和管理搜索引擎优化策略，提高企业网站在搜索引擎上的排名和流量。他们需要了解搜索引擎算法和 SEM 技术。

搜索引擎优化专家需要具备以下能力或者技能：

- 关键词研究：了解如何使用关键词研究工具（如 Google 关键词计划工具、百度热词等）分析目标受众的搜索行为，挖掘出潜在的高价值关键词，并将这些关键词应用到网站的标题、描述、页面内容、图像和链接中，以提高搜索引擎排名和流量。
- 网站优化：了解如何优化网站结构、内容、页面速度、客户体验等，以提高网站的可读性和搜索引擎的可索引性。

- 链接建设：了解如何使用不同类型的链接（内部链接、外部链接、回链等）提高网站的权威性和可信度，以及如何避免被搜索引擎“惩罚”。
- 数据分析：了解如何使用 Google 分析、百度站长等网站分析工具来监控流量来源、关键词排名、点击率等数据，以及如何使用这些数据来调整 SEO 策略。
- 技术能力：了解 HTML（超文本标记语言）、CSS（层叠样式表）和 JavaScript 等基本的网站开发语言和技术，以便进行网站优化和技术问题的解决。

6.2.2　产品营销

产品营销是通过制定有效的产品定位、传递清晰的产品信息和实施完善的营销计划来引起潜在客户对产品的需求和兴趣。产品营销执行得当可有效帮助公司实现其业务目标。产品营销涉及以下几个关键的岗位角色。

1. 产品经理

产品经理是产品营销中的重要岗位角色之一。他们需要确保公司生产的产品符合市场需求，开发出高品质的产品，以满足客户的需求。他们需要与开发团队密切合作，确保产品按时发布，同时还需要制定产品的定价策略，为公司的业务目标提供支持。

2. 产品营销经理

产品营销经理需要在公司内部协调所有的营销活动，以确保它们与产品的定位一致，并支持公司的销售目标。他们还需要与客户和合作伙伴紧密合作，以制订和执行产品推广计划，促进公司的业务增长。

3. 销售支持人员

在 SaaS 企业中，销售支持人员也被称为销售支持专员、销售支持经理或客户支持经理等。不同企业可能有不同的称呼和职责范围，但他们的主要职责都是为销售团队提供支持，协助其完成销售目标，提高客户满意度和保持客户关系。

销售支持人员需要为销售团队提供资源支持，包括提供销售工具和资料，为销售活动提供后勤支持，帮助销售团队开发和跟进销售线索。他们与销售人员一起工作，为他们提供技术和业务支持，以帮助他们达成销售目标。同时，还协调内部资源，例如，产品和研发团队，以确保销售人员可以提供最佳的产品解决方案和服务。他们还需要了解市场需求和客户痛点，为产品的优化提供反馈。

4. 客户体验设计师

客户体验设计师负责研究、分析和改善客户在使用产品或服务时的体验。具体来说，他们需要与产品经理、开发人员、市场营销团队和客户等不同的利益相关者合作，以确保产品或服务的设计能够满足客户的需求和期望，提升客户体验，增加客户满意度和忠诚度。

客户体验设计师通常需要具备较为全面的技能，包括客户研究、客户调研、客户界面设计、交互设计、客户测试等方面的专业知识和实践经验。他们需要深入了解客户需求和行为模式，以便为产品的设计和营销提供反馈。他们还需要确保产品文案、界面设计等与公司的品牌形象一致。

5. 客户成功经理

客户成功经理是一个负责管理和执行公司的服务营销策略的岗位。他们的职责包括协调和整合公司的服务和销售团队，以确保客户获得高品质的服务和支持，并提高客户满意度和留存率。客户成功经理还需要与客户互动，了解他们的需求和反馈，并在产品和服务方面提出改进建议，以促进客户关系的稳固。他们需要具备市场营销和销售技能，以及具有服务和客户关系管理方面的经验。

6.2.3　内容营销

内容营销是一种通过创造和共享有价值的、有意义的、有吸引力的内容，吸引并保持目标受众的注意力，并最终推动其产生购买行为的营销策略。这种营销策略强调与潜在客户建立信任和关系，从而增加他们的兴趣和忠诚度。

内容营销可以包含多种形式的内容，如博客文章、社交媒体帖子、电子书、视频、案例研究、白皮书、网页、电子邮件等。内容营销针对客户的需求和痛点来提供解决方案。内容营销也需要根据客户在购买过程中所处的阶段来提供相应的内容，以支持他们做出决定。

与传统营销相比，内容营销的优势在于它可以提供更有价值的信息，更好地与客户建立关系，并长期保持有效，以提高品牌知名度、在线搜索量和转化率，增加网站流量，同时提高客户忠诚度和建立口碑。

不同的 SaaS 企业对内容营销中的岗位定义各不相同，以下是大多数 SaaS 企业内部的内容营销所涉及岗位的说明。

1. 内容营销经理

内容营销经理是负责制定和执行内容营销战略的专业人员，为内容营销制定战略和目标，分析市场趋势和竞争对手，以确保内容营销有效。他们通常担任撰稿、编辑、设计师和开发人员等不同的角色，以确保他们的公司在各个渠道上都能够提供高质量的内容，从而吸引并留住客户。

2. 社交媒体营销经理

社交媒体营销经理是负责使用社交媒体平台来推广产品或品牌的营销专业人士。他们通常需要熟悉各种社交媒体平台和工具，并有能力制定和执行营销策略以吸引和保持受众的兴趣和参与度。他们也需要分析数据和趋势，以便根据反馈和洞察来优化他们的策略和内容。

社交媒体营销经理的主要职责如下：

- 制定社交媒体营销策略：需要了解目标受众的兴趣和偏好，并根据品牌的声誉和目标制定相应的营销策略。
- 管理社交媒体账户：创建、更新和管理品牌在各种社交媒体平台上的账户，并确保所发布的内容和活动与公司产品营销战略一致。

- 发布内容：创建和发布各种形式的内容，包括文字、图片和视频，并定期更新这些内容，以保持受众的兴趣和参与度。
- 监控社交媒体活动：定期监测和分析社交媒体活动，以了解目标受众的反馈和偏好，并根据需要做出相应的调整。
- 与客户沟通：与客户建立联系，回答他们的问题，并处理他们的投诉，以建立良好的客户关系。

3. 视频 / 视觉设计师

视频 / 视觉设计师是在数字营销中起关键作用的角色，其职责是使用视频内容来吸引、教育和推广品牌或产品。视频 / 视觉设计师需要熟悉视频制作、剪辑和后期制作工具，如 Adobe Premiere、Final Cut Pro 等，并具备创意思维、良好的故事叙述能力和沟通能力。通过制作有趣、引人入胜的视频内容，可以吸引更多的潜在客户，并提高品牌的认知度和声誉。视频营销的成功需要有一个精心策划的视频营销计划，包括创意开发、脚本撰写、拍摄和后期制作等方面，这就需要视频 / 视觉设计师具备专业技能和经验。

在数字营销中，视频营销是一种非常受欢迎的策略，因为视频内容易于让客户消化，而且可以在短时间内有效地传达品牌信息和产品特点。视频 / 视觉设计师需要创造性地使用视频来吸引和保持观众的兴趣，提高品牌和产品的知名度和影响力。

6.3 SaaS 营销团队的构建

6.3.1 不同规模的营销团队

营销是任何企业最关键的方面之一。对于小型 SaaS 企业而言，营销更为重要。成功的营销策略对于挖掘潜在客户、将其转化为付费客户并使其持续订阅付费服务至关重要。为实现这一目标，SaaS 企业必须拥有一支能够有效执行营销策略的结构良好的营销团队。

SaaS 企业在不同的发展阶段，对营销投入的资源都非常有限。如何利用有限的资源来对 SaaS 产品进行营销是所有 SaaS 企业所面临的独特营销挑战。

因此，SaaS 营销团队的两个关键目标是：获得新客户、留住现有客户。这两者不仅是企业增长的驱动力，也是衡量营销效果的关键标准。

通常，我们将 SaaS 营销团队按照团队规模划分为小型 SaaS 营销团队、中型 SaaS 营销团队和大型 SaaS 营销团队。什么样的营销团队适合你的 B2B SaaS 业务，又或者企业应该构建什么样的营销团队才能产生最大的能效？

1. 小型 SaaS 营销团队

（1）小型 SaaS 营销团队的定义

小型 SaaS 营销团队被定义为少于 10 人的营销团队，这种团队规模较小，成员数量有限。通常，初创 SaaS 企业中的小型 SaaS 营销团队可能仅有 2 ～ 3 名成员。因此，对于小型 SaaS 营销团队，需要的是“多面手”成员。

通常，小型 SaaS 营销团队在人员和财务资源方面都相对有限，更加需要团队创新和高效的通力协作，以及通过发挥彼此的优势来实现目标，例如，通过定期沟通、跨职能培训和项目团队合作来完成。

（2）小型 SaaS 营销团队核心角色

表 6-2 所示为小型 SaaS 营销团队核心角色及其工作要求。

表 6-2　小型 SaaS 营销团队核心角色及其工作要求

核心角色	定位	工作侧重点	工作要求
营销经理	负责早期营销战略布局	负责制定营销战略、领导营销团队与销售团队紧密合作	负责监督整个营销团队并为企业制定整体营销策略。对 SaaS 行业、目标受众和竞争格局有深刻的了解，还应具有管理团队的经验，并能够有效地委派任务
内容营销专员	负责内容营销方面的工作	编写和发布博客、社交媒体帖子和其他营销内容	负责创建与目标受众相关且对其有价值的高质量内容，包括博客文章、电子书、白皮书和社交媒体帖子等，还应该精通写作、编辑和内容策略制定，并且应该对 SEO 最佳实践有深刻的理解
数字营销专员	负责社交媒体管理、搜索引擎优化	早期更多侧重于社交媒体的搭建和管理，在 SEO 方面投入较少	负责管理企业在各种平台（例如，微信公众号、知乎和今日头条等）上的社交媒体形象，对社交媒体营销有深刻的理解，并能够创造出能引起目标受众共鸣的引人入胜的内容，同时还应该能够分析社交媒体指标并相应地调整策略

（3）构建小型 SaaS 营销团队的挑战

小型 SaaS 营销团队在可用的有限资源方面开展营销活动往往会力不从心，会面临许多因资源有限而无法加大营销效果的状况。其中，最常见的挑战是团队各成员需要担任多个职位，这意味着他们需要身兼数职并承担各种责任，可能会导致其倦怠和生产力下降，因为他们可能没有足够的技能和精力来有效地处理营销的各个方面。例如，笔者的一位好朋友从某大厂离职后，投身于 SaaS 创业。由于在 SaaS 企业初创时期，在资金方面收缩严重，所以为了省钱，他常常既做开发经理又做产品经理，同时还要兼顾市场营销方面的客服工作等；每天都忙得焦头烂额，个人投入的时间和精力巨大，但是获得的效益非常差，一度想要终止创业。最后在笔者的建议下，他招聘了一名销售经理，与他一同负责早期的营销活动，企业才渐渐稳步发展。

笔者建议初创型企业负责人应当注重产品方案设计和市场营销。如果企业有足够优秀的产品经理，也需要保持对产品方面管理工作的关注。SaaS 初创企业刚开始大多是由创始人全盘进行布局和设计的，其他外聘的员工，能力再优秀、再突出，也无法在战略上达到与创始人的视角一致。

团队内部成员身兼数职，并不意味着凡事都要亲力亲为。为了克服这些挑战，小型 SaaS 营销团队必须优先考虑跨职能协作。团队成员必须能够无缝协作、共享想法和资源以实现共同目标。这需要良好的沟通技巧，以及合作的意愿。

小型 SaaS 营销团队面临的另一个重要的挑战是满足敏捷性和适应性方面的需求。由于资源有限且团队规模较小，优先考虑可能对客户获取和保留产生最大影响的营销工作至关重要。这需要采用数据驱动的决策方法，并要乐于尝试新的战略和战术。小型 SaaS 营销团队可能难以跟上行业的变化，因为他们可能没有专门的人员来研究和监控市场趋势。

敏捷营销策略对于小型 SaaS 营销团队来说也特别有效。通过利用敏捷方法，团队可以快速迭代活动，并根据新见解调整策略。这需要团队愿意尝试和承担风险，以及愿意从错误中吸取教训。

（4）构建小型 SaaS 营销团队的最佳实践

小型 SaaS 企业在营销方面面临着独特的挑战，特别是在可用的资源有限方面。尽管存在这些挑战，但只要结构正确，小型 SaaS 营销团队仍然可以非常有效地推动企业增长和创造收益。

1）定义营销目标和策略。在组建小型 SaaS 营销团队之前，定义营销目标和策略很重要。这将帮助企业确定需要构建哪种类型的营销团队以及团队成员应该具备哪些技能。营销策略应与业务目标保持一致，并且应考虑目标受众的需求和偏好。

2）定义团队规模和角色。小型 SaaS 营销团队的规模将取决于 SaaS 企业的规模和营销目标。小型 SaaS 营销团队通常由 2 ～ 10 名成员组成，包括营销经理、内容营销人员、社交媒体专员和广告付费专员等。每个团队成员都应该有明确的角色和责任，以确保营销活动顺利执行。

3）招聘合适的人才。招聘合适的人才对于构建成功的小型 SaaS 营销团队至关重要。企业需要找到对营销充满热情并且具备执行营销策略所需技能和经验的人，寻找具有 SaaS 营销或相关领域经验的候选人，因为他们能够为团队带来宝贵的见解和专业知识。

4）培养协作文化。要构建成功的小型 SaaS 营销团队，培养协作文化非常重要。这意味着要鼓励团队成员一起工作、分享想法并在项目上进行协作，还意味着要为他们提供有效完成工作所需的工具和资源，例如，项目管理软件、通信工具和营销自动化软件。

5）拥抱敏捷性。团队需要乐于尝试新的营销策略，尝试利用不同的渠道，并快速适应市场的变化。这需要拥有持续改进的心态和愿意承担风险并从失败中学习的意愿。

6）衡量和优化营销结果。需要跟踪客户获取成本、客户终生价值和月度经常性收入等关键指标，以确保营销活动取得成效。使用分析工具来跟踪结果并确定需要改进的领域，并做出数据驱动的决策来优化活动。

2. 中型 SaaS 营销团队

中型 SaaS 营销团队通常是指由 10 ～ 50 名员工组成的团队，他们的目标是推广和销售 SaaS 产品。

这类团队的主要职责是了解目标市场、制订营销计划、执行市场活动、招募潜在客户、促进销售、管理客户关系、收集和分析数据等，同时，需要与其他团队协作，如产品团队、客户支持团队和技术团队等，以确保顺利交付和满足客户需求。

对于中型 SaaS 营销团队来说，有效的管理和领导力至关重要。这包括确保团队成员具备必要的技能和知识、制定清晰的目标和战略、提供有利的工作环境和文化，以及激励员工并使其保持高效率的工作方式。中型 SaaS 营销团队岗位角色及其主要职责见表 6-3。

表 6-3 中型 SaaS 营销团队岗位角色及其主要职责

岗位角色	主要职责
营销总监	负责整个营销团队的管理和决策，包括制定营销策略、分配预算、跟进业务进展等
市场营销经理	负责市场营销计划的制订和执行，包括市场研究、品牌推广、活动策划等
数字营销经理	负责数字营销策略的制订和执行，包括 SEO、SEM、社交媒体营销、电子邮件营销、数据分析等
内容营销经理	负责制订和执行内容营销计划，其表现形式包括网站软文、博客文章、白皮书、视频、演示文稿等
销售运营经理	负责销售运营策略的制订和执行，其职责包括客户关系管理、销售流程管理、销售数据分析等
客户成功经理	负责客户满意度、客户保留率和客户忠诚度等客户成功指标的管理和提升，包括客户培训、支持和服务等

中型 SaaS 营销团队面临着自己独特的挑战，其中最主要的挑战是如何在扩展的同时保持敏捷性。中型 SaaS 营销团队在成长过程中可能会变得笨重，难以做出快速决策和调整策略，导致对市场变化的响应时间变慢，并可能错失良机。为了应对这一挑战，中型 SaaS 营销团队需要寻求一些解决方案，如敏捷开发方法、持续交付、小团队工作模式等，以确保团队成员能够快速做出决策和调整战略。

另一个挑战是管理跨职能团队。随着团队规模的扩大，中型 SaaS 营销团队需要引入内容营销、搜索引擎优化和社交媒体营销等不同领域的专家。这可能会导致团队内部形成信息孤岛，成员只专注于自己的专业领域，而无法与其他团队成员有效合作。为了应对这个挑战，中型 SaaS 营销团队需要明确角色和职责分工，确保每个团队成员都清楚自己的职责，并与其他团队成员密切合作。同时，团队内部鼓励跨职能合作和知识共享，这有助于团队成员更好地理解整个团队的运作，从而更好地服务客户。

在构建和管理中型 SaaS 营销团队时，流程自动化也很重要。中型 SaaS 营销团队需要处理更多的任务和流程，如果没有适当的工具和系统，这些任务和流程可能会变得不堪重负。流程自动化可以节省时间和精力，让团队成员专注于更高级别的战略工作，例如，报告和数据分析等重复性任务可以通过自动化来实现，这将提高团队的效率和生产力。

另外，还需要使用项目管理软件并促进团队沟通和协作。这有助于使团队成员在目标和优先事项上保持一致，同时确保团队成员了解彼此正在做什么。定期的团队会议和开放的沟通渠道也可以促进团队内部透明和协作。

3. 大型 SaaS 营销团队

随着 SaaS 企业的发展，业务和客户群体覆盖面变广，相应的营销团队也在不断壮大。一支大型 SaaS 营销团队由 50 多名成员组成，每个成员都有特定的角色和职能。

大型 SaaS 营销团队面临的最大挑战是保持多个部门和职能的凝聚力和目标一致性。在一个大型 SaaS 营销团队中，由于有许多成员从事不同方面的工作，要确保每个成员都朝着相同的目标和方向努力是具有挑战性的。此外，流程增多会导致决策制定和执行的速度变慢。这种从上至下的战略执行，在落地时容易发生偏差。

另一个挑战是确保拥有强有力的领导和有效的战略规划。随着团队规模的增长，拥有一位具有愿景的强大领导者变得更加关键。例如，内容营销团队的目标可能与社交媒体营销团队的目标不同，这可能会导致战略冲突并最终导致两个团队缺乏凝聚力。

找到一个能够有效管理大型 SaaS 营销团队并与所有团队成员保持有效沟通的领导者并非易事。一个大型 SaaS 营销团队不单单需要领导者来设定战略目标，还需要领导者能够在不同团队之间进行协调和沟通，确保团队成员理解他们的角色和责任，并且有清晰的目标和工作计划来实现成功。

国内拥有大型 SaaS 营销团队的企业不多，它们普遍具有两个特点：①强调跨职能协作和内部培训，确保团队成员了解团队中的各种角色和职能目标，并且可以相互促进沟通和协作；②以数据驱动决策为准则，团队多人参与执行营销策略，要确保每个人都根据数据而不是根据个人意见做出决策可能具有挑战性。

大型 SaaS 营销团队由多个不同的部门组成，每个部门和职能部门都有自己特定的角色和职责。表 6-4 所示是一些关键角色及其职责说明。

表 6-4　大型 SaaS 营销团队关键角色及其职责说明

关键角色名称	职责说明
CEO 或 CMO	他们是强有力的领导者，可以为团队设定愿景和方向，管理团队成员并与他们沟通，确保每个人都朝着相同的目标努力
营销总监	负责制定和执行公司的整体营销战略，确定目标市场和客户群，开发信息和定位，并计划和执行活动与举措以推动增长
品牌管理师	负责管理公司的品牌并确保所有营销渠道的一致性，制定品牌指南和信息，监督公司的视觉识别，并确保所有营销材料都与品牌一致
内容营销经理	负责创建和分发关于公司品牌的内容，制定内容策略，为各种渠道（例如，博客、社交媒体和电子邮件）创建内容，并衡量其内容的有效性

（续）

关键角色名称	职责说明
数字营销经理	负责开发和执行跨各种渠道的数字营销活动，包括搜索引擎营销、社交媒体广告和电子邮件营销；衡量活动的有效性并对其进行优化，以获得最大的投资回报率
产品营销经理	负责制定和执行公司产品的营销策略，与产品开发团队密切合作，了解产品特性和优势，制定信息和定位，并制作销售资料和其他材料

要构建和管理大型 SaaS 营销团队，需要从三个维度来促进团队的凝聚力，提高效率和有效性。

- 实施跨职能培训。实施跨职能培训是为了促进跨职能部门协作和确保团队成员朝着相同的目标努力。实施跨职能培训计划，让团队成员了解其他部门及其职能。这可以帮助团队成员了解彼此的角色和职责，并获得新的技能和观点。实施跨职能培训还可以在团队内部形成创新文化，因为团队成员可以为他们的工作带来新的想法和方法。
- 强调数据驱动的决策。强调数据驱动的决策是因为跨部门的决策需要更多的数据依据，不同的部门对同一件事情的看法可能存在差异。对大型 SaaS 营销团队而言，没有办法像小型 SaaS 营销团队那样快速决策、快速验证和调整。因此，采用数据驱动的决策方法非常重要。这意味着使用数据分析来了解客户行为、衡量活动绩效，并就资源分配和战略做出明智的决策。
- 使用项目管理软件。使用项目管理软件可以帮助大型 SaaS 营销团队管理多个项目。例如，Teambition、Tower

和飞书等软件工具可以帮助团队组织工作、分配任务、设置截止日期和跟踪进度。在大型 SaaS 营销团队中，使用项目管理软件可以帮助团队成员更好地理解项目的范围、目标和进度，促进团队和部门之间的沟通和协作。

6.3.2　构建 SaaS 营销团队的步骤

众所周知，构建 SaaS 营销团队是 SaaS 企业成功的关键因素。然而，构建一个成功的 SaaS 营销团队是一项艰巨的任务，因为大多数 SaaS 企业不知道如何为其营销团队建立正确的结构，这将导致团队成员之间合作不畅、效率低下，最终导致企业业绩下滑。

通过遵循 SaaS 营销团队正确的构建方法，SaaS 企业可以有效地规划和组织营销团队的工作，从而提高工作效率和营销效果。通过发挥分工明确、协作顺畅、流程可控等优势，SaaS 营销团队可以更好地实现目标，并且更加适应市场的快速变化。笔者结合过往的经验，将 SaaS 营销团队的构建分为如图 6-1 所示的几个步骤。

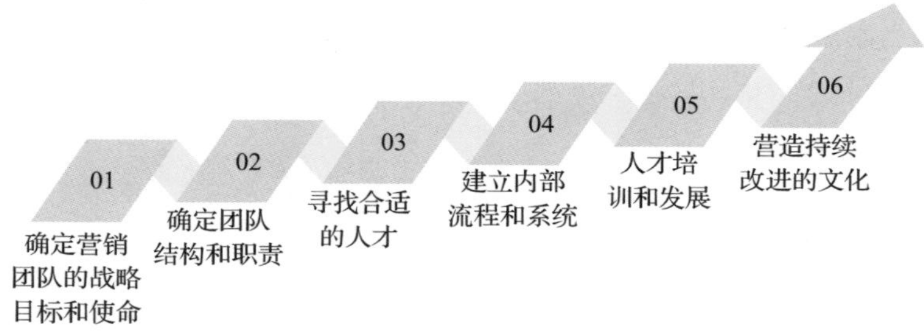

图 6-1　构建 SaaS 营销团队的六大步骤

1. 确定营销团队的战略目标和使命

确定营销团队的战略目标和使命是构建成功的 SaaS 营销团队的关键。此外，还要将战略目标分解为具体的、可衡量的、可实现的、相关的和有时限的目标。例如，增加网站流量、产生更多潜在客户或提高客户保留率。

要确定营销团队的战略目标和使命，需要考虑以下问题：

- 公司的目标是什么？
- 公司的目标如何与营销团队的目标相关联？
- 营销团队需要为实现公司目标做出哪些贡献？

在回答了以上问题后，需要将营销团队的战略目标和使命写下来，将它们清楚地传达给团队成员，并且在企业内部进行共享，让企业的所有员工都了解营销团队的目标和使命，从而为实现这些目标和使命提供支持。

2. 确定团队结构和职责

SaaS 营销团队结构应该基于公司的目标和使命，以确保团队能够实现这些目标。对于小型 SaaS 营销团队而言，可能只需要一个市场营销经理和一些营销人员。而对于大型 SaaS 营销团队而言，则需要更多的管理层和多个小团队共同协作完成营销目标。

SaaS 营销团队最常见的结构是职能结构、以产品为中心的结构和混合结构。

（1）职能结构

职能结构是 SaaS 营销团队最常见的结构。在这种结构中，每个团队成员负责特定的营销活动和职能，例如，在营销活动中，有专门的人负责内容创建、社交媒体营销、SEO。这种结构主要适用于中小型 SaaS 企业。

（2）以产品为中心的结构

以产品为中心的结构非常适用于拥有多个产品线的 SaaS 企业或大型 SaaS 企业。在这种结构中，每个团队成员都致力于特定的产品或产品线。它允许团队成员更深入地了解产品及其目标受众，从而更有针对性地制定营销活动。

（3）混合结构

混合结构是职能结构和以产品为中心的结构的组合。在这种结构中，每个团队成员负责一个特定的职能，同时也与一个特定的产品团队密切合作。这种结构强调专业化和跨部门协作。

我们在确定团队结构后，还需要确定每个成员的职责，并确保每个成员都了解自己的工作职责。这有助于避免工作重叠和任务遗漏。

大多数初创型 SaaS 企业的营销团队成员一般为 2 ～ 3 名，包括一名营销经理、一名营销人员，以及一名线下的销售人员。

3. 寻找合适的人才

在确定了团队结构和职责后，需要寻找具有相关经验和技能的合适人才。那么，什么样的人才是合适的人才呢？这非常考验企业管理层对合适人才的定义和对人才需求的解读。

寻找合适的人才对于建立高效的营销团队至关重要。企业在招聘合适人才的同时也需要考虑公司自身的需求及能够配置的资源。要确定人才配备要求，需要考虑以下因素：

- ❑ 公司规模和营销活动的范围。
- ❑ 营销活动的复杂性和所需的专业知识水平。

- 预算和可用资源。
- 成长目标和实现这些目标的时间表。

企业在寻找合适的人才时需要考虑这几点：对公司文化的适应性、技能与经验、团队协作能力。

优先寻找具有 SaaS 行业相关经验的人才。在面试应聘者时，企业除寻找具备必要岗位技能的人才以外，还需要关注适合企业团队文化的人才。SaaS 业务是门慢生意，更需要对工作充满热情、具有成长心态并不断学习和改进的人才。

团队的多元化和包容性也很重要，多元化的团队可以带来不同的观点和想法，从而做出更好的决策和更具创新性的解决方案。

4. 建立内部流程和系统

优秀的人才要在合理的流程里才能发挥最大的能量。一个连自身内部的工作流程和系统都无法建立的企业，怎么能够奢望让外部企业去购买它的产品方案呢？

成功的 SaaS 企业应该具备一种由内向外延伸服务的能力，这种“先内观，后释放”的方式较容易在与客户沟通阶段获得成单的机会。

案例：小王是一家 SaaS 企业的销售人员，某天，他去拜访一位潜在客户。前期的沟通和需求交流非常顺畅，客户对其也颇为满意，购买产品的意愿强烈。但当客户提出想要查看产品演示时，小王竟然不清楚应该找谁拿产品测试账号，他去找研发部门的同事，研发部门的同事说找营销部门的同事，找营销部门的同事时营销部门的同事说找客户成功部门……由于内部协作流程不清晰，导致客户对企业的服务能力持怀疑态度，最后未购买产品。

在建立内部流程和系统时，营销团队需要确定如何与其他部门和团队进行协作，并确保信息和数据的准确性和一致性，例如，从如何创建和批准内容到如何确定潜在客户并将其信息传递给销售部门的所有内容。同时，为了加快内部流程协作和决策速度，营销团队可以考虑使用一些工具和系统，例如，项目管理工具、协作工具和数据分析工具等。这些工具有助于创建工作流程并将任务分配给团队成员。它们还为所有与项目相关的信息提供了一个集中位置，并允许团队成员实时沟通和协作。

另外，在沟通方面，营销团队需要制订有效的沟通计划，以确保团队成员之间和团队与其他部门之间沟通顺畅。一个良好的沟通计划可以促进协作和提高团队凝聚力，使团队成员保持在同一个频道上，及时处理问题。

营销团队内部要创建一份营销手册，它是一份动态的营销综合指南，其中概述了团队的营销流程和工作流程，涵盖了从如何创建和分发内容到如何跟踪和分析指标的所有内容。

未来，随着新流程和工作流的建立并定期更新，可确保每个团队成员都在使用统一的标准协作，并有助于最大限度地减少混淆和错误。

5. 人才培训和发展

人才的沉淀和成长是任何企业都必须要重视和关注的，否则未来企业将会面临人才断层和新人发力不足的情况，即企业的发展仅依靠几个核心骨干苦苦支撑，新来的人员无法发挥个人的价值。

案例：小王在某 SaaS 企业担任营销经理多年，随着企业的快速发展，团队扩招了不少新人加入团队。但近期发现员工流失严重，不仅是新人，包括工作多年的老员工也有离职的想法。后来，经过深入沟通了解到，新人到了新的岗位后，对工作的开展无从下手，不仅对企业内部的产品、客户群体画像及目标不清晰，同时在遇到问题需要协作时，也不了解具体应该向谁寻求帮助。老员工面临的最大问题是，自己不仅要承担自身岗位职责的 KPI 压力，还时不时地要协助新人完成工作，每天都非常疲惫。针对这一系列的问题，小王抽调了几名老员工作为培训讲师，对新人进行培训（从公司的产品、品牌、营销策略和相关的必备技能方面）。这一措施加快了新人的成长速度，也解决了老员工因新人导致其个人精力占用的问题。

对任何企业而言，对员工的培训和发展进行投资是打造一支高效营销团队的重中之重。通过提供培训和发展机会，可鼓励员工持续学习和改进。这种培训不仅仅是指内部的培训，如果有机会也可以是外部的培训，例如，组织员工参加行业会议、在线课程等。

初创企业尤其需要强调对员工的培训和成长要求。定期提供反馈和指导以帮助团队成员成长和发展，有助于确保团队不断改进并能够适应快速变化的 SaaS 环境。

为确保团队具备成功所需的技能和知识，制订全面的培训计划非常重要。培训计划应包括对新员工的初始培训和对现有员工的持续培训。培训计划应涵盖以下主题：

- 公司品牌和其他相关信息。
- 目标受众和买家角色。
- 营销技术堆栈中使用的特定工具和技术。

- 内容创建、搜索引擎优化、付费广告、电子邮件营销和社交媒体营销的最佳实践。
- 指标和分析，以及如何使用它们来衡量活动的有效性。
- 沟通和协作技巧，以及项目管理最佳实践。

通过制订全面的培训计划，可以确保团队成员拥有实现营销目标和促进业务增长所需的技能和知识。

6. 营造持续改进的文化

衡量和分析营销工作的结果非常重要，这将帮助企业确定哪些策略有效、哪些策略无效并进行必要的调整。要实现这一目标，SaaS 企业需要跟踪网站流量、潜在客户产生，以及客户转化率和客户获取成本等关键指标。定期报告对于整个团队很重要，它可以通过每周或每月会议来完成，并根据讨论结果调整营销策略。

同时，要营造持续改进的文化，鼓励团队成员进行试验和冒险，不断寻找提高绩效的方法。企业要定期提供反馈和指导，帮助团队成员提高技能和绩效。

案例：SaaS 企业构建营销团队的一个案例是关于计算机视觉和深度学习公司 Momenta 的。Momenta 是一家总部位于北京的人工智能初创公司，成立于 2016 年，是 AI 领域的领导者之一。Momenta 的使命是通过 AI 技术的应用来推动智能制造、智慧出行等行业的数字化转型。该公司提供端到端的 AI 解决方案，包括智能驾驶、智能制造、智能城市等领域的解决方案和服务。目前，Momenta 已获得多轮融资，包括来自红杉资本、滴滴出行、腾讯、小米等知名投资机构的投资。

在构建营销团队时，Momenta 遵循了以下几个关键原则：

- 从正确的领导开始。Momenta 明白拥有正确的领导对于构建成功的营销团队至关重要。它聘请了经验丰富的营销领导者，这些领导者在行业中取得过成功。
- 专注于数据驱动的营销。作为一家科技公司，Momenta 了解数据在营销中的重要性。它建立了一个数据科学家和分析师团队来为它的营销决策提供信息。
- 投资内容营销。Momenta 认识到内容营销是建立品牌知名度和吸引客户的有效方式。它有一个团队致力于创造能引起目标受众共鸣的高质量内容。
- 重视社交媒体营销。除了内容营销，Momenta 还非常重视社交媒体营销。它有一个团队致力于管理它的社交媒体账号并与它的追随者互动。
- 跨团队协作。Momenta 打破孤岛并鼓励跨团队协作。它的营销团队与产品团队、销售团队、客户成功团队密切合作，以确保在营销策略上一致。

通过遵循这些原则，Momenta 已经建立了一支强大的营销团队，帮助它成为行业的领导者。

6.4 小型、中型和大型 SaaS 营销团队策略

随着 SaaS 市场的迅速增长，竞争越来越激烈，无论小型、中型还是大型企业，拥有一支高效的营销团队都至关重要。但是，不同规模的企业在实现这个目标时所需要采取的策略也有所不同。

6.4.1 小型 SaaS 营销团队策略

对于小型 SaaS 营销团队来说，最重要的是控制营销成本和管理资源。因此，建立一支小而专注的团队，专注于客户细分和开展有针对性的营销活动，是一个不错的选择。

1. 确定目标市场

与拥有众多资源的大型 SaaS 营销团队不同，小型 SaaS 营销团队必须将精力集中在特定的利基市场上，以最大限度发挥影响力。这也是小型 SaaS 营销团队在确定目标市场时面临的最大挑战。

要想确定目标市场，第一步需要确定理想客户特征，建立能够代表目标受众的买家角色。这些角色信息应该包含人口统计信息（年龄、性别、收入、教育水平和职位等）和心理信息（兴趣、价值观和行为等）。通过创建详细的买家角色，可以更好地了解理想客户，并创建能与他们产生共鸣的有针对性的营销活动。

是不是确定目标市场和创建了买家角色以后，就可以马上组织安排营销活动了呢？答案并非如此。正所谓“磨刀不误砍柴工”，其实在开展营销活动之前还需要进行市场调研。由于早期对目标市场和买家角色的信息确定仅依靠营销团队的经验和想象，因此还需要进一步调研验证。

在从目标受众那里收集反馈和数据时，可能会发现对理想客户的最初假设存在差异。这个时候只需要对之前的买家角色进行动态调整和完善，并合理调整营销策略以更好地符合目标市场的需求和偏好。

因此，持续监控目标市场并相应地调整营销策略对于小型 SaaS 营销团队保持竞争力和扩大客户群至关重要。

2. 利用内容营销

一个小型的 SaaS 初创企业，如何花费最小的营销成本来“出圈”呢？笔者的建议是利用内容营销。

内容营销是创建和分享有价值的内容以吸引特定目标受众的过程。其目标是通过向受众提供相关、有用且引人入胜的内容来帮助他们解决问题或实现目标，从而与受众建立关系。

互联网对信息的传播是由点带面的，容易形成规模化。这种规模化造就了内容营销已成为小型 SaaS 营销团队建立品牌和产生潜在客户最流行的方式之一。内容营销也是小型 SaaS 营销团队接触目标受众、建立品牌和产生潜在客户的一种经济高效的方式。借助高质量的内容，小型 SaaS 企业可以确立自己在行业中的思想领袖地位，并培养信任其品牌的忠实受众。

3. 关注客户保留

对任何 SaaS 营销团队而言，客户保留都至关重要。留住现有客户通常比获得新客户更具成本效益。《哈佛商业评论》的一项研究表明，将客户保留率提高 5% 可以将利润提高 25% ～ 95%。

除具有成本效益外，客户保留还可以帮助小型 SaaS 营销团队建立稳定的收入基础。通过让客户满意，小型 SaaS 营销团队可以确保拥有经常性收入并降低收入波动的风险。

此外，现有客户更有可能向公司推荐新客户，这可以帮助小型 SaaS 营销团队扩大客户群，而不需要在广告和营销方面花费大量资金。提高客户保留率的技巧如下：

1）与客户建立牢固的关系。留住客户的最佳方法之一就是与他们建立牢固的关系。营销团队应努力了解客户的需求和偏好，并提供个性化的解决方案。通过关心客户，小型 SaaS 营销团队可以建立客户信任和提高客户忠诚度。

2）提供出色的客户支持。提供出色的客户支持对于保留客户至关重要，应确保客户可以轻松联系到客户支持团队成员，并且客户支持团队应知识渊博且反应迅速，能够监控客户反馈并及时解决问题。

3）提供增值服务。提供增值服务可以帮助小型 SaaS 营销团队从竞争对手中脱颖而出并留住客户。例如，可以提供免费培训和教育资源或提供对新功能的独家访问权。

4）监控客户满意度。小型 SaaS 营销团队应定期监控客户满意度，以确定需要改进的地方。他们可以使用客户调查表、反馈表和社交媒体监控工具来收集客户的反馈并解决问题。

5）奖励忠诚客户。奖励忠诚客户可以帮助小型 SaaS 营销团队留住他们并提高客户终生价值。小型 SaaS 营销团队可以为长期合作的客户提供忠诚度计划、折扣和特别优惠。

6.4.2　中型 SaaS 营销团队策略

中型 SaaS 营销团队比小型 SaaS 营销团队拥有更多资源，但他们的营销工作仍然需要高效。

中型 SaaS 企业的重点在于构建一支多元化的团队，例如，除建立营销团队外，还需要在市场研究、品牌营销、数字营销和公关方面建立强大的团队，以支持整个企业的业务增长。

在企业内部，为了避免内部资源的过度消耗，还需要建立一个有效的营销自动化系统，它可以大大提高销售效率，减少资源浪费；在企业外部，则需要不断地扩展新的客户群体和提高品牌影响力。

1. 扩大目标市场

中型 SaaS 企业要想办法扩大产品的市场占有率，通过确定适合其产品的新客户群体来扩大目标市场、扩大影响范围，以获得更多的潜在客户。扩大目标市场是发展 SaaS 业务的重要途径。任何营销团队的主要目标之一是接触尽可能多的潜在客户。为实现这一目标，中型 SaaS 营销团队应确定适合其产品的新客户群体，并且专注于扩大目标市场。

（1）进行市场调查

扩大目标市场的第一步是进行市场调查。收集和分析当前市场对产品的反馈、核心客户使用情况以及新客户群体对产品解决方案是否认可。收集和分析新客户群体对产品解决方案的接纳程度需要一定的时间成本。营销人员在对新客户群体做调研时，需要关注其人口统计数据、行为和偏好，以便有效地定位他们。

调研的方式有很多。通常，可以采用问卷调查、焦点小组访谈，还可以通过分析社交媒体活动或搜索引擎查询等在线行为来收集数据。在收集调研数据时，需要从多个维度（例如，新客户群体的行业属性、规模、业务范畴、购买决策流程）进行。

市场调研是一个动态的工作，例如，或许在某段时间你所了解的新客户群体暂时用不到某产品，但是过了一段时间他们的业务有了新的突破，刚好你的产品能够很好地解决他们的业务增长衍生出来的问题。因此，请认真对待所有的调研工作，做好客户群体的动态更新。笔者曾在 5 年前的一次线下行业大会上结识了某企业的营销负责人并且相互添加了微信。会后，该营销负责人询问笔者是否有购买分销小程序的需求，当时笔者的企业并没有这方面的业务需要，因此婉拒了他。在那之后的每年，他都会在固定的时间段询问笔者是否有需要，直到上个月，笔者的一个朋友刚好有这方面的需求，然后笔者帮他们进行了需求对接，最后双方对本次合作非常满意。

（2）分析现有客户数据

扩大目标市场的第二步是分析现有客户数据。通过查看现有客户的特征，可以识别可能对产品感兴趣的新潜在客户群。

分析现有客户数据时需要考虑的一些重要数据包括人口统计数据、购买历史和行为数据等。例如，如果在销售项目管理软件时发现现有客户大多是小企业主，那么通过分析现有客户数据，可能会发现中型企业中存在尚未瞄准的巨大潜在市场。

2. 扩大影响力

一旦确定了新客户群体，下一步就是扩大影响范围。这可以通过各种营销渠道（例如，社交媒体营销、电子邮件营销、内容营销和付费广告）来实现。

要了解新客户群体，需要知道他们关心什么、关注什么业务场景和问题；需要针对性地把产品通过营销渠道告诉他们，因为新客户群体在购买方面需要进行引导。

通过包装产品方案、塑造企业品牌形象，可加强对新客户群体的影响力。

3. 投资付费广告

在当今的数字时代，付费广告已经成为许多企业营销策略的重要组成部分。企业可以利用付费广告来提高自己的品牌知名度和产生潜在客户。例如，百度和今日头条等平台使企业比以往任何时候都更容易通过付费广告接触目标受众。这些平台允许企业针对特定受众的人口统计数据、兴趣甚至行为创建和展示广告，从而更容易接触到合适的受众。

然而，对于中型 SaaS 营销团队来说，如果没有明确的战略或目标，仅简单地开展付费广告活动可能是一个代价高昂的错误。在投资付费广告之前，必须制订一个明确的计划。该计划应概述希望通过付费广告实现的目标、目标受众以及预算。

另外，企业在采用付费广告时，要通过跟踪和分析结果来衡量付费广告活动的有效性。很多第三方广告平台提供了强大的分析工具，让中型 SaaS 营销团队可以监控关键指标，例如，展示次数、点击次数、转化次数和每次点击费用。通过定期查看这些指标，可以调整广告系列以确保它达到想要的结果。

4. 制订推荐计划

制订推荐计划是一种营销策略，它旨在激励现有客户向他们的朋友、家人和同事推荐产品或服务。口碑推荐是一种强大的营销工具，比传统广告更有效。尼尔森进行的一项研究表明，相比于任何其他形式的广告，92% 的消费者更信任朋友和家人的推荐。

对中型 SaaS 营销团队来说，制订推荐计划是一种获得新业务的经济高效的方式。通过口碑推荐，可以扩大客户群并增加收入。

在制订推荐计划时，要为客户提供激励措施，以激励他们推荐产品或服务。激励的形式可以是折扣、优惠券、免费试用或独家访问新功能等。激励措施应该足够有说服力，使客户愿意向其他人推荐产品或服务。此外，这些激励应该有价值，但不能太昂贵，避免其成为财务负担。

为了让客户更容易推荐产品或服务，可以创建一个推荐程序来自动执行该过程。该程序应该易于使用并可供所有客户访问。它应该为客户提供一个他们可以与他人分享的唯一推荐链接或代码，以便跟踪推荐的效果，还可以为客户提供预先编写的消息，以便他们可以在社交媒体或电子邮件上分享。简化推荐过程对于客户参与推荐计划也很重要。

当然，如果想要最大限度地提高推荐计划的有效性，必须要针对正确的客户，需要确定理想客户并创建有针对性的活动来吸引他们。通过了解客户的需求和偏好，可创建能引起他们共鸣并激励他们推荐产品或服务的活动。

最后，企业需要衡量推荐计划的有效性，通过分析来监控推荐流量和注册量，并通过调查客户来收集对该计划的反馈。这将帮助企业优化推荐计划，并进一步提高其销售效果。

6.4.3　大型 SaaS 营销团队策略

大型 SaaS 企业需要建立一个庞大且多元化的营销团队，以支持其复杂的营销策略和销售流程。营销策略和活动可以帮助企业扩大品牌影响力和增加销售额。然而，要想让营销策略和活动发挥出最大的效益，大型 SaaS 营销团队需要确保拥有实施营销策略和活动的资源。

1. 目标客户营销

目标客户营销（ABM）是一种营销策略，它着重关注高价值目标客户，专注于针对高价值目标客户的个性化营销。它旨在为每个目标客户创建特定的活动，通过全面了解目标客户，提供个性化的营销和销售活动，以满足每个目标客户的需求和偏好。ABM 模型如图 6-2 所示。

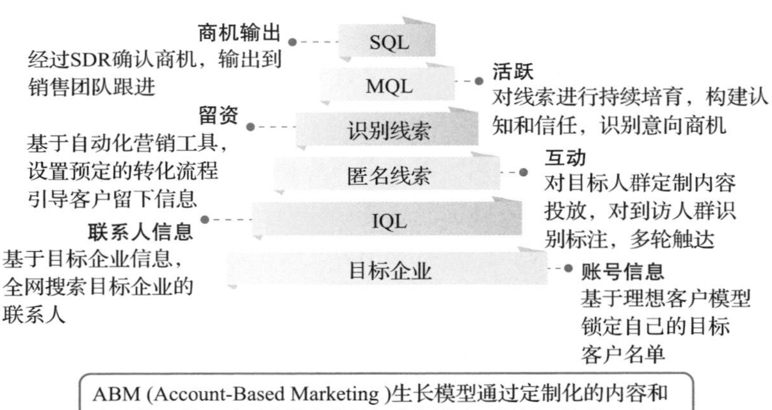

图 6-2　ABM 模型

大型 SaaS 营销团队可以采用 ABM 来推动收入增长并提高客户保留率。实施 ABM 策略的第一步是识别高价值客户。这可以通过分析客户数据来完成，例如，客户购买历史、网站行为和营销活动参与情况。这种针对特定客户或客户群体的营销策略可以帮助企业更好地利用内外部的有限资源，持续有效地与潜在客户互动，从而提高客户的忠诚度和满意度。

某 SaaS 企业提供了一款面向企业协作和项目管理的软件。为了提高市场占有率，它决定采用 ABM 策略，以吸引市场中的中小型企业，并激励现有客户向他人推荐该软件。该企业在市场上采取的 ABM 策略如下：

1）客户细分和个性化定制。首先对市场上的中小型企业（目标客户）进行细分，通过市场研究和数据分析了解每个企业的业务需求和挑战，并将它们按照不同行业和规模进行分类，根据每个企业的特点制定个性化的营销策略和内容。

2）提供个性化营销内容。利用多种渠道向目标客户提供个性化营销内容，包括定制的电子邮件、社交媒体广告、博客文章和案例研究。这些内容重点强调了该软件如何解决目标客户的协作和项目管理的痛点，并提供了与目标客户行业相关的实际应用案例。

3）提供定制的演示和培训。为了进一步与目标客户建立联系并激发其产生共鸣，提供了定制的演示和培训。与目标客户合作，了解他们的具体需求和问题，并在演示过程中重点展示如何使用软件来解决他们的问题。此外，提供了个性化的培训课程，帮助目标客户更好地利用软件的功能和优势。

4）制订推荐计划和提供奖励。为了激励现有客户向他人推荐软件，该 SaaS 企业制订了一个推荐计划。它为目标客户提供了一个专属的推荐链接和优惠码，目标客户可以将其分享给其他客户。每当有新客户通过该推荐链接注册和购买软件时，推荐者将获得一定的奖励，例如，免费使用期、折扣或增加的功能。

该 SaaS 企业通过采用 ABM 策略展示了软件的价值，以及它如何为客户创造价值。个性化营销内容、定制的演示和培训以及推荐计划和奖励，有助于建立与目标客户的长期联系和信任。

此外，该 SaaS 企业还积极推广该软件的其他功能，如数据分析和报告等，以满足客户的更多需求。通过这些努力，该 SaaS 企业成功地在市场上站住了脚跟，并在客户中建立了良好的声誉。这种声誉不仅有助于吸引新客户，还有助于留住现有客户并激励他们把该软件推荐给其他人使用。

2. 实施营销自动化

营销自动化是一种利用软件技术来自动执行营销任务的方法，它可以帮助大型 SaaS 营销团队更高效地完成重复性任务，节省时间和精力，让他们能够创造出更具价值的营销活动，提高客户转化率和销售额。通过实施营销自动化，大型 SaaS 营销团队可以更好地管理和跟踪营销活动，并获得更多关于潜在客户的数据和洞察，从而更好地了解潜在客户的需求和行为。

对于希望简化流程并最大限度提高效率的大型 SaaS 营销团队来说，营销自动化是最适合的方式了。营销自动化平台提供了许多功能，可以使营销团队的工作变得更加轻松。这些功能包括电子邮件自动化、社交媒体管理、营销活动管理和电子邮件营销。

营销自动化不仅可帮助大型 SaaS 营销团队更有效地管理潜在客户数据库，还可为团队提供更多的机会来与潜在客户进行互动。自动化工具可以通过自动跟踪潜在客户对营销活动的参与度和评分，来帮助大型 SaaS 营销团队确定潜在客户的优先级。此外，自动化工具还可以提供更多数据，使大型 SaaS 营销团队能够更好地识别和解决营销漏斗中的瓶颈，进而做出更加明智和更加有效的决策。

另外，营销自动化还能够大规模地传递个性化消息。借助自动化工具，大型 SaaS 营销团队可以创建有针对性的活动，在正确的时间向正确的人传递正确的信息。通过根据每个潜在客户的特定兴趣和需求定制消息传递，大型 SaaS 营销团队可以创建更加个性化的体验，从而引起潜在客户的共鸣并推动其转化。

6.5　本章小结

SaaS 营销是指 SaaS 企业所采取的营销策略和方法，其主要目标是通过数字渠道（如社交媒体营销、搜索引擎营销、内容营销等）来推广和销售 SaaS 产品，从而吸引潜在客户并将其转化为付费客户。

SaaS 的三大营销核心分别是：增长营销、产品营销、内容营销。

SaaS 营销团队的两个关键目标是：获得新客户、留住现有客户。

随着 SaaS 市场的迅速增长，竞争越来越激烈，无论对于小型、中型还是大型企业，拥有一支高效的营销团队都至关重要。

第 7 章 CHAPTER

SaaS 营销策略

在本章，我们将讨论 Saas 营销策略关键要素和 SaaS 营销策略的重要性、如何制订 SaaS 营销计划以及设定可衡量的目标，以及 Saas 营销中六种常用的策略，包括客户研究、内容营销、采用渠道商、社交媒体工具营销、推荐营销和免费试用。

通过对本章的学习，读者将获得 SaaS 营销知识，为在竞争激烈的市场中制定并执行有效的营销策略打下坚实的基础。

7.1 SaaS 营销策略概述

7.1.1 SaaS 营销策略的关键要素

衡量一家 SaaS 企业是否成功的依据是它向潜在客户推销和销

售产品的能力。在当下竞争激烈的市场环境下，客户有众多选择产品的机会，SaaS 企业要想通过营销策略获得成功，需要遵循一些关键策略。

营销人员在推广任何产品时，都应该从营销策略开始进行规划。事实也是如此，在开展任何营销活动之前，总是从战略会议开始，对客户和市场进行充分的分析研究，然后制订适当的行动计划。要增加营销成功的机会，制定涵盖所有基本要素的精细全面的 SaaS 营销策略非常重要。因此，在制定 SaaS 营销策略时需要考虑如图 7-1 所示的五个关键要素。

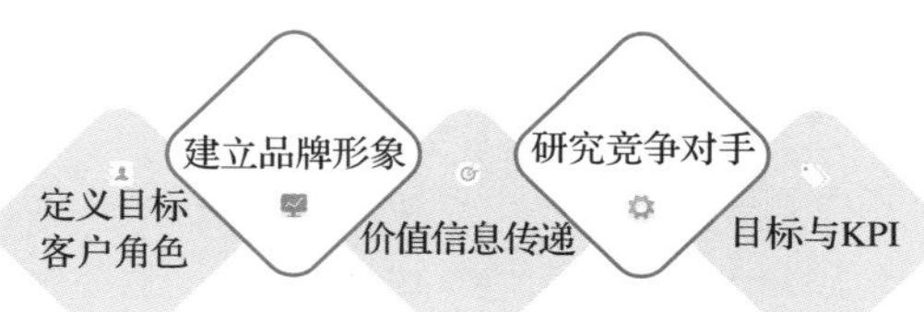

图 7-1　SaaS 营销策略的五个关键要素

1. 定义目标客户角色

营销要针对特定的人群做特定的活动。定义目标客户角色是 SaaS 营销过程中最重要的一步。SaaS 营销人员所设计的营销活动都应该针对特定人群，对目标受众越了解，你的营销活动就越能够引起对方的共鸣，越容易吸引到更多的潜在客户。

大多数 SaaS 企业认为自己有多个目标客户角色，事实上也是如此。我们根据不同的行业、不同的客户属性及公司规模将客户划分成多个角色。但是，请记住“理想客户”这一关键词，从定义理想客户档案开始，一次仅定义一个目标客户角色，将其研究透彻后，再继续创建另外一个目标客户角色。

目标客户角色是基于市场研究和现有客户的真实数据对理想客户的虚构表示。目标客户角色涉及公司统计数据、客户的挫败感与痛点以及影响力等方面。

（1）公司统计数据

公司统计数据是指关于目标客户的人口统计信息和心理统计信息，其中包括职位、公司规模、收入水平、地理位置等。这些信息对于了解潜在客户的特征和需求非常重要，并可以帮助 SaaS 营销人员确定哪些类型的公司最有可能从 SaaS 产品中受益，从而更精准地进行市场定位。

- 了解目标客户的职位。这有助于 SaaS 企业确定哪些人最适合使用它们的产品，让 SaaS 营销人员可以更好地找到潜在客户并推广产品。例如，如果某企业的产品是一款面向高级管理人员的决策支持工具，那么知道目标客户的职位有助于该企业找到哪些公司的高级管理人员可能对它的产品感兴趣。
- 了解目标客户的公司规模。这可帮助 SaaS 企业确定其产品适合哪种规模的公司使用。不同规模的公司可能有不同的需求和预算限制。因此，通过了解目标客户的公司规模，SaaS 企业可以更好地调整产品定价和功能，以满足不同规模公司的需求。
- 了解目标客户的收入水平。这有助于 SaaS 企业确定产品的定价策略，并针对不同收入水平的客户提供不同的优惠和定制化服务。同时，也可以帮助 SaaS 企业确定哪些行业对产品有更高的需求和接受度，从而更有针对性地进行营销和推广活动。

- 了解目标客户的地理位置。不同地理位置的公司可能面临不同的市场环境和竞争压力，因此，了解目标客户的地理位置可以帮助 SaaS 企业更好地了解客户的需求和挑战，并制定相应的营销策略。

（2）客户的挫败感与痛点

当客户有挫败感和感到困惑时，他们渴望找到一种解决方案来解决他们所面临的挑战。

每个客户都有自己独特的挫败感和痛点，因此，针对不同的客户类型，可以定制不同的消息和内容。但是，我们看到许多 SaaS 企业制作的博客文章往往只是介绍自己的公司和产品，而不关注客户的需求。而客户并不关心这些内容，他们关心的是企业的产品能否帮他们解决问题，带来实际的价值。

（3）影响力

影响力是影响目标客户决策的重要因素。它涵盖了可信的信息来源和首选的沟通渠道等多个方面。SaaS 企业可以通过与影响力大的个人或组织建立合作关系，进一步扩大影响力并提升品牌知名度。例如，与一些专业领域的博主合作进行内容营销或者与企业点评人员有偿合作。

2. 建立品牌形象

品牌形象是所有 SaaS 企业最值得花费精力和资金去打造的方面。在所有的在线搜索内容中，客户直接搜索品牌关键词进入官网的转化率高达 90%，并且不需要销售人员过多地进行产品介绍。

品牌形象的建立过程是漫长的，并且在短期内很难看到成效。这导致大多数 SaaS 初创企业一开始并不关注这个方面，而随着产品在市场上的推广，它们渐渐认识到建立品牌形象的重要性。

SaaS 企业的所有品牌标识（品牌形象、品牌声音、品牌元素）在所有的营销渠道中都应该保持一致。每一次营销活动的开展，都是 SaaS 企业品牌形象的曝光机会。品牌标识三大要素如图 7-2 所示。

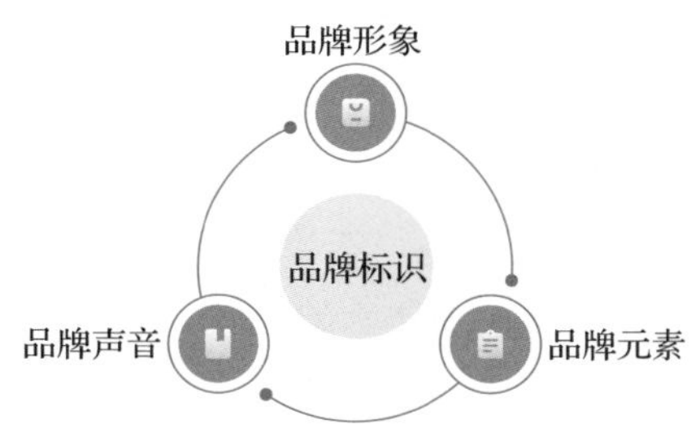

图 7-2 品牌标识三大要素

品牌形象是 SaaS 企业通过了解目标客户的特点而塑造的其个性和身份的体现。它在客户心中代表 SaaS 产品的形象。拥有明确而独特的品牌形象将为营销活动提供宝贵的资源，能够创造让目标客户产生共鸣的营销活动，并与他们建立深厚的情感连接。

品牌声音是指 SaaS 企业与客户沟通的语气、态度和风格。它包括营销信息中使用的语言、社交媒体帖子中的语气，以及与客户互动的方式。拥有清晰、独特的品牌声音将有助于在所有营销渠道中传达一致的信息，树立起与竞争对手不同的形象。

品牌元素包括徽标、调色板、版式等视觉设计元素。它们不仅创造了能代表品牌形象的视觉表现，也帮助 SaaS 产品在竞争中脱颖而出。通过明确定义品牌元素，将为营销活动提供所需的工具，在各个营销渠道中创建一致的视觉标识。

3. 价值信息传递

价值信息传递是指通过传递一系列消息向目标客户传达 SaaS 产品的价值。它包括产品的价值主张、服务功能、功能优势、情感优势以及涉及产品价值的其他信息，如图 7-3 所示。

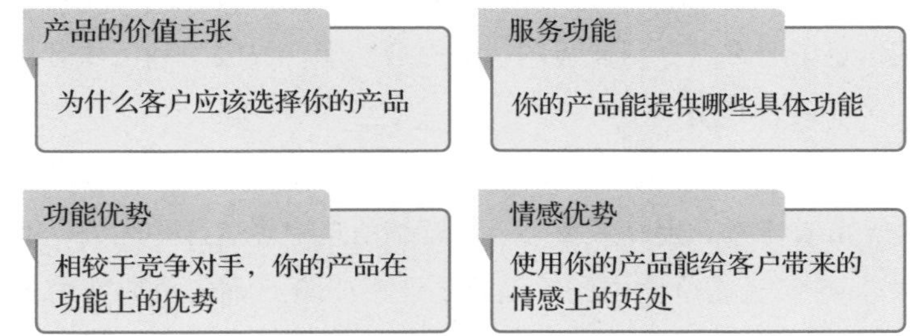

图 7-3　价值信息传递的内容

（1）产品的价值主张

产品的价值主张是指企业向客户做出的关于他们将从 SaaS 产品中获得的价值的承诺。它应该清晰、简洁并且针对特定客户，还应该传达 SaaS 产品的独特之处以及它将如何解决客户的痛点。

此外，产品的价值主张还应该包括以下内容：详细说明 SaaS 产品如何满足客户的需求和期望；提供 SaaS 产品与竞争对手相比的优势和差异化；强调 SaaS 产品的可靠性和稳定性；展示其他客户的成功案例和证明 SaaS 产品的价值。

（2）服务功能

服务功能是指 SaaS 产品的具体功能，它们是客户选择 SaaS 产品的关键原因。这些功能可以提供多种价值和好处，以满足客户的需求和期望。通过突出显示这些功能，可以向客户传达 SaaS 产品的独特价值主张和优势。服务功能还可以通过强调产品的易用性、定制性、安全性等方面的功能来吸引客户的注意力，从而激发他们的兴趣，进而促使他们选择该产品。

此外，还可以通过增加更多功能来不断提升 SaaS 产品的功能性和实用性，以满足不断变化的市场需求和客户期望。因此，在营销信息中要重点介绍和强调这些服务功能，以吸引和留住客户。

（3）功能优势

功能优势是指 SaaS 产品为客户提供的切实成果，包括提高生产力、节省成本和提高效率等。在营销信息中传达这些优势有助于强化 SaaS 产品的价值主张。除此之外，SaaS 产品还可以帮助客户实现更好的数据管理和分析，从而提升业务决策的准确性和效果。

总的来说，SaaS 产品的功能优势不仅体现在提高生产力、节省成本和提高效率等方面，还包括拥有更好的数据管理与分析、持续的技术支持与更新以及灵活的订阅模式，它们共同强化了 SaaS 产品的价值主张。

（4）情感优势

情感优势是指 SaaS 产品为客户提供的无形成果。这些优势可以对客户的心理和情感产生积极影响。当使用 SaaS 产品时，客户可以感受到内心的平静和放松，同时他们的信心也会得到增强。这种积极体验反过来会提高客户的生活质量，使他们的日常工作更加高效和愉快。

通过在营销信息中传达这些优势，可以与客户建立情感联系并进一步提高 SaaS 产品的感知价值。因此，情感优势是 SaaS 产品中不可忽视的重要组成部分，能够提高客户的满意度和忠诚度。

4. 研究竞争对手

了解竞争对手的品牌、内容、服务策略、价值信息和市场定位是制定有效的营销策略必不可少的。通过研究竞争对手，企业可以深入了解它们的品牌形象、产品特点、市场份额以及目标受众。这些信息将为企业制定营销策略提供有价值的见解，帮助企业更好地定位自己的品牌并制订相关的推广计划。同时，企业还可以借鉴竞争对手的成功经验和失败教训，从而提升自身的竞争优势。研究竞争对手的步骤如图 7-4 所示。

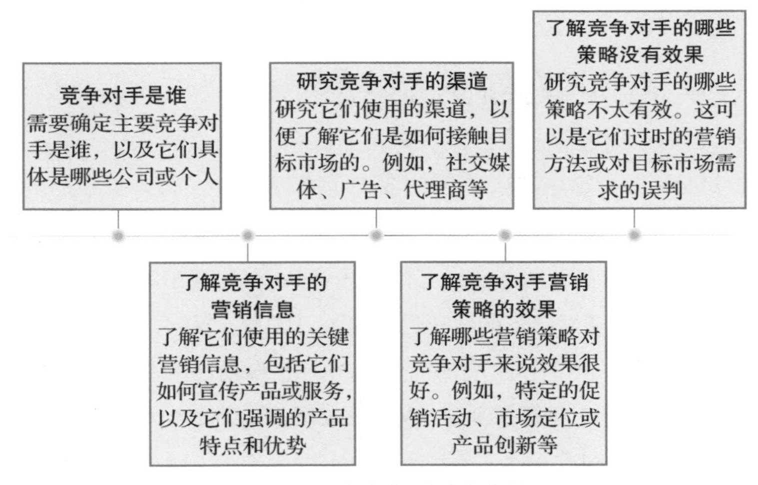

图 7-4　研究竞争对手的步骤

5. 目标与 KPI

在制定营销策略时，企业首先要明确其目标。无论是已经成熟的企业还是正准备进入新市场的企业，建立品牌知名度通常是一个重要的目标。通过建立品牌知名度，企业可以增加其曝光度，吸引更多的潜在客户，并在竞争激烈的市场中脱颖而出。

然而，对于大多数 SaaS 初创企业来说，它们最关注的是如何将潜在客户转化为实际客户。它们希望能够吸引潜在客户，通过提供有价值的产品和服务，将他们转化为忠实的实际客户。因此，在制定营销策略时，企业需要明确这一目标，并采取相应的措施来实现它。

一旦企业确立了整体目标，接下来就是制定具体的、可衡量的 KPI，以便能够跟踪营销情况。KPI 是衡量企业营销策略效果的重要指标，可以帮助企业了解其努力是否取得了预期的结果，并指导其在未来的决策和行动中进行调整和改进。

7.1.2 SaaS 营销策略的重要性

SaaS 行业领域的成功往往取决于谁拥有更好的故事和品牌分布。对客户而言，在偌大的市场里挑选某一款 SaaS 产品来使用很简单。SaaS 企业在市场上有众多的竞争者，就拿 CRM 系统这类产品来讲，仅百度搜索出来的就接近 30 款。其中的产品有许多相似的功能点和优点，如果不是产品的命名差异，客户很难从中区分谁是谁。

关键差异化因素是 SaaS 企业寻求增长份额时营销自己或者定位的方式。通过实施 SaaS 营销策略可以为企业带来以下几个方面的好处。

1. 增加覆盖面

潜在客户在选择购买某产品解决方案前，更倾向于自行通过互联网进行调研了解。SaaS 营销本质上也是数字营销的一种。

根据内容营销协会（CMI）的数据，67% 的营销人员表示，内容营销将在未来为他们的业务带来更多需求和潜在客户。此外，72% 的营销人员认为，内容营销不仅可以用于推广产品或服务，还能教育客户，从而有助于建立现有客户的忠诚度。通过提供有价值的信息和资源，内容营销可以吸引更多的目标客户，帮助他们解决问题并做出明智的决策。

传统的营销方式由于时间消耗过多、高成本、效果延迟、增长缓慢等已经过时。然而，随着数字营销的兴起，企业对客户群体的覆盖面增加，同时进一步增加了销售机会。

对于任何企业来说，效率都是保持其长期运作的重要因素。数字营销可以减少时间、节省资金，并通过更有效的方式来接触更多客户。

2. 增加产品与客户之间的互动性

数字营销相比传统营销最大的好处之一就是产品与客户之间的互动性更足，两者之间的联系更加紧密。通过互联网，客户能够更容易地参与产品的创意设计和解决方案的讨论。

好的产品是需要客户参与打磨的。SaaS 营销活动为 SaaS 企业与客户搭建了互动的桥梁，通过与客户建立更个性化的联系，有助于提高客户对产品或服务的参与度。

3. 增强品牌形象

任何一次营销活动都是 SaaS 企业曝光品牌的机会。利用营销活动来增强品牌形象是营销策略的一部分。通过创建高质量的内容并使用有效的数字营销策略，SaaS 企业可以塑造强大的在线品牌形象。同时，这也能够帮助 SaaS 企业与潜在客户建立更紧密的联系，并促进品牌的长期发展。

值得一提的是，Salesforce、钉钉、飞书、销售易等品牌都是 SaaS 品牌的典型例子。当人们提到这些品牌时，往往会联想到不同的情感和感受。这正是品牌的力量所在。

4. 最大化收益

SaaS 营销通过吸引大量潜在客户，可以为企业带来巨大的商机。一旦有了足够多的潜在客户，接下来的关键就是如何将他们转化为付费客户。这可以通过销售人员的努力来实现，他们可以与潜在客户进行沟通，解答他们的疑问，并促使他们下定决心购买产品或服务。此外，还有一些 SaaS 产品采用线上自助服务的方式进行转化，这意味着潜在客户可以自行下单付费，从而简化了整个购买流程。这种方式非常方便，潜在客户可以随时进行操作，不需要等待销售人员的回复或安排。

7.2 SaaS 营销计划的制订

7.2.1 SaaS 营销计划概述

1. 什么是 SaaS 营销计划

SaaS 营销计划是一份详细的营销路线图，它准确地概述了企业如何实现营销目标。营销计划里清楚地定义了产品的目标核心受众群体及其需求，并且清楚地描述了团队应该采用什么样的策略将目标客户转化为付费客户，同时还清晰地表达了团队将如何留住现有客户，并且激励他们把产品推荐给其他新客户。

传统营销的目的是让客户立即购买产品，而 SaaS 营销的目的是培养与客户的长期关系。SaaS 产品的销售是持续的、基于订阅的，客户按月或者按年支付使用 SaaS 解决方案的费用。这就是为什么传统的万能营销计划行不通——软件营销计划必须专注于不断证明基于订阅的服务的价值。

SaaS 营销计划通常包括情况分析（目标、优势、劣势、环境因素和市场分析）、要使用的 KPI 列表，以及有关网站与品牌、内容策略和社交媒体计划的详细信息，还将包括时间表和职责细目，以及所需的资源和预算。

2. SaaS 营销计划的重要性

SaaS 营销成功的关键在于 SaaS 企业能够深刻地了解目标市场，以及自家产品与潜在客户之间的关系。一份有效的 SaaS 营销计划能让我们清楚地了解到目标客户是谁，以及是如何通过一系列手段（策略）让潜在客户对 SaaS 产品产生极大的购买兴趣的。

SaaS 营销计划能够帮助 SaaS 企业深入了解目标受众的真正需求，为产品的改进提供宝贵的指导，以确保 SaaS 产品与市场需求一致，这个过程就如同根据旅行者的需求来改进旅行计划一样。

另外，SaaS 营销计划还可以帮助 SaaS 企业识别最佳的推广渠道，避免将有限的资源投入到错误的渠道，还能够从中长期的视角帮助 SaaS 企业审视营销的规划工作。没有规划营销计划的 SaaS 企业，犹如在大海里没有航向的孤舟，任何一个海浪过来都有可能造成翻船。

3. 制订营销计划的时机

在竞争激烈的商业环境里，制订一份有效的营销计划对于企业的成功经营至关重要。它不仅是企业实现市场目标和业务增长的重要工具，还是营销团队与销售团队协作的关键依据。然而，制订营销计划的时机和策略却因企业的具体情况而异。

什么时候应该制订营销计划？笔者将其归纳为以下四种时机，并为每种时机提供了详细的建议。

（1）年初 / 年底：规划长期成功

年初 / 年底是制订营销计划的理想时机之一，可从宏观角度规划未来一年的市场活动。表 7-1 所示是企业在年初 / 年底制订营销计划的一些关键考虑因素。

表 7-1　企业在年初 / 年底制订营销计划的一些关键考虑因素

关键考虑因素	说明
回顾和总结	企业可以深入研究过去的市场活动，分析哪些策略成功了、哪些策略失败了，以及为什么成功和为什么失败。这种回顾和总结有助于吸取经验和教训，并改进未来的策略
长期规划	企业可以明确了解年度目标，确定战略方向，并确保营销的努力方向与业务的长期目标一致。这种长期规划有助于更好地分配资源和制订长期投资计划，从而实现可持续增长
预算分配	通过制订营销计划，企业可以清楚地了解需要多少资金来支持各种营销活动。这有助于有效分配预算和有效利用资源，以确保获得最佳的投资回报
市场研究	企业可以深入了解竞争对手的动态、目标受众的需求以及市场趋势。这有助于调整策略，以更好地满足市场需求
定位和战略	企业可以明确定位和战略，还可以清晰地确定目标受众，选择适当的市场渠道，并制定战略以在市场中占有一席之地

（2）启动新业务：从零到成功

当企业准备启动新业务时，制订新业务营销计划是非常有必要的。表 7-2 所示是在启动新业务时制订新业务营销计划的关键考虑因素。

表 7-2　在启动新业务时制订新业务营销计划的关键考虑因素

关键考虑因素	说明
定位目标市场	企业需要明确定位目标市场。这包括确定理想的客户群体，了解他们的需求，以及确定如何将企业的新业务与他们的需求相匹配
竞争分析	企业需要进行竞争分析。了解竞争对手的策略和市场份额可以帮助企业确定如何在竞争激烈的市场中脱颖而出

（续）

关键考虑因素	说明
品牌建设	启动新业务通常涉及品牌建设。企业需要确定新业务的品牌识别，包括标志、名称、口号等。这些元素应该在企业的营销计划中得到充分考虑
市场渠道选择	选择适当的市场渠道是制订新业务营销计划的关键一步。企业需要确定最有效的方式来接触目标受众，与他们建立关系并促使他们成为付费客户
目标设定	企业需要设定明确的目标。这些目标涉及销售、市场份额、客户增长等方面，有助于确定成功的度量标准

（3）推出新产品 / 服务：占领新市场

当企业计划推出新产品 / 服务时，制订营销计划可以帮助企业在新市场中快速占有一席之地。表 7-3 所示是在推出新产品 / 服务时制订营销计划的关键考虑因素。

表 7-3　在推出新产品 / 服务时制订营销计划的关键考虑因素

关键考虑因素	说明
市场研究	企业需要进行详细的市场研究，了解市场需求、竞争对手的策略和目标市场。这有助于确定产品的定位和独特卖点
目标市场分析	企业需要分析目标市场并了解其需求，这是推出新产品 / 服务的关键；还需要知道产品是如何满足目标市场的需求的，以便为其创造价值
市场定位和差异化战略	企业需要确定新产品 / 服务在市场中的定位，确定如何将其与竞争对手区分开来，并明确差异化战略，以便在新市场中引起注意
市场推广	企业需要制定推广策略，包括广告、促销、公关和内容营销，确保企业的新产品 / 服务在市场中能引起关注，并与目标受众建立联系
市场渠道选择	企业需要选择适当的市场渠道，以确保新产品 / 服务能够达到目标受众的要求。这可能涉及在线广告、社交媒体、传统广告或其他推广途径
明确目标受众	企业需要明确目标受众，了解他们的需求和期望，以便根据这些洞察来制订有针对性的营销计划

（4）没有计划：现在正是时候

如果企业在营销方面一直没有明确的计划，那么现在开始制订也不会太晚。表 7-4 所示是在没有计划时制订营销计划的关键考虑因素。

表 7-4 在没有计划时制订营销计划的关键考虑因素

关键考虑因素	说明
确定营销目标	企业需要确定企业的营销目标，明确知道希望达到什么样的结果。这可能涉及销售增长、品牌知名度提高、客户忠诚度提升等
了解目标市场	企业需要了解目标市场，知道谁是理想客户，以及他们的需求和期望
分析竞争对手	企业需要分析竞争对手，了解竞争对手的策略和市场份额。这有助于企业确定如何在竞争激烈的市场中脱颖而出
市场渠道选择	企业应选择适当的市场渠道，以确保自己的信息能够传达给目标受众。这可能涉及在线广告、社交媒体营销、电子邮件营销等
制定预算	企业需要制定预算，以确保自己有足够的资金支持营销活动。这还需要考虑投资在哪些策略和渠道上，以实现最佳的 ROI

7.2.2 制订 SaaS 营销计划的流程

企业需要深入地探讨制订 SaaS 营销计划的流程（见图 7-5），以及每个步骤需要关注的关键点。SaaS 营销计划应该是动态的，需要根据市场变化和客户反馈定期更新和修订。持续监测和评估营销计划的效果，并根据需要进行调整，将使企业保持竞争优势并确保 SaaS 产品持续增长。

以下以 CRM 系统为例，对制订营销计划的流程进行概述。

（1）定义产品

首先，企业需要清楚定义自己销售的是什么。在本案例中，SaaS 产品是一款 CRM 系统。它能够为客户提供的核心功能归纳如下：

流程计划安排	
①定义产品	企业需要清楚定义自己销售的是什么
②定义品牌使命	企业需要向目标受众解释为什么要卖某产品
③定义目标受众	概述企业将产品销售给谁
④进行市场分析	描述企业竞争的总体营销环境，并回答关键问题
⑤竞争对手分析	分析竞争对手，看看如何使企业品牌脱颖而出
⑥定义品牌定位	根据③、④、⑤步骤得到的信息来定义品牌在市场上的定位
⑦概述目标	定义具体目标，确保营销活动的可衡量性
⑧概述营销策略	清楚描述如何通过具体的营销策略来实现目标
⑨设定营销预算	企业为各营销活动和策略设定所能够投入的预算
⑩概述优惠和营销活动	描述营销活动带来的具体效果和作用，例如，吸引客户
⑪定义指标和KPI	定义使用哪些KPI来评估营销活动是否成功
⑫跟踪计划进度并分析结果	定期收集和分析数据，确定有效策略和无效策略及其原因

图 7-5　制订 SaaS 营销计划的流程

- 客户数据管理：允许客户存储客户信息、互动历史和联系方式，以轻松管理客户数据库。
- 销售机会跟踪：提供工具来跟踪销售机会、销售阶段和潜在客户。
- 营销自动化：自动发送个性化的营销材料和提醒，以增强客户互动性。

- 客户支持管理：客户可以创建支持票证、跟踪客户问题和提供客户支持。
- 报告和分析：提供详细的报告和分析，帮助企业了解自己的销售情况和客户互动情况。

（2）定义品牌使命

企业已经确切地知道自己在销售 CRM 系统，那么是时候解释一下为什么要销售它了。企业可以通过回答以下问题来概述自己的品牌使命。

- 你希望你的品牌实现什么目标？
- 你为什么想帮助你的客户？
- 为什么你的产品或服务很重要？
- 为什么客户应该与你而不是与你的竞争对手开展业务？

在本案例中，CRM 系统的品牌使命是帮助企业建立更深刻、更有益的客户关系，所追求的目标是提供卓越的客户体验，帮助企业提高销售额并提升客户满意度。通过提供卓越的 CRM 系统，可以提升企业的绩效，更好地满足客户需求。

（3）定义目标受众

一旦企业知道要销售 CRM 系统以及为什么要销售它，就需要确定将把它销售给谁。通过创建描述理想客户和受众的买家角色来定义目标受众。目标受众的信息如下：

- 人口统计（年龄、性别、收入、教育程度、地点等）。
- 专业详细信息（行业、职位、公司等）。
- 心理特征（人格特质、信仰、态度等）。
- 目标（他们要实现什么）。
- 挑战（痛点、他们害怕或需要什么等）。

- 影响力（最喜欢的媒体、思想领袖等）。

（4）进行市场分析

市场分析是企业制订营销计划时必不可少的一部分，它描述了企业的总体营销环境，并回答了一些关键问题，以帮助企业更好地应对竞争市场格局。企业需要回答的涉及市场分析的问题如下：

- 目前市场上有多少家企业提供类似的产品？你认为这个数量会随着时间的推移增加还是减少？
- 你的品牌将会与多少家企业直接竞争？你认为你的品牌在竞争中有哪些优势？
- 你所在市场的规模有多大？你认为这个市场在未来几年会有怎样的增长趋势？
- 你观察到市场趋势如何（上升还是下降）？你认为这些趋势对你的产品有何影响？
- 目前已经有多少客户为类似的产品支付了费用？你认为这个数据在未来会有怎样的增长？
- 根据你的市场调研，你认为客户愿意为类似的产品支付多少钱？你的产品在价格方面有何优势？
- 你所在市场的销售周期是怎样的？通常需要多长时间才能完成一笔销售交易？

在这个案例中，根据市场分析结果，在中小型企业中，CRM 系统具有显著的增长潜力。随着企业对 CRM 系统的依赖程度不断加深，为了提高销售和服务效率，企业对 CRM 系统的需求也在不断增加。这一市场趋势为销售 CRM 系统提供了巨大的机会。

除了中小型企业，还可以将目光放在大型企业市场上。虽然该市场竞争激烈，但由于大型企业通常有更高的投资能力和更复杂的业务需求，而 CRM 系统可以提供更多定制化的解决方案，因此可以满足这些大型企业的需求。

此外，还可以考虑拓展国际市场。随着全球化的不断发展，越来越多的企业寻求跨境业务拓展。通过针对不同国家和地区的特殊需求进行定制，CRM 系统可以帮助企业更好地管理跨国业务，提高客户满意度。

（5）竞争对手分析

市场分析应该可以帮助企业找出一些直接竞争对手的名字。现在，仔细观察这些竞争对手，看看如何使本企业品牌脱颖而出并促使客户选择本企业品牌而不是其他品牌。

了解竞争对手是成功制订营销计划的关键一步。CRM 市场中充满了各种竞争对手，包括大型 CRM 提供商（如 Salesforce、纷享销客）和小型创业公司。通过深入研究竞争对手，可以获得以下洞察：

- 谁是竞争对手。首先，列出主要竞争对手的名称，了解其市场份额和关键产品特点。
- 优势和劣势。分析竞争对手的优势和劣势，以确定如何与其竞争。这包括了解其定价策略、功能特点和客户体验等。
- 独特的销售主张。确定本企业 CRM 系统与竞争对手相比的独特之处，强调为什么潜在客户应该选择本企业产品而不是其他竞争对手的产品。

案例说明：假设本企业的主要竞争对手之一是某大型 CRM 提供商。它在市场上有着强大的品牌影响力和广泛的客户基础。通过对其进行竞争对手分析，可以了解到它的优势，如拥有可扩展性和高级功能。但本企业 CRM 系统以易用性和有竞争力的定价策略作为独特的销售主张，同时提供 7 × 24 小时的客户服务，并确保客户能够充分利用该系统。

（6）定义品牌定位

在制订营销计划时已经进行了大量研究，并且了解了品牌、市场和竞争对手，接下来可以使用这些信息来决定如何在市场上定位品牌。

在 CRM 系统案例中，品牌被定位为中小型企业的理想选择，强调了产品的易用性、卓越的性能和卓越的客户支持。

以下是一些确保品牌定位更加全面和具体的建议：

- 概述独特的销售主张，并详细说明为什么本企业的产品或服务与竞争对手不同。这可以提及产品的独特功能、创新设计或优势定价策略等。
- 定义要强调的市场差异化因素，并提供更多的具体细节。这可以包括本企业的产品或服务在市场上的独特卖点、针对目标客户的解决方案以及与竞争对手相比的优势。
- 对目标市场进行细分，并详细描述每个细分市场的特点和需求。这可以考虑从年龄、性别、地理位置或兴趣等方面来划分市场，并解释为什么本企业品牌在这些细分市场中具有潜在机会。
- 定义品牌声音和基调，并提供更多的相关信息。这可以描述品牌的个性、价值观和与目标市场的沟通方式。此外，还可以考虑使用故事、幽默或情感元素来塑造品牌声音和基调。

（7）概述目标

制定清晰而具体的营销目标是成功制订营销计划的关键。在

CRM 系统案例中，明确定义了一些具体的短期目标和长期目标，以确保企业的营销活动具有方向性和可衡量性。一些短期目标和长期目标见表 7-5。

表 7-5 短期目标与长期目标

短期目标（6 个月内）	长期目标（一年内）
❑ 吸引 1000 名新客户：首要目标之一是扩大客户基础。通过针对性的市场活动和引人注目的优惠，计划在未来 6 个月内吸引 1000 名新客户 ❑ 提高至少 10% 的客户满意度：致力于提供卓越的客户服务。短期目标是提高至少 10% 的客户满意度	❑ 增加 30% 的网站流量：希望通过内容优化和在线广告来增加网站流量。长期目标是在一年内将网站流量提高 30% ❑ 扩大市场份额：计划在一年内扩大 CRM 系统的市场份额，确保其在中小型企业中有更高的市场渗透率 ❑ 引入新功能和升级：CRM 系统将不断升级和改进，以满足不断变化的客户需求。长期目标是在一年内推出至少两项重要的新功能

这些明确的目标将成为制订 CRM 系统营销计划的基础。它们将引导企业选择适当的策略和营销活动，以确保企业在实现长期可持续增长的同时也能实现短期成功。每个目标都是可测量的，这将使企业能够追踪进展并进行必要的调整以获得最佳结果。

（8）概述营销策略

在 CRM 系统案例中，已经明确定义了一些目标，现在让我们看看如何通过具体的策略来实现这些目标。

1）在社交媒体上投放有针对性的广告。企业计划在社交媒体平台，如微信、微博和知乎上投放广告。大多数 ToB 客户平常喜欢活跃在这些社交媒体上，并且会特别关注某些特定的兴趣板块，因此在这些平台上投放广告将帮助企业触及广泛的潜在客户。为确保广告的有效性，企业使用这些平台提供的高级定位工具，以确保广告只出现在与 CRM 系统相关的受众面前。

案例说明：假设 CRM 系统主要面向中小型企业，则在微信平台上投放广告，有针对性地定位企业负责人、市场总监和销售经理。广告将强调 CRM 系统如何提高销售效率、提升客户满意度以及增强企业竞争力。通过在微信上投放有针对性的广告，将吸引潜在客户点击广告以了解更多信息，从而提高潜在客户的转化率。

2）发送定期的电子邮件。国内对电子邮件并不敏感，大多数人的电子邮件仅用来注册某些平台账号，电子邮件的触达率并不高。如果产品受众群体有国外客户，那么企业不得不重视电子邮件这个渠道，如果目标客户仅是国内的企业客户，那么尽量少使用电子邮件策略。

案例说明：企业每月发送电子邮件，每封电子邮件都包括一篇有关 CRM 系统的最佳实践或新功能的文章，还包括其他客户的成功案例，以激励现有客户更好地使用产品。这将提高客户满意度，增加客户的忠诚度。

3）各大社交媒体平台的内容营销。可以试着想象一下，当潜在客户在网上不经意浏览时，偶然发现了企业的某篇文章。当他们被文章内容或讲述的解决方案吸引时，他们会产生兴趣并主动联系销售人员。这不仅能增加产品知名度，还可能带来新的业务机会。通过发布有吸引力的文章，可以向潜在客户传达产品的专业知识和价值观，从而建立起信任和亲近感。当他们联系销售人员时，销售人员可以进一步与他们交流，深入了解他们的需求，并提供定制化的解决方案。这样，就能够与他们建立起稳固的合作关系，并带来可持续的业务增长。

4）参加行业展会和活动。参加与 CRM 系统有关的行业展会和活动，这将提供一个宝贵的机会，让企业展示产品，与潜在客户建立联系，并了解市场趋势。企业提供实时演示，以展示 CRM 系统的强大功能，并与潜在客户进行面对面交流。

案例说明：假设有一个中小企业技术博览会，企业需要租用一个展位来展示 CRM 系统。营销团队将提供实时演示，向参观者演示如何使用 CRM 系统来提高销量和进行客户关系管理。这将为企业提供与潜在客户建立联系的机会，同时展示了产品。

5）优化网站，以提高搜索引擎排名。进行网站优化，以提高搜索引擎排名，包括关键字优化、内容更新、增加反向链接和改进客户体验。通过提高搜索引擎排名，将增加网站流量，吸引更多的潜在客户。

案例说明：对网站进行关键字研究，确定与 CRM 系统相关的热门搜索词。然后，更新网站内容，以确保这些关键字自然地出现在文章中。积极寻求其他网站的反向链接，以提高本企业网站在搜索引擎中的排名。

（9）设定营销预算

设定营销预算需要考虑多个因素。此时，应该收集一些有用的信息来指导预算决策。例如，企业将分配 10% 的年度收入用于营销，包括广告费用、工资和营销工具的成本。预算还将根据不同的营销活动进行调整，以确保获得最佳投资回报。设定营销预算需要考虑几个问题：

- 目前企业的收入是多少？考虑主要来源，如销售额、服务费用等。
- 将收入的多少用于营销？考虑营销预算与总收入的比例。
- 营销成本是多少（包括软件、团队成员等）？考虑具体的费用项目和金额。

- 实现目标需要多少资金？考虑具体的目标和所需资金。
- 竞争对手在营销上的花费是多少？进行竞争对手分析，了解其在营销方面的投入。

（10）概述优惠和营销活动

概述优惠和营销活动可以吸引新客户，提高客户忠诚度，并增加销量。例如，可实施一些具体的优惠和促销活动。

1）首次购买折扣。向新客户提供首次购买折扣，以鼓励他们尝试使用 CRM 系统。这个折扣将作为购买激励，降低他们的购买成本，同时增加了他们尝试产品的动力。

2）免费培训课程。为了确保客户能够充分使用 CRM 系统，可提供免费培训课程。这有助于提高客户的满意度，同时增强他们对产品的信任感。培训课程可以在线上或线下进行，以满足客户的不同需求。

3）推荐奖励计划。引入一个推荐奖励计划，鼓励现有客户把 CRM 系统推荐给他们的同事和业务伙伴。作为回报，他们将获得一些额外的服务、折扣或奖励。这有助于扩大客户群，并建立口碑。

4）季度或年度促销活动。不断进行季度或年度促销活动，以吸引新客户和提高客户忠诚度。这些优惠和促销活动可能包括价格折扣、特定功能的增值服务或免费试用期的延长。

这些优惠和促销活动将与目标和策略紧密相关，以确保它们不仅可以吸引客户，还有助于扩大市场份额。这些活动的具体细节和执行计划将在后续的实施过程中进一步细化。

（11）定义指标和 KPI

制订 CRM 系统营销计划的最后一步是决定使用哪些 KPI 来评估营销活动。例如，依赖以下 KPI 来评估：

1）新客户获取成本。跟踪每位新客户的获取成本，以了解吸引新客户的效率。这将有助于确定哪些渠道和策略是最具成本效益的，以便后续可以合理分配资源。

2）客户满意度评分。定期收集客户的满意度评分，以确保他们对 CRM 系统和服务感到满意。客户满意度评分高通常与客户忠诚度和口碑的提升相关，因此它是一个重要的 KPI。

3）网站流量增长率。跟踪网站流量增长率，以了解企业网站宣传和内容营销策略的效果。通过监测流量增长情况，可以确定哪些内容和渠道吸引了更多的访问者。

4）销售额增长率。关注销售额增长率，以衡量 CRM 系统对销售业绩的影响。通过分析销售额增长率，可以了解营销策略是否成功地促进了销售增长。

这些 KPI 将有助于衡量营销策略是否取得了成功，以及是否需要进行调整。通过不断监测和分析这些 KPI，可以做出明智的决策，以确保 CRM 系统营销计划能够吸引新客户、提高销售额，并使客户满意度保持在高水平。

（12）跟踪计划进度并分析结果

设定 OKR（目标与关键成果）来跟踪计划进度。定期收集和分析数据，确定有效策略和无效策略及其无效的原因，调整策略以提高 ROI。

为了实现提高 50% 注册客户数的目标，可以通过电子邮件、社交媒体、搜索引擎等渠道来跟踪注册客户来源。通过详细分析数据，能够确定哪个渠道是最有效的，从而加大资源投入，以获得更多注册客户。

除此之外，还可以运行 A/B 测试，以了解不同受众对数字营销策略的反应。通过这种测试，可以创建更有针对性、更有效的营销活动。通过深入分析数据，可以更好地了解目标受众，细分市场，并为目标受众提供更适合他们需求的选择。

7.3　六种 SaaS 营销策略

7.3.1　客户研究

越来越多的 SaaS 企业开始关注客户服务的体验，以客户为中心的销售或营销策略成为当下的一种流行趋势。企业越能够理解客户的痛点，就越有机会构建出解决他们问题的产品。但充分了解客户的需求，并且提供合理的解决方案并不是件容易的事情，尤其是前者。

这段话听起来很奇怪，但事实就是如此：企业内部的价值认知并不等于客户的价值认知。大多数企业都在解决它们认为客户想要解决的问题，却无法真正洞察到客户真实的需求和想法。因此，企业需要重新审视客户，对客户进行研究。

1. 什么是客户研究

客户研究（也称为客户研究）是确定客户群体的痛点、动机、行为和需求偏好的过程。客户研究的目的是学习如何为当前和潜在的客户群提供最好的服务或产品。在此基础上，发现业务增长的机会。

客户研究的方法和策略有很多，但最终目的都是用数据来说明一个事实：谁正在用产品，这些人如何使用产品，以及使用产品来完成什么样的工作。

笔者将 B2B SaaS 企业的客户研究工作归为三类（见表 7-6）：

无动于衷、委托他人、专人照顾。

表 7-6　B2B SaaS 企业的三类客户研究工作对比

对比项	无动于衷	委托他人	专人照顾
概念描述	对于客户研究基本上处于被动的状态，甚至可以理解为不为其投入任何的精力和成本	委托第三方机构进行客户研究	越来越多的 B2B SaaS 企业意识到客户研究的重要性，它们会专门在团队里安排专人进行客户研究工作，这也是迄今为止最常见的方式
背景	应用这类工作方式的企业通常是国企或大型企业，它们没有专门设立适当的机构来与客户交谈，并未将其见解提供给组织的其他部门使用	应用这类工作方式一方面成本较为昂贵，另一方面缺乏与客户的持续沟通和对客户持续研究	这类工作方式并非指把客户研究工作交由某个部门来承担，而是放在虚拟部门（在企业组织架构中并非真实存在）或增长团队中，其成员大多来自各个不同的部门，例如，销售部门、营销部门、客户支持部门或客户成功部门等
了解客户的渠道	对客户的了解来自销售人员在客户购买产品之前与他们进行的对话，或者来自客户支持部门或客户成功部门与客户之间的沟通	当 SaaS 企业寻找对客户的研究结果时，通常会得到一份非常密集并且静态的结论报告	对客户研究的结论会共享在各个部门或团队里，而且可随时根据各个部门或团队的使用反馈进行动态调整
可能存在的风险	应用这类工作方式的最大风险是，与客户的沟通内容仅停留在某些销售人员或支持部门人员的脑海中，容易因为这些人员的流失而错失对客户的了解	第三方机构提供了较为科学的报告数据，却无法帮助销售或营销人员在现实的市场环境里应用其结论	需要单独设立一个部门进行，对一些 SaaS 企业而言可能短期内看不到明显的收益，成本支出较大

2. 为什么客户研究很重要

企业对客户进行研究通常都是在“闭门造车”。事实上，大多数企业都没有意识到这一点，它们将大部分的预算花费在自以为很适合的客户身上，然而在经过很长一段时间后，企业才会真正意识到这些客户与它们最初的设想完全不同。

为了避免这种错误，企业需要建立新的客户研究思路，这种研究要基于可靠的事实数据。通过客户研究，企业可以清楚、准确地了解真正的客户是谁，以及他们目前面临的最大问题是什么，从而制定更有效的销售策略。

企业真正需要的是“原因”。例如，客户为什么购买企业的产品？为什么需要构建特定功能？了解这些“原因”对于企业来说至关重要。

要了解“原因”，需要捕捉客户的真实声音——“客户之声”。这里所说的“客户之声”是指客户在使用产品或服务过程中的真实反馈，包括他们的工作情况、取得的成果以及所面临的限制。

3. 如何避免客户研究陷阱

B2B SaaS 企业进行客户研究最直接和有效的方式就是与客户进行面对面的交谈或者对客户进行现场访谈。

许多研究人员在与客户现场交流的时候，总是倾向于向客户证明他们的产品多么好，或者带有营销性的目的进行交谈。

如果仅从这两个方面与客户进行交谈，那么可能会错过真正了解客户情况的机会。因此，在与客户交谈时，应该试图提出以下问题，以更全面地了解客户的情况。

- ❑ 客户使用产品实际做什么？他们使用产品来解决哪些具

体问题或满足哪些具体需求？

- ❑ 客户对营销人员和产品有什么样的看法？他们是否认为产品是可靠的、高质量的？他们是否对营销人员及其团队有信任感？
- ❑ 客户对产品有什么样的评价？他们对产品的功能、性能、易用性等方面有何评价？他们是否对产品的质量和性价比感到满意？
- ❑ 他们是否对产品的特定功能或使用场景有任何建议或反馈？

通过客户对这些问题的思考和回答，我们可以更加全面地了解客户的需求、期望和满意度，从而有针对性地改进和优化产品和服务。如果企业原本的客户研究框架本身就存在问题，那么想让客户精准地回答这些问题就会变得很困难。

了解客户是一个复杂的过程，远远超出了大多数营销人员的想象。在这个过程中需要深入研究与分析客户的言谈和客户的行为。只有将客户的言谈和行为结合起来，才能真正深入了解客户背后的动机、喜好和行为模式，这样才能制定出更有效的营销策略。

然而，很多 SaaS 营销人员忽视了客户的行为，这最终导致他们对客户的了解非常肤浅。

4. B2B SaaS 客户研究流程

客户研究是为了识别客户的真正需求，并且找到能够合理解决他们问题的方案。换言之，客户研究最终为销售和营销团队的服务支持提供依据，为产品设计提供创新的解决方案方向。当然，客户研究的成功不仅为各部门提供了一致性的参考价值，同时也为市场可行性提供了见解，并且为公司制定关键战略提供了决策依据。B2B SaaS 客户研究流程如图 7-6 所示。

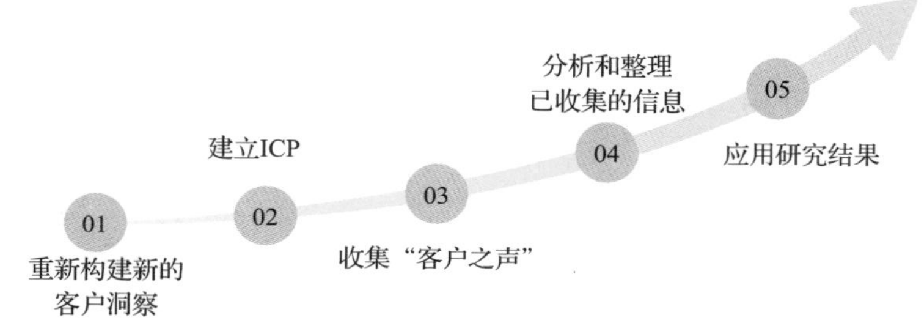

图 7-6　B2B SaaS 客户研究流程

（1）重新构建新的客户洞察

传统的客户研究方式与 B2B SaaS 客户研究方式存在一些差别。这种差别最终会导致对客户的洞察偏离真实的情况，如果一开始就在不正确的方向上努力，结果可想而知。

过去，企业常采用买家角色框架来定义客户画像。虽然这种方式为企业带来了不少成功的案例，但如今在 B2B SaaS 这条“赛道”上，笔者建议加入对客户细分领域的研究，以重新洞察客户。原因很简单，这些买家角色对于 B2B SaaS 企业并不是那么适用，具体理由如下：

1）买家角色主要关注的是买家（客户）。然而，缺少对买家细分领域的研究。例如，某两个买家（企业）的某些属性都相同，但行业属性不同，一个是财务行业，另一个是建筑行业。这两个行业完全不同，即使规模相同，也无法放在一起进行研究。

2）B2B SaaS 的买家通常都拥有相同的头衔、相同的行业背景并遇到过相似的问题。然而，这并不意味着他们在细分领域上的需求和挑战都是一样的。

3）在过去，买家角色主要基于人口统计数据和心理统计数据，而忽视了特定的业务问题和动机。然而，随着市场的不断变化和竞争的加剧，仅仅依靠这些传统数据已经不够。

客户使用产品是为了完成他们以前做不到的一些事情，成就更好的自我。

企业的产品可能会涉及客户（企业）多个部门的使用，不同的部门可能会有不同的立场以及对产品有不同的看法。例如，客户的销售部门与采购部门认为采购 CRM 系统能够提升整体的业务效率，但财务部门认为不应该采购它，如今的资金流比较紧张。

因此，企业在进行客户研究时，应遵循从大到小的顺序（从整个行业到企业中不同岗位的角色）。企业不仅要研究客户行业的细分领域，还需要了解每个细分领域下的组织模式。另外，还需要调查客户的需求和期望，以及他们对竞争产品的看法。这些信息有助于企业进一步了解客户，为产品开发和制定营销策略提供更全面的支持。

（2）建立 ICP

ICP 是对产品的理想买家和客户的特征进行清晰、共同、客观的定义。通过定义理想买家和客户的特征，可以更好地了解他们的需求、喜好和行为模式，从而更有针对性地开展市场营销活动。

（3）收集“客户之声”

收集“客户之声”的方式有很多，在这里重点谈论客户访谈的技巧和策略。

客户访谈的效果取决于向正确的人询问正确的问题。上一步已经建立了 ICP，并且将符合 ICP 的客户群体归纳并划分在同一份细分名单中。提前设计好访谈框架，最好能够采用列表的形式把同一类型的问题归纳在一起，见表 7-7。

表 7-7　访谈的问题类型及示例

问题类型	示例
业务背景	❑ 在你开展业务的时候，你的核心诉求是什么？ ❑ 你的业务是在什么样的背景下运营的？ ❑ 在你的业务运营的背景中，是否有其他因素对你的业务产生了影响？
使用和影响	❑ 你有什么具体的目标想要实现？ ❑ 我们的解决方案在其中扮演了什么样的角色？ ❑ 在你开始使用我们的解决方案之后，你是否注意到了一些改善的方面？
变革之前的流程和触发因素	❑ 是什么触发了你的变革决策？ ❑ 你有什么动机来进行这样的变革？ ❑ 你对不同解决方案的认识现在处于什么阶段？
购买（发现、比较和决策标准）	❑ 你是如何发现我们的产品的？ ❑ 有哪些人参与了购买过程？他们各自的角色是什么？ ❑ 你对我们的解决方案有怎样的期望？ ❑ 你的决策标准是什么？ ❑ 在购买过程中，你是否感受到了一些障碍？你认为有哪些替代方案和竞争对手？
信息寻找	❑ 你通常会如何寻找信息？ ❑ 你认为哪些信息来源是最值得信赖的？

这些客户访谈问题对于实现成功的客户研究至关重要。以下是一些简单的客户访谈技巧和策略：

- ❑ 定位讨论内容。在访谈开始时，将访谈重点放在客户的目标、工作瓶颈以及产品如何帮助他们取得进步等方面。这有助于确保讨论始终与客户的关注点相关，并增强客户的参与感。
- ❑ 使用开放式问题。使用开放式问题，而不是过多引导对话。开放式问题鼓励客户提供更详细和自由的回答，有助于深入了解他们的需求和观点。

- 使用总结和引导性问题。使用总结和引导性问题，以确保能理解客户的思路，并获得具体的例子。这有助于澄清和深化访谈，以获取更有价值的信息。
- 改变提问方式。如果提出的问题客户难以回答，请尝试以不同的方式提问，而不是跳过问题。这有助于打破僵局、促进访谈。例如，不能直接询问客户某季度的业绩目标，但可以询问他当下首要的任务目标是什么。
- 处理尴尬的沉默。不要急于打破尴尬的沉默，给客户一些时间来思考和表达他们的观点。尴尬的沉默有时可以帮助客户深思熟虑。
- 避免问“为什么”。避免问客户“为什么”他们要做某事，因为这可能导致合理化回答。相反，让他们首先描述发生了什么，然后深入了解他们的感受和反应。
- 对访谈内容录音。最好记录客户访谈内容，以确保能准确地捕捉客户的表达方式和情感。使用录音工具录制访谈内容，有助于更好地理解客户的观点，并在后续分析中产生同理心（注：在进行录音之前，请先征求客户的同意，以免后续产生不必要的麻烦）。

（4）分析和整理已收集的信息

现阶段获取信息的方式很多，也非常便捷，甚至获取到的信息里包含了结论，这也间接导致企业对信息分析判断的能力发生了退化。

分析和整理已收集的信息是客户研究的关键步骤，它有助于从海量信息中提取有价值的见解和模式。信息收集的方式不同，分析和整理信息的方式就不同。笔者以客户访谈所获得的信息为例进行说明。

例如，如果有录音，则可以将录音转化为文字，需要确保准确地记录访谈的每个细节，还可以添加额外的注释和背景信息，以便更好地呈现访谈内容。现在市面上有很多很好用的实时语音转文字的工具，如钉钉文档。

将访谈信息按主题或关键问题分组。创建一个分组模板，将类似主题的信息放在一起（见图 7-7）。这有助于更好地了解客户的共同关注点，还可以在分组模板中添加额外的细节和示例，以加深对每个主题的理解。

分析主题

客户画像分析：
- 描述客户的基本信息，如年龄、性别、地理位置。
- 分析客户的兴趣爱好和生活方式。
- 总结客户的消费偏好和购买行为。

产品或服务需求分析：
- 细分客户对产品或服务的需求和期望。
- 分析客户对产品功能、质量和价格的重视程度。
- 探讨客户对售后服务和支持的需求。

市场趋势和竞争分析：
- 概述市场趋势和行业动态对客户需求的影响。
- 分析竞争对手的产品特点、定价策略和市场份额。
- 比较客户对竞争产品的偏好和态度。

客户满意度和反馈分析：
- 分析客户对产品或服务的满意度和体验。
- 总结客户的反馈和建议，包括投诉和表扬。
- 讨论客户对品牌和企业的忠诚度和口碑。

标记待完成的工作

客户提出的待完成工作或问题：
- 记录客户提到的尚未解决的问题或需求。
- 分析这些问 题对客户的影响和重要性。
- 提供解决方案和建议，以使客户完成待完成工作。

客户细分

基于购买行为和偏好的客户细分：
- 根据客户的购买行 为和偏好将其分成不同的部分。
- 细分客户群体的消费习惯和行为模式。
- 为不同的客户制定个性化的营销策略和服务方案。

基于需求和问题领域的客户细分：
- 将客户根据其需求和问题领域进行分类。
- 分析不同领域的客户对产品或服务的需求差异。
- 提供针对性的解决方案和支持服务。

寻找模式和趋势

共同痛点和需求：
- 确定不同客户群体共同的痛点和需求。
- 分析客户的主要问题和挑战，以及解决方案。
- 识别客户对特定功能或服务的集中需求。

购买动机和决策因素：
- 探讨客户购买产品或服务的主要动机和驱动因素。
- 分析客户的决策过程和影响因素。
- 了解客户在购买决策中的优先考虑因素和权衡。

关键洞察总结

关键洞察总结：
- 概括最重要的发现和见解。
- 强调对业务和客户体验的影响。
- 提出行动建议和改进措施。

图 7-7　信息按主题归类示例模板

（5）应用研究结果

客户研究的目标是改善现有业务的难题，促进业绩增长。为了充分实现这一目标，需要将客户研究的结果同步共享到企业内部的各个部门，并且确保这些部门采纳并使用这些结果。为了评估当前的客户研究结果在市场上的应用效果，还需要定期与这些部门召开联合评估会议。这样的联合评估会议通常每月举行一次，以确保能够及时收集并了解客户研究团队的使用情况反馈，并根据反馈动态调整 ICP。

7.3.2 内容营销

当谈及 B2B SaaS 内容营销时，大多数企业都不重视，有一些企业甚至在自己的营销计划里直接将其忽略。这是由于内容营销回报缓慢，与付费广告或其他渠道的营销相比，内容营销产生的效果显得微乎其微。

然而，从长远来看，有效的 B2B SaaS 内容营销策略可以提供长期的品牌增长和市场成功。通过创建高质量、有价值的内容，可以提高品牌知名度、建立行业领袖地位，并与客户建立深层次的联系。这些内容在竞争激烈的市场中尤为重要，它们使企业能够脱颖而出并赢得客户的信任。在不断发展的 B2B SaaS 领域中，内容营销可能是最具前景和可持续性的策略之一。

如今，购买者越来越依赖内容进行自我教育，而且他们期待更丰富的内容体验。因此，内容营销对于 B2B SaaS 企业来说是一个不可忽视的策略。

1. 什么是内容营销

内容营销是 SaaS 企业长期实施的一项营销策略，旨在通过持续创建和分发有价值的独特内容来吸引、转化和留住目标受众。这种策略的核心是通过提供有益的信息和见解，建立与潜在客户和现有客户的信任关系。

笔者曾在线下会议做过主题为“ SaaS 创始人如何打造个人 IP”和“树立个人 IP 与企业产品的关联性”的分享，建议每个 SaaS 创始人或者 SaaS 企业都搭建自己的内容营销渠道。例如，企业网站或个人博客、微信公众号、知乎、小红书等。定期维护和输出与行业相关的文章或者自家 SaaS 产品针对行业场景和核心问题的解决方案思路。另外，博客文章的内容要与企业官网做好内外链的关联，简而言之就是访问者在博客阅读和分享高质量、有价值的内容的同时，也能够轻而易举地找到企业官网。通过这种方式能够给企业网站带来流量，但为了能够将访问者转化为潜在客户，博客文章的内容需要适当优化（精练的方案描述 + 场景化的解决方案说明 + 过往的成功案例）。

在提供内容价值之后，接下来需要让潜在客户遵循转化路径。

SaaS 企业提供各种指南、网络研讨会、电子书、信息图表和其他类型的免费内容，引导潜在客户自然地进行信息登记。笔者曾经利用通过免费注册获取行业最新解决方案和报告这一方式，在短短三个月内将潜在客户的获取量提升了 40% 以上，而在这个过程中没有投入任何资金。

很多企业坚持实施了一段时间的内容营销策略后，抱怨浪费时间，一点成效都没有。这是因为这些企业发布的大多数文章的内容偏离了营销策略的初衷。

内容营销的重点不是营销产品，而是对现状问题的解决方案的分享，以及站在客户的角度分析问题，并且为这些问题提供可靠的解决思路。同时，利用内容与客户产生共鸣，引起客户的兴趣。

因此，正如前面所说，内容营销是一件值得长期坚持的策略。企业需要将焦点放在目标客户身上，而不是 SaaS 产品本身。因此，内容策略的最终目标不应该是强行销售产品，而是与目标客户建立具体的长期关系。

建立关系不是一日之功，不要指望一夜之间就能看到结果。内容营销也不是一次性的活动，只有持续生产高质量的内容，才会看到积极的结果。例如，有机流量的增加是品牌内容营销取得成效的一个重要迹象。这意味着品牌在吸引更多的目标受众和潜在客户方面取得了成功。在进行内容营销时，需要有耐心并持之以恒。通常情况下，可能需要等待三个月、六个月甚至九个月以上才能看到显著的结果。

2. SEO 与内容营销

国内 SaaS 企业普遍在 SEO 方面的投入不大，重视程度不高，反而在 SEM（付费搜索）方面投入巨大，因为 SEM 的成本会随着时间和关键词的增加剧增。

SEO 属于“慢工出细活”，一般持续投入半年以上才能逐渐看到成效，而且它的价值会随着时间的推移，像滚雪球一般增长。正是因为成效慢，所以很多企业对这方面的人才投入和支持力度显得很薄弱。

每个营销策略的第一步都是增加流量。为了增加流量，需要确保人们可以发现本企业的产品。这是一个费力的过程，需要时间、耐心和技巧。

SEO 与内容营销有什么关系？为什么要关注两者之间的关系？SEO 是内容营销的基础。SEO 可最大限度地优化企业网站的内容，使其排名高于竞争对手。通过使用正确的关键字和优化技术，可以吸引更多的目标客户，并将他们引导到企业官网上。一旦他们到达企业官网，就可以通过提供有价值的内容、优惠和解决方案来满足他们的需求，并引导他们完成买家旅程。在优化网站内容时，请确保关键字和信息与目标客户的搜索意图相匹配，以便提供更有吸引力和更有用的内容，从而增加客户留存率和转化率。

但是，如果企业仅在第三方平台上完成内容的创作，是否可以不用关注 SEO 方面的内容？笔者认为，任何内容的营销和创作都必须要注重 SEO。例如，如果在知乎上写文章，那么潜在客户可能会通过百度搜索到文章；这时如果遵循 SEO 的技巧，那么文章就会被优先展示在搜索结果的首页。另外，像微信公众号这种内置生态内容的平台，SEO 同样发挥着重大的作用。越精准的文章标题和越良好的文章结构，越能够吸引到客户的访问和分享。

无论是对于已经营 10 年的软件提供商，还是对于 SaaS 初创企业，以下四个步骤都能帮助它们更全面地识别目标客户正在搜索的关键词、概念和想法，以及他们对其解决方案的看法。

（1）通过关键词研究客户需求

关键词研究是为了找出潜在客户在寻找问题解决方案时在百度搜索引擎上使用的短语、单词和想法。潜在客户选择的搜索渠道不同，所使用的关键词也会有所不同。

例如，当有人试图找到更好的手机应用来加强时间管理时，他们可能会搜索“时间管理应用”或“时间管理工具”。如果他们正处于考虑阶段，他们可能搜索“最佳时间管理应用评论”，而在决策阶段，他们可能会搜索“‘某手机应用名称’下载”。

（2）研究竞争对手

查看关键词排名靠前的竞争对手页面，找出它们使用的其他词来扩展焦点。例如，如果竞争对手在“SaaS 营销”方面排名高，请模仿和实践它们的内容。

还可以查看竞争对手在选择的 SEO 平台上排名靠前的关键词、反向链接策略、关注的关键词，以及广告投放情况，这对于提高市场份额、获取客户和树立在线形象非常重要。

（3）结合并匹配数据

在完成竞争对手研究之后，下一步是将这些数据与自身的数据结合和匹配，以便更全面地了解市场环境，并制定出更有效的营销策略。

- 数据结合与对比分析：将竞争对手的有效策略与自身的数据结合，找出可以改进和优化的方面。通过对比分析，调整关键词策略和内容计划，以更好地满足潜在客户的需求。例如，若发现某些关键词在竞争对手的策略中表现良好，可以考虑将其引入自己的内容中。
- 持续监测和评估：定期监测关键词的表现和竞争对手的动态，及时调整策略，利用数据驱动的决策来保持竞争优势。例如，通过 SEO 工具（如站长工具、爱站网或 5118），可以实时追踪关键词排名变化和竞争对手的策略调整。

（4）实施内容营销策略

首先统计企业目前所接触到的潜在客户群体数据，看看当下大多数潜在客户处于销售漏斗的哪个阶段，再有针对性地规划内容营销。例如，品牌知名度做得很好，但客户转化率却很低。为了进一步了解客户需求和提高客户转化率，建议采访一些客户，征求一些评论，并准备一些包含关键词的案例研究。这些案例研究将有助于展示产品或服务的实际应用和价值，以吸引更多潜在客户的关注。

另外，根据内容营销策略，SEO 分为站内和站外。站内需要关注关键词研究、页面优化（包括正确使用 URL、元描述与标题标签、内容结构、内部链接、页面加载时间、整体客户体验等）。站外的核心是站外链接建设，但不仅要关注链接的数量，还应该关注从权威和受信任的网站获取高质量的链接。

3. 如何制定 B2B SaaS 内容营销策略

在制定 B2B SaaS 内容营销策略时，每个步骤都需要详细规划。图 7-8 给出了每个步骤的内容规划。

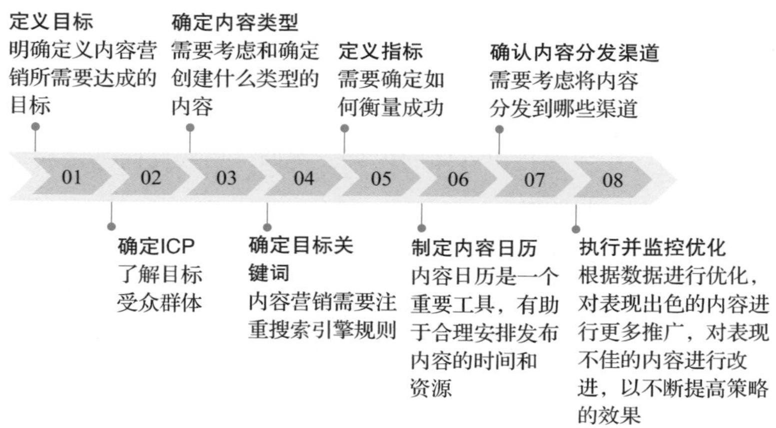

图 7-8　制定 B2B SaaS 内容营销策略时每个步骤的内容规划

（1）定义目标

制定 B2B SaaS 内容营销策略的第一步是定义目标。它是策略的核心，可帮助企业衡量所设定的策略是否成功。目标应该符合 SMART（具体的、可衡量的、可实现的、相关的、有时间限制的）原则，并与企业业务目标一致，如图 7-9 所示。

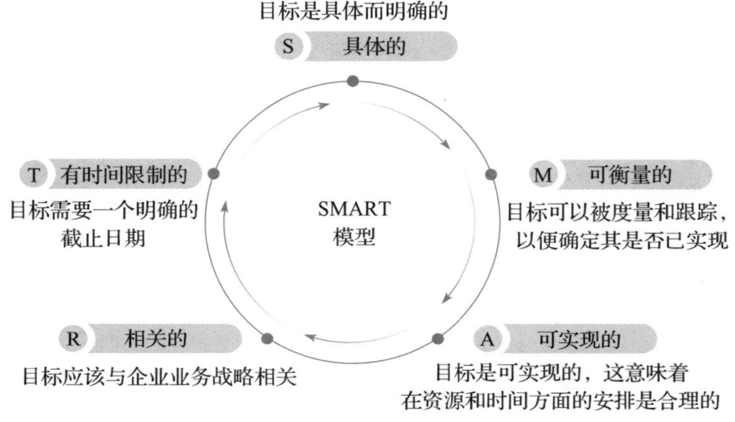

图 7-9　SMART 模型

- 具体的（**Specific**）。目标应该是具体而明确的。在每个目标中明确指出具体的内容，例如，获取反向链接或提高品牌知名度。
- 可衡量的（**Measurable**）。目标应该可以被度量和跟踪，以便确定其是否已实现。例如，在目标“获取反向链接”中，指定要获取多少个反向链接。
- 可实现的（**Achievable**）。目标应该是可实现的，这意味着在资源和时间方面的安排是合理的。确保企业有足够的资源来达成目标，否则目标将难以实现。

- 相关的（Relevant）。目标应该与企业业务战略相关。确保目标对于实现长期目标和长期增长至关重要，而不是纯粹的虚荣指标。
- 有时间限制的（Time-bound）。目标需要一个明确的截止日期。在目标中规定一个时间框架，例如，本季度或下个月，以确保企业有明确的截止日期来衡量成就。

在定义目标时，笔者建议在每个目标的下面概述性地描述采用哪些策略或者方法来实现目标，示例见表 7-8。

表 7-8　目标与对应的实现策略示例

目标	对应的实现策略
在半年内提高关键词搜索引擎排名，同时提高品牌知名度	通过优化网站内容和使用 SEO 策略，将特定关键词的排名提高到前三页。同时，通过品牌故事、社交媒体宣传和合作伙伴关系建立品牌知名度
每月增加网站、博客和社交媒体资料的访问量，以提高线上可见性	通过创建有吸引力的内容、定期发布博客文章、积极参与社交媒体和投放广告，每月至少增加 10% 的访问量
每月至少产生 50 个新潜在客户，并在 6 个月内将其中的 30% 转化为付费客户	通过优化营销策略、社交媒体宣传和电子邮件营销，每月产生新潜在客户，然后通过培育策略将他们转化为付费客户
每月增加免费试用客户数，然后在下一个季度将这些客户的 20% 转化为付费客户	通过提供引人入胜的免费试用和跟进策略，每月增加试用客户数，并定期跟进以提高付费客户转化率

对于每个具体目标，确定相关的 KPI 是非常重要的。KPI 将帮助量化目标的进展，并确定是否需要调整策略。例如，在“获取反向链接”目标中，KPI 可以是从特定权威网站获得的链接数量。通过设定 SMART 目标和相关 KPI，可以更有效地规划和实施 B2B SaaS 内容营销策略，以实现业务目标。

（2）确定 ICP

了解目标受众群体是实施所有营销策略最核心和最关键的一步。这一步需要创建 ICP，通常会通过思考和回答表 7-9 所示问题的答案来逐步完善。

表 7-9　创建 ICP 需要思考的问题示例

问题要点	问题示例
公司 / 个人类型	❑ 你的目标客户是企业，还是个体工作者？ ❑ 目标客户所属的行业是什么？ ❑ 企业的规模如何？
预算	❑ 你的目标客户用于购买 SaaS 产品的预算是多少？ ❑ 对于不同客户群体的预算是否各不相同？
竞品	❑ 你的目标客户是否使用其他 SaaS 产品，特别是与你的产品相关的？ ❑ 是否可以将你的产品与其他 SaaS 产品集成，以提供更全面的解决方案？
有关问题	❑ 你的目标客户希望解决什么具体问题或需求？ ❑ 他们是否在寻找提高生产力、节省成本、改进合规性、扩大市场份额等解决方案？
内容 / 社交平台	❑ 你的目标客户在哪些在线内容平台（如知乎、36 氪、微博等）上活跃？ ❑ 他们是否在特定行业论坛、社交群体或博客中参与互动？
内容格式	❑ 你的目标客户更倾向于哪种内容格式，如文章、视频、演示文稿或研究报告？ ❑ 他们是否喜欢教程、案例研究或行业见解？
关注网站 / 社交媒体资料	❑ 他们经常浏览哪些行业的相关网站、博客或新闻源？ ❑ 他们是否追踪特定行业专家、作者或公司的社交媒体资料？
人口统计特征和心理特征	❑ 你的目标客户的年龄分布如何？ ❑ 他们的性别分布如何？ ❑ 他们的收入水平或购买力如何？ ❑ 他们的目标、兴趣、动机和价值观是什么？

这些问题将帮助企业更好地了解目标客户，并为制定 B2B SaaS

内容营销策略提供有针对性的信息。

（3）确定内容类型

在创建内容时，需要考虑和确定创建什么类型的内容，如博客文章、白皮书报告、社交媒体帖子等。不同的受众群体，对内容的接受程度不一，比如，年轻的群体可能更倾向于视觉化内容和社交媒体帖子。当然，如果有资源和预算来开展演讲或者研讨会也是个不错的方式，通过面对面交流和互动，分享企业的解决方案和经验，来增加客户的信任。

根据企业的目标受众和目标，选择适当的内容类型。确保在创建内容时，充分考虑目标受众的兴趣和需求，并采取适当的语言和风格来吸引和保持他们的注意力。

（4）确定目标关键词

内容营销如果不注重搜索引擎规则，就如同光脚跑马拉松一样——能跑，但很慢。因此，为了优化内容在搜索引擎中的排名，需要选择一些目标关键词，也可以借助关键词工具。这些目标关键词应该与 SaaS 业务相关，并且与目标受众的搜索习惯一致。例如，如果 SaaS 产品是一种项目管理工具，则可以选择“项目管理软件”“团队协作工具”等作为目标关键词。这些目标关键词要与业务相关，并且是目标受众可能在搜索引擎中使用的。

表 7-10 所示是一些关键词优化方法。

表 7-10　一些关键词优化方法

优化方法	说明
设置长尾关键词	长尾关键词是相对不太常见但仍然与业务相关的关键词，因为它们通常更有针对性。例如，在项目管理领域，一个长尾关键词可以是“最适合中小型企业的在线项目管理软件”。这个长尾关键词更具体，有助于吸引正在寻找特定解决方案的潜在客户

（续）

优化方法	说明
创建有价值的内容	现在也可以采用 AI 驱动工具（如 ChatGPT）来创建内容。在内容中提供有用的信息、分享行业见解和专业知识，以及提供解决问题的实用建议。这样的内容将吸引潜在客户，并鼓励他们更长时间地停留在页面上。例如，如果目标关键词是“团队协作工具”，则可以创建一篇文章，探讨团队协作的重要性、不同协作工具的比较，以及如何选择最适合企业的协作工具。这种内容不仅提供了有用的信息，还与关键词相关
交叉链接内容	通过在文章中引用和链接到其他相关的内容，可以增加页面之间的关联性。这有助于增加整体的页面长度，并使潜在客户更容易浏览相关信息。例如，在文章中可以引用之前写过的文章，如“如何优化项目管理流程”，并提供链接，这将鼓励潜在客户在不同的相关主题之间导航
使用关键词修饰符 / 过滤器	考虑为不同的买家阶段添加修饰符或过滤器来查找相关关键词。这些修饰符或过滤器包括指南、教程、如何、为什么、什么、示例等。这有助于更好地满足不同潜在客户的需求。例如，如果产品适用于不同的行业，则可以创建不同版本的文章，如“医疗行业的项目管理软件指南”或“制造业项目管理的最佳实践”。这些修饰符或过滤器有助于满足不同行业或有不同需求的潜在客户

（5）定义指标

在这一步骤中，需要明确如何衡量成功。一些常见的指标包括：

- 点击通过率（CTR）。
- 转化率。
- 客户获取成本（CAC）。
- 客户保留率。
- 社交分享次数。

选择适当的指标将有助于企业跟踪和评估策略的有效性。

（6）制定内容日历

创建一个详细的内容发布日历，包括主题、发布日期、责任人和其他相关信息（销售漏斗阶段、目标、指标、目标关键词）。

内容日历是一个重要工具，可以帮助企业合理安排发布内容的时间和资源。通过仔细考虑季节性事件和需求，可以制定一个全面的内容日历，确保按计划发布内容，并与目标受众及时沟通。在制作内容日历的时候，需要考虑创建什么样的内容、使用什么渠道、如何创建内容。

此外，还可以在内容日历中添加备注、提醒事项和其他细节，以确保内容发布高效。图 7-10 所示为营销日历计划表示例。

6月营销日历计划表　　重要　节气　一般　　2022年　6月

星期日	星期一	星期二	星期三	星期四	星期五	星期六	
		童心未泯，一切皆甜	1　儿童节	2	3　端午节 不论咸甜，有料就是好馅	4	6月1日　儿童节 童心、回忆、孩子、怀旧、陪伴
5世界环境日 种下一盆花，收获一屋的童话	6　芒种 超常发挥，未来可期	7　高考	8　高考	9	10	11	6月3日　端午节 端午、粽子、屈原、团聚、赛龙舟、传统文化
12	13	14	18	16 大“价”光临，要你好看	17	18　电商节	6月6日　芒种 夏季、高温、播种、二十四节气、收获、希望
19　父亲节 时光，对他温柔点	20 时至夏来，美好悠长	21　夏至	22	23	24	25	6月7日—8日 高考 高考、加油、奋斗、考题、黑马、励志、分享
26	27	28	29	30			6月18日　电商节 购物、剁手、大促、购物车、清空、秒杀、优惠
							6月19日　父亲节 父亲、亲情、感恩、成长、养育、陪伴
							6月21日　夏至 夏日、清凉、二十四节气、炎热、荷花、防暑

图 7-10　营销日历计划表示例

（7）确定内容分发渠道

在考虑将内容分发到哪些渠道时，除考虑电子邮件、博客和行业论坛这些已提及的潜在分发渠道外，还可以考虑以下几个渠道：

- 社交媒体广告。通过在社交媒体平台上投放广告来吸引更多目标受众的注意力。
- 线下活动。举办线下活动，如研讨会、展览会或演讲，吸引更多目标受众的了解和参与。
- 合作伙伴营销。与相关行业的合作伙伴合作，共同推广内容，互相促进业务增长。
- 内容合作。与其他有影响力的内容创作者合作，共同创作或交换内容，扩大受众群体。
- 线上广告。使用百度广告或其他在线广告平台，将内容推送给更多目标受众。

对 SaaS 企业而言，目前经测试最有效的免费分发渠道的路径是：公司官网发布内容文章——分发到各内容平台——社交媒体创建与该内容主题相关的话题，引导社交媒体客户参与讨论，话题后面放入已发布的文章链接，引导想要了解更多内容的潜在客户点击打开文章。

（8）执行并监控优化

开始执行内容营销策略，为了确保营销投资可以带来回报，需要跟踪在设定目标时建立的 KPI，并定期监测。根据数据进行优化，对表现出色的内容进行更多推广，对表现不佳的内容进行改进，以不断提高策略的效果。

7.3.3　采用渠道商

在一次对外交流的会议上，笔者与一位 SaaS 企业产品 VP（副总裁）谈及这样一个话题：SaaS 企业该如何找准销售渠道，或者建立自己的销售渠道？

在如今的市场中，单打独斗很难成规模化。无论是初创企业还是行业巨头，在面对市场开拓的难题时，它们大多数都会选择采用渠道商来应对市场竞争。

如何有效地选择合适的渠道商，以及何时采用渠道商，成了众多 SaaS 创始人面临的核心问题。

1. 采用渠道商的优缺点

很多耳熟能详的企业采用渠道商扩大了竞争优势并且取得了不俗的成绩，例如，HubSpot、金蝶云、钉钉等。这些企业之所以能够取得快速的增长，与其采用的渠道营销战略密不可分。

以下是采用渠道商的优点和缺点。

（1）采用渠道商的优点

采用渠道商可有效地扩大收入，并且不需要花费扩大直销团队的费用和管理精力，利用合作伙伴现有的销售组织能力即可，有效节约了成本。

渠道商的加入，会使得 SaaS 企业原本的销售、营销和分销成本降低，因为渠道商可能已经接触受众群体进行了营销，所以 SaaS 企业的间接成本将会大大降低。

在品牌方面，与知名渠道商合作可以让 SaaS 产品在它们的市场和受众中获得即时信誉。并且，渠道商还提供了对新受众、产品功能、促销优惠和品牌信息进行快速测试的机会。

（2）采用渠道商的缺点

采用渠道商的优点很明显，但其缺点也不容小觑。笔者将其缺点分为三大类：失去控制、复杂性增加、销售利润减少。

1）失去控制。渠道商加入销售流程，意味着企业与客户之间将存在第三者。在某些情况下，企业无法直接参与或者接触到销售流程，更谈不上干预销售流程，这将面临一些潜在的风险，例如，当渠道销售过程中遇到麻烦或者销售方法不当时，企业没有办法及时获知并且挽回局面。同时，产品团队可能会失去直接从客户那里获得反馈的机会，即使渠道商共享客户反馈，也可能会延迟、不完整甚至不准确。

2）复杂性增加。虽然采用渠道商减轻了企业建立和管理销售团队的一些负担，但是这并不意味着企业没有了责任。企业需要尽全力去协助渠道商，帮助它们成长。

- 每当产品发布新版本功能、进行优惠促销或者组合出售产品时，企业都需要第一时间通知渠道商，而不仅仅是只通知企业内部的销售团队。
- 加强对渠道商的培训，通过高质量的培训，帮助渠道商成长。
- 最重要的一点是，可能会存在渠道商与直销人员产生冲突的问题，甚至可能是两个渠道商直接产生冲突，使得整个合作关系难以维系。如果企业没有办法处理好这些问题，那将会给企业带来灾难。

3）销售利润减少。当让渠道商参与销售时，企业将不得不削减一部分利润，让它们分享份额。

2. SaaS 渠道商类型

SaaS 渠道商有多种类型，每一种类型都有其独特的作用，对于 SaaS 企业而言，需要根据自己产品与市场的适配度来做选择。不同的业务需求，需要不同类型的渠道商参与，见表 7-11。

表 7-11　SaaS 渠道商类型

渠道商类型	说明
增值经销商（VAR）	增值经销商（Value-Added Reseller，VAR）购买第三方软件，并与附加功能、集成、配置或其他专业服务捆绑在一起加价出售给最终客户。这些安排最终使 VAR 能够提供“全方位服务”或“交钥匙”解决方案
分销商	分销商是众所周知的“中间人”，在产品公司和经销商网络之间建立联系，经销商网络随后将产品销售给最终客户。与分销商合作可以利用它们现有的分销渠道来缩短产品上市时间。在某些情况下，分销商还向其他渠道商提供培训、技术援助和其他类型的支持
托管服务提供商（MSP）	与 VAR 类似，但不同之处在于它们与最终客户能保持更长时间的关系，MSP 为没有内部 IT 部门的企业提供运营和维护其 IT 服务。它们可能还提供网络维护、硬件维修、服务台服务和许多其他服务。此外，它们购买第三方软件，并与这些服务捆绑在一起
系统集成商（SI）	系统集成商（System Integrator，SI）购买第三方硬件和软件组件（通常来自多个供应商）并将它们集成起来为最终客户创建定制的解决方案
IT 顾问	IT 顾问可帮助客户设计定制的 IT 解决方案。他们可能会提供建议、设计服务、项目管理、行政和其他类型的支持，以使项目取得成果

3. 识别和管理渠道商

如果企业已经确定要采用渠道商，并且已经在着手准备相关的策略规划和销售模型，那么现在就要开始准备寻找渠道商并且与其建立起合作伙伴关系。

首先，企业需要确定需要的渠道商类型，还需要深入地了解符合渠道商特征的一些细节属性，例如：

- 公司规模。
- 市场占有率。
- 服务多少垂直市场和哪些垂直市场。
- 现有客户关系。
- 产品组合的相关性和一致性。
- 合作承诺。
- 公司整体发展战略。

我们都知道，并不是对所有的渠道商都要“一视同仁”，而应该尽早标识和管理渠道商档案。

不同的渠道商，在企业渠道营销计划里的段位不同。

有的渠道商在渠道代理方面已经具备口碑效应，这类渠道商拥有一定的渠道销售方法论和品牌形象，能够帮助企业在短期内快速地占领市场，扩大市场规模。除了与这类渠道商长期合作以外，还要让其加入企业的渠道合作伙伴培养计划，来协助企业与其他渠道合作，这将加快企业在渠道营销方面的矩阵梯队搭建。

而对于那些较偏远的本土渠道商，笔者建议将其纳入长期陪伴成长的合作伙伴列表。对于那些偏远下沉的市场，采用本土渠道商，会大大减少企业进入本地市场的阻力。企业需要改变观念，并不是说渠道商一定要完成销售业绩目标，有的渠道商反而适合做拓客和产品品牌形象的展示。

一旦企业建立起标准化的渠道商画像档案，明确了在哪些阶段、哪些区域市场需要什么样的合作伙伴，就可以开始设计和组织对应的合作伙伴招聘活动，例如，可以使用各种入站和出站策略。

无论选择哪种策略，重要的是要确保内容和对话对潜在渠道商有用且相关。企业越能满足渠道商的需求和客户的需求，发展得就会越好。在这里推荐以 6C 合作伙伴评估模型作为评估渠道商的工具。它可以帮助企业根据六个核心属性（见图 7-11）来评估现有（和新的）渠道商，其说明如表 7-12 所示。

图 7-11 6C 合作伙伴评估模型

表 7-12 6C 合作伙伴核心属性说明

核心属性	说明
兼容性	商业模式、愿景、目标和文化与需求同步
覆盖范围	在需要覆盖的市场中接触目标买家
专业能力	审查所需的知识、技能、经验、流程工具的范围
生产（盈利）能力	实现有针对性的短期和长期收入目标的能力
信誉度	合作伙伴的长期业务生存能力和投资能力
承诺	合作伙伴致力于使合作伙伴关系取得成功的程度

4. 激励渠道商

在找到合适的渠道商后，需要找到激励它们投资和让它们成为有价值合作伙伴的方法。这可能具有挑战性，因为与内部销售团队不同，企业没有任何实际影响力来影响合作伙伴的参与度或绩效。

激励渠道商最有效的方法是保持联系，提供优质资源，并尽可能为它们提供额外的东西。当达到一定合作程度时，企业可能还需要考虑与渠道商一起进行一些业务规划。

（1）定期联系

定期联系（一般每月或者两周一次）是维持和培养任何关系的关键。通过持续的沟通，企业不仅可以与渠道商保持联系，还可以让它们及时了解产品新闻资讯、品牌信息变更、重大公告、产品迭代进展情况等。企业可以通过电子邮件、微信、QQ 群组、面对面活动、定期网络研讨会或任何其他适合渠道商的方法进行交流。

（2）资料

为渠道商提供高质量、有价值的营销内容或方案等物料，激发它们的灵感，让它们有信心销售本企业产品，即使它们实际上并不属于本企业。在销售周期的每个阶段为它们提供协助分析的资料和参考资料。为它们提供有据可查且易于理解的产品规格、案例研究、推荐、竞争对手比较、通话脚本和对话指南，以帮助它们应对买家的反对意见。

（3）奖励

每个人都喜欢一些特殊的待遇。获得销售分成可能是让渠道商加入企业渠道网络的原因，但想要让渠道商像企业员工一样热情并且努力工作，需要更多的时间进行培育。

一些企业使用分层系统根据数量或性能对渠道商分类，然后相应地奖励那些差异化的群体。例如：不同的渠道分销等级获得的提成点不同。

一些企业为达到某些销售里程碑的渠道商提供奖励。有时，奖励可能是精英培训、合作伙伴指南中的优先列表、特殊活动的门票，或者有机会与主要客户面对面。

（4）商业计划

为了从更高级的渠道商关系中获得最大收益，协作式业务规划是通过更深入地了解渠道商的业务，以及它们的目标与企业目标如何保持一致来增加价值的好方法。这种方法可以带来丰厚的回报，但确实需要制订详细的计划和对细节的关注。

企业需要挑选一些核心渠道商加入商业计划中。渠道商也许会担心一旦区域客户被挖掘完合作会不会不再继续，或者增加一些苛刻的合作条件。所以，应挑选一些合适的渠道商，主动让其参与企业的商业计划，而不是让其被动地等待和接收企业拟定的目标和规划。

5. 衡量渠道销售计划

渠道销售是否成功，需要衡量渠道销售计划各个方面的指标。

（1）渠道销售招聘指标

- 合作伙伴总数。
- 招聘名额达成。
- 合作伙伴流失率。
- 按渠道招募的合作伙伴百分比。
- 新合作伙伴招募和入职的平均成本。
- 新合作伙伴招募和入职的平均时间。

（2）渠道销售成功指标

- 注册的合作伙伴交易总数。
- 合作伙伴交易的平均价值。
- 已接受合作伙伴提交的交易的百分比。

- ❑ 已完成合作伙伴提交的交易的百分比。
- ❑ 平均销售周期。
- ❑ 在过去的一个月或一个季度内注册潜在客户的合作伙伴的百分比。

（3）渠道销售培训和支持指标

- ❑ 使用提供的销售和营销材料的合作伙伴的百分比。
- ❑ 参加可选活动和 / 或持续培训的合作伙伴的百分比。
- ❑ 合作伙伴平均满意度得分。
- ❑ 尝试认证的合作伙伴的百分比。
- ❑ 完成认证的合作伙伴的百分比。

（4）渠道销售盈利能力指标

- ❑ 每个合作伙伴销售与直接销售的 CAC。
- ❑ 合作伙伴销售与直接销售的保留率。
- ❑ 合作伙伴销售与直接销售的交叉销售率和追加销售率。

7.3.4 社交媒体工具营销

在当今的数字化时代，社交媒体已经成为 B2B SaaS 行业的一项强大的工具，用以推广产品、建立品牌、吸引潜在客户以及提高销售业绩。也许大家在想，通过社交媒体平台推广 SaaS 产品并不是最好的主意，因为 B2B SaaS 买家的决策比实体产品买家的决策复杂得多。

1. 社交媒体对 SaaS 营销的重要性

虽然并非所有的 SaaS 企业都通过社交媒体实现直接销售，但是社交媒体确实对购买产生影响。除了直接销售，B2B 买家还会利用社交媒体来增强其对所选择产品的信心，并且为管理层提供购买决策的支持。此外，IDC（互联网数据中心）的一项调查显示，那些在社交媒体上活跃的 B2B 买家预算更大，并且做出了更多的购买决策。

（1）潜在客户在社交媒体上活跃

“千禧一代”具备较大的购买力和消费能力。他们除了是活跃的社交媒体客户外，还经常通过社交媒体平台来发现新的产品和服务。他们喜欢浏览社交媒体上的推荐和评论，以获取灵感和意见，以便做出购买决策。因此，对 SaaS 企业而言，了解年轻的客户群体在社交媒体上的行为和喜好是至关重要的，这可以使企业更好地与他们沟通和进行营销。

（2）影响范围广

社交媒体是一种拥有广泛客户群的强大工具，它们能够让企业和个人与大量受众进行互动和交流。通过在社交媒体上发布内容，企业可以将信息传达给更多的人，吸引更多的关注。这种广泛的影响范围可以帮助企业与不同背景和兴趣的人建立联系，并提升企业的影响力和知名度。

（3）有效的沟通

社交媒体对于个人和企业之间的沟通非常有帮助。它们不仅为企业提供了一种高效、便捷的方式来与他人联系，还能够积极参与对话、提供客户支持和培养关系，从而加强人际交往。这种交流方式的重要性不容忽视，因为它已经成为现代社会中不可或缺的一部分。

尤其是客户评论，它是获取客户痛点和反馈建议最直接、最有效的方式。社交媒体营销人员要勇于正视客户的批评和吐槽点，有人吐槽产品，说明他们在意它，并且真正使用过。企业应该引导客户将隐性需求表露出来。

（4）提高品牌知名度

社交媒体是建立品牌知名度的一个极其强大的工具。它可以让企业与广大的受众分享与自己的品牌、价值观、产品和服务相关的内容，从而提高品牌知名度并覆盖更广泛的受众。通过社交媒体平台，企业可以与粉丝、客户进行实时互动，建立更紧密的关系，增加品牌的曝光度。

2. 制定 SaaS 社交媒体营销策略的关键步骤

（1）识别并了解目标受众

这是制定有效 SaaS 社交媒体营销策略的第一步。要考虑目标受众的特征、需求、喜好以及行为模式等方面的信息。

（2）明确品牌定位和价值主张

通过明确定义品牌的独特价值，可以吸引目标受众并与竞争对手区分开来。

（3）选择适合的社交媒体平台

根据目标受众的特征和偏好，确定使用哪些社交媒体平台进行营销活动。表 7-13 所示为典型社交媒体平台示例。

表 7-13　典型社交媒体平台示例

社交媒体平台	说明
LinkedIn（领英）	LinkedIn 是一个专业社交媒体平台，特别适合 ToB 市场。在该平台可以创建企业页面，发布关于产品、行业洞察和企业新闻的内容，建立专业关系，并参与行业小组
微博（Weibo）	尽管微博是一个综合性社交媒体平台，但也吸引了许多企业客户。在该平台可以发布有关产品、企业新闻和行业趋势的信息，并与关注者互动

（续）

社交媒体平台	说明
企业微信	企业微信是一个专为企业通信和协作设计的平台，现在也成为众多企业与客户沟通的有效渠道
知乎（Zhihu）	知乎是一个知识共享社区，它可以回答关于企业领域的问题，建立专业声誉，并在企业领域建立关系，对于展示产品专业知识非常有用
自媒体平台	利用自媒体平台（如微信公众号、今日头条等）发布与你的行业相关的文章和见解，以吸引潜在客户和合作伙伴
百度贴吧（Baidu Tieba）	百度贴吧允许客户创建和参与各种话题的讨论。企业可以在相关领域的贴吧中分享知识、回答问题，建立专业声誉

不同的社交媒体平台适用于不同的目标受众和目标。在选择时，需要考虑以下要素：

- 社交媒体平台目标受众。每个社交媒体平台的客户基础和受众特点不同。例如，36 氪平台通常受到职业人士和决策者的青睐，而微博可能更适合发布实时新闻和进行行业讨论。因此，了解目标受众使用的主要社交媒体平台是至关重要的。
- 内容类型。不同类型的内容适用于不同的社交媒体平台和目标。企业可以考虑发布博客文章、白皮书、案例研究、视频、图像、调查和互动式内容等。内容的多样性对于吸引不同类型的受众至关重要。
- 广告和推广选项。一些社交媒体平台提供广告和推广选项，以帮助企业扩大受众范围。通过了解各社交媒体平台的广告功能和目标受众定位选项，来决定是否要投放广告并决定选择哪个社交媒体平台。
- 竞争情况。研究竞争对手在哪些社交媒体平台上活跃。

这有助于企业确定哪些社交媒体平台在行业中最具影响力，以及哪些方面可能需要更多的关注。

- 资源可用性。考虑企业团队的规模和资源，以确定是否能够有效管理多个社交媒体账户。在资源有限的情况下，可能需要专注于少数社交媒体平台，以确保在这些社交媒体平台上提供高质量的内容。

（4）提供有价值的内容

通过提供有价值、有趣、有互动性的内容，吸引目标受众的关注和参与。例如，分享行业见解、最佳实践和技巧，使企业成为所在领域的权威。提供有价值的内容，将建立信任和可信度并保持目标受众的参与度。

（5）定期发布和分享内容

定期发布和分享内容，以保持与目标受众的联系和他们的关注度。这可以确保企业与他们之间的互动，并且能够持续传递关键信息。同时与目标受众互动，回答他们的问题，提供有价值的建议和见解，以进一步加强与他们之间的联系。

（6）监测和评估成果

监测和评估社交媒体营销活动的成果，以确保达到预期的目标，并根据评估结果做出调整和改进。设定明确的目标并衡量社交媒体营销绩效。跟踪关键指标，如参与率、转化率、客户获取成本和网站流量。此外，还可以考虑跟踪其他指标，如品牌知名度、社交媒体影响力等。使用分析工具深入了解受众行为、识别趋势并了解最有效的内容和策略。

根据数据驱动的见解完善方法，最大限度地提高社交媒体营销活动的影响。社交媒体营销是一个不断优化的过程，需要持续地分析和调整。监测和分析结果是非常重要的。通过定期监测和分析社交媒体营销活动的结果，企业可以更好地了解哪些策略和内容受到目标受众的喜爱。

3. 社交媒体营销的技巧

（1）建立合作伙伴关系

社交媒体的本质是协作和合作，与互补企业建立合作伙伴关系对初创企业非常有利。以下是一些可以帮助企业扩展合作范围并增加业务的方法。

- ❑ 找到与企业业务互补的品牌，例如，第三方建站公司与 SEO 服务公司合作，提供捆绑服务，为客户提供一站式解决方案，提高客户满意度。
- ❑ 与其他企业共享资源，例如，聘请一些行业作家为企业的 SaaS 产品创建内容，并向其他企业提供相关服务，这样可以相互受益，共同提升品牌知名度和业务发展。另外，还可将公众号文章链接分享给其他企业的工作号平台。
- ❑ 举办赞助活动，与目标市场的企业合作，提供免费试用产品或服务，吸引更多目标客户的注意，增加产品曝光度和市场份额。例如，为线下的一些行业大会提供额外的赞助服务，并利用行业大会的社交媒体与合作公告展示企业品牌。
- ❑ 建立长期合作关系，注重与合作伙伴的沟通和合作，相互支持和帮助，不仅追求一次性利益，而且追求共同发展和长远利益。通过与合作伙伴建立稳定的合作关系，可以打造更强大的商业生态系统。重要的是，要寻求建立可持续发展的合作关系，这样能够确保长期的商业成功和共同成长。

（2）利用社交媒体行业影响者

寻找行业里有影响力的专家在社交媒体上为 SaaS 产品背书，让他们与受众群体（社交媒体粉丝）分享企业的产品。

确保找到合适的影响者来获得最广泛的影响力。笔者建议，千万不要一开始就找顶尖人才，一方面费用会比较高，另一方面容易造成高开低走的局势。企业应当寻找与当前市场有大量合作的中层影响者。通常，这些中层影响者希望得到提升，渴望获得这样的协议，因为这可以增加他们在观众中的可信度。而且，他们会更加专注于服务当下的粉丝群体和增加粉丝数量，这意味着企业与他们建立起关系后，开展品牌曝光工作更顺利。

行业影响者所说的话或者意见，会不自觉地与潜在客户关联起来。当他们积极表述产品优势时，他们的追随者（粉丝）会将这些积极的态度转移到企业品牌上。

（3）利用客户评价

发展 SaaS 业务的关键是倾听客户的意见。通过与客户建立密切的合作关系，企业可以深入了解他们对产品的需求和期望。与客户保持良好的沟通，不仅可以收集反馈，还可以建立品牌拥护者，推动产品的不断改进和客户参与度的提升。

除了与客户面对面交流，社交媒体也是一个非常有价值的渠道，可让客户毫无保留地表达他们对产品的想法。通过社交媒体，企业可以与客户直接互动，了解他们的需求和痛点，并及时回应他们的问题和反馈。更重要的是，客户愿意分享他们的体验，不仅是为了帮助其他潜在客户做出推荐，也是为了帮助产品不断优化。

因此，要发展 SaaS 业务，不仅需要收集客户的意见，还需要通过社交媒体与客户建立良好的互动关系，并将客户的反馈转化为宝贵的改进机会，从而提高产品的质量和客户满意度。

7.3.5 推荐营销

1. 什么是推荐营销

推荐营销是指通过推荐的方式（通常是口碑）向新的客户推销产品或服务。这项营销策略旨在鼓励拥护品牌者和支持产品的客户将他们所认为“美好的”“值得分享的”事物推荐给其他人。通常这种情况是自发的，但企业也可以采用合理的策略和激励来让推荐变得更加主动和有更好的成效。

从心理学来看，推荐营销的本质就是利用人们对社会信任的心理。当人们犹豫不决或者准备做购买决定时，通常会优先参考别人的意见（通常是某个领域的意见领袖或者身边的亲朋好友）来帮助他们进行选择。人们更加相信熟人的建议，并且有很大可能采纳对方的建议。

推荐营销是一种建立社会证明的方法，通过鼓励客户向其他人推荐企业或产品来实现。当客户进行推荐时，他们实际上是在向其他人传达以下信息：“我对这家企业足够信任，以至于我愿意将其推荐给我的朋友和家人。”这种社会证明创造了强大的认可，可以极其有效地说服其他人采取行动。

但推荐营销不仅是社会证明，它还根植于激励心理学。当客户因推荐而获得奖励时，就会产生一种互惠感。他们有动力帮助企业，因为他们知道自己的努力会得到回报。这为客户和企业创造了双赢的局面，并且可以成为推动客户获取非常有效的方式。这种推荐营销可以增加企业的知名度和信誉度，为企业吸引更多的潜在客户。

过去，笔者在线下与各企业的营销人员交流时，经常会从这些营销人员口中听到“推荐营销”和“口碑营销”这两个词。这两个词看起来很相似，其实有很大的不同，但很多营销人员经常将两者混为一谈。

推荐营销和口碑营销之间的主要区别在于，推荐营销更加“刻意”。推荐营销是一种有意识的策略，旨在通过积极引导和促进客户的推荐行为来扩大企业的影响力和市场份额。

与之相比，口碑营销更加自发和无意识。它通常是由客户主动发起的，而不是品牌刻意的尝试。口碑营销通过客户之间的口头交流和社交媒体分享来传播对品牌的积极评价。这种自发的推荐行为可以极大地增加品牌的曝光度和企业信誉度，从而吸引更多的潜在客户。

2. 如何激励他人推荐

Software Advice 的一项研究表明，78% 的 ToB 营销人员表示，推荐营销可以带来良好或优质的潜在客户，而 60% 的 ToB 营销人员表示，推荐营销可以带来大量的潜在客户。

推荐计划成本产生于奖励成本（比如提供某段时间的免费订阅或其他与产品相关的折扣）和用于支持 SaaS 推荐计划的软件。

激励客户推荐他人是推荐营销活动成功的关键部分，通常有以下几种方式：

- 采用成功的奖励机制。向推荐其他人访问企业的客户提供奖励。奖励可以是折扣、免费产品或未来购买的积分。但关键是提供对客户有价值的东西，并激励他们进行推荐。例如，在线会议和协作工具提供商 Zoom 采用了成功的奖励机制。Zoom 推出了“Zoom for Friends”计划，鼓励现有客户邀请新客户。推荐者获得的奖励包括额外的免费会议时间和免费使用产品的高级功能。这激励了现有客户积极推荐 Zoom，扩大了其客户基础。

- ❑ 设置排他性访问权限。如果客户进行推荐，则为他们提供新产品或服务的排他性访问权限。为客户提供独家权益，使他们能够成为新功能或服务的首批尝试者。这种排他性访问激发了客户的积极性，因为这可让客户感觉自己是专属俱乐部中的一员。
- ❑ 制订忠诚度计划。通过提供积分、优惠或额外的 SaaS 服务来鼓励客户积极参与推荐活动并培养长期忠诚度。
- ❑ 制定游戏化策略。将推荐过程转化为一种有趣的互动，通过奖励系统，如徽章、奖杯或其他虚拟奖励，激发客户的积极性。这可能是一种激励客户并使他们与企业品牌保持互动的有趣方式。例如，以字节跳动旗下的 TikTok 为例，它采用游戏化策略，鼓励客户推荐新客户。TikTok 通过为客户提供虚拟奖励、徽章和挑战，将推荐过程变成了有趣的竞赛，激发了客户的参与欲望。

3. 推荐营销关键指标

很多 SaaS 企业正在实施 SaaS 产品推荐营销策略，也有些企业准备实施。但是怎么实施才能有好的效果？怎样的效果才算是符合推荐营销策略的预期效果呢？

通常，企业衡量推荐营销计划是否成功需要考虑一些关键指标，见表 7-14。

表 7-14　推荐营销计划考虑的关键指标

关键指标	说明
客户推荐数量	推荐数量是跟踪收到的客户推荐数量以及转变成新客户的数量的一个重要指标。通过监测客户推荐数量，可以了解推荐计划是否达到了预期的效果。此外，推荐数量还能帮助企业分析和评估推荐计划的整体有效性
推荐客户转化率	衡量推荐客户转化率非常重要。推荐客户转化率是指将推荐的客户转化为新客户的百分比。高推荐客户转化率是一个很好的结果，它表明推荐计划非常有效，能够成功地引入新的业务
每个新客户获取成本	计算每个通过推荐计划进入的新客户获取成本是非常重要的。这样做可以帮助企业更好地了解推荐计划的成本效益，并根据需要进行相应的调整和优化。通过计算每个新客户获取成本，企业可以评估推荐计划的效果及其对企业业务的贡献，还有助于确定推荐计划的可持续性和长期效益。因此，要定期计算和评估每个新客户获取成本，并根据需要对推荐计划进行调整，以确保其在市场中的持续有效性和成功
客户终生价值	衡量通过推荐计划进入的客户终生价值，可以确定哪些推荐计划是比较有效的、哪些客户有更高的潜在价值，以及如何更好地满足他们的需求
净推荐值（NPS）	NPS 是一种度量客户是否愿意向其他人推荐企业产品的指标。它是衡量客户满意度和忠诚度的关键指标之一
推荐人的活动	跟踪推荐人的活动是非常重要的。企业可以追踪他们推荐的数量，以及所推荐客户的转化率。确保定期跟踪推荐人的活动，并根据他们的表现制定相应的奖励策略是非常重要的。强化与推荐人的关系，对他们的贡献表示感谢，并确保他们得到公正而有吸引力的奖励

4. 创建推荐计划的关键步骤

推荐营销策略的设计并不复杂，相比于其他营销策略，它更利于操作。企业在创建推荐计划时，也需要遵循一些原则性的事项，例如，预算的分配规则、奖励的合理性等。否则，容易激励过度导致企业预算不足或现金流吃紧，又或者是奖项太小无法让客户有推荐和分享的欲望。

创建推荐计划是利用现有客户群推动新业务增长的绝佳方式。通过这种方式，企业可以利用现有客户的口碑和信任，为新业务带来更多的曝光和机会。创建推荐计划的关键步骤如图 7-12 所示。

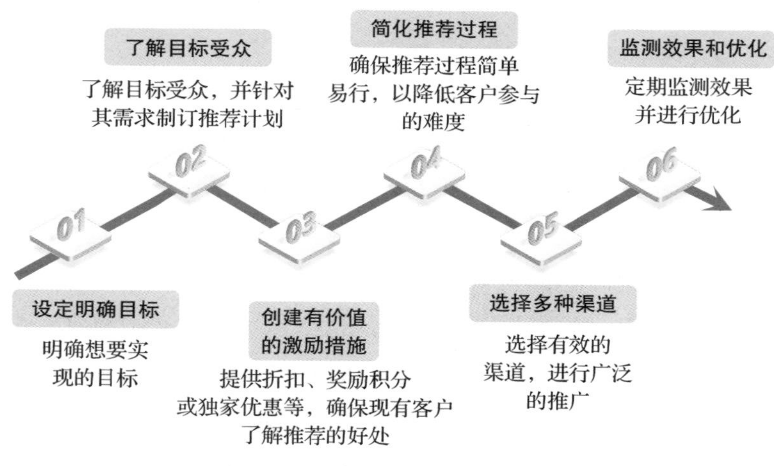

图 7-12 创建推荐计划的关键步骤

（1）设定明确目标

在开始创建推荐计划之前，企业要确保明确想要实现的目标。例如，提高销售量、提高品牌知名度、提高客户满意度、拓展市场份额、改善产品质量、优化客户体验等多个方面。

同时，需要设置相应的推荐营销指标。业务目标和推荐营销指标需要结合起来才能评估推荐计划的有效性。例如，业务目标是第一季度增加 100 万元的销售量，而推荐数量需要达到 2 万人。如果业务目标达成了，但推荐数量并未达标，需要分析是不是其他因素使得业务目标达成了。如果是推荐数量达成，但是业务目标并未达成，需要分析推荐过来的客户是否有效。

（2）了解目标受众

了解目标受众是推荐计划成功的关键。通过分析现有客户群的特征和偏好，可以更好地了解目标受众，并针对其需求制订推荐计划。

（3）创建有价值的激励措施

为现有客户提供有吸引力的激励措施，可以增加他们参与推荐计划的积极性。激励措施可以包括提供折扣、奖励积分或独家优惠等。确保现有客户了解推荐的好处（可能会获得经济奖励、独家产品或服务的机会或者帮助朋友的满足感）。

（4）简化推荐过程

确保推荐过程简单易行，以降低客户参与的难度。简化推荐过程可以包括使用在线表单、分享链接或扫描二维码等方式。确保推荐计划简单易用，并提供有关如何推荐的明确说明。

（5）选择多种渠道

确保推荐计划通过选择有效的渠道进行广泛推广。例如，在各种社交媒体平台上发布关于推荐计划的帖子，并与粉丝和关注者互动。此外，也可以在企业官方网站上创建专门的页面来介绍推荐计划，并提供更多详细信息。通过多种渠道的广泛推广，企业将能够覆盖尽可能多的人，并最大限度地提高推荐计划的影响力。

（6）监测效果和优化

创建推荐计划后，定期监测效果并进行优化是非常重要的。

通过分析推荐计划的数据和反馈，可以了解哪些方面可以改进，并进行相应的调整。

5. 推荐营销应避免的常见错误

任何战略本身没有好与不好的区分，关键在于实施战略的人是否能有效地实施战略，把战略的效能发挥到极致。推荐营销有一些常见的问题需要规避，这些问题不仅会破坏战略的实施，还可能降低计划的有效性。

在实施推荐营销的过程中，最常见也最容易犯错的一个点是：过度依赖激励措施。虽然为客户提供激励措施可以让对方更加主动地参与进来，但是如果过度依赖激励措施，反而会损害企业有限的资源（资金）。因此，企业在决定制订推荐计划时，在客户奖励方面需要设定好合理的激励措施，例如，给予忠实客户特别的待遇和奖励，包括折扣、积分或会员特权。原则上，推荐激励与推荐难度是对应的，推荐难度越大，推荐激励越多，反之则越少。

另外一种常见的错误是推荐过程过于复杂。推荐过程过于复杂，客户会失去耐心和兴趣。因此，为了确保客户的参与度和满意度，在推荐过程中尽可能简化流程，并提供明确的说明和指导。这样，客户就能更轻松地理解和跟随推荐流程，减少可能的困惑和错误。

最后一个常见错误是，成功推荐后没能及时跟进后续流程及结果。一旦成功进行了推荐，企业需要及时地给予推荐者反馈和与被推荐进来的人保持联系，跟进后续的业务流程，并且还需要跟踪推荐计划的结果。如果不跟踪推荐计划的结果，就很难确定需要改进的领域或投资回报。

7.3.6 免费试用

1. 什么是免费试用

大多数 SaaS 产品都提供免费试用的服务，以便客户在付费订阅之前能够免费试用产品。这种方式使得客户在试用期间就能够感受到产品的价值，并且能够直接影响客户的购买决策。

免费试用是一种获客策略，是指在有限的时间内免费向客户提供产品 / 服务，让客户有机会了解如何使用产品或服务，并在开始付款之前确定产品 / 服务是否适合他们。免费试用不仅是一种强大的潜在客户开发模式，同时也是一个很好的营销策略。

与所有的营销策略一样，免费试用同样存在利弊。许多 SaaS 厂商因为看到竞争对手提供了某些服务或功能，认为自己也应该提供。然而结果有时候却是截然不同的，有的企业通过免费试用在转化率方面获得了成功，而另一些企业则没有得到他们所希望的结果。

Invesp 的调查显示，大约 65.5% 的 SaaS 企业提供免费试用或演示服务。有关免费试用的持续时间，没有统一的行业标准。在接受调查的企业中，有 5% 的企业提供少于 14 天的免费试用期，18% 的企业提供 14 天的免费试用期，41% 的企业提供 30 天的免费试用期，而有 4% 的企业则提供长达 45 ～ 180 天的免费试用期。

免费试用期给客户提供了体验并评估产品的质量与功能的机会。企业通过提供不同的免费试用期，为客户提供了更大的灵活性和选择性，以便他们可以根据自己的需求和时间安排来决定是否购买产品。

企业在采用免费试用策略时，需要认真思考以下几个问题：

- ❑ 免费试用的目的是什么?
- ❑ 真的需要提供免费试用吗? 如果需要，应该如何将免费试用客户转化为付费客户?
- ❑ 免费试用应该持续多长时间才合理?
- ❑ 免费试用是否需要客户提供相关的信息?

2. 常见的免费试用类型

免费试用的类型没有好坏之分，企业应当结合自身的业务情况及产品来选择。常见的免费试用类型如下:

(1)资格审核免费试用

资格审核免费试用是指客户预先注册进行资格审核后，再进行免费试用。在免费试用开始前，客户需要按照 SaaS 企业的要求填写资料，等待 SaaS 企业进行资格审核并通过后才能正式进入免费试用阶段。虽然这种类型会降低注册率，但会提高销售线索质量。图 7-13 所示为销售易预约试用界面。

图 7-13 销售易预约试用界面

（2）开放式免费试用

开放式免费试用是指不需要进行资格审核。这种类型将提高注册率，还可以增加信任度，因为客户知道在试用期结束时意外收费的风险为零。通常，客户只需要一键式登录注册即可免费试用，或者利用服务提供商在登录页面预设好的登录账号和密码进行免费试用。图 7-14 所示为简道云开放式免费试用账号登录界面。

图 7-14　简道云开放式免费试用账号登录界面

（3）免费增值

具有免费增值版本的产品有助于创造价值黏性。通常，SaaS 企业会将产品划分为免费版本（入门版）和最终版本（进阶版）。这两种版本之间最大的不同是：免费版本能够满足客户日常的工作需要，但是对一些核心场景或者高频场景做了区分限制，客户只有购买付费的最终版本，才能够拥有该产品最好的服务。

该类型使得最终客户可以在几乎没有风险的情况下体验产品，并看到付费产品的价值。在后续深度使用产品后，客户产生了价值黏性，最后他们为了放大产品的使用价值而订阅最终版本的产品。

（4）演示后免费试用

对于学习曲线较陡的 SaaS 产品，演示后免费试用很有效。该类型通常由销售顾问先与潜在客户取得演示产品机会，在演示后再为潜在客户开启免费试用的账号。该类型可使销售顾问充分利用产品并生产更高质量的线索。

（5）具有游戏化试用延期的免费试用

允许客户通过游戏化元素延长试用期，鼓励客户使用产品的更多功能或完成社交活动，例如，邀请朋友或分享内容。

3. 免费试用期的长度

免费试用期多长比较合适？这很难形成一个标准。SaaS 行业内默认的免费试用期多为 30 天，当然现阶段也有不少企业采用 14 天的免费试用期。无论最终决定采用 7 天、14 天、30 天还是 45 天等免费试用期，都应当弄清楚两个核心的问题：产品是否有足够的价值吸引客户进行免费试用？产品复杂程度如何，客户是否能够在免费试用期内体验到核心产品价值？

免费试用期应当足够长，以确保客户有足够的时间去体验和了解产品的各个方面。这将使他们更有信心并做出更明智的决策，从而提高产品的接受度和成功率。

但尽管如此，企业也不得不面临一个现实的问题：人们不会花整整一个月的时间去尝试某件事，大多数客户不会在免费试用的产品上投入更多的时间，因此，如何能够在 72 小时甚至更短时间内让客户体验到产品的价值才是 SaaS 企业值得思考的点。

缩短免费试用期可以增加客户尝试产品的可能性。就像电商平台上的免费折扣活动一样，当客户得知折扣活动为期一个月时，他们可能不会在当下立即选择购买。

在免费试用期间，企业需要持续不断地监控免费试用数据，结合行业和产品特性设置免费试用期。例如，如果 SaaS 产品是一款会计软件，客户每月只开具一次发票，可能会对免费试用期造成一些影响。如果免费试用期在发票开具日期之前结束，可能会导致客户无法完全体验该产品。

免费试用期的长短取决于两点：营造适当的紧迫感；客户实现价值的时间。

免费试用期必须与客户达到“顿悟”时刻所需的时间一样长，并且要确保客户充分体验到产品的关键操作。一旦客户执行关键操作并被“激活”，下一步应该就是购买产品，以享受更多高级功能和优质服务了。

如果客户在达到这个价值里程碑后继续试用，SaaS 企业应当给客户更多时间去深入了解产品、做出决定，甚至把他们的体验分享给其他人，这样可以增加产品的曝光度和提升产品口碑。

另外，一旦客户使用产品取得某些成果，销售人员就要向他们展示更多的产品价值和优势，让他们意识到购买产品的好处以及长期使用产品的价值。

4. 免费试用的关注点

（1）记录关键的操作事件

正如前面所述，在客户接触到产品核心价值点或者完成某项业务功能里程碑操作后，企业应该进一步联系客户，并且将价值点与客户的业务场景和问题关联起来，让产品的价值点放大。

要有效达成这一目的，企业需要规划好免费试用客户旅程，整理关键的操作事件列表，梳理出客户购买和使用产品旅程。同时，利用内部监控客户行为的系统对这些已经触发关键里程碑操作事件的客户进行销售跟进预警，帮助企业的客户服务和销售团队了解客户如何使用产品来完成他们的业务操作场景。

（2）好的产品客户体验

很多 SaaS 厂商在好的产品客户体验方面的研发投入比较少，大多只注重产品销售和营销。好的产品客户体验是加速客户获得产品 CPV（客户感知价值）的关键点，同时它也能够为客户留下好的体验印象，这对客户付费转化可起到非常大的作用。

（3）保持沟通

免费试用不是一个互不干涉的过程。企业不能因为客户申请了免费试用，就认定他们将在免费试用结束后会主动告知他们决定购买还是放弃。企业仍然需要在整个客户购买旅程中与客户保持联系，协助客户完成免费试用阶段并且体验到产品的核心价值。免费试用的目的是展示并且提供产品的最佳客户体验，让客户对接下来的产品深度试用产生兴趣。

一旦客户满足初次联系沟通资格，企业就可以开始与他们进行在线沟通。

（4）提供在线演示服务

为客户提供免费试用的同时也需要协助他们学会使用产品。一方面是因为产品的业务场景解决方案较为复杂，另一方面是因为有的客户不具备互联网方面的知识，对系统操作和业务逻辑不太清楚。这时，他们更加倾向于寻求在线演示服务，以更直接地获取和了解产品的核心价值。因此，免费试用并不代表企业应该一直等待客户试用之后自行转化或者等试用期结束后再联系他们，在适当的时机介入，反而能够缩短销售周期。

（5）利用客户反馈来改进产品

企业没有办法让所有人都喜欢自己的产品，更不可能让所有人都从免费试用客户转变为付费客户。对于没有转化的客户，并不意味着他们对这项服务或产品不感兴趣，也许只是他们还没有准备好购买。

企业可以在免费试用结束时或者在某个关键里程碑节点添加一项可选的调查，收集客户的反馈和如何改进的见解。收集客户反馈可使企业优化免费试用，更好地满足客户需求。

收集客户反馈是一种从未转化的客户那里获取实时反馈并找出需要消除的摩擦点的绝佳方法。在采用该方法时，企业可以适当地为填写反馈的试用客户提供付费订阅折扣或者适当延长免费试用期等。

通常，免费试用的反馈问题如下：

- 你对我们产品的免费试用体验如何？
- 你发现我们的产品对你的业务有帮助吗？
- 你是否使用了免费试用版本中提供的所有功能？
- 根据你的免费试用体验，你向你的朋友和同事推荐我们产品的可能性有多大？

7.4 本章小结

衡量一家 SaaS 企业是否成功的依据是它向潜在客户推销和销售产品的能力。

SaaS 行业的成功往往取决于谁拥有更好的故事和品牌分布。

SaaS 企业的营销计划是一份详细的营销路线图，它准确地概述了 SaaS 企业如何实现营销目标。营销计划里清楚地定义了产品的目标核心受众群体及需求，并且清楚地描述了团队应该采用什么样的策略将目标客户转化为付费客户，同时还清晰地表达了团队将如何留住现有客户，并且激励他们把产品推荐给其他新客户。

企业的内部价值认知并不等同于客户的价值认知。大多数企业都在解决它们认为客户想要解决的问题，却没有真正洞察到客户真实的需求和想法。SaaS 营销策略本质上是为了弥补客户对产品认知的空缺，通过各种渠道或手段让客户了解产品的价值，并且积极地采纳产品。

策略没有好坏之分，只有适合或不适合。